FAIRBAIRN

対象関係論の源流

フェアベーン主要論文集

W・R・D・フェアベーン 著

相田信男 監修

栗原和彦 編訳

遠見書房

Text by William Ronald Dodds Fairbairn

Schizoid factors in the personality. 1940
A reivsed psychopathology of the psychoses and psychoneuroses. 1952
The repression and the return of the bad objects (with special reference to the 'War Neuroses'). 1952
Endopsychic structure considered in terms of object-relationships. 1952
Object-relationships and dynamic structure. 1952
Steps in the development of object-relations theory of the personality. 1952
A sypnosis of the development of the author's views regarding the structure of the personality. 1952
Theoretical and experimental aspects of psychoanalysis. 1952
Observations on the nature of hysterical states. 1954
Observations in defence of Object Relations Theory of the Personality. 1955
Considerations arising out of the Schreber case. 1956
A critical evaluation of certain basic psycho-analytical conceptions. 1956
Freud, the psycho-analytical method and mental health. 1957
Fairbairn's reply to the comments of Balint, Foulkes, and Sutherland. 1957
On the nature and aims of psycho-analytical treatment. 1958
Synopsis of an object relations theory of the personality. 1963

まえがき

監修　**相田信男**

本書は，W. Ronald D. Fairbairn 著により 1952 年に Routledge & Kegan Paul Ltd. から出版された "*Psychoanalytic Studies of the Personality*" において Part One に収載された論文の全編に加え，この著書が刊行された後から著者が没する前年までに発表された彼の諸論文から選出したものを翻訳し，全体を編集した，その意味で Fairbairn 自身の論文をもって彼を紹介した書物としては世界に一つしかない著書である。全ての日本語訳また編集そして解題は，栗原和彦氏の長年の研究，努力の賜物である事実を最初に紹介しておきたい。

そもそも私自身が本書所収の「人格におけるスキゾイド的要因」（1940）に触れたのは，今や故人となられた小此木啓吾先生が主宰されていた慶應義塾大学医学部精神神経科学教室内の心理研究室にその居を置いた「火曜グループ」と呼ばれる小さなグループの仲間たちと，小此木先生のご指導の許，H. Guntrip や，M. Klein の著作と並んで Fairbairn のそれを抄読した機会が最初だったと記憶している。こうした勉強の延長で 1979 年発刊の『現代のエスプリ 148　精神分析・フロイト以後――対象関係論をめぐって』に載せた解説と抄訳が，私が世に向かって Fairbairn について案内をした最初の経験になった。やがて私は栗原和彦氏と，桜ヶ丘保養院（現・桜ヶ丘記念病院）で精神科医と臨床心理士として出会い，改めて時間をかけて Fairbairn を共に読む時間を持つようになる。この作業は殊に，1983 年発刊の『近代精神病理学の思想』に共著で W. Reich や G.G. Clérambault，門脇眞枝らと並んで Fairbairn を紹介するという仕事をいただくところに繋がり，さらにその後の私の Fairbairn に関する仕事へと発展していった。一方私たちは Fairbairn の著作を翻訳し大手出版社から発刊してもらうという夢を抱いたのだが，その後の顛末はこの度「編訳者あとがき」に触れられている通りである。ちなみに私自身による Fairbairn 紹介の仕事は 1995 年発刊の『現代のエスプリ別冊　精神分析の現在』に掲載の記事へと集約していった。

そこに私は，「そもそも対象関係論とは，S. Freud と M. Klein に発しながら彼らの理論構成を批判しつつ，他方彼らに認められた対象関係的含蓄を改めて概念づけた，Fairbairn, H. Guntrip, D.W. Winnicott などを含めた流れである。ただし対象関係論としての明確な出発点は Fairbairn が 1940 年代から 1950 年代にかけて発表した自らの理論を " 対象関係論 object relations theory" と呼んだところにある」と述べたが，今日ではそうした解説は不要なほどに対象関係論という用語自体が広く知られていると思う。この記事に続いて J.S. Grotstein and D.B. Rinsley（1994）に倣って私は，Fairbairn 以後の，彼の理論に通じる，あるいは影響を受けたと考えられる人々として，R.D. Laing, O. Kernberg, M. Mahler, E. Jacobson, J.F. Masterson, D.B. Rinsley, J. Bowlby, W.R. Bion, H. Kohut らの名を挙げた。比較的最近では T.H. Ogden（2010）が，かねて Fairbairn 理論に暗黙の裡に含まれていたところのさらなる発展に着目するという観点から，自らの臨床例を通じて改めて行った Fairbairn 紹介をピックアップしておいてよいだろう。

ところで今般，翻訳編集の作業過程で栗原氏は「通常，解題で取り上げられるように，Fairbairn 理論が精神分析の世界に与えた影響とか，Fairbairn をめぐる論評や総括を展望するといった，より理論的な考察でなく，臨床的意義を問うところを中心とした解題」（趣旨は引用者）の執筆を試みられているが，この意思と内容に私自身大いに賛同し，またこの解題を編んだ栗原氏に敬意を表する者である。ちなみに栗原氏には，前述の J.S. Grotstein and D.B. Rinsley（1994）などを評価しつつ，夢の分析という切り口からした Fairbairn 解説の優れた仕事がすでにある（栗原，1997）。紹介しておきたい。

そこで無論，上述の「解題」編纂の意図を尊重しつつ，しかるに読者の理解促進を幾分ともお手伝いできるのではないかと考え，先に掲げた相田・栗原共著による 1983 年発刊記事を基にして，以下に Fairbairn 自身に関する多少の紹介を試みたい。というのも精神分析に限らず，私たちがある人の理論や思想を理解する上で，その人物の生い立ちや個人史を知ることが大いに参考になると考えるからである。ちなみにまたある人の理論を理解し学ぶ際には，その理論家への同一化とも言える態度が一時期必要な気もしている。もちろんこう述べた通りばかりとは限らないのだが，こと Fairbairn に関する限りそうした思いを強くした体験を私自身が持つので，いささか押しつけがましいかもしれないが彼の生活史について触れていきたいと考える。

Fairbairn は 1889 年にスコットランドのエジンバラに生まれ，弁護士を志してエジンバラ大学に進んだが卒業後は哲学で学位を受けた。さらに複数の大学に留学し神学も学んだものの，やがて勃発した第一次世界大戦は彼の運命を大きく変えたようである。士官だった彼の戦争体験は細かく語られてはいないが，後にその理論を打ち立てる際に一つの重要な臨床的背景となった戦争神経症をこの大戦中に見知ったものと推測される。彼は戦争中すでに臨床的な精神療法家への道を志し，復員後エジンバラ大学医学部を卒業，医師の資格を得て，1924 年に精神分析の個人開業に踏み切った。そして開業のかたわら同大学の心理学講師の仕事に就いたが，当時の大学の雰囲気は彼の努力にもかかわらず精神分析的見解や洞察を受け入れるようなものではなかったらしい。ただ数年して大学退職後に関わった児童心理クリニックでは，非行や虐待などさまざまな問題を持った子どもやその親たちとの出会いを通して，子どもはどんな苛酷な親であってもまさにその親にしがみつこうとするという，実際の親子関係をつぶさに観察した。こうした経験が彼の理論構成に大きな影響を与えたことは想像に難くない。エジンバラ大学を離れた後の Fairbairn にはいつも気軽に討論し合えるような親しい同僚もなく孤立しがちな状況にあった。彼は独学で学び続けたものの厳密な意味での精神分析的訓練を受ける機会を得られなかったが，英国精神分析学会はその業績を認め 1935 年頃に彼を正会員にした。こうした過程を経てその孤独で距離をおいた存在のわりには Fairbairn は英国の精神分析に対する影響力を持っていた様子である。

第二次世界大戦に前後する 1940 年代は Fairbairn の理論的独自性が開花していった時期である。彼は重篤なスキゾイド的特徴を示す人々と取り組み，その結果得られたある心の内的状況を“スキゾイド（分裂的）ポジション”と呼んだ。これは精神発達上 M. Klein による“抑うつポジション”に先立つより原始的な対象関係を表しているものだが，後に Klein は Fairbairn の貢献に敬意を表して彼の見解を取り入れ，自らが定式化した“妄想ポジション”を“妄想－分裂ポジション”と改称した。以上の見解を彼は本著所収の第 1 章「人格におけるスキゾイド的要因」（1940），第 2 章「精神病と精神神経症をめぐる精神病理学の改訂」（1941）の論文に発表している。

また Fairbairn は，戦争神経症を内在化された“悪い対象”との関係の転移として理解しつつ，悪い対象との関係の治療的意義を明らかにする推敲を重ねて，本著所収，第 3 章「抑圧と悪い対象の回帰（特に「戦争神経症」をめぐって）」（1943）という論文を著し，次いで第 4 章「対象関係の観点から見た心の中の構造」（1944），第 5 章「対象関係と力動的構造」（1946）の論文で，その人格構造論を集大成した。彼が示した心の中の構造は“もともとの自我”のスプリット（分裂）から生じるもので，分裂した内的対象関係と理解できるが，これは良い内的対象と悪い内的対象というKleinの概念に対する，構造論的見地からの修正を意味している。さらにFairbairnはその後自らの理論の発展過程を振り返り，2，3の修正，補足とともにこれら一連の論文をまとめ，冒頭に述べた単行本 “*Psychoanalytic Studies of the Personality*” を1952年に発刊したのである。

だが同時にこの年，Fairbairnは3人の子を残したまま，突然妻に先立たれ，彼自身も悪性のインフルエンザに罹るなどしてその健康は徐々に下り坂となっていった。健康がすぐれなかった故だろう，Fairbairnは仕事も開業一本に絞り，1950年代後半になるとその著作は総括の段階に入ったように見える。やがて引退した彼は1964年の大晦日，静かにその生涯の幕を閉じた。享年，75歳であった。

最後に，監修者まえがきの頁にはいささか不釣り合いかもしれないと躊躇しつつ，一つのエピソードを記しておきたいと思う。栗原氏と私が，彼が「あとがき」に書いているように，遅々として進まない翻訳作業と，しかしそれなりに熱のこもった勉強を進めていた時代，もしもある日我々の翻訳が出版される日が来たら「訳者あとがき」にこう書こうと話し合っていた下りがある。それは「私たちがこの翻訳作業をしている冬に，ひどく寒い医局の部屋で，ストーブに石油を入れて下さった，当時の桜ヶ丘保養院院長・高山光太郎先生に感謝します」というフレーズだった。「そのように書こうね」と半分は冗談のように言い合うことで自分たちを励ましているところがあった。私たちはあの当時それぞれに，種々の中心から離れた孤独の地で人格の対象関係をめぐる臨床を理論化していったFairbairnに，（不遜ながら）同一化している気分があったのだと思う。また私は，Fairbairnによって描き出された患者たちに，どこかで親しみさえ感じていたようだと思い出している。

なお，Fairbairnの日本語表記を「フェアベーン」にしたところには，かつてエジンバラ大学に留学された西園マーハ文先生（白梅学園大学／慶應義塾大学）が帰国後に小此木先生との間で交わされた「Fairbairnはスコットランドでどう発音されていたか」というやりとりを私が聞き知った経緯があり，さらに今般，西園先生から改めていただいたアドバイスのお蔭がある。ここにお名前を記して謝辞に代えたい。

編訳者による「あとがき」でも触れられているが，私たちのこの度の作業には，さまざまな方々からいろいろと学んだという点だけからみても実に多くの方々のお世話になってきた歴史があると改めて深く感じる。種々に支えていただいたことが今さらのように次々思い出されて，尽きるところを知らない。複数の師，先輩，同僚，患者，クライエントたちに感謝申し上げたいと思います。
どうもありがとうございました。

参考文献

相田信男，1979，乳幼児のおける自我－対象－分裂の発生.（解説・抄訳）小此木啓吾編，現代のエスプリ 148　精神分析・フロイト以後. 東京：至文堂，115-128
相田信男，1995，フェアベーンの考え方とその影響. 小此木啓吾他編，現代のエスプリ別冊　精神分析の現代. 東京：至文堂，154-166
相田信男・栗原和彦，1983，フェアバーン. 保崎秀夫・高橋徹編，近代精神病理学の思想. 東京：金剛出版，147-180
栗原和彦，1997，内的対象関係と夢－ W・R・D フェアベーンの試み. 妙木浩之編，現代のエスプリ別冊　夢の分析. 東京：至文堂，166-179
Grotstein, J.S. and Rinsley, D.B., (ed), 1994, *Fairbairn and the Origins of Object Relations.* London, The Free Association Books Ltd.
Ogden, T.H., 2010, Why read Fairbairn? *Int. J. Psychoanal*, 91, 101-118

対象関係論の源流――フェアベーン主要論文集　＊　目　次

第3部　理論的考察

第4部　対象関係論への講評に応えて

第１部
対象関係論の展開

第１章

人格におけるスキゾイド的要因

（1940）原注１）

Schizoid factors in the personality, 1940, In Fairbairn, W. R. D., 1952, *Psychoanalytic Studies of the Personality,* London, Routledge & Kegan Paul, pp. 3-27

最近になって私は，以前にもまして，スキゾイド的な性質を持つ精神過程に注目するようになってきている。そして今では，こうした過程が顕著で，人格がはっきりとスキゾイド的な様相を呈しているケースこそ，精神病理学全体の中で，最も興味深く，かつ最も実り多い素材を提供してくれるものであろうと考えている。この見解を裏づける確証は数多くあるが，ここでは特に次の点を指摘しておきたい。（１）スキゾイド状態は，あらゆる精神病理学的状態の中で，最も根の深いところに位置するものであり，人格の基礎をなすものについての研究ばかりでなく，最も基本的な精神過程の研究にとっても，またとない機会を提供してくれる。（２）スキゾイド的なケースを治療的に分析することによって，たった１人の人の内に，さまざまな精神病理学的な過程を最も広範囲に亘って観察することができる。というのも，こうしたケースは，その最終的な状態に至るまでの間に，その人が使い得る限りのあらゆる人格の防衛方法を使ってきた歴史を持っているのが常だからである。（３）あまりに退行してしまっている場合は別だが，スキゾイドの人は，正常異常を問わず，通常信じられているのとは逆に，他のいかなる人々よりも多くの心理的な洞察が可能である――この事実は，少なくともある部分，彼らが非常に内向的であることと（つまり，内的現実に囚われていること），そして，自分自身のより深い心理過程に大変馴染みが深いこと，によっている（こうした心理過程は，通常，容易に「精神神経症的」と分類されるであろうような人々の中にもないわけではない。しかし，

原注１） 本論文の簡略版は，1940 年 11 月９日，英国心理学会スコットランド支部において口頭発表された。

そうした人々の意識からは，頑強な防衛と頑固な抵抗とによって排除されてしまっているのが常である)。（４）これも一般に信じられていることとは逆だが，スキゾイドの人は，驚くべきほどに転移を起こすことができ，思いもよらぬほど好ましい治療効果を上げる可能性を持っている。

明白なスキゾイド状態はと言えば，そこには，以下のグループを峻別することができるであろう。

（１）厳密な意味での統合失調症

（２）スキゾイド型の精神病質人格——精神病質人格のケースの大部分が含まれるであろうグループ（てんかん性性格も例外ではない）

（３）スキゾイド性格——明らかにスキゾイド的な特性を持っている人格だが，精神病質的とは見做し難いような人たちを含む大きなグループ

（４）スキゾイド状態，あるいは一過性のスキゾイド的エピソード——このカテゴリーには，青年期の「つまずき nervous breakdowns」のかなりの部分が入ると私は考えている

だが，これら明白なスキゾイド状態でなくても，現在症の上では本質的に精神神経症的な患者（例えば，ヒステリー，恐怖症，強迫症，あるいは単に不安を示すような患者）の中に，基本的にはスキゾイド的な性質を持った特徴が見出されるという場合も少なくない。もちろん，そうした特徴は，とりわけ分析治療の流れの中で(そして，それを介して)，それまで人格を守ってきた精神神経症的な防衛が弱まってきた時に顕われて来やすいものである。しかし，分析家がその背後にあるスキゾイド的な素地に馴染み深くなっていればいるだけ，スキゾイド的な特徴の存在は，初回面接の時から見出すことができるようになってくる。このこととの関連で興味深いのは，Masserman と Carmichael が 100 例の精神科症例を研究したところ，その内 32 名の統合失調症の患者の既往歴の中に，ヒステリー症状，および強迫症状が認められたということである (*Journal of Mental Science* Vol.84, pp.893-946)。この著者たちの発見によれば，「32 名のうち，少なくとも 15 名について，より明らかな統合失調症の症候の発現に先立つ形で，紛れもなくヒステリー症状の既往が認められた」。また，強迫思考や強迫行為の発現率については，「やはり統合失調症の患者に最も頻繁に認められた」と言う——32 例のうち，強迫思考は 18 例に，強迫行為は 20 例について認められたのである。さらに，私自身が診察した軍のケースでは，最終的に「統合失調症」あるいは「スキゾイド人格」と診断されたうちの 50 %が,「不安神経症」あるいは「ヒステリー」という暫定診断を受けて来ていたとい

うことを付け加えておくのも興味深いであろう。こうした数値は，スキゾイド的な患者が，その人格を護るために，実はどれほど精神神経症的な防衛を使っているか，そして，その努力がいかに虚しい結果に終わってしまっているかを示している。ただし，この数値からは，逆に，こうした防衛がうまくいっている場合，その背後にあるスキゾイド傾向がどれほど上手に隠しおおされているかについては知る由もない。

たとえ表面的には精神神経症症状を呈しているケースであっても，本質的に見れば，いかにスキゾイド的な特徴が広く認められ得るものかということが認識されるようになってくると，これという精神病理学的なレッテルを貼りにくいような問題のために分析の援助を求めてくる人々についても，その多くに，同様の特徴が存在していることが分析治療の流れの中で発見できるようになってくる。このグループには，例えば，人とうまくやれない，仕事に集中できない，性格の問題，性的倒錯傾向といった問題や，インポテンツ，強迫的自慰といった精神性的な問題のために分析家の許へ相談に来る人たちの多くが含まれる。またこのグループには，表面上は単一の症状を訴える人たちや（例えば，発狂するのではないかという恐怖や，露出症になってしまうのではないかという不安），一見，場にそぐわない理由で分析治療を受けたがる人たち（例えば，「だって，いいことをしてくれそうな気がするから」とか,「だって面白そうだから」と言って来る人たち）の大半も含まれる。さらにまた，不可思議な，あるいは煙に巻くような雰囲気 mysterious or mistified air をもって相談室に入ってきて，まず Freud を引用したり，いきなり「実は私はナンデここに来たのかわからないんです」と言ったりする人たちの全てが含まれる。

これまで述べてきたさまざまなカテゴリーに属するケースを分析的に研究してみると，紛れもない離人症や現実感喪失といった現象ばかりでなく，比較的軽症な，あるいは一過性の現実感の障害，例えば（自己，あるいは周囲が）「人工的な」感じだとか,「分厚いガラスで隔てられている感じ」といった体験，また，馴染みのある人々や周りの環境に馴染みが持てないといった感じや，馴染みのないものに馴染み深さを感じてしまうような感じとかも，本質的にスキゾイド的なものだということが認識できるようになる。馴染みのないものに対して馴染み深い感覚を抱くのと同類のものに,「既視」体験がある——スキゾイド過程は，興味深いこの現象にも含み込まれていると見做されなければならない。また，夢遊，遁走，二重人格，多重人格といった解離現象についても，同様に理解されなければならない。二重人格や多重人格といった現象について言えば，Janet や William James，また Morton Prince

が記載している数多くのケースを慎重に検討してみると，それらのケースは本質的にスキゾイド的な性質を持っていると推定することができるように思う。そして，ここで記しておいた方がいいのは，Janetが解離現象を呈しているとして記載したケースは，その多くが，統合失調症を疑わせるような行動をしている，ということである。しかも彼は，その解離現象を基にして，古典的な「ヒステリー」の概念を定式化したのである――私は，この事実は私自身の観察から導き出した結論を支持するものであると理解している。つまり，ヒステリーの人の人格には，それがいかに深く埋め込められていようとも，必ず，多かれ少なかれスキゾイド的な要因が含まれている，ということである。

以上のようにスキゾイド現象をより広く概念づけ，それによって「スキゾイド」という用語が意味するものが拡大されてくると，それに伴ってこの用語によって示されるものも必然的に拡大されることになる。その結果，スキゾイドと呼ばれるグループは，非常に大きなものになっていくことが理解されるであろう。例えば，そこには，どんな社会にもいる，熱狂者，煽動者，犯罪者，革命家，その他の破壊的な分子の多くが含まれることになる。また，通常，さほど顕著ではないにしても，スキゾイド的な特徴はインテリの人たちの間にもよく認められるものである。例えば，知識人ぶった人がブルジョアジーを軽蔑したり，奥義の域に達した芸術家が俗人をあざ笑ったりすることも，目立たないものではあるけれども，スキゾイド的な性質を持った現象と見做し得るであろう。さらにこんなことも指摘できる。文学であろうと，芸術であろうと，科学であろうと，またそれ以外のものであろうと，知的な探求というものは，程度の差こそあれ，スキゾイド的な特徴を持つ人にとって，それ自体，特別な魅力を持つものであるようだということである。知的な探求について言えば，それが持つ魅力の程度は，そのスキゾイドの人が，どのくらい距離をとった態度attitude of detachmentをとっているか，いや，そればかりでなく，どのくらい思考過程を過大評価しているかということによって決まってくるようである。というのも，この２つの特徴は，いずれも，科学の領域ではすぐに役に立つものだからである。科学は，秩序立てて配列したり，細心の注意を払って正確を期そうとする強迫的な欲求をその基盤にしており，そこに，強迫的であれ，という要請があることは，あらためて言うまでもなく，ずっと以前から認識されてきていた。しかし，そこに，スキゾイド的であれ，という要請がなされていることも同じように明らかなのであって，そのことが少なくとも同程度，認識されなければならない。そして最後にもう１つ，あえてこんなことを述べておこう。それは，歴史上の有名な人物も，その多くがスキゾイド人格，ないしはスキゾイド性格であったと解釈し得るということである。実際，そういう人たちこそが，しばしば歴史の１ページに足跡を残すことになるようである。

さて，こうして見えてきたスキゾイドというカテゴリーに入るであろう一群の人々に共通する特徴にはさまざまなものがあるが，中でも，次の３つは際立った特徴として特記しておきたい。それは，（１）万能的な態度，（２）孤高の，距離をとった態度，（３）内的現実への囚われ，である。しかし，これらの特徴は，必ずしも表立って顕われているとは限らないということを心得ておくことは重要である。例えば，万能的な態度は，さまざまな程度に，意識的である場合も，無意識的である場合もある。ある領域についてだけ働いている場合もあるし，表向きの劣等感や，下手に出る態度の下に過補償されていたり，隠されていたりする場合もある。また，意識はされていても，大切な秘密として胸に秘められている場合もある。同じように，孤高の，距離をとった態度も，見せ掛けの社交性や，特定の役割を果たすことによってカバーされている場合がある。そして，ある種の文脈の下では，かなりの情緒性を伴っている場合さえある。内的現実への囚われ，これはあらゆるスキゾイド的な特徴の内で，間違いなく最も重要なものである。たとえ外的現実が内的現実の代理になっていようと，内的現実が外的現実と同一視されていたり，外的現実の上に二重写しになっていたとしても，この特徴は必ず存在しているものである。

ここで触れておかなければならないのは，これまでの考察から導かれる「スキゾイド」の概念は，ことにそれが指し示すものについて，Jung が定式化した「内向」型という概念と驚くほどよく対応しているということである。そしてここで重要なのは，Jung が初期の論文の１つで，統合失調症（「早発性痴呆」）を発呈するのは，内向型の人に限られているという見解を表明したこと（『分析的心理学論集』，1917, p.347），つまり内向とスキゾイド心性の発展との間の連関を認識していたということである。Jung の「内向」という概念が，ここでいう「スキゾイド」の概念と対応しているということは，ことにその２つの概念に至る道筋が全く別個のものであっただけに，先に触れたような一群の人たちが実際に存在していることを確認できるという意味において，とても興味深い。ただもちろん，こうした対応関係を認めたからと言って，それは，私が Jung の基本的な心理学的類型論を受け容れているというわけでは全くない。実際，スキゾイド・グループという私の概念づけは，気質的な要因の考察に基づいているわけではなくて，厳密に精神病理学的な要因の考察に基づいているのである。ここで，「スキゾイド」という用語のもともとの使われ方ゆえに，それに付随するようになっているいささか不吉な連想のことを考えれば，当該のグループを記載するのに「スキゾイド的」という用語よりも「内向的」という用語の方が望ましいのではないか，と思われる方がおられるかもしれない。しかし，この2つの用語のうち，「スキゾイド的」という方には，「内向的」という方にはない，計り知れない利点がある。それは，つまり，単に記述的であるばかりでなく，精神発生論的な意味において説明的な意味を兼ね備えているという点である。

さてここで私は，次のような批判を考えておかなければならない。それは，私の考え方からすると，人は皆，例外なくスキゾイド的だと見做されなければならないことになってしまう，という点である。実のところ，私は，その通りだと思っている。ただ私はここに，1つだけ重要な条件を付け加えておきたい――そうでないと，私の「スキゾイド」という概念はあまりに包括的なものとなって，ほとんど意味をなさなくなってしまうであろうから。この概念を意味あるものにする条件とは，今どのような精神水準が問題にされているか次第で全てのことが決まる，という点である。根本的なスキゾイド現象とは，自我の内に亀裂 splits があるということである。しかし，臆面もなく，私の自我は完全に統合されていて，どんなに深い水準においても分裂 splitting の兆候など見当たらない，とか，あるいはまた，より表面的な水準に関する限り，どんな状況の下でも，自我が分裂している証拠が表に出てくることなどあり得ない，たとえ極端に苦しい，辛い，あるいは剥奪の状況の下でさえも（例えば，重い病気に罹ったとか，北極を探検しているとか，太平洋の真ん中でボートに取り残されたとか，容赦のない迫害を受けているとか，あるいはまた，現代の戦争の脅威に長期間晒されているといった時でさえも），そんなことは起らない，と主張する人もあるであろう。ただここで何よりも重要な要因は，その精神的な深さであって，その深さが，自我が分裂している証拠があるかどうか以前に見通されるべきなのである。いずれにせよ，私は，自我は，最も深い精神水準においては，必ずある程度分裂していると考えている――（同じことを Melanie Klein から借用した用語で表現すれば）**こころの基本的なポジションは，常にスキゾイド的なポジション**訳注1) **である**と言える。もちろん，このことは，最大限の発達を遂げた，理論上完璧な人の場合には当てはまらないであろう。だが，実際にはそういう幸福な運命を享受している人など，誰1人としていないのである。事実，自我がより高い水準で統一され，安定していて，そのおかげで，基本的な分裂が，どのような状況下でも，それとわかる形で表面に出てくることがないなどという人は，想像するのも困難である。「健常な」人々の中にも，生涯のどこかで，何か重大な危機に瀕して，不自然なくらい落ち着いていた，超然としていた，という体験をしたり，また，何か困惑したり，無力に晒されるような状況の下で，「自ら傍観してしまっている」感じを一時的に体験した，というような経験をしたことがない人は，まずほとんどいないであろう。そして，おそらくたいていの人が，「既視」として知られる，現在と過去，幻想と現実とが奇妙に交錯する体験を経験したことがあるであろう。こうした現象こそ，本質的にはスキゾイド現象であると私は言いたい。しかし，人は皆例外なく，より深い水準においてスキゾイド的だということを確証するある現象がある――それは，夢である。つまり，Freud の研究が示している通り，通常，夢の中では，夢主自身が２人，ないしそれ以上の別の存在として表されているのである。ここで私自身がとるようになっている見解を述べておくと，夢の中に登場するもの figures は全て，（１）夢主の人格の一部分か，あるいは（２）その人の人格の一部分が，通常同一化を基礎にして，内的現実の中である関係を持っている対象か，のどちらかである。いずれにしても夢の中では，夢主が１人以上の存在として表わされる特徴があるという事実は，夢を見ている意識の水準では，夢主の自我は分裂されている，というふうにしか解釈できない。だから，夢というものは，普遍的なスキゾイド現象の顕われなのである。Freud が記載した「超自我」という普遍的な現象も，同様に，自我の内に亀裂があることを示すものだと解釈されなければならない。なぜなら，「超自我」が「自我」とは区別される自我構造であると見做すことができるのであれば，その超自我が存在しているというそのこと自体，あるスキゾイド的なポジションが確立されていることを示しているからである。

「スキゾイド」という用語の語源となっている自我の分裂という概念づけは，それを精神発生論的に考えてみた時に初めて，その啓発的な価値を理解することができる。そこで，自我の発達においてポイントとなる点をごく簡潔に考えてみる必要が

訳注１）　当初 Fairbairn が schizoid position という用語に込めた意味は，特有の情感，葛藤，防衛技法などを備えた１つのまとまりを持った心的態勢というよりも，自我の亀裂を特徴とする心的局面とでもいうような意味であった。実際，それは a schizoid position と表記され，のちの the schizoid position ないし Schizoid position とはその概念づけが異なっている。いや，むしろ，1940 年のこの論文を経て，Fairbairn の内に，より特定化されたスキゾイド・ポジション論が育っていったと考えるべきであろう。もちろんそこには，M. Klein の仕事も大きな刺激になっている。だが，Fairbairn の言う position は，もともと，例えば固着という概念との対比で創案されたものではなく，いわばもっと自由な日常用語としてのそれである。こうした事情に鑑みて，本訳書においては，より一般的な心的局面を示している（主として，不定冠詞が冠せられている）場合には「スキゾイド的なポジション」とし，もっと特定の心的態勢を示している場合には「スキゾイド・ポジション」とした。

ある。Freud が最も重視した自我の機能は，その適応機能であった――つまり，自我が原初的本能活動を，外的現実の諸条件，とりわけ社会的な諸条件へと繋げる際に果たす機能である。だが，忘れてならないのは，自我は統合機能をも果たし，その中で最も重要なものは，（１）現実知覚の統合と，（２）行動の統合だ，という点である。自我が果たすいま１つ重要な機能は，内的現実と外的現実との峻別である。自我の分裂は，もちろん程度や割合の差はあるけれども，これら全ての機能の進歩，発展を危うくすることになる。そこで私たちは，発達の結果生じる自我の統合度には，ありとあらゆる可能性があることを認識しなければならない。つまり，一方の極に完全な統合があり，もう一方の極には完全な統合欠如があり，その間にさまざまな程度の統合が並ぶような，統合に関する理論的な尺度を考えてみることができるであろう。こうした尺度の上では，統合失調症の患者はより下の極の方に位置づけられるだろうし，スキゾイド人格はもう少し上位に，そしてスキゾイド性格はさらに上位に，などといった位置づけがなされるであろう。しかし，その尺度の最上位，つまり，完璧に統合されていて，分裂がないというところは，ただ理論的にのみ可能だと考えなければならない。こうした尺度を頭に入れておくと，それなりに苛酷な条件の下に置かれれば，どのような人でも，いかに何らかのスキゾイド的な特徴を示し得るか，とか，また，青年期，結婚，戦時の従軍といった再適応が必要な状況においてだけ自我の亀裂の徴候を示す人がいる一方で，ごく日常的な生活という条件の下でさえそうした徴候を示す人がいるのは何故なのか，といったことが理解しやすくなる。もちろん，実践場面で今想定したような尺度を構成してみようとすると，どうしてもなかなか難しい問題にぶつかることになる。例えば，ほんの一例を挙げれば，Freud がまさしく指摘した通り，極めて多くのスキゾイド現象は，実は自我の分裂に対する防衛だということから派生してくる問題である。もっとも，こうした尺度を想定しておくことによって，自我の分裂がいかに一般的なものかということを認識しやすくなるのも事実である。

Bleuler による「精神分裂病［統合失調症］」という古典的な概念が示している通り，最も特徴的なスキゾイド現象は自我の分裂であると見做されなければならない。にもかかわらず，これまで精神分析家たちは，スキゾイド的な態度の中でリビドーはどの方向に向かっているか，ということの方ばかりに多くの関心を向けてきた（実際，注意は大半そちらの方に限られていたとも言える）。そして Abraham によるリビドー的発達論という精神発生論の影響の下，スキゾイド系の現象が臨床的に顕われてくるのは，早期口愛期への固着によるものだと見做されるようになってきている。確かに，自我の分裂が起こり始めるのは，おそらく人生最初のこの時期であり，未発達で経験の乏しい幼児が，その時期における波乱の影響を受けることによってであろう。実際，自我の分裂と，口愛期的な合体というリビドー的態度との間には，大変密接な関連があるに違いない。私は，自我の分裂をめぐる諸問題は，これまで以上に注目されていいことだと考えている。事実，これまで私が述べてきたことからしても，私がその問題をいかに重要だと考えているかが多少なりともおわかり頂けるであろう。そこで，これから私は，早期口愛期に何らかの固着がある場合，そこから生じる，ないし，それによって多大な影響を受けることになると考えられる発達のあり方について考えてみたいと思う。それこそが，スキゾイド的な態度のありようを決定する上で，突出した役割を果たすものだからである。

幼児の自我は，何よりもまず，「口の自我 mouth ego」と言うことができるであろう。このことは，どのような人の場合にも，その後の発達に重大な影響を及ぼすことになるのだが，後にスキゾイド的な特徴を示すようになる人たちの場合，この影響が特に著しい。幼児に関して言えば，その口は，欲求を表わす主たる器官であり，活動の主たる道具であり，満足やフラストレーションの主たる仲介役であり，愛や憎しみの主たる径路である。そして何よりも重要なことは，口は親密な社会的接触を持つための最初の手段となるということである。人が確立する最初の社会的な関係とは，自分自身と母親との間の関係である。その中核は，授乳状況に集約されており，そこでは，母親の乳房がリビドー的対象として焦点づけられるものとなり，自分の口は自らのリビドー的態度が焦点づけられるところとなる。そこにいかなる性質を持った関係が形作られることになるか，そのことがその人がその後に持つ関係や，その後にとる社会的な態度全般に重大な影響を及ぼすことになるのである。周囲の環境が，今問題にしている早期口愛期へのリビドー固着を引き起こすようなものであった場合，早期口愛期に適切だったリビドー的態度は，誇張された形で持ち越され，将来に亘って影響力を持つ。だから，その影響力を考えるに当たっては，早期口愛期的な態度そのものの主だった特徴を考えてみるのが，おそらく最もよいであろう。その特徴とは，次のようにまとめることができる。

（１）そこでの情緒的な関係は，本質的には，子供と，１人の人 person としての母親との関係だし，子供のリビドー的対象は，実は，全体としての母親 mother as a whole だということは認識しておかなければならないが，それでも子供のリビドー的関心は，本質的に母親の乳房に焦点づけられており，その結果，その関係における問題が大きければ大きいだけ，乳房それ自体がリビドー的対象としての役割をとる傾向が生まれてくる。つまり，そのリビドー的対象は，（１人の人，ないし全体対象 whole object ではなく）ある身体器官，すなわち**部分対象** *partial object* という形をとる傾向にある。

（２）そのリビドー的態度は，本質的に「**摂る** *taking*」という側面が，「与える giving」という側面よりも優位を占めているものである。

（３）そのリビドー的態度の特徴は，摂ることばかりでなく，**合体すること** *incorporating*，**および内在化すること** *internalizing* にもある。

（４）そのリビドー的状況とは，**満ちていること** *fullness*，**および空っぽなこと** *emptiness* が極めて重要なことになる状況である。例えば，子供がおなかが減っている時，その子供は空っぽだし，おそらくそう感じている。逆に，満足するだけのものを与えられていれば，子供は満ちているし，おそらくそう感じている。一方，子供から見れば，おそらく，母親自身である母親の乳房は，通常，授乳前には満ちており，授乳後には空っぽなのである――子供はこうして，母親の状況を，満ちているとか空っぽだという自分自身の体験に基づいて感知していくことができるに違いない。剥奪される環境の中では，子供にとって空っぽであることが特別な意味を持つようになってくる。子供は，自分自身，空っぽだと感じるばかりでなく，その状況を，自分がお母さんを空っぽにしてしまったのだと解釈するのである――というのも，剥奪は，子供の口愛的な欲求を強めるばかりでなく，その欲求に攻撃的な質をもたらすことになるからである。剥奪はまた，子供の合体欲求の範囲を拡大することになり，そこには，単に乳房の中身 contents のみならず，乳房そのもの，ひいては全体としての母親さえも含まれるようになってくる。こうして，子供が体験する，乳房を空っぽにしてしまうということをめぐる不安は，**自分のリビドー的対象を破壊してしまうという不安**を呼び起こすことになる。そして，通常母親は，授乳が済むと子供を置いて行ってしまうことが，この印象を強める効果を持つに違いない。その結果，子供にとっては，自分がリビドー的態度を向けると自分のリビドー的対象はいなくなったり，破壊されたりすることになってしまう，ということになる――このことは，もっと後の段階で，子供が，食べてしまった物は外的世界からは消えてなくなってしまうということ，また，ケーキを食べ，かつ同時にそれを持っているということはできないのだということを学ぶ時，追認されていきやすいものである。

以上のような早期口愛期の特徴をなすリビドー的態度のさまざまな側面は，この時期への固着の生じ方の程度に従って，より強いものとなり，より永続的なものになってくる。そしてこれらはいずれも，スキゾイド性格のあり方や，スキゾイド症状のあり方の決定因として作用するのである。そこで，これから，その１つ１つの要因がどのような展開を引き起こしていくことになるかという点について，考えてみることにしたい。

１．部分対象（身体器官）の方に向かう傾向

まずはじめに，早期口愛期的な態度における，標記の要因の影響から考えてみよう。この要因は，他の人々を，生来的に独自の価値を持った人 person 以下のものとして取り扱うというスキゾイド的な傾向を準備することになる。こうした傾向を示す一例として，スキゾイド・タイプの大変知的な男性のケースを取り上げてみよう。彼が私の許に相談に来たのは，自分は妻との本当の情緒的な触れ合いを持つことができていないこと，むしろ，何かにつけて文句を言いたくなってしまい，実際，愛していることを示した方が良かったような時にも，ムッツリしてしまっていることが一度や二度ではなかった，といったことのためであった。彼は，自分が妻に対して取っているひどく利己的な態度について述べてから，自分は相手が誰であれ，親しく付き合うことができない方で，他の人たちを，程度の差こそあれ，まるで下等動物のように扱ってしまうのだ，と語った。この最後の言葉からして，彼の問題の出所の１つを見い出すのは容易いことであった。ここで，夢の中では通常，動物というのは身体器官の象徴になっているということを思い出してみよう。このことからだけ考えても，彼の妻に対する態度は，他の人々に対するのと同様，部分対象に対する態度であって，１人の人に対する態度ではないということが確認されるのである。同じような態度は，ある紛れもなく統合失調症的な患者についても明らかになった。彼は，自分がひとに出会う時の態度は，まるで未開部族の中にいる人類学者の態度のようだ，と述べたのである。ある兵士も，これとどことなく似た態度を示していた。この兵士は，その生活史から見て，生来スキゾイド人格だったことは明らかであったが，戦時中の軍事兵役の途中，急性のスキゾイド状態に陥ってしまった。彼の母親は，彼がまだ幼い子供だった時分に亡くなっていて，彼は，親と言えば父親についての思い出しか持っていなかった。彼は学校を卒業した後，すぐに家を離れ，それ以降，父親との音信も途絶えてしまった。実際，彼は，父親の生死についてさえ知らなかった。彼は長年流浪の生活を送り，一箇所に落ち着いていたことがなかった。だが，最終的に，ひとつところに落ち着いて結婚すればいいことがあるだろうと思い立ったのである。そこで彼は，それを実行した。だが，私が，

結婚して幸せだったかねと訪ねると，彼はその質問に，全く驚いたという顔をして，それからむしろあざ笑うような微笑 scornful smile を浮かべた。「そのために結婚したんですよ」。彼はまるで，もうそれで十分だと言わんばかりに，見下した調子でそう応えた。その応えの中に，内的現実と外的現実とがキチンと区別できないというスキゾイドの人の問題が示されているのは言うまでもないが，そこには，同時に，スキゾイド的な特徴を持つ人たちがリビドー的対象を，生来的な価値を持った人としてよりも，むしろ，自分に必要なことを満足させてくれる手段として取り扱うという傾向も示されている。そして，この傾向こそ，部分対象としての乳房に向かう，早期口愛期的な方向づけが脈々と息づいているところから生じてくるものなのである。

さて，ここでこんなことを述べておきたい。それは，スキゾイド的な特徴を示す人たちに認められる部分対象への方向づけは，おおむね退行的な現象であり，それは，こうした方向づけがもともと生じる早期口愛期以降の子供時代のある段階で，両親，ことに母親との間に生じる情緒的に満足のいかない関係によって決定される，ということである。こうした退行を特に刺激しやすいタイプの母親とは，子供に，自然で純粋な愛情表現を通じて，自分は母親からまさに１人として愛されている，という確信を持たせられない母親である。所有欲の強い母親や，無関心な母親がこの類に入る。おそらく最悪の母親とは，所有欲も強く，かつ無関心だという印象を与える母親であろう——例えば，愛する一人息子を，何が何でも甘やかすまいと心に誓った母親がそれに当たる。母親の側で，その子供に，自分は母親に１人の人として本当に愛されているということを確信させられないと，子供は，母親との情緒的な関係を人としてのパーソナルな基盤 personal basis の上に維持しておくことが難しくなってくる。その結果，子供は，その状況を単純なものにしようとして，以前にあった，もっと単純な形での関係を退行的に復活させ，部分対象としての母親の乳房との関係を再現しやすくなるのである。この種の退行の一例として，ある若い統合失調症のケースを挙げてみよう。彼は，実際の母親にはこの上なく辛く当たっていたが，ある時こんな夢を見た。ある部屋のベットに横になっていると，天井からミルクが一筋流れ出している——そして，この部屋というのは，彼の家では母親の寝室の真下に当たる部屋だったのである。この種の退行過程は，おそらく，**対象の脱人格化** *Depersonalization of the Object* と記載するのが最もよいであろう。ただこの過程には，そこで望まれる関係の質も退行するという特徴がある。つまりそれは，情緒的な触れ合いを身体的な触れ合いで代理するという形をとるわけだが，この退行的な動きもまた，関係を単純化するためのものなのである。このことは多分，**対象関係の脱情緒化** *De-emotionalization of the Object-relationship* と記載することができるであろう。

２．リビドー的態度において，摂ることの方が与えることよりも優位を占めている傾向

早期口愛期的な態度においては，摂ることの方が与えることより優位を占めているのと相俟って，スキゾイド傾向を持つ人は，情緒的な意味で与えるということが大変苦手である。このこととの関連で，次のことを思い起こしてみると興味深い。それは，もし口愛的，合体的な傾向が他のどのような傾向にもまして根本的なものだとすれば，生体にとって次に重要なのは排泄行動（排便，ならびに排尿）だ，という点である。言うまでもなく排泄行動の生物学的目的は，不用な有害物質を身体から排除することにある。そしてこの生物学的な目的に見合った形で，子供はじきに，悪いリビドー的対象に対処するためには，排泄活動をお手本にすればいいということを知るようになる。けれども，子供にとって排泄活動の一番最初の心理的な意味は，むしろ創造的な活動としての意味であろうと思われる。事実，排泄行動は，その人にとっての初めての創造活動であり，その結果生まれたものは，その人が初めて創り出したものなのである――それは，初めて外在化する自分の中身であり，自分自身に所属するものの中で，初めて与えるものなのである。この点において排泄行動は，本質的に摂るという態度を含んでいる口愛的な活動とは対照的な位置にある。しかし，これら２群のリビドー活動が対照的なのは，この点についてばかりではない。そこには，もう１つ，逆の側から見た対比が同時に存在していると考えられなければならない。というのも，ある対象に対して口愛的，合体的な態度が向けられている場合，その対象はつまり，価値あるものとして見られていると言うことができるわけだが，排泄的な態度が向けられている場合には，その対象は，価値のないものと見られ，拒絶されているということが意味されているからである。ただ，当面の問題に直接関連があるのは，深い精神水準において，摂るということは，情緒的には，身体の中身を貯め込むのと等価であり，与えるということは，情緒的には，身体の中身を手放すのと等価だという事実である。さらにまた，これに関連して言えば，深い精神水準においては，精神（こころ）の中身と身体の中身とは情緒的に等価であって，その結果，後者に対してとる態度によって，前者に対する態度は大きく影響されることになる。だからスキゾイド傾向を持つ人の場合，幼い子供時代の口愛

的，合体的な態度の中で身体の中身が価値づけられていた，その過剰な価値づけと連動して，精神(こころ)の中身を過剰に価値づけることになるのである。こうした精神(こころ)の中身に対する過剰な価値づけは，例えば，スキゾイド傾向を持つ人が，人と人との関わりの中で情緒を表現するのが苦手だということの中に示されている。こうした人にとっては，他者に向かって情緒を表現することは，そこに含まれている与えるという要素によって，中身を失ってしまうことを意味するのである。ひととの付き合いは本当に疲れるものだと感じられることが多いのも，このためである。だから，長期間ひとと一緒にいると，「大切なものが出て行ってしまった」という感じがしやすくて，その後でまた，内的な情緒の貯蔵庫を補填するべく，一人でじっとしている時間を持たなければならないのである。例えば，私のある患者は，近く婚約することになっていた相手とデートするにも，連日というのはとても無理だと感じていた。というのも，彼女とあまり何度も会うと，自分というものが枯渇していってしまうと感じられたからである。スキゾイド傾向が顕著な人の場合，情緒を失ってしまうことがないように**感情を抑圧**し，距離をとった態度をとろうとする。そのため彼らは，他の人々から，打ち解けない人と見られることになる――もっと極端な場合には，非人間的だ，とさえ見られるのである。こうした人たちは，よく，「自分の殻に閉じこもった人」と言われるが，彼らが自分の情緒の中身をいかに自分の内側に閉じ込めておくかということを考えてみれば，そう言われるのも実にもっともなことである。情緒を失うことをめぐる不安は，時に奇妙な形で現れてくることもある。例えば，分析を求めてきたある若い男性を例にとってみよう。この人の場合，私は初回面接の時から，どことはなしに不可思議な雰囲気 mysterious air があることを看て取っていた。この不可思議な雰囲気とは，私が，スキゾイド傾向が背後にあることを示す特有な徴候と見做すようになっているものであって，しばしばそういう雰囲気の中で，具体的な症状は何一つ述べられない，といったことが起きるものである。この患者は，大学の学部生であった。彼についての客観的な問題は，試験に合格できないのが繰り返されているということであった。彼にとっては，口頭試問が特に難関で，それについて印象的だったのは，たとえ本当は質問への正しい答えがわかっていたとしても，それを**答える（与える）**ことができないという点であった。もちろんここに，彼と父親との関係をめぐるさまざまな問題が含まれていたことは明らかであろう。しかし，この特定の問題がこうした形で現れていたことの意味は，彼にとっては正しい答えを述べる（与える）ということが，苦労してやっと手に入れた（つまり，内在化した）ものを，試験官に与えることになってしまい，それゆえ，何かとても貴重で失いたくないものを手放してしまうことになっていたということにあったのである。スキゾイド傾向を持つ人は，情緒的な意味で与えるということが苦手だという問題を解決しようとしてさまざまな技法を用いるが，ここではそのうち，２つを挙げておきたい。それは，（ａ）役割を演じる技法と，（ｂ）露出症という技法である。

（ａ）役割を演じる技法

スキゾイド的な人は，ある役割を演じたり，割り当てられた役柄をこなすことによって，とても多くの情緒表現ができたり，また一見とても心に残るようなお付き合いができたりすることがしばしばある。しかし，そうすることでその人は，実は何も与えていないし，何も失っていない。なぜなら，その人は，単にある役を演じているだけで，自分自身の人格を関わらせているわけではないからである。その人は，秘密裡の内に，自分が演じている役を，本来の自分とは別の物にしてしまう。そうして，自分の人格はそのままにしておいて，無傷のまま危険を免れようとするのである。ただ付け加えておかなければならないのは，その役が，十分意識された形で演じられている場合もあれば，役を演じているということ自体ほとんど意識されておらず，分析治療の流れの中で初めて認識される場合もあるということである。ある役を意識的に演じることについては，こんなケースがある。この人は，著しくスキゾイド的な若い男性で，初回の面接で私の相談室に入ってくると，途端にFreudの引用から話を始めた。つまり彼は最初から，自分は精神分析に入れ込んでいる，と私の目に映るようにしていたのである。しかし私はすぐに，彼はある役割を演じているのに過ぎないのではないかという疑念を抱き，その疑いが正しかったことは，分析治療が始まると間もなく確実なものになっていった。彼のとった役というのは，実は，私との純粋な情緒的接触を持つことに対する，そして情緒的な意味で純粋に与えるということに対する防衛だったのである。

（ｂ）露出症的な技法

スキゾイド心性の中では，例外なく，露出症的な傾向というものが目立つものである。もちろん，その傾向は，ある役割をとろうとする傾向と密接な関係にあるわけだが，露出症的な傾向の方は，たいていの場合，無意識的なものであり，しばしば不安によって覆い隠されている。しかし，そうだとしても，その傾向は分析治療の流れの中で，非常にはっきりと顕われてくる。そして，スキゾイド傾向を持った人が，文学や芸術活動の方に惹かれる，その１つの理由も，そうした活動が，直接人との付き合いをしなくても自己を表現することができる，露出症的な手段になっているからなのである。露出症を1つの防衛として利用することの意味は,「示すこと showing」をもって「与えること」を代理し，そうやって，与えることなしに与える技法になるというところにある。だが，失うことなしに与えるという問題を解決しようとするこの技法には，問題がないわけではない。それは，もともと与えるという行為に結びついている不安は，示すという行為にも転嫁されやすく，その結果,「見せびらかす showing off」が「暴露する showing up」ということになってきてしまうからである。こうしたことが起きると，露出する状況は極めて苦痛の大きいものとなり,「見られてしまう」ことによって急激に自意識が高まることになる。与えることと示すことの関連については，人格にスキゾイド的な成分を持った，ある未婚の女性患者の反応がよく示してくれる。彼女がその反応を起こしたのは, 1940年のある朝，その前夜，私の家の近くにドイツ軍の爆弾が落ちたという記事を新聞 paper で読んだ後のことであった。その新聞記事からすれば，爆弾の落ちたところから私の家までは十分に距離があって,私は大丈夫だということは明らかであった。そして，彼女は，そのことをめぐって，限りなく深い感謝の気持ちを体験したのである。しかし，彼女は，何とか表現したいとも思っている私への気持ちを，直接には全く表現できないほど自分の情緒をしまい込んでいた。そこでこの状況を何とかするために，彼女はとても苦労して**自分自身**のことを紙 paper に書いて，次のセッションでそれを私に手渡したのである。こうして彼女は，まさに私にあるものを与えた。だが，彼女が私にくれたものは，いわば紙に表された，彼女自身についての素描であった。実際的に見れば，そこには，示すという態度から与えるという態度への一歩前進が認められる。というのも，結局，間接的なやり方ではあったけれども，彼女は精神(こころ)の中身を，つまり，自己愛的な形でとても大きな意味が与えられていて，手放すのが一苦労な精神(こころ)の中身を，私にまさに与えたからである。ここにはまた，彼女が，自分の精神(こころ)の中身を自己愛的に価値づけているところから，私をある外的対象，そして1人の人として価値づける方向への一歩前進も認められる。そしてこの出来事から見れば，分析によって，このケースの内に，身体の中身を手放すことをめぐって凄まじい葛藤があることが明らかになったことも，驚くには値しないであろう。

3．リビドー的態度における合体的要因

早期口愛期的な態度の特徴は，摂ることばかりでなく，合体すること，ないし内在化することにもある。そして，こうした早期口愛期的な態度を退行的な形で最も

復活させやすいのは，子供が,（ａ）実は自分は母親から１人の人として愛されているわけではなく,（ｂ）自分が母親を愛していても，母親は実はその愛に価値を置いてもいないし，それを受け容れているわけでもない，と感じるようになる，情緒的な意味での挫折を味わう状況であると思われる。これは極めて外傷的な状況であって，さらに次のような状況を引き起こしていくことになる。

（ａ）子供は，母親が自分を愛していないように見える限りにおいて，母親は悪い対象だと見做すようになる。

（ｂ）子供は，自分自身の愛を外に向かって表現するのは悪いことだと見做すようになり，その結果，自分の愛を，できる限り良いものにしておこうとするべく，自分自身の内側に留めておこうとしがちになる。

（ｃ）子供は，外的対象との愛情関係というものは，それがどのようなものであれ，悪いもの，ないし，少なくとも相手次第の危っかしいものだと感じるようになる。

結局のところ，子供は，自分の対象との関係を，内的現実の領域に移し替えるということになりやすい。この内的現実の領域とは，早期口愛期の間に挫折を味わった状況の影響の下，母親とその乳房とがすでに内在化された対象として備えつけられているところである。つまり，その後幾度も起きてくる挫折状況の影響の下，対象の内在化が，１つの防衛技法としてさらに活用されていくことになるのである。こうした内在化の過程は，口愛的態度そのものが持っている，まさにその性質によって，具体的に手を引かれるというわけではないにしても，助長されている。というのも，口愛的衝動が元来持っている目的とは，合体するということにあるからである。この合体とは，もちろん，もともとは身体的な合体である。しかし，合体の努力に伴う情緒的な気分それ自体も，ある種の合体的な色彩を帯びていると考えなければならない。いやむしろ，そうだからこそ，早期口愛期での固着が起きれば，その自我構造の中には，必然的に，合体的な態度が織り込まれてくることになるのである。こうして，人格にスキゾイド的な成分を持つ人の場合，外的世界の意味づけは，もっぱら内的世界の側からなされる傾向が強いことになる。はっきりした統合失調症の患者においては，この傾向があまりにも強く，そのために内的世界と外的世界との区別が大幅にぼやけてしまうこともある。だが，こうした極端なケースは別にしても，スキゾイド的な成分を持つ人には，一般に，自分の価値を内的世界の方に積み上げておくという傾向がある。その人の対象は，外的世界よりも内的世界の方に属しているものでありがちで，しかも彼らは，自分自身，その内的対象に同一化する傾向が極めて強い。この事実こそ，情緒的な意味で与えるのが苦手だという彼らの体験を，実質的に支えているものなのである。対象関係が主として外的世界の中にある人の場合，与えるということは，価値を創造し，高めていくこと，さらに，自尊心を助成することにもなっていく。だが，対象関係が主として内的世界の中にある人の場合，与えるということは，価値を落とし，自尊心を低下させることになっていく。そして，そうした人が与える時，彼らは，枯渇してしまったと感じやすい。なぜなら，与える時にはその分，自分の内的世界が犠牲になってしまうからである。こうした性質を持っている女性の場合，この傾向によって，出産をめぐって凄まじい不安が掻き立てられる場合がある。というのも，そうした女性にとって出産とは，子供を得ることではなく，中身を失うこと，その結果空っぽになってしまうことを意味するからである。実際，私はこのタイプの女性患者を受け持ったことがあるが，この人の場合も，中身を手放したくないという気持ちが根深く，ひどい難産をすることになってしまっていた。こうしたケースにおいて，出産は，現に身体の中身を手放すこと，になっているのは言うまでもない。ただ，これと類似した現象がもっと精神的な領域に起きた例として，ある画家のケースを挙げることができる。彼は，１枚の絵を仕上げても，その結果何かを創造したとか，何かを手に入れたとか感じることはなく，むしろ，大切なものが出て行ってしまったと感じるのが常であった。このような現象は，芸術家の中に，創造活動をすると，その後には作品が作れず，満足を味わえない時期がやってくる人たちがいるということを説明するのに大いに役に立つし，実際，私が今触れた画家の場合も，まさにそうだったのである。

与えたり創造したりする後に続く，枯渇したという感覚 sense of impoverishment を和らげるために，スキゾイド的な成分を持つ人は，しばしば興味深い防衛を使う。それは，自分が与えたり創造したりしたものは，価値がないものだ，とする態度である。例えば，今例に引いた画家の場合で言えば，彼は自分の絵ができ上がった途端，その絵には一切の興味を失ってしまい，完成した絵は，アトリエの隅に投げやられるか，でなければ，単に売出し用の商品として取り扱われるのが常であった。同じような心性を持った女性の場合には，これと同様に，一旦子供を産んでしまうと，もうその子への関心はすっかり失われてしまうということがある。ただ一方で，スキゾイド的な属性を持つ人が，中身を失うことに対して，これとは全く逆の防衛を使うこともある。それは，生み出したものを依然として自分の中身の一部であるかのように扱い，そうして自分自身を喪失感から守ろうとするのである。例えば，子供が生まれた途端にその子供への関心を失ってしまうのとは逆に，その子供を自分の中身と見做し続け，その意味で子供を過剰に価値づけ続ける母親がいるのである。こうした母親は，その子供に対する所有欲が過剰で，子供が自分とは別の人間だということを認めることができない――このことは，その不幸な子供たちにとっては，悲しむべき結末を招くことになる。同様に，画家の中には，今の場合ほど悲惨なことにはならないけれども，たとえ自分の絵が他人の手に渡ってしまったとしても，非現実的に，それは自分のものだと見做し続け，そうすることによって中身の喪失感から自分自身を防衛しようとする人がいる。このこととの関連で，先の，示すことで与えることを代理するという形での防衛について，いま一度触れておきたい。画家は，言うまでもなく自分の絵を「示す」，つまり，露出する。そうすることで，間接的に自分自身を見せているのである。同様に，作家は，自分の書物という媒体を介して，一歩離れたところから世間に自分自身を見せている。だから，さまざまな芸術は，スキゾイド傾向を持つ人にとっては大変好都合な表現径路になる。というのも，芸術活動という手段によって，彼らは，示すことで与えることを代理させられると同時に，何かを生み出しつつも，それが内的世界から外的世界へと出て行ってしまった後でさえ，それはいまだに自分自身の一部だと見做し続けることができるからである。

内的世界への囚われを表わすもう１つの重要な現象は，**知性化**傾向である。実際，これは，特に際立ったスキゾイド的な特徴だと言える。知性化は，極めて力強い防衛技法となり，精神分析療法においては，ひどく厄介な抵抗として作用する。知性化するということは，つまり，思考過程が過剰に価値づけられているということを意味している。そして，こうした思考の過剰な価値づけは，スキゾイド傾向を持っている人が，他の人たちとの情緒的な意味での触れ合いが苦手だという体験と関連しているのである。そういう人は，内的世界に囚われ，その一環として感情を抑圧している。そのため，ひとに対して自然に自分の情感を表現することが難しいし，ひととの関係の中で自然に振る舞ったり，自発的に何かをするということが苦手である。いや，だからこそ，自分の情緒的な問題を，内的世界の中で知的に解決しようと努力することになるのである。自分の情緒的な問題を知的なレベルで解決しようとする試みは，当初，少なくとも本人の意識的な意図としては，外的対象との関係の中で適応的な行動がとれるようになるためのものであろう。だが，深い無意識の源に発する情緒的な葛藤はこういうやり方で解決することは難しい。だから，その人は次第に，自分の情緒的な問題を，外的世界でのひととの関係における情緒領域の中で実際的に解決しようとする代わりに，知的なレベルで解決しようとする方向にますます傾いていくことになる。もちろんこの傾向は，内在化された対象へのリビドー備給によって強く強化されている。そして，本当は情緒的なものである問題を，何とか知的に解決しようとする努力は，さらに発展し，２つの重要な傾向を生み出していくことになる。それは，（１）思考過程が強くリビドー化され，創造活動や自己表現が主として思考の世界という領域で行われるようになる傾向，そして，（２）情感を観念で，情緒的価値を知的価値で，それぞれ代理させる傾向，である。

はっきりとした統合失調症の患者について言えば，その情感は極端なまでに観念で代理されている。こうしたケースの内側に何らかの情感が巻き起こってきたとしても，その情感は通常，観念の内容と全くそぐわず，その場面にもまるで似つかわしくないものである。そうでなければ，緊張病患者のように，情緒表現は突然激しく爆発するという形をとる。周知の通り，当初「精神分裂病［統合失調症］」という用語が採択されたのは，思考と情感とがバラバラになっているという観察によるものだが，そのこと自体，その心の内にはある亀裂が存在しているということを示している。しかし，今問題にしている亀裂とは，根本的には自我の内の亀裂だということを認識しておかなければならない。つまり，表面上，思考と情感とが別々になっているという形で顕われている現象は，（１）自我のより高次の水準を表わし，意識を含むより表層的な自我の部分と，（２）自我のより低次の水準を表わし，この上なく強くリビドーを付与され，感情の源となっているような諸要素を含む，より深い自我の部分，との間の亀裂であると考えなければならないのである。力動的，精神分析的な立場からすれば，こうした亀裂は，抑圧との関連においてのみ説明することができる。つまり，その仮定に基づけば，ここでは，より深く，よりリビドー的な自我の部分が，より表層的で，より思考過程が発達している自我の部分によって抑圧されている，と結論せざるを得ないのである。

スキゾイド的な特徴がそこまで強くはない人の場合，思考と情感とは，もちろん，さほどバラバラになっているわけではない。だがそれでも，知的な価値をもって情緒的な価値を代理させやすいとか，思考過程が強くリビドー化されやすいといった特徴は存在しているものである。こうした人たちは，人間的なベースの上にひととの情緒的な関係を育てていこうとするよりは，むしろ，手の込んだ知的体系を作ることの方に傾きがちである。さらに彼らは，自分たちが創り上げたその体系を，リビドー的対象にしようとする傾向を持っている。「恋に恋する」こともこうした類の現象であろう。実際，スキゾイド的な人の惚れ込みの中には，しばしばこういう要素が含まれている。この種の惚れ込みは，形の上での愛情対象になった人にとっては不愉快極まりない結末を生む場合がある。しかし，紛れもなくスキゾイド人格を持った人が何か極端な政治哲学に惚れ込んだりした場合，その結果はもっと深刻なものとなる。というのも，そのことによって数百万にも上る犠牲者が生み出される可能性があるからである。こうした人がある知的体系に惚れ込んで，それを厳格に解釈しつつ，何にでも応用してくる場合，それは狂信者の様相を呈してくる――実際，もう狂信者になっている。そして，こうした狂信者が，その体系を情け容赦なく他人に押しつけようとしたり，しかもそうできる能力を持っていたりすると，その状況は破滅的なものとなるかもしれない――もっとも，その状況は，悪い方向にばかり働くのではなく，時として良い方向に働く場合もあり得るのだが。ただ，ある知的体系に惚れ込んでいる人が，誰しもそれを外の世界に押しつけたいと思ったり，そうすることができる立場にいるわけではない。実際，こうした人たちにもっとずっとよく見られるのは，日常的な世界での生活に，少なくとも多少，斜に構え，知性という自分の隠れ家から，誰もが持っている人間性を上から目線で見下しているといったことである（この態度は，例えば，インテリの人たちがブルジョアジーに対して持つ態度である）。

ここで，こんな事実に注目しておくとよい。スキゾイド傾向を持つ人は，たとえそれが大方無意識的にではあったとしても，実際たいがいの場合そうなのだが，内的な優越感sense of inner superiorityを常にある程度は持っているという点である。分析的治療の流れの中では，たいてい，その存在が明らかになるまでにかなりの抵抗が克服されなければならない。しかも，その感覚がどこから来ているかを分析していこうとすると，さらに厄介な抵抗に出会うことになる。しかし，その源が露わになると，この優越感の基には，（１）精神的なものであれ，身体的なものであれ，まさしく自分に備わっている中身全般を，**秘密裡の内に**過剰に価値づけている，そして（２）内在化されたリビドー的対象（例えば，母親の乳房や父親のペニス）を**秘密裡の内に**自分のものにしてしまい，しかもかなりの程度それと同一化しているために，自己愛的な自我の膨張 narcissistic inflation of the ego が起きている，ということが理解される。ここで，**秘密裡の内に**という要素はともかくも重要なポイントである。それは，いくら強調してもし過ぎることはない。というのも著しくスキゾイド的な人に極めてよく認められる秘密主義的な，そして不可思議な雰囲気とは，まさにこのことのために起きているからである。たとえスキゾイド的な成分が相対的に大した役割を果たしていない人の場合でも，この要素は，無意識的な状況の中では相変わらず重要な要因なのである。秘密にしておくことが内的な意味で必要となる，その１つの理由は，言うまでもなく，ある意味では「盗んできた」内在化された対象を，自分のものとしてしまっていることについての罪悪感である。しかし一方では，その内在化された対象を失ってしまう恐怖，つまり，際限なく（命そのものと引き換えにできるくらい）貴重に見え，また計り知れないほど重要だからこそ，そして，どこまでも依存しているからこそ内在化している，そういう内在化された対象を失ってしまう恐怖も，少なからぬ決定因になっている。こうした内在化された対象を秘密裡の内に自分のものにしていることによって，その人は，他の人たちとは「違う」という感じを持つようになってくる——たとえ実際には，事実多くの場合そうなのだが，異例の存在であったり，ユニークな存在であったりするのではなくても，である。だが，ひととは違うという，この感覚を探求してみると，それが，自分は「食（は）み出し者だ」という感覚と密接に結びついていることがわかってくる。そして，こうした感覚を持っている人が，のけ者にされるといったテーマの夢をよく見たりするのである。こうした人は，子供の頃，家では傍目にも母親の大のお気に入りなのに，学校では大した人気者でもなく，もっと普通の子供たちが学校での遊びに傾けているようなエネルギーを，１人学業で人を成そうとする努力に注ぎ込んでいたような子供であった場合がしばしばである。確かに，この人を成す領域は，スポーツの分野に求められる場合もある。しかし，そうした場合でも，たいてい，その集団の中で情緒的な関係をめぐる問題があったのを発見することができるものである。いずれにせよ，こうした問題を避けて通るためには，知的領域での成果を上げようとする方向で努力する，というのが一般的で，ここにもう知的防衛が働いているのをはっきりと認めることができるのである。そして注目すべきことは，統合失調症の人の生活史を辿ってみると，その人が少なくともその学歴の中のある時期において，将来を約束された学者だと見做されていた場合がいかに多いか，ということである。人格にスキゾイド的な要素を持つ人の特徴である，ひととは違うというこの感覚の源をさらに探っていくと，そこには，次のような特性を明らかにすることができる。（１）彼らは，人生早期において，母親のあからさまな無関心さからにせよ，あるいはそのあからさまな所有欲の強さからにせよ，お母さんは実は自分を，自分なりの１人の人として愛したり，価値を置いたりはしていない，という確信を持っている。（２）その結果，彼らは，剥奪された感じや，劣等感を抱き，その影響の下，母親に強く固着し続けている。（３）この固着に伴うリビドー的態度は，極端な依存という特徴を持っているばかりでなく，自我を脅かすと感じられる状況に対する不安によって，著しく保身的，かつ自己愛的なものとなっている。（４）そして，早期口愛期的な態度への退行によって，すでに内在化された「乳房－母親」へのリビドー備給が強化されているばかりか，内在化の過程そのものが過度に拡張され，他の対象との関係にまで及ぶようになっている。（５）その結果，内的世界の方が全般的に過剰に価値づけられており，その分，外的世界の方は犠牲になっている。

４．リビドー的態度を向けると対象を空っぽにしてしまうということ

早期口愛期的な態度に合体的な性質があるということは，１つには，そうした態度を向けると対象を空っぽにしてしまうことになる，という含みがある。先にこの特徴に着目した際（本書 p.16），このことが子供にとって心理的にはどのような結果を招くことになるのか，若干の考察をしておいた。つまり，そこで指摘したのは，剥奪という状況の下で子供の心の内に生じる，自分が空っぽになってしまうという不安が，いかに母親の乳房を空っぽにしてしまう不安を引き起こすことになるか，という点である。また，子供が，母親の乳房が，一見，あるいは実際に空っぽであるように感じられることがあると，いかにそれを，自分が合体しようとしたせいだと解釈するようになるか，そして，単に母親の乳房ばかりではなく，母親自身がいなくなったり破壊されてしまうのは，自分の責任なのではないかということをめぐって，いかに不安を抱くようになるか，という点についても指摘しておいた――剥奪を受けた結果，子供のリビドー的欲求には攻撃的な性質が付与されることになるのだが，そのおかげで，この不安は著しく増大する。こうした不安は，昔から有名な『赤頭巾ちゃん』の物語の中に表現されている。思い出して頂きたいのだが，この物語において，あの小さな女の子は，自分の大好きなお祖母さんがいなくなってしまい，がっつく狼という形で表現された自分の合体欲求を携えたまま，１人取り残されてしまったことを知って，恐れ戦く。あの赤頭巾ちゃんの悲劇は，早期口愛期における子供の悲劇である。言うまでもなく，赤頭巾ちゃんの物語は，童話の定石通り，ハッピーエンドで終わる。そして，言うまでもなく，幼児も，自分が食べ尽くしてしまったのではないかと怖れている母親が，結局はまた現れてくるのを発見する。だがそれでも，幼児期における子供は，知能を欠いているわけではないが，組織づけられた体験，つまり，もしそれを持っていれば不安があっても大丈夫という保証を与えてくれるであろうような，そういう組織化された体験を持っていない。やがて子供は，自分の合体欲求が，一見破壊的なものであったとしても，そのため

に母親が消えてしまうことは実際にはない，ということを意識的には十分知るようになる。そして，早期口愛期の剥奪から生じる外傷的な状況の体験は，その全てが抑圧されることになる。しかし，この状況に結びついている不安は，無意識の内に遷延し，その後類似の体験をするたびに，すぐにまた活性化されることになりやすい。そして早期口愛期に著しい固着がある場合，この外傷的な状況は，子供がその後の体験の中で，自分の母親は実は自分を1人の人として愛したり，価値を置いたりしてはいないし，実は自分の愛を良いものとして評価したり受け容れたりもしていない，と感じるようになった時，とりわけ再活性化されやすいのである。

早期口愛期に生じてくる状況と，後期口愛期，つまり，噛みつく biting 傾向が現れてきて，吸いつく sucking 傾向と並ぶようになる時期に生じてくる状況との区別を頭に入れておくことは重要である。後期口愛期においては，吸いつくことと結びついた口愛的な愛と，噛みつくことと結びついた口愛的な憎しみとの間に分化が生じ，この結果としてアンビヴァレンスが発現してくる。早期口愛期はアンビヴァレンス以前 pre-ambivalent であるが，この事実は，そのアンビヴァレンス以前の時期における口を中心とした子供の行動は，人が一番最初に愛を表現するやり方だということを考えてみた時，特に重要である。授乳状況における子供と母親との間の口愛的な関係は，その子供にとって，愛情関係というものの初めての体験であり，従って，その後その子供が愛情対象との間に持つあらゆる関係の基礎となるものである。さらにその関係は，子供にとって社会的な関係というものの初めての体験であり，従って，その子供がその後，社会に対してとる態度のベースとなるものである。これらのことを踏まえて，早期口愛期に固着のある子供が，自分の母親は実は自分を1人の人として愛したり価値を置いたりしてはいないし，実は自分の愛を良いものとして評価したり受け容れたりしてもいない，と感じるようになった時に生じる状況のことに戻ってみよう。こうした環境の下では，早期口愛期におけるもともとの外傷的状況が，情緒的な意味で再活性化し，復活する。そして子供は，母親が自分のことを全く愛してくれないように見えるのは，自分が母親の愛情を壊し，消し去ってしまったからだ，と感じる。同時に，母親が自分の愛を全く受け容れてくれないように見えるのは，自分の愛が破壊的で悪いものだからだ，と感じる。もちろん，これは，後期口愛期に固着のある子供にそれと匹敵する状況が生じた場合に比べると，はるかに耐え難いものである。後者の場合，子供は本質的にアンビヴァレントであり，母親の愛情を壊してしまったのは，自分の愛ではなく，自分の憎しみだ，というふうにその状況を解釈する。だからその子供にとっては，自分の憎しみこそが自分の悪いところであるように見えるのであって，自分の愛は，良いもののままだと見続けることができるのである。これは，躁うつ病の背景にあって，抑うつポジションを構成するであろうような心もち position である。これに対して，スキゾイド的心性が発展してくる背景にあるであろう心もちは，アンビヴァレンス以前の早期口愛期から生じてきているものである――それは，その人が，自分の愛は悪いものである，なぜならその愛をリビドー的対象に向けるとその対象を破壊してしまうから，と感じるようなものであり，それは，スキゾイド・ポジション *the schizoid position* と記載するのが適切であろう。それは，本質的に悲劇的な状況である。実際，多くの偉大な悲劇文学のテーマになっているし，また詩のテーマとしても好んで選ばれている（例えば，Wordsworth の「ルーシー」と題された一連の詩がそれに当たる[訳注2)]）。だからある程度以上のスキゾイド的な傾向を持つ人が，愛を示すのがかくも苦手であったとしても，それは少しも不思議なことではない。というのも，彼らは，Oscar Wilde が『監獄を詠んだ譚詩（バラード）』[訳注3)]の中で，次にように表現した，その深い不安を常に抱いているのである。曰く「人は誰しも，おのれの愛するものを殺してしまう」。彼らはまた，情緒的な意味で与えるということが苦手だが，そのことも少しも不思議なことではない。というのも，彼らは，自分たちの贈り物は，ボルジア家の贈り物[訳注4)]のように，命に関わるものなのではないかという怖れから完全に逃れることができないからである。私の患者の１人が，私へのプレゼン

訳注2）　例えば，「恋するものの胸にこそ　愚（おろ）かしき思いはきざすなり。われ自からに叫びたり『ルーシーは死せるに非（あら）ざるか』」（田部重治訳，1938，ルーシ（一）～（五），『ワーズワース詩集』，岩波文庫，pp.33-37）

訳注3）　Wilde, O., 1898, The Ballad of Reading Gaol. In Wilde, 1966, *Complete Works of Oscar Wilde,* Collin, pp. 843-860.

訳注4）　いわゆる「ボルジア家の毒薬」，ないし，その生ける象徴としての Lucrezia Borgia（1480-1519）のこと。ボルジア家は，ルネッサンス期イタリアの名門で，中でも有名なのは，Lucrezia の兄 Cesare（1475-1507）と，その父 Alexander Ⅵ世（1431?-1507）である。彼らの残忍冷酷な権力政治は，一方である種の不気味さを生み，その不気味さは「油断を見すまして，相手の飲み物の中に ~(中略)~ 毒薬を入れる技術にかけて，熟練を極めていたらしい」（渋沢龍彦，1982，『世界悪女物語』，河出文庫）と言われるほどであり，その象徴としての「ボルジア家の毒薬」として凝結した。ただし，この「毒薬」の実際の存在，ないしその美貌によって三度に亘る一方的な政略結婚を強いられた Lucrezia をめぐるもろもろの毒殺説については「当時の記録者，年代記作家たちは，一言も言い残していない」。つまり，「ボルジアの悲劇をより劇的に面白くする効果はあっても，その真実性の根拠は薄弱といわなければならない」（塩野七生，1973，『ルネッサンスの女たち』，中公文庫）とも言われている。なお，『Lucrezia Borgia』に関しては，いずれも未邦訳だが，Vicor Hugo による戯曲，および Alexandre Dumas による小説がある。

トとして果物を持ってきた，その次の日のセッションで，まず「先生，毒に中（あた）っていませんか？」と聞いたのも，そういうことなのである。

さて，私たちは，スキゾイド傾向を持つ人が，自分の愛を自分自身の内側にしまっておくのには，それがあまりにも貴重なので手放せないという思いに由来する動機以外に，もう１つの動機があることがわかってきた。つまり，彼らが自分の愛を閉じ込めておくのは，それがあまりにも危険なので，自分の対象に向かって解き放つことができないと感じているためでもあるのである。だから，自分の愛を金庫にしまっておくばかりでなく，檻に閉じ込めておくことにもなるのである。だが，問題はこれで終わりではない。彼らは，自分の愛が悪いものだと感じているので，ひとの愛についても同じように解釈しがちだからである。その解釈は，いつもいつも彼らの側からの投影だというわけではない。とはいえ，彼らがこの防衛技法に頼りがちであるのは言うまでもない。このことは，例えば，先に触れた『赤頭巾ちゃん』の物語の中にも示されている。というのも，すでに見てきた通り，あの狼はまさに赤頭巾ちゃん自身の合体的，口愛的な愛を表わしているのだが，この物語によれば，その狼はおばあさんに代わってベットの上にいるのである――その意味は，赤頭巾ちゃんは自分の合体的な態度をそのリビドー的対象に帰属させたが，そうすると今度はその対象ががっつく狼に変わってしまったように見えたということに他ならない訳注5）。だから，スキゾイド的な特徴を持つ人は，自分がひとに向ける愛に対してばかりでなく，ひとが自分に向ける愛についても，防衛の必要性を感じずにはいられなくなりやすいということになる。以前私の患者だった，どちらかといえばスキゾイド的な若い女性が，私に時々「先生，何をするにしても，私を好きになっちゃダメですよ」と言っていたのは，まさにこのためだったのである。

だから，スキゾイド傾向を持つ人がひととの付き合いを断念する時，その何より

訳注5）　ここでFairbairnが着目しているのは，のちにM. Kleinたちが投影同一視として概念化していった現象であることに注目しておきたい。すなわち，赤頭巾ちゃんが，自分の合体的な態度（愛）を，おばあさんのものだ，おばあさんの態度（愛）は合体的だとしている限りにおいて，そこで用いられている防衛は投影に過ぎない。だが，そのおばあさんと，相手を貪り食う自分の側面とが同一視されることによって，初めて，おばあさんが狼に見えてくるのである。この場合，おばあさんは，その全体対象としての同一性を全く認められておらず，しかも赤頭巾ちゃん自身には，その今や狼と化したおばあさんが，自分の一部分を表しているということが全く認識できない。治療関係に即して言えば，こうした投影同一視を伴う転移は，Little（1958）の言う意味で妄想的delusionalなものである。なお，投影同一視のもう１つの重要な側面としての対象操作性についても，Fairbairnはすぐこの後の議論の中で示唆している。

もの原因は，自分は愛しても愛されてもならない，と感じていることにある。だが，彼らは，ただ受身的によそよそしくしているだけでいつも満足していられるとは限らない。むしろ，自分からそのリビドー的対象を積極的に遠ざけようとすることがしばしばである。彼らはその目的のために，すぐ使い得る道具を自分の内側に携えている。それは，分化してきた攻撃性である。つまり，自分の憎しみという資源を活用して，ひとに対して――もっと特定化して言えば，自分のリビドー的対象に対して――自分の攻撃性を向けるのである。だから彼らは，ひとと喧嘩したり，異議を唱えたり，粗野だったりする。そうやって，自分の対象との関係における愛を，憎しみで代理し，かつ，その対象が，自分を愛するのではなく，憎しむように仕向けるのである。そうしたことをする目的は全て，リビドー的対象を自分から遠ざけておくことにある。彼らは抒情詩人（トルバドール）のように（そして，おそらく独裁者のように），遥か彼方から愛したり，愛されたりすることだけしか許すことができない。このことがスキゾイド的傾向を持つ個体が陥りやすい第二の大きな悲劇である。第一の大きな悲劇とは，先に見てきた通り，自分の愛は愛する人を破壊してしまうと感じることにある。そしてその第二は，いつも心の底では愛したい愛されたいと願っていながら，強迫的に憎んだり憎ませたりせざるを得なくなってきた時に起きてくるのである。

ただ，スキゾイド傾向を持つ人が愛することを憎しむことで代理しようとするのには，さらに２つの動機がある――奇妙なことに，その１つは非道徳的な動機であり，もう１つは道徳的な動機である。ついでながら，これらの動機は，革命家や売国奴の場合，特に強力なものであるように思われる。その非道徳的な動機とは，自分にとって愛する悦びは最早閉ざされてしまっていて，得られる望みもないように見えるから，自ら憎しむ悦びを享受して，そこから得られる満足を得ようとした方がいい，という考えによって決定されている。そこで彼らは，悪魔との協定を結び，「悪よ，汝，我が善となれ」と言うのである。一方，その道徳的な動機とは，もし愛することが破壊することになってしまうのなら，本来創造的で良いものである愛によって破壊するよりも，明らかに破壊的で悪いものである憎しみによって破壊した方がましだ，という考えによって決定されている。だから，こうした２つの動機が絡んでくる時，我々は驚くべき道徳的価値の逆転を眼前にする。つまり，「悪よ，汝，我が善となれ」ばかりでなく，「善よ，汝，我が悪となれ」ということが起きてくるのである。ただし，この価値の逆転は，意識的には滅多に受け容れられることがないということは付け加えておかなければならない。だがそれでも，無意識の内にあっては，その価値の逆転が極めて重要な役割を果たすことがしばしばである――そしてこれを避けられないことが，スキゾイド的傾向を持つ人が陥りやすい第三の悲劇なのである訳注6)。

訳注6）　ここで述べられている「第二の悲劇」「第三の悲劇」には，スキゾイド傾向を持った個体の超自我の発達阻害，ならびに，部分的にせよ，彼らが持っている反社会的，ないし否定的同一性についてのパーソナルなレベルでの説明が示唆されていると言えよう。

第2章

精神病と精神神経症をめぐる精神病理学の改訂

(1941) 原注1)

A reivsed psychopathology of the psychoses and psychoneuroses, In Fairbairn, 1952, *Psychoanalytic Studies of the Personality,* London, Tavistock, pp.28-58

序　論

ここ何年かの間，私は，人によってその程度はさまざまだが，スキゾイド傾向を持っている患者たちが示す問題について関心を深めるようになり，その問題に特に注目してきた原注2)。その結果，ある着想が生まれることになってきたが，それは，もしそれが十分根拠のあるものだということになれば，精神医学一般にも，また，もっと特定して言えば精神分析にも，必ずや計り知れない意味を持つことになるに違いない。つまり，私のさまざまな発見や，その発見から導かれた結論からすると，スキゾイド状態の性質やその病因について一般に考えられていることは，大幅に修正されることになる。いや，それればかりか，スキゾイド過程がいかに幅広く認められるものかということについての理解も大幅に修正されることになり，種々の精神神経症と精神病についての今日的な臨床的概念づけも，それに対応した形で書き改められることになる。さらに，私の発見や結論からすると，リビドー論は書き換えや組み直しが必要になり，それに伴って，多くの古典的な精神分析概念も修正されなければならないことになるのである。

原注1)　もともと，*The International Journal of Psycho-Analysis* Vol.22, Pts. 3 & 4 に発表。今回，多少の修正を加えて再発表する。

原注2)　「人格におけるスキゾイド的要因」と題した以前の論文は，もっぱらこの主題を扱っており，本書にも収録されている。［本書第1章］

多くの理由で，本論文では，主として，スキゾイド傾向に関する研究から導かれてきた着想の，より一般的な側面だけを考察，展望することになるであろう。しかし，はじめにお断わりしておきたいのは，これから述べる議論は，その大部分が，私自身が行った分析から得られた発見によって導かれた，ある結論に拠って立っているということである。その結論とは，スキゾイドというグループは，これまで一般に認識されてきているよりももっとずっと広範囲に認められるものであり，不安状態やパラノイド症状，恐怖症症状，ヒステリー症状，それに強迫症状は，その多くが，明確にスキゾイド的な背景を持っている，というものである。私が「スキゾイド」という概念にいかに幅広い意味を持たせるようになってきているかということについては，多分，こんなふうに言うのが一番わかりやすいであろう。つまり私の発見によれば，スキゾイドというグループは，Jung 派の言う「内向」という概念が当てはまるようなグループに対応しているのである。明らかなスキゾイド状態に認められる根本的な特徴は，（その用語それ自体に意味されている通り）自我が分裂しているということ a splitting of the ego である。だが，深い分析をしてみると，明白に精神病理学的な状態にある人についてばかりでなく，分析を受けには来るが，その問題に明確な精神病理学上の診断名が特定できないような人についても，その自我の内に亀裂 splits があるということが，ほとんどの場合，明らかになる。そして，自我が分裂しているということの意味は，それを発達論的な観点から考えてみた時に初めて十分に理解されるものなのである。

リビドー論がもともと抱えている限界

自我の発達に関する今日の精神分析的な概念づけは，もともと Freud が定式化したリビドー論から大変大きな影響を受けてきた。それによると，リビドーははじめ，いくつもの身体領域に分布しているが，その中に特別に重要なところがあり，それらは，それ自体，性感帯であると言う。この概念づけに従えば，リビドー発達がうまくいくかどうかは，さまざまな領域に分布したリビドーが，どのくらい性器愛的衝動の統裁の下に統合されていくかにかかっている。だが，程なく明らかになる通り，このリビドー論には，元来，ある弱点が備わっている。そして，その弱点をはっきりと捉えるには，Abraham による改訂版の中で考えてみるのが最も早道である。周知の通り，Abraham は，他に比して重要性の高いリビドー的領域は，それぞれ，精神発生論的な発達において特別な位置を占めていると考え，ある特定の領域がそれぞれ優位を占めるような一連の発達段階を想定した。この図式に従って，よく知られた精神病と精神神経症とは，いずれも，ある特定の段階における固着から生じてくると考えられるようになったのである。スキゾイド状態を，吸いつくことが特徴的に優勢な早期口愛期と関係づけるのは，疑いもなく正しい。そしてその意味では，躁うつ状態は，噛みつくことの出現を特徴とする後期口愛期における固着によって生じると考えるのも，疑いもなく正しい。しかし，２期に亘る肛門期や，早期性器期，ないし男根期に関しては，そうとんとん拍子に行くわけではない。確かに，Abraham 自身はっきり指摘している通り，パラノイアの人は，その対象を拒絶するのに原始的な肛門期的技法を使うし，強迫の人は，その対象をコントロールするのに，もう少し発達した肛門期的技法を使う。また，ヒステリーの人は，その対象との関係を改善しようとして，性器を断念することになるような技法を使う。しかし，私の発見からすれば，**パラノイド状態**，**強迫状態**，および**ヒステリー状態**は――それに**恐怖症状態**も加えておこう――本質的に，特定のリビドー的段階における固着の産物ではなく，単に**口愛期に起源を持つ葛藤の影響から自我を防衛するために用いられるさまざまな技法**に過ぎないということもまた，上記のことと同様，ほぼ疑いの余地がないのである。この確信を裏づける事実は，２つある。それは，（a）パラノイド症状，強迫症状，ヒステリー症状，そして恐怖症症状を分析すると，その背後には，必ず，口愛期的な葛藤の存在が明らかになること，そして，（b）パラノイド症状，強迫症状，ヒステリー症状，そして恐怖症症状は，スキゾイド状態や抑うつ状態に併発したり，それらの前駆症状になっていることが大変よくある，ということである。これに対して，スキゾイド状態や抑うつ状態は，どちらも，それ自体がある防衛だと考えるのはとても不可能である――この２つについては，それぞれ，口愛期に根ざす病因が，もうすでに確定されている。むしろ，これらの状態は，その性格上，自我がその状態から防衛されるべき状態なのである[原注3)]。

Abraham によって修正されたリビドー論をさらによく検討してみると，「肛門期」

原注３）　もちろん，スキゾイド状態，抑うつ状態のいずれについても，それに相伴した，ある種の，多かれ少なかれ**特定の防衛**が存在しているということは心得ておく必要がある。これら特定の防衛は，その状態の背後にある葛藤の要請を受けて，というよりもむしろ，その状態そのものの要請を受けて作動する。例えば，抑うつ状態に関して言えば，**躁的防衛**をその顕著な例として挙げることができるであろう。こうした特定の防衛は，上記，**非特定の技法**（すなわち，パラノイド技法，強迫技法，ヒステリー技法，そして恐怖症技法）が，その目標，つまりスキゾイド状態や抑うつ状態が発現しないように自我を防衛するという目的を達成できなくなった時，作動することになるようである。だがそれでも，この特定の防衛は，それを煽動するものとしての基本的なスキゾイド状態，抑うつ状態とは，別物として区別しておかなければならない。

というのは，ある意味，人工的に造り上げられたものなのではないかという疑問が湧いてくる。そして同じ疑問が，「男根期」についても湧くのである。周知の通り，Abraham の言う段階とは，リビドーの体制化を示す段階ばかりでなく，対象愛の発達段階をも示すものであった。にもかかわらず，そのさまざまな段階は，リビドーの目的のあり方に基づいて命名されており，そこで対象となるものの性質に基づいて命名されているわけではない。このことは軽んじてはならない事実である。例えば Abraham は，「乳房」期とは言わずに「口」愛期と言い，また，「糞便」期とは言わないで「肛門」期と言うのである。そしてその「肛門期」を「糞便期」と置き換えてみた時，リビドー発達についての Abraham の図式の限界が自ずから明らかになってくる。というのも，乳房と性器とは，リビドーの自然な，また，生物学的な対象であるのに対して，糞便は，明らかにそういう対象ではないからである。糞便はむしろ，ある象徴的な対象に過ぎない。それは，いわば，それを使って対象のモデルが作られるような粘土に過ぎないのである[原注4)]。

歴史的に見て，リビドー論がいかに重要なものであり，また，精神分析的な知の発展にいかに貢献してきたかという点については，あえて述べるまでもない。だがこの理論は，発見を促すという意味での価値を持ってはいたものの，その価値はそこにしかなかったことが明らかになってきている。そして今や，さらなる発展のために，旧来のリビドー論は，**本質的に対象関係に基づいた発達論**に変換されていくべき時機が来ているように思われる。現在のリビドー論の説明体系としての大きな限界は，単に**自我が対象関係を統御するための技法**に過ぎないと考えられるようなさまざまな現象を，リビドー的態度を示すものと理解しているというところにある。

原注4）　ここで興味深いのは，Abraham がリビドー発達に関して自ら考案した図式の中で，さまざまな段階を記載するためにとった命名法が，彼がリビドー論を改訂する以前に一般的だった図式の中で，リビドー発達の諸段階を記載するために用いられていた命名法とは異なっているということである。以前の図式においては，発達の3段階が認識され，それぞれ，（1）「自体愛的」段階，（2）「自己愛的」段階，（3）「他体愛的」段階，と記載されていた。この命名法は，それ自体，この以前の図式が本質的に（リビドーの目的のあり方ではなく）対象のことに触れていたことを示している。もし用語上の問題を別にしたとしても，Abraham のリビドー発達についての考え方が，本質的に以前の図式を書き直したものであったのは言うまでもない――その書き直しのポイントは，2期に亘る「肛門期」を，自己愛（「後期口愛」）期と他体愛（「性器愛」）期との間に挿入したところにある。この挿入の何よりもの目的は，リビドー発達の図式の中に，「部分愛」の段階を導入できるようにすることであった。しかし，その意図がいかに価値のあることであったとしても，Abraham が「肛門期」を挿入したがゆえに，その改訂された図式の中の各段階を記載するのに，対象への言及を全て排除した用語を使うことになってしまったということは，特記すべきことなのである。

リビドー論が，性感帯という概念づけにその基礎を持っていることは言うまでもない。しかし，よく認識しておくべきことは，性感帯というものは，はじめは単にリビドーが貫流する径路に過ぎないということであり，ある領域が性感帯となるのは，そこをリビドーが貫流する時だけだということである。**リビドーの究極的な目標は対象である。**そして，対象を求めつつ，リビドーは，電気的エネルギーの流れを決定するのと同じ法則，つまり，最も抵抗の少ない径路を求めるという法則に従うことになる。だから，性感帯というものは，単に最も抵抗の少ない径路に過ぎないと見做されなければならないし，それが実際に性感帯になるのは，電流が流れることによって磁場が作り出されるのと大した違いがないのである。だから，全体を俯瞰して見れば，次のようなことになる。幼児期において，対象に至る最も抵抗の少ない径路は，生体としてのヒトの体質上，ほぼ例外なく口に置かれている。口はこうして，他に優るリビドー的器官となる。一方，成熟した個体においては（この場合も，生体としてのヒトの体質上），性器が対象に至る最も抵抗の少ない径路となる――ただし，この場合は，他の幾多の径路を併用して初めてそうなる。成熟した人について真に重要なポイントは，そのリビドー的態度が本質的に性器愛的だということではなくて，その性器愛的な態度が本質的にリビドー的だということである。だから，幼児的なリビドー的態度と成熟したリビドー的態度との間には，元来次のような違いがある。つまり，幼児の場合，そのリビドー的態度は，必然的に，他に優って口愛的なものにならざるを得ない。しかし，情緒的に成熟した大人の場合，リビドーは幾多の径路を通って対象を求め，その中でも，もっぱらそれのみという訳ではないが，性器という径路が本質的な役割を果たすのである。従って，幼児のリビドー的態度の特徴を口愛的と記載するのは正しいが，成人のリビドー的態度の特徴を性器愛的と記載するのは正しくない。むしろそれは，「成熟した」と記載されてしかるべきである。そして，この意味は，対象との満足のいくリビドー的関係を結ぶ際に，性器という径路を使い得るということだ，と理解されなければならない。また同時に強調しておかなければならないのは，性器愛的な水準に達しているからといって，そのことによって対象関係が満足のいくものになるという訳ではないということである。それはむしろ逆で，満足のいく対象関係が確立されているからこそ，本当の意味で性器愛的な性愛性が達成されるのである[原注5)]。

これまで述べてきたことから，Abrahamの言う「口愛期」は，事実によってその正当性が十分に裏づけられていると理解されるであろう（実際，そうなのである）。しかし，それは，「早期性器期，ないし男根期」については当てはまらない。Abraham

の言う「最終性器期」には，その時期に性器が成熟したリビドーの自然な径路となるという意味で，正当性がある。しかし，彼の言う「男根期」は，「肛門期」同様，人工的に造り上げられたものである。それは，性感帯が基本を成すという，誤解を招きやすい概念づけの影響を受けて導入された造りものなのである。実際，男根期的な態度を深く分析していくと，その背後には，必ず，フェラチオといった類の幻想を伴う口愛期への固着の存在が明らかになる。つまり，男根期的な態度は，その対象が持っている性器と，口愛的な態度におけるもともとの部分対象である乳房とが同一視されることによって成立するのである――この同一視には，主体が持っている性器と，リビドー的器官としての口との同一視が並存しているという特徴がある。こうしたことからして，男根期的な態度というものは，あるリビドー的段階を表わしているのではなく，１つの技法であると見做されなければならない。そして同じことが，肛門期的な態度についても言えるのである。

リビドー的発達論を考えようとする場合，その基礎として性感帯を基本に据える概念づけが満足できないのは，リビドー的快楽の機能の本質は，対象への道案内をすることにあるという点が見落とされているということにある。性感帯という概念づけに従うと，対象がリビドー的快楽への道案内をすることになってしまう。だから，本末転倒なのである。このような逆転が起きてしまうのは，精神分析的思索の比較的初期の段階において，対象関係こそが何にもまして重要なものだということがまだ十分に認識されていなかったからに違いない。ここで再び，１つの技法が一義的なリビドー的現象だと取り違えられた際に生じる誤解の一例を挙げてみよう。どのような場合にも，決定的な実例というものがあるものだが，ここでは，指しゃぶりをそんな実例として取り上げてみたい。なぜ赤ん坊は指しゃぶりをするのか？この単純な問いへの応えの中に，性感帯という概念づけや，それに基づいたリビドー論の妥当性の有無を見ることができる。もしこの問いに，赤ん坊が指しゃぶりをするのは，口が１つの性感帯だからであり，赤ん坊は，吸いつくことによって快楽

原注５）　ここで私は，「性器愛的な」段階が，口愛的な段階に比べれば意味の薄いものだなどと言うつもりは毛頭ないということを断っておかなければならない。私はむしろ，「性器愛的」な段階の真の意味とは，**対象関係の成熟**というところにあって，性器愛的な態度というものは，その成熟の中の一要素に過ぎないということを指摘したいのである。これと同様に，口愛的な段階の真の意味は，対象関係の未熟さというところにあって，口愛的な態度は，ただその未熟さの中の一要素に過ぎないと言うこともできる。ただし，口愛的な段階においては，幼児の身体レベルでの依存度が高く，そのために，関係の中で，心的な要素より身体的な要素の方が，「性器愛的」な段階におけるよりも目立つことになってくるのである。

を得るからだと応えるとすると，その応えは，なるほどと思わせるように聞こえるかもしれない。だが，そこには，実は重大なポイントが見落とされている。その点をはっきりさせるためには，さらにこんなふうに問うてみればいい――では，「なぜ指を？」。そして，その問いへの応えは――「なぜなら，吸いつくべき乳房がないから」である。赤ん坊とはいえ，リビドー的対象は欠くことができない。そしてもし，その自然な対象（乳房）が奪われれば，その赤ん坊は，何らかの対象を自分で賄う方向に駆り立てられるのである。だから指しゃぶりは，満足のいかない対象関係に対処するための１つの技法なのである。そして，同じことが，自慰についても言えるであろう。ここで読者は，まず間違いなく，こんなふうに思われるだろう。指しゃぶりや自慰は，単に「性愛的 erotic」活動とするよりも，もっと特定化して「自体愛的 autoerotic」な活動だと言ってしかるべきだ，と。もちろん，その通りである。だが，性感帯という概念づけ，それ自体が，この自体愛的な現象に基づいて構成されており，しかも主としてその現象の真の意味についての解釈を取り違えたところから生まれてきているのもまた事実であるように思われる。自体愛とは，本質的には，その個体が対象から得ることができないものを自ら賄おうとするということのみならず，得ることができない対象の存在を自ら賄おうとする１つの技法なのである。「肛門期」や「男根期」も，主として，この技法に基づいた態度のことである。それは，ある口愛期的な文脈に発する技法であって，その起源は口愛期にあるという痕跡を必ず残しているものである。事実，これらの技法には，対象の合体が密接に結びついている――この対象の合体も，結局のところ，個体が口愛期的な関係の中での挫折に対処しようとする過程の，もう１つ別の側面に過ぎない。対象の合体との密接な結びつきから考える時，自体愛的（そして，性愛的）な活動としての指しゃぶりは，それがまさに始まる際，そこには，ある内在化された対象との関係という意味があることが理解されるであろう。それゆえ，**リビドー発達の全過程は，どのような対象がどのくらい合体されるか，そして，合体された対象に対処するに当たってどのような技法が用いられるか，によって決まってくる，**と言っても決して過言ではないのである。こうした技法については，後に述べるつもりだが，当面，こんな指摘をしておけば十分であろう。肛門期的な態度や男根期的な態度の意味は，それらがそれまでに合体されている対象に対処するために使われる技法の，リビドー的側面を表わしているということである。ただし，リビドー的態度が対象関係を決定するのではなく，対象関係がリビドー的態度を決定する，というところは，いつも心に留めておくべきポイントである。

対象への依存の質に基づく対象関係の発達論

スキゾイド的な特徴を示すケースの研究から導かれた１つの主要な結論は，対象関係の発達とは，本質的に，**対象への幼児的依存が，次第に，対象への成熟した依存へとその席を譲っていく過程**だ，ということである。この発達過程の特徴は，（a）一次的同一化[原注6）]に基づくもともとの対象関係が次第に放棄されること，そして（b）次第に対象の分化を踏まえた対象関係がとられるようになること，の２点にある。つまり，対象関係の性質が次第に変化していくにつれて，リビドー的目的も次第に変化していき，もともとの口愛的な，吸いつくこと，合体すること，そして，主として「摂ること taking」といった目的が，成熟した，合体するのではない，主として「与えること giving」といった目的，つまり発達した性器愛的な性愛性に相応しい目的に取って代わられてゆくことになるのである。幼児的依存の段階には，識別可能な２つの時期が含まれている――それは，早期口愛期と後期口愛期である。一方，成熟した依存の段階は，Abraham の言う「最終性器期」に対応している。そしてこれら２つの，幼児的依存の段階と成熟した依存の段階との間に，幼児的依存という態度が次第に放棄され，成熟した依存という態度が次第にとられるようになるといった特徴を持つ，移行段階が存在する。この移行段階が，Abraham の言う３つの段階――２期に亘る肛門期と，早期性器（男根）期――に対応するのである。

移行段階が始まるのは，後期口愛期のアンビヴァレンスに代わって，**対象の二分** *dichotomy of the object* を基礎とした態度が生じ始めてからである。対象の二分と

原注６）　私はここで，「**一次的同一化**」という用語を，備給している主体からまだ十分に分化されていない対象への備給，という意味で用いている。もちろん，「同一化 identification」という用語が形容詞なしでこの意味に使われることも時々ある。だが，もっと普通の使われ方は，すでに少なくともある程度分化している対象との間に，分化に基づかない関係が成立するという意味においてである。この後者の過程は，一次的同一化におけるのと同質の関係も息づいていることを表わしているから，厳密に言えば「**二次的同一化**」と記載されるべきものである。この両者の区別を頭に入れておくことは，理論上，重要なことである。なお，その区別を踏まえたところで，「同一視 identification」という用語が，シンプルに，今問題にしている過程の一次的性質にも二次的性質にも特に関連しない形で，便宜的に用いられる場合がある。それは，次に述べるような，本質的に違う対象（例えば，ペニスと乳房）同士が情緒的に等価になっていることを示すという，もう１つ別の意味で使われる場合である。［訳注：本書では，同じ「identification」に，前者の場合は「同一化」，後者の場合は「同一視」という訳語を充てている。］

は，愛と憎しみとの双方が向けられるようになったもともとの対象が，２つの対象に——愛が向けられる**受け容れられた対象** *an accepted object* と，憎しみが向けられる**拒絶された対象** *a rejected object* とに——置き換えられてゆく過程として定義されよう。ただ付け加えておかなければならないのは，口愛期の間にすでに生じている発達と相俟って，受け容れられた対象と拒絶された対象とは，そのいずれもが，主として内在化された対象として取り扱われる傾向にあるということである。そこで，その移行段階においては，幼児的依存が放棄されてゆくという意味からして，対象の拒絶が必然的に何よりも重要な役割を果たすであろうことが理解できる。結果的に言えば，**拒絶する技法** *rejective techniques* が働くことがこの段階の特徴となるのである。そしてAbrahamが肛門期という概念づけを導入した時，目をつけていたのは，まさにこの特徴であったと思われる。言うまでもなく排便は，その生物学的性質からして，本質的に拒絶的な過程である。そしてこのことによってこそ，排便は，心理的にも，対象の情緒的な拒絶の象徴として，自然に１つのモデルにされるようになるし，ほどなくして精神的な意味で拒絶する技法のよすがとなるのである。同時に，排便が，対象に対して力を行使するという心理的な意味を持つようになるのにもそう時間はかからない。排便について言えることは，排尿についても言える。ただ，象徴的な拒絶機能としての排尿の意味は，過去においては，なるほど過小評価されてきたと考えられる。ことに，解剖学的に見た場合，排尿機能は，排泄機能と生殖機能とを繋ぐものとして位置づけられるものなのだから。

ここに示した観点に従えば，パラノイアと強迫神経症とを，それぞれ，早期肛門期，後期肛門期への固着の表われだと見做すわけにはいかなくなる。それらはむしろ，拒絶的な排泄過程に倣ってパターン化された，ある特別な防衛技法が使われているがゆえに生じている状態だ，と見做さなければならないのである。もっとも，パラノイド技法と強迫技法とは，もっぱら拒絶する技法なわけではない。この２つは，いずれも，良い対象の受容と，悪い対象の拒絶とを組み合わせているのである。この２つの本質的な違いについては後に考察するが，当面，パラノイド技法の方が，拒絶の度合いが甚だしいとだけ言っておこう。というのも，パラノイド的な人は，拒絶された内的対象を外在化しつつ，それをあけすけに，また，積極的に悪いものとして——実に迫害者として——取り扱うのである。一方，強迫的な人にとっての排泄行為は，対象の拒絶ばかりでなく，中身contentsを手放すことにもなる[原注7)]。だから強迫技法においては，幼児的依存の主として摂るという態度と，成熟した依存の主として与えるという態度との間で，ある種の妥協が図られているのである。

こうした，妥協する態度は，パラノイド的な人には全く親和性がない――なぜなら彼らにとって排泄行為は，拒絶でしかないからである。

ヒステリーもまた，ある特別な拒絶する技法が使われているがゆえに生じている状態であって，リビドー発達のある特定の段階，つまり，男根期への固着のために生じているものではない。周知の通り，Abraham の図式によれば，ヒステリー状態は，エディプス状況をめぐる過度の罪悪感によって，男根期の間に性器を拒絶したために生じてくると考えられている。この見解は，このところ私が見出している知見とはうまく一致しない。私の発見からすれば，むしろ，その見解の中には，社会学的な現象としてではなく，心理学的な現象としてのエディプス状況について，ある種の誤った概念づけが含まれているように思われる。心理学的に言えば，この状況のより深い意味は，アンビヴァレンスの段階（後期口愛期）における単一の対象が，２つの対象，つまり，一方の親と同一視された受け容れられた対象と，もう一方の親と同一視された拒絶された対象とに分化していることを表わしている，というところにある。そして，エディプス状況に結びついている罪悪感は，この状況が三角関係になっているということに由来するのではなくて，（１）近親姦願望とは，惜しげもなく与えられることはないように見える親の愛を要求することになるという事実，そして（２）子供の内に，自分の愛が拒絶されるのは，自分の愛が悪いものだからだという感覚が起きてきているという事実，に由来するのである。このことは，私のある女性患者のケースにはっきりと示されている。彼女は，子供時代を通じて，近親姦的な幻想がこの上もなく刺激されることになるような状況に置かれていた。その両親は意見の不一致から寝室を別にしていたが，この２つの寝室の間に，両方に繋がる化粧部屋があって，患者の母親は，自分の夫から身を守るため，彼女をこの化粧部屋に寝かせていたのである。彼女は，どちらの親からも愛情を示してもらったことがほとんどなかった。まだとても幼い頃に，彼女は，脚が萎えてしまう病気に罹り，そのために普通の子供よりも，実際的に他人に依存せざるを得なかった。ところが母親は，彼女がうまく歩けないということを，一種の家庭内の秘密 skelton in the family cupboard として扱い，むしろ，何としてでも彼女をできる限り早く独立させることを，その育児方針としたのである。一方，父親は，超然として近寄り難い人だったので，彼女が父親と情緒的な触れ合いを持つのは，母親

原注７）　このことは，次のような事実と軌を一にしている。つまり排泄機能は，元来拒絶的なものだとはいえ，それは，ある意味では生産的なものでもあり，子供にとっては創造的で「与える」活動という，もう１つ別の意味を持つことにもなるのである。

にもまして難しいことであった。彼女がまだ10代の内に母親は亡くなり，それからというもの，彼女は，父親との間で情緒的な触れ合いを持とうと必死に努力した。しかし，その努力は全く報われなかったのである。そんな中で，ある日突然，彼女の心にこんな考えが浮かんだ。「もし私がお父さんと寝るって言ったら，きっと心に響くはずだわ！」。つまり彼女の近親姦願望は，自分の対象との情緒的な触れ合いを持つための必死の努力の表われだったのである――そうすることで彼女は，愛を引き出そうとするばかりでなく，自分の愛が受け容れられ得るものだということを証明しようともしていたのである。こうした願望は，エディプスなどという特定の文脈に左右されるものではない。私の患者の場合，その近親姦願望は，無論，断念され，予想されるであろう通り，その後に強い罪悪感の反応が起きていた。しかし，この罪悪感は，彼女が母親に表わしてもらえなかった愛を，また，それがなければ自分の愛は悪いものだということになってしまう愛を，母親に表現して欲しいと要求する，その要求に関連して生じてくる罪悪感と何ら違いのないようなものだったのである。彼女と母親との満足のいかない情緒的な関係は，すでに口愛期段階への退行を引き起こしていた。そのおかげで，乳房がその対象として復活しており，その結果，彼女の主症状の１つは，他の人がいるところでは吐き気がして食べることができない，というものであった。だから彼女が父親のペニスを拒絶した，その背景には，母親の乳房の拒絶があったのである。そして，そのペニスがその乳房としっかり同一視されていたのは明らかであった。

このケースに示されていることは，つまり，一方でヒステリーの人が性器を拒絶しているということは否定しようもない事実だが，その拒絶は，エディプス状況特有の性質ではなくて，むしろ，ヒステリーの人が部分対象としての性器を，幼児的依存の段階におけるもともとの部分対象，すなわち乳房と同一視しているという事実によって決定されているということである。だから，ヒステリーの人が性器を拒絶するのは，幼児的依存という態度を放棄しようとしつつも，それがうまくいかなかったことを示しているということになる。同じことが，パラノイド技法や，強迫技法に含まれている対象の拒絶についても言える。ただし，ヒステリー技法においては，拒絶された対象が外在化されるということはない。むしろ，その拒絶された対象は，合体されたままになっており，だからこそ，ヒステリーに特徴的な解離が起きるのである――究極的に言えば，その解離の意味は，ある合体された対象が拒絶されている，ということである。また，ヒステリー技法においては，強迫技法と同様，成熟した依存の与えるという態度が，一部，受け容れられている。というのも，ヒステリーの人は，自分の性器，および性器に代表されるもの以外ならどんなものでも，自分の愛情対象に委ねてしまいたいと願うところがあるからである——そしてこの態度には，もっともっと安心できる基盤の上に依存関係を確立したいという願望を，少なくともある部分，背後に持った，愛情対象の理想化が伴っている。

さて，こうして見てくると，パラノイア，強迫神経症，ヒステリーは，それぞれ，ある特定の技法が使われているがゆえに生じている状態だということが理解されるであろう。そしてこれは，恐怖症状態についても同じことだと考えられなければならない。そうしてみると，これら多様な技法は，いずれも，移行段階に特徴的な葛藤が未解決のままになっているところで，それに対処しようとする特定の方法であると解釈されるであろう。その葛藤とは，(a) 対象に対して成熟した依存の態度をとろうとする発達を駆り立てる力と，(b) 対象に対する幼児的依存の態度を放棄するのを渋る退行的な力との間での葛藤である。

これまで述べてきたことを踏まえてみれば，標準的な対象関係の発達は，以下のような図式としてまとめることができる。

Ⅰ．幼児的依存の段階：その特徴は，主として，摂るという態度にある
　（1）早期口愛期——合体すること——吸いつくこと，あるいは，拒絶すること
　　　（アンビヴァレンス以前）
　（2）後期口愛期——合体すること——吸いつくこと，あるいは，噛みつくこと
　　　（アンビヴァレント）
Ⅱ．幼児的依存と成熟した依存との間の移行の段階，すなわち擬似独立段階
　　　——合体された対象の二分と，その実在化 exteriorization
Ⅲ．成熟した依存の段階：その特徴は，主として，与えるという態度にある
　　　——受け容れられた対象と拒絶された対象とは，実在化される

この図式は，対象関係のあり方を基礎に据えていること，そして，リビドー的態度が二次的なところに置かれていること，にその明確な特徴がある。私が，対象関係こそが何にもまして重要なものだと確信するようになったのは，スキゾイド的な特徴を示す患者の分析からである。というのも，そうした人たちにおいてこそ，対象との関係をめぐる問題が最も顕著に現れてくるからである。分析のプロセスの中で，そうした人たちは，幼児的依存を放棄するのを極端に渋る一方で，何としてもそれを断念したいと願い，この２つの気持ちの間で葛藤があることを極めてはっきりと示してくる。そういう患者を診ていると，まずは興味をそそられるが，同時に

哀れも誘われるものである。彼らはまるで，臆病なネズミのように，隠れ家である自分の巣穴からこそこそと外的対象の世界を覗きに出てきては，すぐにまた大急ぎでその巣穴へと逃げ込んでしまう，といったことを繰り返すのである訳注１）。さらにこうした患者が幼児的依存から脱却しようと不屈の努力をする過程で，前述の４つの移行期的技法――パラノイド技法，強迫技法，ヒステリー技法，そして恐怖症技法――のいずれか，あるいは全てが，あれやこれやと頼りにされるさまを観察すると，事態は一層明らかになってくる。こうしたケースを分析して，何にもましてはっきりとしてくるのは，子供の最大の欲求が，（ａ）自分は１人の人として両親から純粋に愛されているし，（ｂ）両親は自分の愛を純粋に受け容れている，ということの動かし難い証を得ることにある，ということである。こうした証が十分に得られ，自分は現実の対象に依存しても大丈夫だという確信ができて初めて，子供は，徐々にではあるが，ビクビクせずに幼児的依存を断念できるようになるのである。もしこうした証を得ることができないと，対象との関係は**分離をめぐる不安**に満ちたものとなり，幼児的依存の態度は断念することができなくなってしまう。なぜなら，その子供の目から見れば，もしそれを断念してしまったら，まだ満足されていない自分の情緒的欲求を満足させられるかもしれない希望までも，根こそぎ失ってしまうのと同じことになるからである。１人の人として愛されたい，自分の愛を受け容れてもらいたいという願いをくじかれるということは，子供が体験し得る最大の外傷である。そして，何よりもまずこの外傷こそが，その形はさまざまだが，小児性愛 infantile sexuality という固着を生み出すものだし，子供は外的対象との情緒的関係がうまくいかないのを代理満足によって代償しようとする過程で，その小児性愛に救いを求めようとすることになるのである。根本的には，これらの代理満足（例えば，自慰や肛門性愛）は，全て，**人が外的世界の対象との間に満足いく関係を結べない時に身を寄せざるを得ない，内在化された対象との関係**を表わしている。露出症とか同性愛，サディズム，マゾキズムといった現象もまた，外的対象との関係が満足いかないものである場合に現われてくる。だから，これらの現象は，少なからず，ダメになってしまった自然な情緒的関係を何とか修復しようとする努力に他な

訳注１）　後に H. Guntrip が，いわゆる ‘in and out’ programme を定式化したのは，Fairbairn がここで述べている現象を元にしてのことである――Guntrip, H., 1952, A study of Fairbairn’s theory of schizoid reactions, *Brit. J. Med. Psychol.* Vol.25, 86-103。この論文は後に改訂され，The schizoid personality and the external world と題されて，Guntrip, 1968, *Schizoid Phenomena, Object-Relations and the Self,* The Hogarth Press, pp.17-48 に再録された。

らない，と考えなければならない。これら「欠如した関係 relationships by default」のあり方を理解することも，もちろん，相応に価値のあることである。だが，それよりもはるかに重要なのは，いったいどのような要因がこうした自然な関係を傷つけるものなのかを知っておくことである。そうした要因のうち，他のどんな要因よりも断然重要なのが，自分の対象は自分を１人の人として愛してもいないし，自分の愛を受け容れてもいない，と感じることになるような子供時代の状況なのである。そして，こうした状況が生じる時にこそ，対象に向かう生来的なリビドー的欲動が，本来的ではない逸脱した関係や，それに伴うさまざまなリビドー的態度を作り上げることになるのである。

前記の表に概観した発達に関する図式は，対象への依存の質をその基礎に据えたものだが，そのような形にしたのは，早期の関係においては，それが何にもまして重要な要因だと考えられるからである。ただ，発達の各段階において，それぞれどのような対象が相応しいものなのかという点についても，明確にしておいた方がいいであろう。ここで重要なのは，その自然な（生物学的な）対象と，精神病理学的なケースにおいては大方その代理になっている，合体された対象とを区別しておくことである。もちろん，対象というのは，部分対象であることも，全体対象であることもある。ただ，生物学的な意味での子供の早期の発達過程を考えれば明らかになる通り，自然な部分対象というのは，ただ１つ，母親の乳房だけでしかないし，全体対象の中でも最も意味のあるものは母親でしかない――父親はむしろ，下手な脇役に過ぎない。糞便が自然な対象でないことも，すでに指摘した通りである。それは，象徴的な対象なのである。そしてそれと同じことが，性器についても，それが男根期的な対象，つまり部分対象として扱われている限り，言えるであろう。例えば，男性の同性愛の場合，その何よりも重要な直接的要因が，父親のペニスを追い求めることであるのは疑いもない。けれども，そこでは，ある全体対象がある部分対象によって代理されており，従って，この追い求めは，むしろ，もともとの部分対象（乳房）との間の，もともとの（口愛期的な）関係が復活していることを示す，ある退行的な現象なのである。つまり，同性愛の人が，父親のペニスを追い求めるというのは，いわば父親の乳房を追い求めている，ということなのである。部分対象としての乳房が心の中に存在し続けているという現象が顕著に認められるのは，ヒステリーの人においてである。彼らにとっては，性器も，相変わらず口愛的な意味を持ち続けている。このことは，ある女性のヒステリー患者のケースによく示されている。彼女は，自分の骨盤の「痛み」がどのようなものかを説明する際，

「それはまるで，体の内側で何かがおっぱいが欲しいって言ってるみたいな感じです」と述べたのである。戦時中の経験では，ヒステリカルな兵士たちが胃の症状を訴えることもしばしばであったが，それも，これと同様の意味を持ったものであった。

これまで述べてきたことから考えてみると，発達の各段階に相応しい自然な対象は，以下のように示すことができるであろう[原注8)]。

Ⅰ．幼児的依存
（1）早期口愛期――母親の乳房――部分対象
（2）後期口愛期――乳房を持った母親――全体対象が部分対象として扱われるという特徴がある
Ⅱ．擬似独立（移行期的）
全体対象が中身 contents として扱われるという特徴がある
Ⅲ．成熟した依存
性器を持った全体対象

幼児的依存と成人の依存との間の移行段階
そこでの諸技法と精神病理

前に掲げた２つの表の中で，移行段階が「擬似独立」の段階と記されていることに気づかれたであろう。なぜこのような表記にしたのか，この点は大変重要なポイントなので，特に注目しておいて頂きたい。スキゾイド傾向を持つ人を研究してみると，幼児的依存の段階の最も際立った特徴は，**対象との一次的同一化**にあるということが明らかになってくる。実際，心理学的な意味では，対象との同一化と幼児的依存とは，同じ現象の２つの側面に過ぎないと言っても過言ではないであろう。

原注8）　本表は，アセスメントできる範囲での標準的なリビドー的発達のあり方を示そうとしたものである。ただし，こうした標準は，精神病理をもったケースの分析から見えてくる，個々の実態に即した発達過程とは，区別して考えておくことが肝要である。つまり，次のようなことはよく認識しておかなければならない。例えば，母親の乳房が**精神的な意味で**合体され，内的対象として確立されてくる過程があったとしても，それとは全く別のところで，早期口愛期における自然な対象は，母親の**実際の**乳房であり続けるのである。また同様に，たとえ情緒的には内在化された乳房に大きく依存していたとしても，そのこととは全く別のところで，この時期の個体は，実際上，身体的にも情緒的にも，外的対象としての乳房に依存しているのである。さらに，リビドー的段階が進んで自然な対象が乳房ではなくなってからでも，乳房は，ある内的対象として存在し続けている可能性がある，ということも認識しておかなければならない。

これに対して，成熟した依存という場合，そこには，相互に対象となる，互いに完全に分化し，独立した２人の人同士の関係という意味が含まれている[原注9)]。この２種の依存の区別は，Freud の言う，自己愛的対象選択と依存的対象選択という区別に等しい。もちろん，成熟した依存という関係は，理論的にのみ可能なものである。だが，**関係が成熟したものになればなるだけ，その関係の特徴は一次的同一化ではなくなってくる**というのも事実である。なぜなら，この種の同一化が生じているということは，本質的に言えば，対象が分化されていないということを示しているのだから。もし分化することなしに同一化を続けようとすれば，その人の対象に対する態度の中には，著しく強迫的な要素が入り込んでくることになる。そのいい例が，スキゾイドの人の惚れ込みである。それはまた，戦時中，軍務上やむを得ず妻や家から離れた，スキゾイド的な，そして抑うつ的な兵士たちがよく体験する，妻の許へ帰りたい，家へ帰りたいという，とても抑えきれない衝動の中にも認めることができるであろう。**幼児的依存を放棄するということは，分化した対象との関係の方をとって，一次的同一化に基づいた関係を放棄するということである。**夢の中でこの分化の過程は，入り江や地割れを渡ろうとするというテーマとして表わされることがしばしばある。もっとも，渡ろうとするのは，退行的な方向に向かってである場合もある。分化の過程は，それ自体，通常かなりの不安を伴うものである。その不安は，夢の中では，落下してゆく夢という形で表現されるのが特徴的だが，症状としては，高所恐怖や広場恐怖という症状に特徴的に表わされている。一方，この過程がうまくいかないかもしれないという不安は，投獄されるとか，地下に閉じ込められるとか，海に沈められるといった悪夢の中に表わされており，同時に，閉所恐怖という症状の中にも表わされている。

対象の分化の過程がとりわけ意義深いのは，幼児的依存の特徴が，同一化ばかりではなく，合体という口愛的な態度にもあるためである。つまり，このことによって，その人が同一化している対象は，合体された対象と同じだということになってくるのである。もっと不可解な言い方をすれば，その人が対象の中に合体されている，その対象が，その人の中に合体されているのである。この奇妙でストレートにはいかない心理状況は，確かに，多くの形而上学的な謎を解く鍵となるであろう。だが，いずれにしても，夢の中では，対象の内側にいることと，対象を内側に持っ

原注９）　幼児的依存と成熟した依存との差について重要な点は，前者がまだ放棄されていない状態であるのに対して，後者はすでに達成されている状態だというところにある。

ていることとが，驚くべき等価性を持っていることは珍しいことではない。例えば，私のある患者は，ある塔の中にいる夢を見たが，その連想からして明らかだったのは，彼にとってこのテーマが，母親との同一化を表わしているばかりでなく，母親の乳房を――そして，ついでに言えば，父親のペニスをも――合体しているということをも表わしていたのである。

こうして，対象を分化するという課題は，合体された対象を追い出すという問題，つまりは，中身を追い出すという問題と同じことになっていきやすい。Abraham が「肛門期」という言い方を提唱した主な理由は，まさにここにある。実際，移行段階の間に肛門期的な技法が極めて重要な役割を果たすのは，主としてこうした事情によるものだと考えられなければならない。ただ，他のところ同様，ここでも重要なことは，本末転倒してはならないということであって，この段階で人が中身の処理に躍起になっているのは，その人が肛門期的だからなのではなく，この段階で中身の処理に躍起になっているからこそ，肛門期的なのだという点を認識しておくことである。

さてここで，移行段階における重大な葛藤とは，対象との同一化という幼児的な態度を放棄しようとする，進展に向かう駆り立てと，その態度を保持しようとする，退行に向かう駆り立てとの間の葛藤である，と定式化することができるであろう。従って，この時期の人の行動の特徴は，何とか対象から自分自身を分離させようとする努力と，何とか対象との再結合を達成しようとする努力，この２つの努力の並存にある――それは，何とか「監獄から逃れよう」とする試みと，何とか「うちに帰ろう」とする試みとである。やがて，この２つの内のどちらかの態度が優勢を占めるようになるとはいえ，当初は，この２つの態度のそれぞれに伴っている不安に基づいて，この２つの態度の間に常に往ったり来たりがあるものである。分離に伴う不安は，孤立してしまう恐怖として現われてくる。一方，同一化に伴う不安は，閉じ込められる，監禁される，あるいは呑み込まれるといった恐怖として現われてくる（「押し込められる，封じ込められる，幽閉される」)。ここで，これらの不安は，本質的に恐怖症的な不安であることに気づかれるであろう。だから，**恐怖症状態**の説明は，この葛藤，つまり，対象からの分離を目指す進展に向かう駆り立てと，対象との同一化を目指す退行に向かっての誘惑との間の葛藤，というところにこそ求めなければならない，ということになるであろう。

移行期の葛藤はまた，一次的同一化と口愛的な合体との間の密接な繋がり，そしてその後の，分離と，排泄をモデルにした追い出しとの間の密接な繋がりによって，中身を追い出そうとする駆り立てと，中身を保持しておこうとする駆り立てとの間の葛藤としても現われてくる。ちょうど，分離と再結合の間に常に往ったり来たりがあるのと同じように，追い出そうとすることと保持しようとすることとの間にも，やがてそのどちらかの態度が優位を占めるようになってくるとはいえ，常に往ったり来たりが生じがちである。そして，これら２つの態度には，いずれも，ある不安が伴っている——追い出そうとする態度には，空っぽになってしまうとか，流れ出してしまうといった恐怖が伴っており，保持しておこうとする態度には，はちきれてしまう恐怖が伴っている（癌のような，何か内科疾患への恐怖が，しばしばここに伴ったり，それに取って代わったりしている）。こうした不安は，本質的に，強迫的な不安である。そして，この，中身としての対象を追い出そうとする駆り立てと，中身としての対象を保持しておこうとする駆り立てとの間の葛藤こそ，強迫状態の背後にある葛藤なのである。

こうして，恐怖症技法と強迫技法とは，基本的には同じ葛藤に対処するための２つの異なる方法であることが理解されてくる。そして，これら２つの異なる方法は，対象に対する２つの異なる態度に対応している。恐怖症の人の見方からすれば，この葛藤は，対象から逃避するか，それとも対象へ回帰するかという葛藤だということになる。一方，強迫の人の見方からすると，この葛藤は，対象を追い出すか，それとも対象を保持しておくかという葛藤だということになる。だから，恐怖症技法は，主として受身的な態度に対応し，強迫技法は，主として能動的な態度に対応していることが明らかとなる。強迫技法には，また，対象に対してずっと多くのあからさまな攻撃性が表現されている。というのも，その対象は，追い出されるにしても，保持されるにしても，いずれにせよ，有無を言わせぬ強制的なコントロールを受けることになっているからである。一方，恐怖症の人にとっての問題は，対象が持つ力から逃れるか，それともそれに屈服するのかという選択である。言い換えれば，強迫技法がそもそもサディスティックなものであるのに対して，恐怖症技法はマゾキスティックな色彩に溢れたものである。

ヒステリー状態においては，移行期の基本的な葛藤に対処しようとする，もう１つ別の技法が働いているのを見て取ることができる。この場合，葛藤は，単純に，対象を受け容れるか，それとも対象を拒絶するかという葛藤として定式化できそうである。対象の受け容れというのは，ヒステリーの人に大変典型的に認められる強い愛情関係の中にはっきりと現われている。しかし，そういう情緒関係を強調し過ぎるということ，それ自体が，実はそこで，何らかの拒絶が過補償されているのではないかという疑いを生むのである。そしてこの疑いは，ヒステリーの人が解離現象を起こしやすいという事実によって確証されることになる。彼らの示す解離現象が，性器の拒絶を表わしているということは改めて強調するまでもない。ただ，すでに指摘した通り，この拒絶された性器は，幼児的依存期におけるもともとのリビドー的対象である乳房と同一視されているということは，分析によって例外なく明らかにすることができる。このことを踏まえてみれば，ヒステリーの人において特徴的に解離されるものが，自分自身の内のある器官か，あるいはある機能だという点は注目に値する。このことの意味は，たった１つしかあり得ない――それは，その拒絶された対象とは，ある内在化された対象であり，その対象との間にはかなりの程度の同一化が生じているということである。一方，ヒステリーの人が現実の対象に過大な価値づけをするというところからすれば，ヒステリーの人における受け容れられた対象とは，まず疑いの余地なく，ある外在化された対象だということになる。従って，**ヒステリー状態**の特徴は，外在化された対象を受容し，内在化された対象を拒絶することにある，と理解することができる――このことは，言い換えれば，受け容れられた対象を外在化し，拒絶された対象を内在化する，ということである。

ここで，パラノイド状態とヒステリー状態とを比較してみると，そこに意味のある対比を見出すことができる。つまり，ヒステリーの人が外的世界の対象を過大に価値づけるのに対して，パラノイドの人は，それを迫害者と見るのである。また，ヒステリー性の解離がある種の自己非難であるのに対して，パラノイドの人の態度は，途方もなく尊大なものである。従って，**パラノイド状態**とは，外在化された対象を拒絶し，内在化された対象を受容している――言い換えれば，拒絶された対象を外在化し，受け容れられた対象を内在化している――と見做されなければならない。

ヒステリー技法とパラノイド技法とを，対象の受容と拒絶という観点から見てきたが，ここで同様の解釈を恐怖症技法と強迫技法にも当てはめてみると，興味深い結論を得ることができる。恐怖症状態の背後にある葛藤とは，簡単にまとめれば，対象へ逃避するか，それとも対象から逃避するかという葛藤だと定式化できるであろう。言うまでもなく，対象への逃避においてその対象は受け容れられているわけだが，対象からの逃避においては，その対象は拒絶されている。だが，そのいずれの場合も，対象は外的なものとして扱われている。これに対して，強迫状態における葛藤は，中身を追い出すか，それとも保持しておくかという形で現れてくる。だから，この場合，受け容れられた対象も，拒絶された対象も，そのいずれもが内的なものとして扱われているのである。恐怖症状態の場合には，受け容れられた対象も，拒絶された対象も，そのいずれもが外的なものとして扱われ，強迫状態においては，そのいずれもが内的なものと扱われているとすれば，ヒステリー状態とパラノイド状態の場合の状況は，この２つの対象のうち，一方が外在化された対象として扱われ，もう一方が内在化された対象として扱われているということになる。ヒステリー状態の場合に外在化されているのは受け容れられた対象であり，パラノイド状態の場合に外在化されるのは拒絶された対象である。これら４つの技法に特徴的な対象関係の性質を要約すれば，次の表のようになるであろう。

技法	受け容れられた対象	拒絶された対象
強迫	内在化されている	内在化されている
パラノイド	内在化されている	外在化されている
ヒステリー	外在化されている	内在化されている
恐怖症	外在化されている	外在化されている

さてここで，幼児的依存と成熟した依存の間の移行段階の主な特徴を簡潔に要約してみよう。移行期の特徴は，同一化を基礎にした対象関係が，分化された対象との関係へと，次第にその席を譲ってゆく発達過程だというところにある。従って，この時期に満足いく発達を遂げられるかどうかは，その対象の分化の過程がどのくらいうまくいくかにかかっている。そしてその分化の過程がどのくらいうまくいくかは，対象からの分離をめぐる葛藤という問題――それは，望まれていると同時に懼（おそ）れられている状況 both desired and feared である――にかかっているのである。この葛藤をめぐって，４つの特徴的な技法――強迫技法，パラノイド技法，ヒステリー技法，恐怖症技法――のいずれか，あるいは，その全てが作動されることになる。そして，対象関係が満足いかないものである場合，これらの技法を基礎とした，その人特有の精神病理が，その後の人生において発展していく可能性が高くなってゆくのである。こうしたさまざまな技法を，リビドー発達をめぐって仮定されたいくつかの水準に基づいて，順を追って分類する，ということはできない。むしろ，こうした技法は，いずれも，同じ対象関係の発達段階に属している，どれがとられても構わないような技法だと見做されなければならない。これらの技法のうち，どれ

が用いられるか，いやむしろ，それぞれがどの程度用いられるかを決める主要因は，それに先立つ幼児的依存の段階でどのような対象関係ができ上がってきているかということであろう。とりわけ，対象がどの程度合体されてきているか，また，発達途上の自我とその内在化された対象との間にどのような関係ができ上がってきているかといったことが決定的な要因になるであろうと思われる。

幼児的依存の段階とその精神病理

さて，これまで，移行期のありようと，そこでの特徴的な防衛について少し考えてきたので，今度は，幼児的依存の時期と，その時期に萌芽する精神病理学的状態に注目してみることにしよう。

幼児的依存の際立った特徴は，それが無条件的な性格を持っているというところにある。幼児は，その存在や身体的な安寧ばかりでなく，その心理的な欲求の満足においても，完全に自らの対象に依存している。もちろん，成熟した人も，同様に，身体的のみならず心理的な欲求満足において，お互いに依存しているというのは事実である。だが，心理的な側面に関して言えば，成熟した人の依存は無条件的なものではない。これに対して，子供の場合，その存在は極めて心許ないものであり，その心許なさ，それ自体のゆえに，無条件的な意味で依存的にならざるを得ないのである。また，言うまでもないことだが，成人の場合，その対象関係は，ある程度以上の広がりを持っているのに対して，幼児の持っている対象関係は，単一の対象に絞られがちである。だから，幼児の場合，その対象を失うことは，成人の場合よりもはるかに破滅的なものとなる。成熟した人がある対象を失ったとしても，たとえそれがどんなに重要な対象であれ，その人にはまだ他の対象が残っている。まだ他に行けるところがあるのである。さらに，これから対象を取捨選択することさえできる。幼児には，しかし，この選択の余地がない。幼児には，自分の対象を受け容れるか，拒絶するか，そのどちらかしかないのである――この二者択一は，幼児にとって，生きるか死ぬかの選択にも等しいものとなりがちである。これらのことに加えて，そこでの対象関係のあり方，それ自体も，幼児の心理的な意味での依存傾向を助長することになる。というのも，すでに見てきた通り，そこでの対象関係は，本質的に同一化を基礎にしているからである。依存が最も極端な形で認められるのは，子宮内の状態においてである。それは，心理的な側面について言えば，完全に同一化していて，全く分化していないという特徴を持った状態だと考えてもいいであろう。つまり，同一化とは，出生以前に存在していた関係を，子宮外の生活にまで持ち込んでくること，と見ることができる。人が，出生後も同一化を続けている限り，その人にとっての対象は，自分の世界であるばかりでなく，自分自身でもある。そして，すでに指摘した通り，スキゾイド的な人，抑うつ的な人の多くは，まさにこうなっているからこそ，自分の対象に対して強迫的な態度をとることになるのである。

健常な発達というものは，対象が徐々に分化し，それにつれて同一化が徐々に少なくなっていくという特性を持つ進展の過程である。しかし，幼児的依存が保持されている限り，その人が対象との間に持つ情緒的な関係は，相も変わらず同一化を最大の特徴としたものであり続けることになる。幼児的依存は，口を介した oral 依存ということである――もっとも，だからと言って，幼児は元来口愛的なものだと解釈してはならない。むしろ，それは，幼児のもともとの対象は母親の乳房だという意味である。そして，そうであるがゆえに，早期口愛期，後期口愛期を通じて，個体と対象との情緒的な関係の最大の特徴は，ずっと同一化であり続けるのである。この同一化傾向は，この時期を通じて情緒的な関係に大変特徴的であるばかりでなく，認知の領域にも入り込んでくる。その結果，口愛期に何らかの固着がある人は，何かの病気に罹っている人の話を聞いただけで，自分もその病気を病んでいるに違いないと考えてしまうことになる。一方，意欲の conative 領域においては，同一化は口愛的に合体することと表裏一体の関係にある。そして，幼児的依存の段階の最も顕著な特徴は，情緒的に同一化することと口愛的に合体することとの区別がつかなくなっているということから生じてくる。言い換えれば，幼児にとって，母親の腕に抱かれているということと，その乳房の中身を合体するということとが根本的に同じことになる，ということである。

幼児的依存の最も際立った特徴の１つである自己愛という現象は，対象との同一化に基づく，ある態度のことである。実際，**一次的自己愛**を簡潔に定義すれば，それは，**対象と同一化した状態**，と言えるであろうし，**二次的自己愛**については，**内在化されている対象と同一化した状態**，と言えるであろう。自己愛は，早期口愛期，後期口愛期のいずれの時期にも共通した特徴だが，この２つの時期の間には，そこでの対象の性質が変化しているという違いがある。早期口愛期における自然な対象は母親の乳房である。しかし，後期口愛期における自然な対象は，乳房を持った母親になってくる。従って，この２つの時期の移行の指標となるのは，ある部分対象が，ある全体対象（ないし，人 person）によって置き換えられているかどうかという点にある。もっとも，その他に，噛みつくという傾向が出現してくるという特徴もある。早期口愛期におけるリビドー的態度は，もっぱら，吸いつくという態度ばかりなのに対して，後期口愛期においては，噛みつくという態度が，これに伴い，これと競合することになる。ところで，噛みつくことは，その目的からして，本質的に破壊的なものであり，実際，あらゆる分化した攻撃性の，まさに原型を成していると見做さなければならない。その意味からすれば，後期口愛期の特徴は，情緒的なアンビヴァレンスが高まることにあると言える。Abraham は早期口愛期を「アンビヴァレンス以前」と記したが，その記載は正しい。しかし，だからと言って，後期口愛期の特徴である攻撃的な噛みつきがない早期口愛期に，純然たる拒絶，あるいは拒否がないわけではない。ただ，こうした拒絶は，アンビヴァレンスを意味しないのである。私は，早期口愛期的な合体への駆り立ては，本質的にリビドー的な駆り立てであり，分化した直接的な攻撃性は，そこに何の寄与もしていないと考えている。この事実を認識することは，スキゾイド状態の背後にある本質的な問題を理解する上で極めて重要である。確かに，合体へと向かう駆り立ては，食べられてしまったものは消えてしまうという意味において，事実上，破壊的なものである。だが，それでもなお，この駆り立ては，その目的において破壊的なものではない。子供が，僕はケーキが「大好きだ（愛している）」という場合，そこには，そのケーキはやがて失くなって，**実際上**，破壊されてしまうことになるだろうという意味が含まれているのは事実である。しかし，ケーキを破壊することが子供の「愛」の目的なのではない。むしろ，それとは逆で，子供の目から見れば，ケーキが消えてしまうことは，自分がケーキを「愛」しているがゆえに生じる，とてもとても残念な結末なのである。子供が本当に望んでいるのは，そのケーキを食べ，かつ同時にそれがまだあるということである。しかし，もしそのケーキが「腐っている［悪い］」ということになれば，子供はそれを吐き出すか，あるいは病気になってしまう。言い換えれば，子供はそのケーキを拒絶するのであり，ケーキが悪い［腐っている］からといって，それに噛みついたりはしない。このタイプの行動は，ことに早期口愛期に特有のものである。特徴的なことは，つまり，対象が良いものとして登場する限り，その中身を合体し，悪いものとして登場する限り，それを拒絶するということにある。そして，その対象が悪いものであるように見えたとしても，それを破壊しようとはしないのである。だから，剥奪状況におかれた場合には，その対象自体が，その中身もろともに合体され，そうやって，そのつもりはないのに，破壊されてしまったのではないかという不安が起きてくるのである[原注10]。後期口愛期になると，状況はもっと異なったものになってくる。この時期になると，対象が悪いものとして登場した場合，その対象は噛みつかれたりすることになるからである。このことは，分化した攻撃性が，リビドーと同時にその対象に向けられるであろうことを意味している。だからこそ，そこにアンビヴァレンスが生じ，それが後期口愛期の特徴となるのである。

上述のことから明らかな通り，早期口愛期の間に対象関係に関連して生じる情緒的葛藤は，「吸いつくべきか，吸いつかざるべきか」，つまり，「愛すべきか，愛さざるべきか」という二者択一の形をとる。これがスキゾイド状態の背後にある葛藤である。一方，後期口愛期に特徴的な葛藤は，「吸いつくべきか，噛みつくべきか」，つまり，「愛すべきか，憎むべきか」という二者択一の形をとる。これが抑うつ状態の背後にある葛藤である。だから，スキゾイド的な人にとっての重大な問題は，愛によって破壊してしまうことなしにいかに愛するか，ということであり，抑うつ的な人にとっての重大な問題は，憎しみによって破壊してしまうことなしにいかに愛するか，ということであると理解されるであろう。これら２つの問題は，全く違ったものなのである。

言うまでもなく，スキゾイド状態の背後にある葛藤の方が，抑うつ状態の背後にある葛藤よりも，ずっと破滅的な力を持ったものである。それに加えて，スキゾイド反応のルーツは抑うつ反応のそれよりももっと以前の段階にある。それゆえ，スキゾイド的な人は，抑うつ的な人よりも葛藤を処理する能力に乏しい。統合失調症に認められる人格の障害の方が，うつ病に認められるそれよりもずっと深刻なのは，まさにこれら２つの事実によるものである。早期口愛期と結びついている葛藤が破滅的な性格を持っている理由は，もし，憎しみによって自分の対象を破壊してしまうのが恐ろしいことだと感じられるのであれば，愛によって自分の対象を破壊してしまうことの方が，もっとずっと恐ろしいことに感じられるという事実によっている。こうして自分の愛が破壊的であるように見えるのが，スキゾイド的な人の大きな悲劇である。彼らがあれほど外的現実の対象にリビドーを向け難いのは，自分の愛が極めて破壊的なものであるように感じられているからである。彼らは，愛することを懼（おそ）れるようになり，そのために自分の対象と自分自身との間に防壁を造り上げる。彼らは対象を近づけまいとする一方で，自分自身も対象から離れていようとする。対象を拒絶し，それと同時に，対象からリビドーを撤収するのである。この

原注 10）　私は以前，こうした状況について「人格におけるスキゾイド的要因」と題した論文の中で詳しく考察した（本書に所収）。［本書第１章］

リビドーの撤収の程度は，人によってさまざまだが，極めて広範囲に亘って行われることがあり，他人との情緒的，身体的な接触を一切断念するというところまでいくこともある。さらに，外的現実とのあらゆるリビドー的な結びつきが放棄され，周囲の世界への関心が全て色褪せてしまい，何もかもが意味を失ってしまうというところにまでいってしまう場合さえある。リビドーは，外的対象から撤収された分だけ，内在化された対象に向かう。そして，そうなればなるだけ，その人は内向化していくのである。ちなみに，この内向の過程は，スキゾイド状態の始まりに極めて特徴的に観察されるものであり，この観察に基づいて，「内向的」な人とは，根本的にスキゾイド的だと考えることができるのである。スキゾイド的な人が価値を置いているものは，本質的には，内的現実の中にこそ認められるものである。彼らの場合，その内在化された対象の世界は，常に外的対象の世界の方に侵出していきやすい。そしてこうした侵出が進行すればするだけ，彼らは自分の現実の対象 real objects を見失ってしまうことになるのである訳注２)。

もし現実の対象を見失うことだけがスキゾイド状態の唯一の外傷であるのならば，スキゾイド的な人の状況は，さほど不安定なものにはならないであろう。実際，考えておかなければならないのは，対象を見失うことで自我に何が起きることになるか，という点である。内在化された対象が過度にリビドー化され，その結果，自己愛が生じることについてはすでに触れたが，こうした自己愛は，スキゾイド的な人にとりわけ特徴的なものである。そしてこの自己愛に伴って，例外なく認められるのが，上からの態度 attitude of superiority である。この高慢さは，程度の差こそあれ，実際の優越感sense of superiorityとして意識の上に顕われてくることもある。だが，この，上からの態度は，心が内在化された対象の方に向かっていることによって生じている現象であって，スキゾイド的な人は，外的現実の世界の対象との関係においては，基本的に，本質的には卑屈な態度 attitude of inferiority をとっているということには注意しておかなければならない。確かに，外的対象が内在化された対象と同一視され，それに基づいた表向きの高慢さによって，この対外的な卑屈さが覆い隠されているという場合はある。しかし，それでもなお，この対外的な卑屈さは必ず存在しているのであって，それが，その自我の内に，ある弱さがあるこ

訳注２）「見失う」と，「失う」とは，同じ「lose」ないし「loss」の訳語である。興味深いことに，「見失う」と「失う」とは，同じ現象を異なる観点から見た２側面に過ぎない。客観的に見て，主体が対象を「見失って」いるに過ぎない場合でも，その主体にとってその事態は，その対象を「失って」いるということになるからである。

との証なのである。スキゾイド的な人の場合，その自我の統合を危うくする主要因は，対象にリビドーを向けることをめぐって，どうにも解決できなさそうに見えるジレンマがあるということである。対象にリビドーを向けなければ，それはもちろん，その対象が失われるのと同じことになってしまう。しかし，スキゾイド的な人の側から見れば，リビドーそのものが破壊的なものであるように見えるから，リビドーが**実際に**対象に向けられたとしても，それはやはり同じようにその対象を失ってしまうことになるのである。だから，もしこのジレンマが一定以上に深刻化すれば，そこに待ち構えているのは完全な**袋小路**であり，それによって自我は，全く無力な状態 a state of utter impotence に陥ってしまうことになる，ということが容易に理解されるであろう。その自我は，自己表現をすることが全くできなくなり，その状態が続いている限り，その自我の存在そのものが危うくなってくるのである。このことは，私のある患者が，分析のあるセッションで述べた，次の言葉によく表わされている。「私は何も言うことができません。お話しすることがないんです。空っぽなんです。私なんてものはありません……全く用なしだって感じ。“これをやった”ってことが何もないんです。すごく冷たく，固くなってしまっていて，何にも感じないんです……自分を言い表わすことができません。不毛だって感じです」。こうした描写は，スキゾイド的なジレンマによって，自我がいかに無力な状態に陥ってしまうかばかりでなく，自我の存在そのものがいかに危ういものとなってしまうかをよく表わしている。おそらく今引用した，この患者の最後の言葉が，スキゾイド状態に特有の感情を考える上で，特に意味深いものであろう。つまり，**スキゾイド状態に特有な感情とは，疑いもなく，不毛の感覚** ***sense of futility*** **である。**

ここで，もう少し他のスキゾイド現象を考えてみると，そこには，例えば，消耗してしまったという感覚，現実感が持てないという感覚，ひどく人前を気にしてしまうこと，そして，自ら傍観してしまっているという感覚，などを挙げることができる。これらさまざまな現象は，いずれも，実際に自我の分裂が生じていることをはっきりと示している。こうした自我の分裂は，先に述べた自我の無力化や，荒廃よりももっと根本的なものだと見做されなければならない。ただし，外的対象からリビドーが撤収されると，それによって分裂過程の作用が強化されるばかりでなく，その分裂過程が及ぶ範囲自体もまた，実質上，押し広げられることになるようである。このことは，自我の統合が，リビドー的態度のあり方よりも，対象関係によって左右される度合いの方がずっと大きいことを示す事実として，特に重要なものである。

急性のスキゾイド状態においては，対象関係からのリビドーの撤収が進んで，意識の領域（いわば，こころの中で最も対象に近い部分）から撤収されたリビドーが，そのまま無意識の領域へ持ち込まれてくるということさえ生じる場合がある。そうなると，その自我自体が，あたかもずっと以前から無意識の中に引き籠っていたかのようなことになる。実際，リビドーが自我の意識的部分の領域から撤収されてしまうと，機能する自我として残され，動き得るのは，自我の無意識的な部分だけしか残っていないということになるであろう。また極端なケースになると，リビドーは，自我の無意識的部分の領域からさえ，少なくともある程度，撤収されてしまったように見えることがあり，そうなると，一見，Kraepelin が早発性痴呆の最終段階として報告した，古典的な状態像だけが残ることになる。こうした大々的なリビドーの撤収を，抑圧によるものとすることができるのかどうか，また，そうするのが適切なのかどうかは，この過程が対象関係からの撤収に限定されている限りにおいてはそういう印象も受けるが，議論の余地のある問題である。もっとも，かなり広範囲に亘るリビドーの撤収を経験したある知的に大変優れた患者は，その撤収の結果として生じる状態は，単なる抑圧によって生じるものとは「全く違った感じ」だとはっきり述べており，私も，やはりこの2つは別物だろうと考えている。ただ，自我の意識的部分からリビドーが撤収されれば，それによって情緒的な緊張が緩和され，早まった行動にいきなり走ってしまう危険が少なくなるのは明白である。実際，今述べた患者の場合も，そのリビドーの撤収が起きたのは，まさにある突発的な行動を起こした直後のことであった。そして，スキゾイド的な人の不安の多くが，実は，こうした突発的な行動を起こしてしまうことへの恐怖の表われであるということも，同じようにほぼ明白なことである。この恐怖は，よく，気が狂ってしまうとか，破局が迫っているといった恐怖として顕われてくる。従って，リビドーの大々的な撤収には，破局に怯えた自我が，情緒的な接触へと駆り立てる基本的なリビドーの傾向を抑圧し，そうやって外的対象との情緒的な関係を全て回避しようと必死に努力している，という意味があるであろう。スキゾイド的な人の場合，こうしたリビドーの傾向が，本質的に口愛的なものであることは言うまでもない。そして，この努力がかなりの程度成功し始めると，その人は，自分などというものはないような気がするとか，アイデンティティが失くなってしまっているようだ，死んでしまったみたいだ，あるいは，居なくなったも同然だとかいうように語り始めるのである。つまり，自我はリビドーを放棄することで，実際には自我を1つにまとめているエネルギーの形態そのものを放棄してしまうことになる。こうして自我が失われてしまうのである。**自我の喪失**とは，その回避がよりうまくいく場合もいかない場合もあるけれども，スキゾイド的な人が，常に，何としてでも避けようと躍起になっている究極の精神病理学的状態であり，そのために彼らは，自分のリビドーをコントロールするために使い得る技法は全て（移行期的技法を含め）利用しようとするのである。だから，スキゾイド状態とは，たとえそこに防衛が含まれているのが見出されることがあったとしても，その本質において，防衛なのではない。それは，早期口愛期という依存の段階から卒業できていない人に降りかかる最大の破局なのである。

早期口愛期において人が直面する重大な問題が，愛によって対象を破壊してしまうことなしにいかに対象を愛するか，という問題であるとすれば，後期口愛期において人が直面する重大な問題は，憎しみによって対象を破壊してしまうことなしにいかに対象を愛するか，という問題である。そして，抑うつ反応のルーツは後期口愛期にあるという意味で，抑うつ的な人にとっての難関は，その愛の処理ではなくて，憎しみの処理にある。ただ，この問題がいかに厄介なものであったとしても，抑うつの人は，少なくとも，自分の愛は悪いものだと感じる破滅的な体験はせずに済んでいる。自分の愛はともかくも良いものであるように見えるからこそ，抑うつの人は，元来，スキゾイドの人にはできないような，外的対象とのリビドー的関係を持つことができるのである。問題は，むしろ，抑うつ的な人が抱くアンビヴァレンスのために，そうした関係を維持していくのが難しいという形で生じてくる。ところで，このアンビヴァレンスは，抑うつの人が，後期口愛期において，対象の純然たる拒絶を，スキゾイドの人よりもうまく，直接的な攻撃性（噛みつくこと）に置き換えられたことによって生じている。しかし，抑うつの人も，いくらその攻撃性が分化してきているとはいえ，対象の二分に代表される，発達上，一段上の段階にまで到達しているわけではない。もしそうした一段上の段階にうまく到達していたとすれば，自分の憎しみを，少なくともその大部分を，拒絶された対象の方に向けることで処理することができていたであろうし，同時に，憎しみの伴う度合いが少ない愛を，受け容れられた対象の方に向ける自由を手にすることができていたであろう。抑うつの人は，こうした段階に達していないからこそ，後期口愛期における対象への態度を特徴づけている状態，つまり，合体された対象に対するアンビヴァレンスの状態に留まっているのである。ただ，こうした内的状況が存在していても，それは，これに対応するスキゾイドの人の場合の内的状況に比べれば，外的適応を障害する程度が少ない。というのも，抑うつの人の場合には，外界に向かうリビドーの流れを阻害する，どうにもならない防壁がないからである。だから，抑うつ的な人は，他者とのリビドー的な繋がりを容易に作り上げられるし，もしそのリビドー的な繋がりがその人にとって満足のいくものであれば，その人生は，かなり順調に進んでいくように見えることもあるであろう。だがそれでもなお，この内的状況は常に存在しており，その人が身を置いているリビドー的な関係に乱れが生じると，すぐさまその状況が活性化されてくることになる。つまり，どのような形にせよ，そうした乱れが起きれば，そのアンビヴァレントな態度における憎しみの要素が即座に活動し始め，その憎しみが内在化された対象に向けられるようになると，それに引き続いて抑うつ反応が生じてくるのである。対象関係における挫折とは，もちろん，対象の喪失と機能的に等価である。このことは，その挫折がいかなるものであれ，また，その対象の喪失がある部分の喪失を意味するものであれ，もっと完全な喪失を意味するものであれ，いずれの場合にも当てはまる。加えて，重篤な抑うつが（愛する人の死にせよ，愛してもらった人の死にせよ）実際の対象喪失に引き続いて起きてくるというのはごく一般的なことである。こうした意味で，**対象の喪失**は，抑うつ状態を引き起こす本質的な外傷であると見做されなければならない。

一見したところ，これまでの考察ではまだ，抑うつ反応が身体的な損傷や病気に引き続いて起きることも一般的だという事実について，説明が及んでいないように思われるかもしれない。身体的な損傷や病気も，明らかに喪失である。しかし，実際に失われているものはその人自身の一部分であって，対象ではないからである。こうした喪失，例えば，目や，手足を失くすことを，去勢の象徴だと言ってみたところで，それ以上の議論はほとんど進まない。なぜなら，対象の喪失によって引き起こされるという特徴を持った反応が，なぜ身体の一部を失くすことによって引き起こされることになるかという点については，相変わらず説明ができていないからである。むしろ，真の説明は，抑うつ的な人が，いまだ，かなりの程度に，自分の対象と幼児的な同一化をしている状態に留まっているという事実にあるように思われる。つまり，抑うつ的な人にとっては，身体の喪失も，機能的には対象の喪失と同じことなのである。この等価関係は，内在化された対象の存在によって強化されている。その内在化された対象は，いわば抑うつ的な人の身体を満たし，その身体に自己愛的な価値を与えているのである。

さらに説明されるべき現象は，退行期うつ病という現象である。言うまでもなく，多くの精神科医は，この状態の病因は，「反応性抑うつ」のそれとは全く違うものだと見做す傾向にある。だが，これら２つの状態は，臨床的に見ると，**存在は必要もなく増やしてはならない** *entia non sunt multiplicanda præter necessitatem* という原理訳注３）に訴えてもいいほど，共通点が多い。実際，この２つの状態を同様の原理に基づいて説明することも，実はそう難しいことではない。退行期うつ病は，その定義からして，更年期と密接な関係にある。そして更年期というのは，それ自体，リビドー的な駆り立てが目に見えて減退してきているということであろう。しかし，攻撃性も同じように減少してきているわけではない。こうして，リビドー的な駆り立てと攻撃的な駆り立てとの間のバランスが崩れてくるのである。その上，その崩れは，アンビヴァレンスを持つ人の憎しみが，対象の喪失によって活性化されることで生じるバランスの崩れと同じ方向に起きてくる。従って，対象関係から見る限り，抑うつ型の人における更年期は，実際に対象を失うのと同じ状況を作り上げることになるのである。その結果が，抑うつ反応である。もし退行期うつ病が，反応性抑うつに比べて回復の見通しが悪いとしても，その説明も難しくはない。後者の方は，このバランスを修復するためにリビドーを利用することがまだできるが，前者の方は，それができないからである。だから，退行期うつ病も，抑うつ状態が持っている一般形態に従っていると見ることができるし，これまで考えてきたことは何ら変更する必要がないのである――すなわち，抑うつ状態の背後にある基本的な外傷は，対象の喪失である。スキゾイド状態の場合と同様，この状態も，ある防衛なのではない。そうではなくて，それは，その人が，自分の攻撃性をコントロールするために使い得る技法（移行期的技法を含め）をもって自分自身を防衛し，陥らないようにしている状態である。抑うつ状態とは，後期口愛期という幼児的依存の段階から卒業できていない人に降りかかる最大の破局なのである。

以上のことから，基本的な精神病理学的状態が２つ明らかになってきた。それらは，いずれも，幼児的依存の時期に満足いく対象関係を樹立できなかったことから生じてくるものである。その第一の状態，スキゾイド状態は，早期口愛期の間の満

訳注３）　中世スコラ哲学において，普遍は実在するかどうかをめぐって，実念論（Platon のイデア論を継承し，普遍概念に客観的実在性を認める立場）と，唯名論（普遍概念は人間が作った記号，命名に過ぎず，客観的に実在するものは個物だけであるとする立場）との間に，いわゆる普遍論争が起きたが，その際，唯名論者 William of Occam (Ockham)（1299-1349?）がしばしば用いた原理。彼は，実念論者が空虚な言葉や概念を定立して，それに対応する存在を不必要に考え出した態度を批判して，正しい思考を妨げるこうした無用の「髭」は剃り落とされるべきだとし，その主張にちなんで，この原理は「オッカムの剃刀」，ないし「節減の原理」とも言われる。

足いかない対象関係と関連し，第二の状態，抑うつ状態は，後期口愛期の間の満足いかない関係と関連している。だが，スキゾイド的な人，抑うつ的な人の分析から，いずれの場合もはっきり見えてくることがある。それは，早期口愛期，後期口愛期における満足いかない対象関係が，それぞれ特有の精神病理学的状態を導く可能性が最も高くなるのは，その後数年に亘る早期幼児期 early childhood の間，対象関係がそのまま満足いかないものであり続ける場合だ，ということである。従って，スキゾイド状態や抑うつ状態が生じるかどうかは，それぞれ，早期口愛期，後期口愛期の間に起きている状況が，それに引き続く幼児期の中で退行的に再活性化されてくるかどうかによって大きく決定されていると見做されなければならない。いずれの場合も，その外傷的な状況とは，子供が，自分は１人の人として本当に愛されてはいないし，自分の愛は受け容れられていないと感じる状況である。もし幼児にとっての対象関係がひどく満足いかないものであった時期が早期口愛期であるのなら，その外傷は子供の内に，自分は愛されていない，なぜなら，自分の愛は悪く，破壊的なものだからだという考えに相当するような反応を引き起こすことになる。そしてこの反応が，その後のスキゾイド傾向の基盤となる。一方，もし幼児にとっての対象関係がひどく満足いかないものであった時期が後期口愛期であるのなら，子供の内に引き起こされる反応は，自分は愛されていない，なぜなら，自分の憎しみは悪く，破壊的なものだからだという考えに相当するようなものとなる。そしてこの反応が，その後の抑うつ傾向の基盤となるのである。ある任意のケースについて，スキゾイド傾向，あるいは抑うつ傾向が，後々，実際のスキゾイド状態，あるいは抑うつ状態を引き起こすことになるかどうかについては，その人が，その後の人生の中で直面することになる状況次第という部分がもちろんある。だが，それを決定する最も重要な要因を考えてみると，それは，早期口愛期，後期口愛期の間に，どのくらい対象 objects が合体されてきたかというところにある。合体された対象が根強く残っていると，その結果として対象関係には幾多の困難や葛藤が伴うことになる。実際，移行期に特徴的なさまざまな技法（強迫技法，パラノイド技法，ヒステリー技法，恐怖症技法）は，いずれも，これらの困難や葛藤に対処しようとする試みなのである。だから，これらの防衛技法は，背後にある，スキゾイド傾向，あるいは抑うつ傾向をコントロールし，スキゾイド状態，あるいは抑うつ状態が，いずれにせよ発現しないようにするためのさまざまな方法だということが理解されるであろう。スキゾイド傾向が存在している場合，これらの技法は，自我の喪失に引き続いて起きてくる究極の精神病理学的破局を避けようとする方法となるし，抑うつ傾向が存在している場合には，対象の喪失に引く続いて起きてくる究極の精神病理学的破局を避けようとする方法となるのである。

もちろん，この世に生まれてくる人たちの中には，幼児的依存という感じやすい時期に，また，それに続く移行期の間にも，完璧な対象関係を享受できるほど幸運な人など誰一人いないということは認識しておかなければならない。その結果，誰しも幼児的依存から完全に自由ではないし，その不自由さの程度に応じた口愛期固着を残している。だから，早期の対象を合体する必要が全くなかった人など，誰もいないのである。その意味からすれば，どのような人の内にも，幼児期の対象関係をめぐる苦難が主として早期口愛期にあったか後期口愛期にあったかに応じて，スキゾイド傾向，あるいは抑うつ傾向が潜んでいる，と推論することができるであろう。つまりここで，あらゆる人は，２つの基本的な心理学的類型のいずれかに分類されるという概念づけが導かれるのである――スキゾイド的な人と抑うつ的な人である。これら２つの類型に，現象学的な意味以上の意味があると考える必要はない。ただ，これら２つの類型の決定因として，ある遺伝的な要因が何らかの役割を果たしているかもしれないということを無視することはできない――それは，もって生まれた傾向として，吸いつく傾向，噛みつく傾向，そのどちらの方が相対的に強いかという点である。

ここで，Jung の二元論的な心理学的類型論が思い起こされるであろう。周知の通り，Jung は，「内向」型と「外向」型とが根本的類型であり，その成り立ちにおいて，精神病理学的な要因は一義的には関与していないと考えていた。私自身の基本的な類型についての概念づけが Jung のそれと異なっているのは，私がその基本的な類型を，それぞれ「スキゾイド的」，「抑うつ的」と記載する点においてばかりでなく，これらの類型の，まさにその成り立ちにおいて，精神病理学的要因が関与していると考えている点にある。そしてもう１つ，私自身の概念づけに，Jung のそれよりもずっと近い，心理学的類型についての，本質的には二元論的な概念づけがある――それは，Kretchmer が『体格と性格』，および『天才の心理学』と題した２つの著作[訳注4)]の中で説明しているものである。その基本的な心理学的類型とは，「分裂気質 schizothymic」と，「循環気質 cyclothymic」というものである。この用語からわかる通り，Kretchmer は，分裂気質を持つ人は精神分裂病［統合失調症］の素因を持っているし，循環気質を持つ人は躁うつ病の素因を持っていると考えていた。

訳注4）　それぞれ，相場均訳，1974，文光堂；　内村祐之訳，1953，岩波書店

つまり，Kretchmerの結論と私の発見とは，極めてよく一致しているのである――私の見解は，Kretchmerのそれと違って，本質的に精神分析的なアプローチを持って到達したものである。だから，そのことを考えれば，この一致はさらに驚くべきものである。ただし，この２つの見解には，１つ，重大な相違点がある。それは，Kretchmerがこれらの類型に属する人間の気質の差は，本質的に体質的な要因に根ざしていると見做し，２つの類型の精神病理学的傾向の差はこの気質の差によって生じてくると考えているのに対して，私は，その気質の差には，幼児的依存の時期に生じてくる精神病理学的要因が，少なくとも無視できないくらいに大きく関わっていると考えている点にある。もっとも，Kretchmerの見解とここに提出した見解とは大変よく一致しており，スキゾイド状態と抑うつ状態とは２つの根本的な精神病理学的状態であり，他の精神病理は全て，これら２つの状態と関連した形で二次的に発生してくるという私の結論は，全く別の角度から支持を受けたことになる。Kretchmerの見解はまた，精神病理学的な性向からすれば，背後にあるスキゾイド傾向と抑うつ傾向のうち，どちらの方が相対的に強いかという点から人を分類することができるという結論をも，全く別の角度から支持していることになるのである。

基本的な類型論は，それがどのようなものであれ，必ず，「混合型」という問題に遭遇することになる。Kretchmerは，何のこだわりもなく，混合型が存在することを認め，その発現について次のように説明している。どちらの類型が生じるかは，拮抗する生物学的な（おそらくホルモン系の）２群の要因のバランスによって決定される。混合型とは，それらの要因が均等に配分されているという例外である，と。本論文に示した見解に従えば，混合型の発生は，拮抗する要因同士のバランスからではなく，それぞれの発達期における固着が，相対的にどのくらい強いものかというところから説明されることになる。もし早期口愛期における対象関係をめぐる問題が著しければ，スキゾイド傾向が形作られることになるし，もし後期口愛期における対象関係をめぐる問題が著しければ，抑うつ傾向が形作られるということになる。だが，もしこうした問題が２つの時期にほぼ均等に散らばっていたとすれば，後期口愛期における固着が，早期口愛期における固着の上に二重写しになっているということになるであろうし，その場合，上に重なっている抑うつ傾向の下に，より深いスキゾイド傾向が認められるということになるであろう。こうした現象が起り得ることについては，何の疑いもないと言えよう。実際，この上なく「正常な」人でさえ，最も深い水準においては，スキゾイドとしての潜在傾向を持っていると見做されなければならない。同様に，この上なく「正常な」人でさえ，ある種の状況の下では抑うつ的になることがある，というのも明らかであろう。これと同じことで，スキゾイド的な人も完全に抑うつを免れるわけではないし，抑うつ的な人も，時にはある種のスキゾイド的な特徴を示すことがある。ある任意のケースについて，抑うつ状態が現われるか，スキゾイド状態が現われるかは，その引き金になる状況が，現実の対象を失うという形をとるか，それとももっと別の対象関係における苦難という形をとるかによって左右される部分があるのは明らかである。そして，早期口愛期での固着と，後期口愛期での固着がほぼ半々に釣り合いが取れているという場合には，このことが決定的な要因になるかもしれない。だがそれでも，相変わらず何より重要な要因は，どの程度の退行が引き起こされているか，ということであろう。そしてそれを主に決定するのは，それぞれの固着のうち，どちらの方が相対的に強いかということなのである。結局のところ，退行がどの程度生じるかは，その人の中心的な問題が，自分の愛の処理にあるのか，それとも憎しみの処理にあるのかによって左右されるに違いない。そして，愛も憎しみも同じくらい処理し難いという人は，ほとんどいないに違いない。

第3章

抑圧と悪い対象の回帰（特に「戦争神経症」をめぐって）

（1943）原注1）

The repression and the return of the bad objects (with special reference to the 'War Neuroses'), In Fairbairn, 1952, *Psychoanalytic Studies of the Personality,* London, Tavistock, pp.59-81

対象関係の重要性

精神分析的な思索の比較的早い時期，Freud は，主として，衝動にはいかなる性質があって，それはいかなる運命を辿るのかというところを考えていた——このことは，Freud が，かのリビドー論を定式化した中にはっきりと示されている。そのため，現代の精神病理学は，本質的に，衝動の心理学を基礎として形作られることになり，Freud のリビドー論も，後に Abraham が導入したような発達的考察に基づいた修正を俟（ま）って初めて一般に受け容れられるようになっているとはいえ，現在もなお，精神分析の思索体系の中にあって，1つの礎石としての地位を失ってはいない。ただ，Freud 自身，精神病理学の問題は，全て衝動心理学から解決できるだろうなどと考えていたわけではなかった。Freud は，むしろ，より後期の思索において——ちょうど『自我とエス』が出版された頃と言えるであろう——自我の成長とその運命との方に，主に目を向けるようになった。こうして，自我の心理学が発展し，すでに確立されていた衝動の心理学の上に重ねられるようになってきたのである。ところが，リビドー論以降の精神分析的な思索において自我の心理学が遂げてきた発展とは裏腹に，その背後にあるリビドー論は，あまり疑問視されることも

原注1） もともと，*The British Journal of Medical Psychology* Vol.19, Pt. 3 & 4に発表。ここでは，多少の修正を加えて再発表した。

ないまま，手つかずのままになっている。私は，最近，この状況は極めて憂うべきことだと思うようになってきている。ただ残念なことに，今回，私には，こうした意見を持つに至った根拠をあれこれ検討してみるゆとりはない。むしろ，その意見は，理論的な考察のみならず，臨床的，精神療法的なレベルで考えたことに根ざしている，ということだけを言ってよしとしなければならない。ただ，もし一言で私の見解を述べるとすれば，過去において，まず衝動へ，そして次に自我へと向けられてきた精神病理学的探索の焦点は，今や，衝動が向かう**対象**へと向けられる時が来ている，と言うことはできる。このことをもう少し正確に言えば，もしかすると焦点がぼけてしまうかもしれないが，今や**対象関係**の心理学についての機が熟している，ということである。こうした思索の発展のための基礎は，すでにMelanie Kleinの業績によって用意されている。実際，対象関係の研究は，その**内在化された対象**という概念を通して見た時に初めて，精神病理学にとって重要な意義を持ち得るのである。私が現在までにとるようになってきている観点からすれば，心理学は，いわば，人とその対象との間の関係に関する研究だということになるし，同じように精神病理学は，もっと特定化して，自我とその内在化された対象との間の関係に関する研究だということになる。私の「精神病と精神神経症をめぐる精神病理学の改訂」訳注１）と題した論文は，この見解を初めて定式化したものなのである。

上記論文の中で定式化されたうち，最も大きな結論は，次の２つである。（１）対象関係の重要性に比べれば，リビドーの「目的」の重要性は，二次的なものである。（２）リビドーが究極的に求めているものは，衝動の満足ではなくて，対象との関係である。これらの結論からすれば，古典的なリビドー論は，完全に書き換えられなければならなくなる。そして，私は，前述の論文の中でそれを試みた。さて，今回の私の課題は，リビドーは本質的に対象に向かっているという見解が，古典的な抑圧理論に対してどのような意味を持つことになるかを考察することにある。この課題は，この上もなく重要なことである。なぜなら，Freudが1914年に語ったことは，今でも正しいからである――曰く，「抑圧の教義は，その上に精神分析の全構造が成り立っているような基盤なのである」原注２）（もっとも，私は，「教義」というよりも「理論」だと理解したいが）。

訳注１）　本書第２章。

原注２）　*Collected Papers*, vol.I, 1924, p.297　［福田覚訳，2010，精神分析運動の歴史のために．フロイト全集 13．岩波書店，p.53］

抑圧されたものの性質

Freudは，その思索の比較的早い時期において，何にもまして衝動の性質とその行方とに着目していたが，その関心は，本質的には，抑圧されたもの the repressed に向けられていたというところは重要である。一方，『自我とエス』において，自我の性質と成長とに関わる問題の方に目を向けた時，その関心は，抑圧されたものから，抑圧するもの the agency of repression の方へと移って行った。だがもし，リビドー（いや，「衝動」全般）が，本質的に（快楽にではなく）対象に向かっているという理解が正しいのだとすれば，もう一度，抑圧されるものの性質に注目してみるのも，時機を得たことであろう。もしFreudが1923年に語った「病理学の研究を続ける中で，我々の関心はあまりにも抑圧されるものにばかり向かい過ぎてきた」[原注3）]という言葉が正しいとすれば，同じように，今，私たちの関心は，あまりにも自我の抑圧機能にばかり向かい過ぎているとも言えるであろうから。

Freudは，『自我とエス』の中で，自我の抑圧機能を論じつつ，「周知の通り，自我は，一般に，超自我に奉仕するために，そしてその要請に基づいて，抑圧を行う」[原注4）]と述べている。この言葉は，もし対象関係が，私がそう見做すようになっているほどに何にも増して重要なものであるのなら，特に意味深いものである。というのも，もしFreudの言うように，超自我は「エスが最初に対象選択した際 object-choices の残存物」[原注5）]だとすれば，この心の中の構造 endopsychic structure は，本質的には，自我がある関係を持っている内在化された対象だと見做されなければならないからである。この関係は，Freudが正しくも指摘している通り，同一化の過程に基づいたものである。もちろん，自我が超自我に完全に同一化しているなどということはまずあり得ない。だが，その同一化がある限り，抑圧は，自我が「良い」ものとして受け容れた，内在化された対象との間に持つ関係の一機能だと見做されなければならないことになる。ここで私は，最後のFreudからの引用は，私自身の論点を明確にするために，もともとの文章の中から慎重に切り取ってきたものであることをお断わりしておかなければならない。ある文脈から切り取られた引用が誤解を招きやすいのは周知の通りである。そこで，私の責任で切り取った部分が

原注３）　*The Ego and the Id*, 1927, p.19　［道籏泰三訳，2007，自我とエス．フロイト全集 18．岩波書店，p.12］

原注４）　同上，p.75　［同上，p.53］

原注５）　同上，p.44　［同上，p.31］

その目的を果たした以上，急いで修正をしておこう。もともとの全文は，次のようになっている。「しかし超自我は，エスが最初に対象選択した際の**単なる**残存物ではなくて，**そうした対象選択に対する精力的な反動形成**の意味をも持っている」（強調は引用者）。全部を引用してみると，自我が内在化された対象 object との間に持つ関係は，果たして自我と超自我との関係ということからだけで十分語り尽せているのかどうか，怪しくなってくる。つまり，超自我は，自我の同一化が強く，自我がその要請に応じていようと，逆にその同一化が弱く，自我がその要請に耳を傾けずにいようと，いずれの場合にも自我に対して「良い」対象 object であり続けているということが理解されるであろう。だから，その程度が強い弱いはあるにせよ，自我が同一化している「悪い」内在化された対象 object もあるのではないかという疑問が湧くことになるのである。こうした「悪い」対象がこころの中に認められるということは，Melanie Klein の業績からして全く疑いの余地がない。従って，対象関係に基づく心理学からすれば，もし抑圧するものについての手掛かりが，自我が「良い」内在化された対象との間に持っている関係にあるのであれば，抑圧されたものの性質についての手掛かりは，自我が「悪い」内在化された対象との間に持っている関係にあるのではないかと推論せざるを得ないのである。

ここで，Freud がもともと抑圧の概念を定式化した時，抑圧されたものを記して，それは，耐え難い記憶から成り立っており，抑圧は，自我にとって，その不快さに対する１つの防衛方法となる，と述べたことが思い起こされるであろう。周知の通り，Freud は，この防衛が向けられる中核的な記憶は，リビドー的な性質を持ったものであることを発見した。そして，本来は快的なものであるはずのリビドー的な記憶が，なぜ辛いものにならねばならないのかという点を説明すべく，抑圧された記憶が辛いのは，それが罪深いものだからだと概念づけ，ではなぜリビドー的記憶が罪深いものにならねばならないのかの説明を，エディプス状況という概念に求めたのである。Freud は，その後，超自我という概念づけを定式化し，その際，超自我はエディプス状況の抑圧を起こさせるものだとし，その起源は，自我が近親姦的な衝動を内的に防衛しなければならないところにある，とした。そして，この見解と相俟って，抑圧されたものとは，本質的に，罪深い衝動から成り立っており，記憶が抑圧されるのは，その記憶によって永続化されることになる状況の中に動く衝動の罪深さによるものである，と説明するようになったのである。だが，もし私が先に述べた考え方に従うとすれば，抑圧されたものが持っている性質については，Freud が比較的早期のうちに考えていた概念づけの方がもっと的を射たものなのではないか，とか，衝動の抑圧は記憶の抑圧に比べればもっと二次的なものなのではないかといった疑問が湧いてくる。そこで，こんな見解を定式化してみよう。**一次的に抑圧されるものは，耐え難いほど罪深い衝動でも，耐え難いほど不快な記憶でもなくて，耐え難いほど悪い内在化された対象である。**この定式化に従えば，もし記憶が抑圧されるのなら，その理由は，その記憶に織り込まれている対象が悪い内在化された対象と捉えられているから，ということ以外にはないし，もし衝動が抑圧されるのなら，その理由は，その衝動によってその人が関係を結ぶよう駆り立てられる対象が，自我の立場からすると悪い対象だから，ということ以外にはないのである。実際，衝動の抑圧をめぐっては，次のように言うことができるであろう。衝動は，悪い対象に向けられた時に悪いものとなる。そして，もしこうした悪い対象が内在化されているのであれば，その対象に向かう衝動も内在化される。だから，内在化された悪い対象が抑圧される時，それと併行した現象として，衝動の抑圧が生じることになるのである。ただし，一次的に抑圧されるのは，悪い内在化された対象の方だ，ということは強調しておかなければならない。

抑圧された対象

抑圧は，一次的に悪い対象に向かうものだということが認識されれば，この事実は，明白にもかかわらず見落とされることが極めて多く，しかもしばしばこの上なく見出しにくい，といった類の現象の１つだということが理解できる。私はある時期，問題を持った子供を大勢診る経験をしていたことがあるが，特に印象深かったこととして今でも記憶に残っているのは，性的な暴行 assaults の犠牲者であった子供たちが，自分たちの受けてきた外傷的な体験については全く語りたがらない，ということであった。私が何より戸惑ったのは，その犠牲者がいたいけな子供であればあるだけ，その歴史を語ることへの抵抗も大きいということであった。それに対して，性的加害を犯した側の人を診た経験からは，これに相当する現象は全く見出せなかった。当時，私は，こうした現象を説明するためには，こう仮定してみるしかないと考えていた。性的暴行の犠牲者が外傷的な記憶が蘇ることに抵抗するのは，自我が断念し，抑圧されているリビドー的衝動が予期せぬ満足を得たことをめぐって罪悪感を抱くからであり，性的犯罪者の場合には，これに匹敵する罪悪感はなく，その結果，同様の抑圧は起らない，と。私には，この説明が，どうにも疑わしく思えていた。しかし，当時はこれが，考え得る最善の仮説であった。今の私の立場からすれば，この説明は適切ではないと思う。今の私の理解によれば，性的暴行の犠牲者がその外傷的な記憶が蘇るのに抵抗する何よりもの理由は，その記憶が，ある悪い対象との関係の前歴を示すものだからである。よほどマゾキスティックな人は別として，暴行されたという体験が大きな満足をもたらし得るなどということは，とても理解し難い。むしろ平均的な人にとって，こうした体験は，罪深いことではなく，ただただ「悪い」ことなのである。それが耐え難い主な理由は，それが抑圧された衝動を満足させるからではなくて，子供が，見知らぬ人が家に入ってくるのを見て，しばしば慌てふためいて逃げ出してしまうのと同じことなのである。つまり，それが耐え難いのは，悪い対象が常に耐え難いものであり，悪い対象との関係が，決して，心穏やかに見ているわけにはいかないようなものだからなのである。

興味深いのは，子供が悪い対象との関係を，耐え難いと感じるばかりでなく，恥ずかしいと感じるということである。だから，もし子供が自分の両親について恥ずかしいと感じているのなら（ごく多くの場合にそうだが），その子供にとって両親は悪い対象だと推測することができるであろう。そして，性的暴行の犠牲者が暴行されたことについて恥ずかしいと思うことについての説明も，これと同じ方向に求められなければならない。悪い対象との関係は，なぜ恥ずかしいものでなければならないか。このことについて満足いく説明をするためには，早期の子供時代における対象関係は，全て同一化に基づいているということを考えておく必要がある原注6）。というのも，同一化を基盤にしているからこそ，子供にとって自分の対象が悪いものとして登場すれば，子供は自分自身，［気分／気持ち／具合が］悪い訳注2）と感じ

原注6）　あらゆる対象関係は，そもそも同一化をその基盤にしているということは，Freudも認識していた事実である。それは，以下の言葉からも判断できる。「個人の原始的な口唇期の，そのはじめにおいては，対象備給と同一視とは，おそらくお互いに区別されてはいなかったに違いない」(『自我とエス』(1927) p.35［フロイト全集18．岩波書店，p.24］)。私はこのテーマを，「精神病と精神神経症をめぐる精神病理学の改訂」と題する論文の中でかなりの程度に発展させたが，実際，このテーマこそ，私の改訂になる精神病理学の基盤となっている。

訳注2）　正確に言えば，英語の「bad」は，日本語の「悪い」と，その意味する範囲が一致しない。このことは，ここでの「feel bad」，「behave badly」が，日本語においては，それぞれ，「気分／気持ち／具合が悪い」「行儀／素行が悪い」と，「悪い」領域が特定されるのが通常であることを考えると，逆にわかりやすい（それゆえ，訳文の中にはあえて［　］を挿入した)。つまり，「bad」には，日本語の「悪い」に多く包含されている（おそらく儒教的な意味での)「いけないこと」というニュアンスよりも，もっと原初的で，もっと広範囲に亘る，(おそらくキリスト教における「原罪」に通じるような）受け容れ難いものというニュアンスがより多く含まれているのである。こうしたことに思いをめぐらせてみることは，「bad object」が真に意味するものを捉える上でも興味深い。なお，このこととの関連で，本書p.63も参照されたい。

るのである。これと同じことで，もし子供が［気分／気持ち／具合が］悪いと感じるのであれば，それは，子供が悪い対象を持っているということを意味していると言えるであろう。子供が［行儀／素行］悪く振る舞う場合にも，同じように考えることができる。そして，だからこそ，非行に走る子供たちの親は，必ず（ともかくも，その子供の目から見れば）悪い親だということが理解されるのである。ここで私たちは，明白なのに滅多に気づかれることがないもう１つの現象に出会うことになる。ある時期，私は，非行に走る子供たちを非常に大勢診る機会を持ったことがあるが，その子供たちの家庭は，素人目に見ても，文字通り全く「悪い［ひどい］」ところだとわかるようなものであった――例えば，泥酔や喧嘩，身体的な暴力が，何よりも幅を利かせているような家庭である。しかし，私が思い出し得る限り，こうした子供たちが，かりに自ら進んでではなかったとしても，自分の親は悪い対象だと認めるようになることはまずなかったのである（それが認められるのはただ，その自我が道徳性を完全に見失い，崩壊しているような場合だけであった）。つまり，ここではっきりと理解できるのは，こうした子供たちの場合，その子供の悪い対象は，内在化され，抑圧されていたということである。非行に走る子供たちについて言えることは，非行に走る大人についても言えるであろう――それは，非行に走る大人についてばかりでなく，精神神経症や，精神病の人についても言える。そして，その意味では，一見「正常な」人についても言えるのである。結局のところ，子供時代を，内在化され抑圧された悪い対象を持たずに過ごすことのできる人など誰一人としていないのである[原注7）]。だから私たちは，全員，心の中の深い水準に，内在化された悪い対象を持っているのである。ある任意の個人が，非行に走るか，精神神経症的になるか，精神病的になるか，はたまた，ただ「正常」なままでいられるかは，主として，次の３つの要因の働きによって決まってくるようである。それは，（１）無意識の中に悪い対象がどのくらい取り込まれているか，また，そうした対象はどのくらい悪いという特徴を備えているか installed,（２）自我は内在化された悪い対象とどのくらい同一化しているか，（３）こうした対象から自我を守る防衛は，どのような性質のもので，どのくらいの強さがあるか，である。

原注７）　実のところ，このことゆえにこそ，早期の子供時代の出来事は大半思い出すことができないという，よく知られた現象が起きるのであろう。ただし，その自我が崩壊しつつある人についてだけは例外である（例えば，初期の統合失調症患者の場合，p.77［本書 p.95］）に引用するケースに示されている通り，早期の子供時代の外傷的な出来事を，全く驚くべきほどに回想することができるということが非常に多い）。

悪い対象に対する道徳的防衛

非行に走る子供たちが，自分の親は悪い対象だと認めたがらないにしても，自分自身については，同じように悪いと認めたがらない，ということは全くない。このことから明らかになるのは，子供は，悪い対象を持っているくらいなら，自分自身が悪いことになる方を選ぼうとする，ということである。この意味からすれば，その子供が悪くなろうとする動機の１つは，その対象を「良い」ものにしたいからなのではないか，と考えてみてもいいであろう。その子供は，自分が悪くなることで，実は，自分の対象に備わっているように見える悪さという面倒を自ら背負おうとし，そうして，その対象の悪さを浄めようとしているのである。そして，それがうまくいけばいくだけ，その子供は，周囲が良い対象ばかりである時にこそ得られる安心感を得ることができるようになる。その子供が，自分の対象に備わっているように見える悪さという面倒を自ら背負うということは，もちろん，その子供が悪い対象を内在化するというのと同じことである。ただ，この内在化の過程によって得られる対外的な安心感は，今度は自分自身の内に内在化された悪い対象がいることによって，大きく侵害されることにもなりやすい。つまり，ここで起きているのは，内的に安心していられなくなるという犠牲を払ってまで，外的な安心が求められているということであって，これ以降，その自我は，内的な第五縦隊[訳注３)]，すなわち内的な迫害者たちの意のままに晒されることになり，これに対する防衛がまず大急ぎで組み立てられ，それを，苦心惨憺，固められていかねばならない，ということになるのである。

発達途上の自我が，内在化された悪い対象に何とか対処しようとする中ですがることになる最初の防衛は，必然的に，最も単純，かつ最も容易く手にすることができるもの，つまり抑圧である。悪い対象は，ただ，無意識の方に追い遣られるのである[原注８)]。そして，抑圧が内在化された悪い対象に対する防衛としてうまく機能しなくなり，悪い対象が自我を脅かし始めると，その段階になって初めて，４つの精神病理学的にはよく知られた防衛が作動するようになる。その４つとは，すなわち，

訳注３）「第五縦隊」とは，スパイ行為によって国内の事情を敵側に通報したり，敵国の国内への進撃を援けるような裏切り行為をする一団の人々のこと。語源は，スペイン内乱中の1936年，マドリッド市の攻略を企図した人民戦線軍のEmilio Molaが４列縦隊で進撃した際，実はFranco将軍に同調する同市内の人々が第五縦隊としてこれに同行し，後に反逆すると公表されたことによる。

恐怖症的防衛，強迫的防衛，ヒステリー的防衛，パラノイド的防衛である[原注9)]。だが，抑圧の仕事をいつも支えているもう１つの形の防衛がある。それに今，注目しておこう。それは，「超自我による防衛」，あるいは「罪悪感という防衛」，あるいはまた「道徳的防衛」と呼ぶことができるものである。

私はすでに，子供が「自分の対象に備わっているように見える悪さという面倒を自ら背負うこと」について触れた。そしてそこで，この過程は，悪い対象を内在化するのと同じことだと述べた。だがここで，悪さについては，２種が区別できることを指摘しておかなければならない。私はそれを，「無条件の」悪さと，「条件づきの」悪さとしておきたい。そのことを少し説明しよう。私が，ある対象が「無条件に悪い」という場合，それは「リビドー的見地から見て悪い」という意味であり，「条件づきで悪い」という場合には，それは「道徳的見地から見て悪い」という意味である。子供が内在化する悪い対象は，無条件に悪い。なぜなら，その対象は，まさに迫害者だからである。子供がそうした内的な迫害者と同一化している限り，言い換えれば，その自我がその内的な迫害者と何らかの関係を持っている限り（幼児の関係の持ち方は，同一化をその基盤にしているのだから），子供もまた無条件に悪いのである。子供はこの無条件に悪い状態を修復しようとして，実はとてもわかりやすいやり方を使う。それは，自分にとって良い対象を内在化することである。そして，その良い対象は，直ちに超自我の役割をとるようになる。この状況ができ上がっていれば，私たちの前にあるのは，条件づきの悪さと，条件づきの良さという現象である。子供が内在化された悪い対象の方に傾く限り，子供は内在化された良い対象（つまり，超自我）に対して条件づきで（つまり，道徳的に）悪くなり，逆に，その内在化された悪い対象の要請に抵抗を示す限り，その超自我に対して条件づきで（つまり，道徳的に）良くなるのである。明らかに，条件づきで良い方が悪いよりも望ましい。だがもし，条件づきの良さがなければ，条件づきで悪い方が，無条件に悪いよりも望ましいのである。なぜ条件づきで悪い方が無条件に悪いよりも望ましいことになるのかと問われれば，その答えは，その問いを宗教的な文脈で考

原注8）　ここで私は，患者に抑圧の過程を説明する際，こんなふうに伝えるのが有益だと思っていることに触れておきたい。悪い対象は，いわば，鍵のかかったドアのついた心の地下室に閉じ込められており，患者はそのドアを開けるのを怖れている。それは，外聞を憚る秘密 skeltons in the cupboard が明らかになってしまったり，その地下室に取り憑いている亡霊を見てしまうことを怖れているからだ，と。

原注9）　これらの防衛の性質や意味，また相互の関係については，私の「精神病と精神神経症をめぐる精神病理学の改訂」と題した論文の中に述べてある。[本書第２章]

えてみれば，最も説得力のある応えとなるであろう。というのも，そうした文脈を介して初めて，子供の前に現れてくる状況を，最もうまく大人の心の中に思い描くことができるからである。その文脈からすると，先の問いへの答えはこうなる。悪魔の司る世界に生きるよりも，神の司る世界の中で罪人になる方がいい，と。神の司る世界の中で罪人になることは，悪いことかもしれない。しかし，そこにはいつも，周囲の世界は良いものだということから来る，ある種の安心感がある――「神は天にまします。全て世はこともなし！」。いずれにせよ，そこには，常に贖いへの希望があるのである。悪魔の司る世界の中にいれば，人は罪人である悪さを免れることができるかもしれない。だが，周囲の世界が悪いのだから，その人も悪いのである。さらに，その人は，安心感も，贖いへの希望も手にすることができない。ただ先に見えるのは，死と破壊だけなのである[原注10)]。

悪い対象が持つ影響力の力動

さてここで，悪い対象がその人に対して持っている力は，いったいどのようなことに由来しているのか，ということを考えておく価値がある。もし子供の対象が悪いのなら，子供はいったいどうしてその対象を内在化するなどということになるのだろうか？　子供はなぜ，「悪い［腐った］」コーンスターチ・プリンや，「悪い［ひどい臭気の］」ひまし油にそうするであろうように，その対象を単に拒絶するということをしないのだろうか？　実際のところ，ご自身の体験で心当たりのある方もおられるだろうが，子供は，たいていの場合，なかなかひまし油を拒絶し難いものである。もし拒絶することができるのであれば，子供はそうするであろう。だがそうすることは許されていないのである。同じことが子供の悪い対象についても言える。子供は，いくら悪い対象を拒絶したいと思ったとしても，その悪い対象から逃れることはできないのである。悪い対象は子供の上にのしかかってくる。そして子供がそれに抵抗できないのは，悪い対象が子供に対して力を持っているからである。子供が，その悪い対象をコントロールしようとすれば，もうその悪い対象を内在化するしかなくなることになる。だが，子供は，こうやってその悪い対象をコントロールしようとする中で，外的世界で自分に力を振るっていた対象を心の中に持ち込ん

原注10)　ここで興味深いのは，深い分析の過程で，抵抗が弱まってきて，無意識から悪い対象が解放されそうになってくると，患者は死について語り始めることがいかに多いかということである。患者にとってみれば，抵抗を維持しておくことは（文字通り）生死に関わる問題だということは，常に心しておかなければならない。

できていることになる。その対象は，今度は内的世界の中で子供に対する力を持つことになるのである。一言で言えば，子供はあたかも悪霊に取り憑かれたかのように，悪い対象に「取り憑かれ」る，ということである。ただ，これで全てではない。子供が悪い対象を内在化するのは，のしかかってくる悪い対象をコントロールしようとするためばかりではなくて，何よりも，子供がその対象を**必要としている**からなのである。もし子供の両親が悪い対象であったとしても，子供は両親を拒絶することはできない。たとえ両親が無理強いはしない人であったとしても，そのことに変わりはない。それは，子供は両親なしにはいられないからである。たとえ両親が子供を無視したとしても，子供はその両親を拒絶することはできない。なぜなら，両親に無視されれば，子供は，さらにその両親を必要とするばかりなのだから。私の１人の男性患者が報告した夢は，こうした子供の中心的なジレンマを見事に描き出している。その夢の中で，彼は，チョコレート・プリンが１つ置いてあるテーブルを前にして，母親の隣に立っていた。彼は，本当に飢え切っていた。だが，彼には，そのプリンには，食べたら死んでしまう毒が入っているのがわかっていた。彼は思った。もしプリンを食べたら，その毒で死んでしまうだろう。でも，もし食べなかったら，飢えで死んでしまうだろう。ここにこそ，先の問題がある。その結末はどうだったのか？　彼はプリンを食べた。彼は毒を持った乳房の中身を合体したのである。というのも，彼はあまりに餓え過ぎていたから。この夢からして，この患者にはこんな症状があったと言われても，読者はあまり驚かれないであろう。それは，自分の身体（からだ）は腸の毒素に侵され，それが心臓にまで達していて，自分はいつ心不全を起こすかもしれない，という恐怖だったのである。もっとも，彼の心臓をめぐる本当の問題は，もう１つの夢の中に明確に示されている――その夢の中で，彼は，自分の心臓がお皿の上に乗っていて，母親がそれをスプーンで持ち上げている（つまり，今にもそれを食べようとしている）のを見た。この夢からすれば，彼が自分の心臓が不治の病に侵されていると感じていたのは，彼がすでにその母親を悪い対象として内在化していたからであった。母親は，彼にとって悪い対象であった。にもかかわらず，彼はその母親を内在化した。それは，彼が子供として母親を必要としていたからなのである。子供は，まず何よりも両親を必要としているからこそ，たとえその両親が自分にとっていかに悪い存在として登場しようとも，悪い対象の内在化を強いられることになる。そして，この欲求が無意識の内で悪い対象と結びついたままになっているからこそ，子供はその対象を手放す気にはならないのである。さらに，子供がかくも両親を必要としているからこそ，その対象は子供に対して実際の力を持つことになるのである。

悪い対象が解き放たれることに対する防衛としての罪悪感

さて，少し話が脇道に逸れたので，もう一度，道徳的防衛の方に目を向けてみることにしよう。この防衛の本質的な特徴，そして，実際，その本質的な目的は，子供が悪い対象に取り囲まれているもともとの状況を，対象は良くて，自分自身が悪いという新しい状況へと転換することにある。もちろん，その結果生じる道徳的な状況は，もともとの状況よりも，精神発達上，一段高い水準にある。それは，その特質からして，「文明化された」水準である。超自我が働いたり，自我と超自我との相互作用が起きたりするのは，まさにこの水準でのことである。分析的な解釈について言えば，罪悪感やエディプス状況に関する解釈がそれだけで通じるのも，この水準でのことである。精神療法がもっぱらこの水準で行われている，という場合も少なくないようである。だが，精神療法はこの水準でこそ行われるべきだという主張が望ましいとは思えない。なぜなら，これまでの議論から明らかな通り，罪悪感という現象は（もちろん，厳密に精神病理学的に見ての話だが），ある防衛としての性質を持っていると見做されなければならないからである。一言で言えば，**罪悪感は，精神療法において，抵抗として作用する**。だから，罪悪感を中心に据えた解釈は，実際には，患者の抵抗に都合のいいように働いてしまうかもしれないのである。精神療法が，有無を言わさず，問題を道徳的なレベルに持ち込むような形で行われれば行われるほど，その精神療法は明らかにこうした結果を招くに違いない。というのも，威圧的で説教じみた精神療法家は，患者にとっては必然的に，悪い対象，あるいは超自我像となるからである。もし精神療法家が，患者にとって悪い対象そのものであれば，患者は，多分，症状が増悪して，その精神療法家の許を去る。だがもし精神療法家が患者にとっての超自我像になると，その精神療法家は，患者自身の超自我をサポートし，抑圧を強化することになって，一時的に症状が改善することにもなるであろう。一方，分析の精神を良く弁（わきま）えている精神療法家は，この患者の超自我の苛酷さを緩和し，そうやって罪悪感や不安を軽減することを目指すことになるであろう。そして，こうした努力は，しばしば素晴らしい治療効果をもたらすことになる。ただ私は，こうした効果は，少なくともある部分，患者が，転移状況において，滅多にお目にかかれない良い対象 unwontedly good object を現実に与えられ，そこで，思い切って無意識の中から内在化された悪い対象を解き放つことができるようになり，その悪い対象へのリビドー備給を解消する機会が与えられたことによって起きているのではないか，と感じざるを得ない――時として患者は，こういう危険を犯さないためにこそ，分析家との「良い」関係を１つの防衛として逆利用したくなったりもするものだが。ただ，もし分析がもっぱら罪悪感や超自我の水準で行われると，それは容易に陰性治療反応を生むことにもなりやすいであろう。というのも，患者の罪悪感という防衛を取り除くと，それを代償すべく抑圧が強まって，そのために抵抗は解決困難なものとなってくる可能性があるからである。私は，今，抵抗を最も深いところで生み出しているものは，後に述べるもう１つの要因とも相俟って，無意識の中から悪い対象が解き放たれてしまうことに対する恐怖である，というのはまず間違いないだろうと考えている。そうした悪い対象が解き放たれてしまうと，患者の周囲の世界は，目を向けることさえ恐ろしい悪魔で一杯になってしまうからである。分析中の患者が極めて過敏で，かつその反応が極端なのは，主としてこのことによる。そして，「転移神経症」の説明もまた，少なからずこの事実からなされなければならない。ただ同時に，私は，無意識から悪い対象を解き放つことは，たとえそれによって重篤な「転移神経症」が起きたとしても，精神療法家が達成すべき主たる目的の１つであるということも，まず間違いのないことだと考えている。というのも，内在化された悪い対象への備給が解消され得るとしたら，それは，その悪い対象が無意識から解き放たれる時以外にはないからである。ただ悪い対象が無事解き放たれるためには，分析家が患者にとって十分に良い対象 a sufficiently good object として確かなものになっている必要がある。そうでなければ，悪い対象が解き放たれるところに生じてくる不安定感 insecurity を持ち堪えることはできないであろう。だから私は，十分に転移状況が生じている場合，治療上，悪い対象の解放を最大限に促すためには，罪悪感や超自我の水準での解釈にはよくよく気をつけなければならないと考えている。こうした解釈は，罪悪感を軽減するかもしれないが，内在化された悪い対象の抑圧を，事実上強化することになって，それゆえ，こうした対象への備給は解消されないままになってしまうかもしれないからである[原注11)]。私は，あらゆる精神病理学的な現象の起源は，究極的に言えば，超自我の領域にではなく，こうした悪い対象の領域に辿られるはずだと確信している。だから，あらゆる精神神経症患者や，精神病患者について，真実のミサが教会で挙げられているとすれば，その地下室では悪魔のミサが挙げられ

原注 11）罪悪感が緩和される際，抑圧の強化が伴うことがあるのはなぜか。そのことを満足いく形で説明するためには，先に述べた結論からするしかない。つまり，超自我による防衛と抑圧とは，別の防衛だということである。

ていると言えるのである。つまり，精神療法家は，実は祈祷師（エクソシスト）の後継者であって，「罪の許し」にばかりでなく，「悪魔祓い」にまで関わるものだということが明らかになるのである。

悪魔の協定

ここで私は，悪魔憑きとか悪魔祓いといった神秘についての研究に踏み出してみたいという誘惑に駆られるけれども，それは差し控えなければなるまい。そうした研究は，もし私の見解，つまり，精神病理学の基盤は，内在化された良い対象 objects の領域（つまり，超自我の領域）にではなく，内在化された悪い対象 objects の領域にこそ求められなければならないという見解が正しいとすれば，興味深いばかりでなく，必ずや有益なものとなるであろう。だが，残念ながら今回は，そういう楽しい遠足に出かけるわけにはいかない。ただそれでも，私は，おやすみ前のおとぎ話を求めて，Freud の「17 世紀における悪魔憑きという神経症」と題した魅惑的な論文[原注 12)]に読者の注意を引いておきたい。この論文の中には，それに関する精神分析的な注釈と共に，ある落ちぶれた画家の話が記録されている。Christoph Haitzmann というその画家は，父親の死が引き金となって起きたメランコリーの状態の中で，悪魔との協定を結んだのであった。対象関係に基づく精神病理学の観点から見ると，この協定にサインするということは，この精神神経症者あるいは精神病者が，自分の悪い対象と別れる時に出くわす困難を見事に示している。つまり，Freud が明らかにしてくれている通り，その協定の相手である悪魔とは，Christoph の亡き父と密接に連合されていたのである。また，興味深いのは，Christoph の症状がとれたのが，彼が良い対象の援けを祈り，その報いとして，マリアゼルの教会で聖母マリアの手から 4 つに千切った不浄の協定書を返戻された時だったという点である。もっとも，彼はその時点で，ぶり返しを免れたわけではなかった。彼は，宗教上の同胞（はらから）の契りを受け容れ，そうやって悪魔との協定を，神に仕えるという厳粛な誓いと取り替えた時に初めて，そうできたのであった。これは，おそらく，道徳的防衛の勝利であろう。しかし，Freud の注釈は，この治癒の意味を，その病気の意味（この憐れな絵描きが内在化された悪い対象に「取り憑かれた」こと）同様，正しく評価していない。Freud はこの論文の序文の中で，次のように述べている。「『厳密な』科

原注 12)　*Collected Papers*, vol.IV, pp.436-472　［吉田耕太郎訳，2007，十七世紀のある悪魔神経症．フロイト全集 18．岩波書店，pp.191-231］

学の時代，生体への還元を目指すイデオロギーがもてはやされているにもかかわらず，こうした暗黒時代における悪魔論は，結局のところ，そちらの方が正しいものだということを証明してきている。悪魔憑きのケースというのは，現代における神経症に相当する」。このことは間違いなく正しい。だが，Freud が言及している対応関係についての最も重要なポイントは，Freud が次のように続ける時，見えなくなってしまっている。「我々にとってみれば，当時，悪霊と考えられていたものは，さもしく邪悪な願望のこと，言い換えれば，拒絶され，抑圧されてきた衝動の派生物のことである」。このコメントからは，リビドーが一次的に快楽を求めているとする古典的な概念づけがいかに不適切なものであるかを見て取ることができる。というのも，悪魔との協定について何より重要なことは，それが悪い対象との関係を結ぶことになるという点にあるからである。実際，このことは Cristoph の証文からあまりにも明らかである。つまり，その抑うつの深みの中で，全く哀れなことに彼がサタンから求めたものは，酒や女や歌を楽しむ能力ではなく，許しであって，その協定書そのものの言葉を引用すれば，その許しは「たとえその肉体に由来する息子としてだけであっても，存在（for to be unto him euen as a sonne of his bodie）」してよいということだったのである。これが意味するところは，彼が自ら永遠の魂を売ってまで手に入れようとしたものは，満足ではなく，彼の子供時代には悪い対象であり続けた父親，その人だったということである。彼の実際の父親が存命中，子供時代に内在化した悪い父親像の不吉な影響は，現実の人が持っている，埋め合わせをしてくれるような特徴によって和らげられていたのは明らかである。だが，父の死後，彼はその内在化された悪い父親の意のままにされることになり，彼はその悪い父親を抱きしめるか，それとも，対象のいない見捨てられた世界に留まるか，そのどちらかを選ばざるを得なくなったのである[原注13)]。

抵抗の源としての悪い対象へのリビドー備給

私はすでに，私がリビドー論を書き換えようとしてきていること，そして，どのような考えからそうしようとしているのかについて述べてきた。そして私は，その考察に基づくリビドー論の書き換えは，早急に行われる必要があると考えている。というのも，リビドー論は，その後の研究を促したという意味でも，また，歴史的

原注13）　私は，Cristoph の抑うつの中に，父親に対する攻撃的願望をめぐる罪悪感が何の役割も果たしていないなどと言うつもりは全くない。ただ私は，それが間違いなく果たしていたに違いない役割は，病因論的な観点からすると，二次的なものだと考えているのである。

な意味でも，極めて重要なものであったことは間違いないけれども，今や，その有効性は摩耗し，精神分析的思索の領域において，さらなる進展をもたらすだけの力を持たないばかりか，現実にその妨げにさえなっているからである。もともとの形でのリビドー論の中は，数多くの誤解を招きやすい意味づけが含まれており，それを例証するのもさほど難しいことではない。そして，Cristoph Haitzmann のケースは,そういう誤解を招きやすい意味づけの1つを示すのに大変都合がいい。それは，抑圧の概念にとって重要な含みを持っているものなのである。古典的な形でのリビドー論の中には，リビドーは，性感帯の目的によって決定された活動の中にこそ，その表出を求めているけれども，それがいつもうまくいくとは限らない。それは，ある種の制止がそれを妨害する要因として働いているということに他ならず，その最終形が抑圧である，という意味づけが含まれていることは明らかである。この見解に従えば，抑圧されたリビドーは，ある偽装された形，つまり，症状とか昇華という形，あるいはまた，性格形成によって決定されたやり方（つまり，症状と昇華の中間のようなやり方）でしか表出されることはないということになる。さらに，この見解からすれば，こうした表出が実際にどのような形をとるかは，元来性感帯が持っている目的のあり方次第で決定されることになるであろう，ということになる。だが，もしリビドーが一義的に対象を求めているものであるとすれば，リビドーは対象を求めるに当たって，どのような径路であれ，最も使いやすい径路をとることになるであろう。そしてそのやり方は，仮想された性感帯が元来持っている目的次第で一義的に決められるようなものではない。この見解においては，性感帯の持つ意味は，ただ，リビドーが対象を求める際に使い得る径路に過ぎないということになる。同様に，リビドーの表出を妨げるものは，その大半が，対象希求を制止するものということになるであろう。もしそうだとすれば，対象が内在化され，抑圧されたものである場合，少々奇妙な状況が起きてくることになる。つまり，そうした場合に認められるのは，リビドーが，ある抑圧された対象を求めているという状況である。このことが自己愛という概念に重要な意味を持っていることは，ここで強調するまでもない。ただ，私が今ここで目を向けたい現象は，そうした状況においては，リビドーが，実際の目的性において，抑圧と同じ方向に作用する，というところである。リビドーはその抑圧された対象に心を奪われている。だから，リビドーは，その抑圧された対象の魅惑ゆえに，そして，リビドー自体，対象を求めているという，まさにその力に基づいて，抑圧された状態へと追い込まれてゆくことになるのである。**この意味からすれば，対象が抑圧された対象である場合，その対象**

備給は抵抗として作用する。だから，分析的治療で認められる抵抗は，抑圧するものによってばかりではなく，リビドーそのものが持っている力動的な特性によって支えられているのである。

この最後の結論は，「無意識，つまり“抑圧された”ものは，決して治療の努力に抵抗しない。それどころか，ただ，重くのしかかるものに逆らいつつ，意識に達しようとしたり，あるいは，現実の行動という形での放出を求めようとするだけである」というFreudの見解[原注14)]とは，はっきりと矛盾する。にもかかわらず，この結論は，リビドーは一義的に対象を求めているという観点から出発すれば，必然的に導かれる結論なのである。そしてこう考えることには，陰性治療反応の性質を，これまでとはまた違った角度から明らかにすることができるという大きな利点がある。つまり，陰性治療反応の主たる意味は，対象が抑圧された対象である限りにおいて，リビドーの目的と治療の目的とが直接的に相矛盾しているところにあるということが理解できるようになってくるのである。一言で言えば，陰性治療反応とは，リビドーの方が，その抑圧された対象の断念を拒絶しているということである。そして，たとえ陰性治療反応でなくても，抵抗が極端に強固なものである場合，そのことの説明は，大方これと同じ方向に求められなければならない。この意味からすれば，分析家が手をつける困難な課題のうち，現実のレベルで抵抗を克服するなどということは，患者が抑圧された対象に専心しているのを克服するのに比べれば，はるかに容易いことであるように思われる――後者の方がずっと克服し難いのは，そうした対象が悪いものであり，患者はそれが無意識から解き放たれるのを怖れているからである。だからこそ，哀れなChristophが20世紀の相談室で分析的な治療を受けたとしても，それは相当大変なことになっていただろうと推測することができる。彼が悪魔との間に交わした協定を解消することは，決して容易いことではなかったであろう。そして彼に強固な陰性治療反応が起きたであろうことも想像に難くない。結局のところ，聖母マリアの介入でさえ，彼が揺るがぬ治癒を手にするのには十分ではなかった。彼が悪魔と交わした協定が，神との協定に取り替えられた時に初めて，彼は最終的に症状から自由になったのである。つまり，ここから汲み取れることは，内在化された悪い対象への備給の解消を促進させるためには，良い対象からの誘いappealが不可欠な要因であるということ，そして，ここにこそ，

原注14）*Beyond the Pleasure Principle*, 1922, p.19 ［須藤訓任訳，2006，快原理の彼岸．フロイト全集17．岩波書店，p.69］

転移状況が意味を持つ側面があるということである[原注15)]。

悪い対象への備給の解消

前述のことからすると，分析技法が目指す幾多の目的の中には，（1）もともとはなくてはならぬものに見えたからこそ内在化され，もともとは耐え難いものに見えたからこそ抑圧されてきた「心に埋め込まれた」悪い対象を，患者が無意識の中から解き放つことができるようにすること，そして，（2）これまではなくてはならないものであったこうした悪い対象に，患者を結びつけているリビドー的な結びつきを解消するよう促すこと，が含まれていなければならないことになる。そしてこれらの目的を達成するために心しておくべき技法上の原則を挙げるとすれば，次の点を挙げることができるであろう。（1）さまざまな状況の解釈は，満足との関連ではなく，対象関係（もちろん，内在化された対象との関係も含め）との関連でなされなければならない，（2）リビドー的な努力は，究極的には対象愛によるものであり，一見そうでなくても，基本的に「良い」ものであることが患者に示されなければならない，（3）リビドーが「悪い」のは，悪い対象への備給ゆえのものであると考えられなければならない（古来，「罪」とは，ユダヤ教の考え方からすれば，異教の神を求めることだとされ，キリスト教の考え方からすれば，悪魔に屈することだとされている），（4）「罪深い」という状況は，解釈によって，「悪い対象」にまつわる状況と関連していることが示されなければならない，（5）攻撃性についての解釈には，十分注意を払わなければならない。ただし，分析技法上，特別な問題があるうつ病者の場合はおそらく例外である[原注16)]。

精神病理としての悪い対象の回帰

全く逆説的なことだが，分析技法の目的の1つが，抑圧された悪い対象を無意識から解き放つことにあるとすれば，患者ははじめ，まさにこういう解き放ちを恐れ

原注15）　興味深いことに，この論文が書かれて以来，私の数人の患者の話の中に，悪魔との協定というテーマがとてもはっきりと，かつ自発的に現われてきている。

原注16）　攻撃性に関する解釈は，患者がそれによって，分析家は自分のことを「悪く」思っていると感じるようになるという，望ましくない結果を生み出しやすい。いずれにしてもそうした解釈は，抑圧された対象が解放されるにつれて，次第に不必要なものになってくる。そういう状況の下では，患者が示している攻撃性の性質そのものが明らかになってくるからである。その時，分析家のなすべきことは，その攻撃性の背後にあるリビドー的な要因を患者に指摘するということになるであろう。

るからこそ分析の援助を求めにやってくるのである。確かに患者が意識的に望んでいるのは，その症状から楽になりたいということであり，また，精神病理学的な症状は，その大半が，本質的には「抑圧されたものの回帰」（つまり，抑圧された対象の回帰）への防衛だというのも事実である。だが，患者が分析の援助を求めようとするのは，通常，その防衛が弱まって，抑圧された対象がいつ解き放たれるかもしれない不安から自分を守り切れなくなった時なのである。だから，患者の目から見れば，分析的治療の作用とは，自分が逃れようとしている，まさにその状況の出現を助長することになる[原注17)]。そして，それゆえにこそ，転移神経症という現象が起きてくるのである。つまり，転移神経症には，抑圧された悪い対象が解き放たれることに対する防衛としての側面と，それへの反応としての側面とがある。もっとも，こうした対象が分析的治療の中で解放されるという場合，それが自然に解放されるのに比べれば，そこに治療的な目的があるという点で違いがある——究極的に言えば，その解放は分析家によってコントロールされ，加えて，転移状況だからこその安全性によって守られている。だからこそ，それが治療的に作用するのである。だが，患者にとっては，この２つをキレイに区別することは，この段階では難しい。それでも患者は，早晩，自分が毒を以て毒を制すの喩え通りの形で癒されているのだということがわかるようになってくる。そして，その患者にとって，抑圧された対象の恐ろしさが失われ始める時に，患者は，精神的な免疫療法 mental immunization therapy の真の価値を理解するようになるのである。ここで言っておかなければならないことは，私の言う抑圧された対象の解放というのは，パラノイド技法に特有の，内在化された悪い対象を能動的に外在化するのとは，全く別物だということである[原注18)]。私がここで言っているのは，悪い対象が，抑圧による束縛から脱け出してくるという現象である。こうして悪い対象が脱け出してくると，患者自身は，そ

原注 17）　このことは，私の一人の女性患者が見た，ある夢の中によく示されている。その夢の中で彼女は，父親の友人が，泥炭質の地面を掘っているのを見た。そして，その掘られた断面に目をやった時，その土地はぼそぼそしていて，繊維がたくさん入っているようなものだったことが彼女の目を引いた。それから彼女がもっと近づいてよく見てみると，その根や繊維の隙間から，とてつもない数のネズミが群れをなして這い上がってくるのが見え，彼女は恐れ戦いたのであった。この夢の意味は，他の可能性があったにしても，明らかに分析的治療の作用のことを示している。泥炭質の地面を掘っている男は，彼女の意識を掘っている私自身であり，ネズミは，私が掘ったために解き放たれてしまった抑圧された悪い対象（もちろん，実際にはペニス）だったのである。

原注 18）　パラノイド技法は，一般にそう考えられているように，抑圧された衝動が投影されるのではなくて，迫害者という形で，抑圧された対象が投影されるのである。

れまで無意識だった恐るべき状況を目の当たりにすることになる。そして外的状況は，患者にとって，悪い対象との関係を含んだ抑圧された状況と同じ意味を持つようになる。これが「転移」という現象であり，投影という現象とは違うのである。

悪い対象の外傷的な解放――特に軍隊でのケースをめぐって

抑圧された対象の解放が，自然に，また精神病理を引き起こす形で（つまり人工的に誘発されたり，治療的な形で引き起こされるのではなく）生じてくるという現象は，戦時下，軍隊における患者の場合に，特に際立って，また広範囲に亘って，観察することができる。ここで私は，抑圧された対象が「自然に」解放されるとはいっても，その引き金となっている現実要因の作用を無視するつもりは全くないということを付け加えておかなければならない。むしろ私は，そうした要因の影響は極めて重要だと考えている。内在化された悪い対象を含む無意識的な状況を活性化させやすい外的現実の状況とは，どのような形にせよ，その無意識的な状況のあり方から見て情緒的に意味をなすパターンをとっている状況だ，ということのようである。こうした引き金となる外的現実の中の状況については，それが外傷的な状況になっている，という観点から考えてみなければならない。ある特定の外的状況が外傷的なものとなるためには，どのくらいの強さの，またどのくらい特定の情緒が働いてる必要があるのか？　これについては，もちろん，その人の心の中にある状況の経済的，力動的要因に応じてさまざまである。軍隊のケースでよく認められるのは，砲弾や爆弾の爆発に伴う爆風や，エンジンの突発事故が外傷的な状況になるという場合である――この場合，脳震盪を起こしたかどうかは全く関係がない。他に私の目に留まった外傷的な状況を挙げれば，順不同だが，例えば，魚雷を積んだ輸送船の船室に捕えられた，亡命を図る難民が空からの機銃掃射を浴びたり，人混みの市場で砲撃された民衆が逃げ惑うのを見た，囚われの身から逃れるために敵の歩哨の首を絞めなければならなかった，上官から辱められた，同性愛を告発された，妻のお産のための特別帰還が認められなかった，といった例を挙げることができる。そして多くのケースで，戦時中の軍隊生活そのものが外傷的な体験となっている。それは，そうした体験自体，ある外傷的な状況のあり方に近く，軍隊生活の中のごく些細な出来事さえ，外傷的と感じられるようなものにしてしまうからである。実際，戦時中，精神神経症や精神病の兵士が，「もう怒鳴られるのには耐えられない」とか，「軍隊の食事は食べられたもんじゃない」（これにはよく，「妻が作ってくれるものなら何でも食べられるのに」という話がついてくる）といった訴えをすることがいかに多いかは，驚くべきほどである。こうした外傷的な状況や外傷的な体験が，無意識の中から悪い対象を解き放つことに繋がっていくのだが，そのことは，戦争中，軍の患者たちが見る夢の中に，他に類を見ないほどよく示されている。こうした夢のうち，最もよくあるのは，おそらくご想像の通りだが，敵軍から追跡される，銃撃されるといった悪夢であり，さらに，敵軍の航空機から（しばしば「大きくて真黒な飛行機」として語られる）爆弾を投下されるといった悪夢である。だが，悪い対象の解放は，もっと別の表現をとることもある。例えば，大きくて重いものに圧し潰される，誰かに絞め殺される，有史以前の動物に追いかけられる，亡霊に襲われる，曹長に怒鳴られるといった悪夢である。こうした夢が現われると，時として，それに伴って抑圧されていた幼児期記憶が想起されることがある。私が経験したこの種のケースのうち，最も印象深いのは，ある精神病質の兵士のことであった。この兵士は，徴兵を受けて程なく，スキゾイド状態に陥り，その頃から，有史以前の怪物や，形のないもの，自分を射通すカッと睨みつける眼の夢を見るようになった。彼の行動はとても子供っぽいものとなり，同時に，彼の意識は，それまで忘れていた幼児期記憶で一杯になってしまった。中でも特に彼の心を捉えたのは，彼が駅のプラットホームで乳母車の中に座っていて，母親が彼の兄と一緒に客車に乗るのを見ている，という記憶であった。実際には，母親はただ，彼の兄を見送りに来ていただけであった。だが，この患者の作り上げた印象の中では，母親も一緒に列車に乗って行ってしまい，あとに残された自分は見捨てられてしまっていたのであった。この，自分を見捨てる母親という抑圧されていた記憶が蘇ってきたということは，もちろん，無意識から悪い対象が解き放たれたことを示している。彼がこの記憶を私に語ってから数日の後，彼が経営していた店が爆撃によって被害を受けた。そして彼にはこの事後処理のため 24 時間の退役許可が下りた。彼は，自分の店の惨状を目の当たりにした時，スキゾイド的な感情離脱の状態を体験したのであった。だがその夜，家で寝ようとすると，彼はまるで首を絞められるような感覚を覚え，もう滅茶苦茶に家を壊し，妻子を殺してしまいたいという強い衝動に駆られた。彼の悪い対象は，こうして，これでもか！と言うほどに戻ってきていたのである。

反復強迫についての覚書

これまで，戦時中の兵士が示す精神病理学的状態を題材に，その引き金となる外傷的な状況が果たす役割について述べてきたが，そのことからおのずと思い出されるのは，Freud が『快楽原則の彼岸』の中で，外傷神経症について語らざるを得なかった事柄である。もっとも，私がこの論文の中で表明している見解が十分根拠のあるものであるとすれば，私たちは「快楽原則の彼岸」に行く必要はないし，外傷的な光景が心の中から消えない人たちの精神生活を説明するのに,「反復強迫」を1つの原理として仮定する必要もない。リビドーは快楽を求めているのではなく，対象を求めているのだという主張が正しいのだとすれば，彼岸を考えるべき快楽原則は，ともかくも，存在しないからである。だがこのことを別にしたとしても，外傷的な光景が蘇ることを説明するのに，反復強迫などということは，全く必要ない。むしろ，もし外傷的な状況の機能が，無意識の中から悪い対象を解き放つことにあるのだとすれば，患者はこれらの悪い対象からいかにして逃げおおすことができるのか，その可能性を見通すことは難しくなってくるであろう[原注19)]。患者はそういう対象に取り憑かれている haunted，というのが事実なのである。そして，その対象は外傷的な出来事に結びついた形で存在しているのだから，患者はその出来事にも取り憑かれているのである。治療的にその悪い対象への備給を解消するというのでなければ，患者がその憑依から自由になれる可能性は，ただ1つ，抑圧の手を借りつつ，その悪い対象を再び無意識の中に消し去る時だけである。これは，幽霊がもう出てこないようにするために私たちがよく使う方法と同じであり，そのことは，夢の生活においてはそうでなかったとしても，覚醒時の生活の中からは外傷的な記憶が消え去っている兵士たちの態度からして明らかである。私が一人の兵士に彼の体験を尋ねた時，彼が語った言葉は，その特徴をよく表している。曰く，「私はそんなことは話したくありません。もう家に帰りたいんです。そして，もう全て忘れてしまいたいんです」。

死の本能についての覚書

Freud の反復強迫という概念づけについて言えることは，それと密接に関連している死の本能という概念づけについても言える。もしリビドーが，事実，対象を求めているのであれば，死の本能という概念づけも必要のないものとなるであろう。私たちはすでに，リビドーは良い対象にばかりでなく，悪い対象にも結びつくのを見てきた（証人 Cristoph の悪魔との協定に示されている通り）。さらに，リビドーは，内在化され，抑圧されている悪い対象にも結びつくであろうことも見てきた。ところで，悪い対象との関係というのは，サディスティック，ないしマゾキスティ

原注19）　Freud が，反復強迫は，本能的な性格ばかりでなく，「デーモニッシュな」性格をも持っている，と記さざるを得なかったのは，決して偶然のことではないのである（*Beyond the Pleasure Principle*, 1922, p.43［フロイト全集 17．岩波書店，p.88］）。

ックな性質を持たざるを得ないものである。つまり，Freud が「死の本能」という範疇に入るものとして述べたことは，その大半が，内在化された悪い対象とのマゾキスティックな関係を表しているように思われる。一方，内在化されている悪い対象とのサディスティックな関係というのもまた，死の本能の様相を呈しているように見えるであろう。ただ，実際のところ，これらの関係は，マゾキスティックな方向への偏りがあるとはいえ，通常，サド－マゾ的な性質を持っているものである。いずれにせよ，そうした関係は，本質的にはリビドーの顕われなのである。このことは，ペニス penises という形をとった悪い対象に取り憑かれ，私の許にやってきたある患者のケースによく示されている。時間の経過と共に，その取り憑く悪い対象の座をめぐって，乳房 breasts が，ペニスと張り合うようになった。そしてその後，これらの悪い対象は，グロテスクな人の姿をとるようになった。それは明らかに，乳房とペニスとが人の姿として表されたものであった。さらにそれから，そのグロテスクな姿は，悪魔のような外観に取って代わった。そして，親を表していると思われる幾つもの姿へと引き継がれ，結局のところ，彼女の親のイメージだと認識できるものへと変わっていったのである。「彼ら」は，と彼女はいつもそう呼んでいたのだが，死の脅しをもって，彼女が，どのような情感であれ，それを表出するのを許さないように見えた。彼女はいつもこう言っていた。「たとえどんな気持ちであっても，もし私がそれを表にしたら，彼らは私を殺してしまうでしょう」。この文脈から見て興味深いのは，転移状況が発展するにつれ，彼女は私に，自分を殺して欲しいと懇願するようにもなったということである。彼女は泣きながらこう言った。「ほんの少しでも私のことを思って下さるのなら，先生は私を殺して下さるでしょう」。加えて彼女はこう言った。「もし殺して下さらないのなら，それは，私のことを気に掛けても下さらないっていうことなんです」。この現象を説明する最も的確な解釈は，死の本能が働いているということではなくて，リビドーが転移されているものの，そのリビドーは，まだ，もともとの（悪い）対象との関係のマゾキスティックな様相を呈しているということである。

戦争における精神神経症と精神病

この論文の最後のテーマとして，戦時下に発現する精神神経症と精神病について述べておかないわけにはいかないであろう。私は，軍隊でのケースについての経験から，軍人（陸海空軍とも同じことだが）たちの不調を決定する主な素因は，対象への幼児的依存であると確信している[原注20]。さらに，私は自分の経験からして，軍隊における不調の最もはっきりした特徴は，分離不安にある，ということも，同じようにほぼ間違いないことだと考えている。分離不安は，戦時下における民主国家にとって，明らかに特別な問題となるに違いない。なぜなら，民主主義体制の下での独立した個人は，軍隊という条件の下では，自分が慣れ親しんだ対象の代理を見出すことができないからである（例えば，曹長は，行き届いた妻の代理としてはあまりにもお粗末である)。これに対して，全体主義体制においては，兵士の分離不安の問題は，いわばすでに前もって見越されている。というのも，全体主義の技法の中には，個人が家族という対象を差し措いてその体制に依存するようにさせるという側面が含まれており，こうして，あらかじめその体制の中で幼児的依存が利用されているからである。全体主義の観点からすれば，家族という対象に依存することは,「民主国家の堕落」に他ならない。だが，全体主義の技法にも弱点はある。それは，この技法の成否が国家の首尾にかかっているという点である。その体制は，上首尾の場合にのみ，個人にとって良い対象で居続けることができる。しかし，不首尾の場合には，その体制は個人にとって悪い対象となってしまう。そして，ある決定的な瞬間に，社会全体を崩壊させるような規模での分離不安が巻き起こってくるのである。これに対して，民主国家の方には，不首尾や敗北の場合にこそ利点がある。なぜなら，民主国家においては，国家に対する個人の依存度はもっと低いものであり，それゆえ，ある対象としての国家の「良さ」についての幻滅に翻弄される度合いも，もっと少ないものだからである。また同時に，敗北すれば家族という対象が危機に瀕することになるというところも（それがあまりに壊滅的なものでない限りにおいて)，その後の努力に繋がっていくものとなる。こうしたことは，全体主義体制の下では起こり得ないことなのである。つまり，集団心理学の観点から見た場合，全体主義国家における士気の最大の試練は不首尾の場合に起こり，民主国家

原注20）　実は，このことは，戦時ばかりでなく，平時の一般人のケースについても言える。事実，私の「精神病と精神神経症をめぐる精神病理学の改訂」と題した論文の主要なテーマの１つは，あらゆる精神病理は，究極的には，幼児的依存の態度に基づいて発現するという点であった。私は，一度にたくさんの軍隊のケースを診はじめた時にはすでに，それまで個人で診ていたケースから得られた材料に基づいて，この結論に達していた。そしてこの結論は，折しも，広い範囲のケースにおいて追認されることになったのであった。軍隊のケースがとりわけこのことをよく示すのには，２つの理由がある。それは，（１）軍隊のケースにおいては，分析的な顕微鏡の強力なレンズをもって狭い領域に見出される現象が，さほど強力でないレンズによってでも広範囲に亘って見出すことができること，そして，（２）戦時下の軍隊という条件の下では，自分の対象から人為的に引き離されているという「実験的な」状態の下にある多くの人を観察することができる，ということである。

における士気の最大の試練は，上首尾の時に起きてくるのである[原注 21)]。

兵士たちに生じる不調について，その最もはっきりとした特徴が分離不安にあるとすれば，こうした不調には，同時に，もう１つ，国家の観点から見て同じくらい重要な特徴がある。そのことを十分理解するためには，道徳的防衛の性質について先に述べたことを切り口として考えてみなければならない。Freudの『集団心理学と自我の分析』からすれば，超自我が，集団の士気を決定するのにいかに重要な要因となっているかを理解するのは容易いことである。つまり，超自我が，悪い対象に対する防衛となる以外の機能をも果たすことは明らかで，個人を集団に結びつける絆が鋳造され，維持されていくのは，何を措いてもまず，この超自我が持っている権威を介してのことなのである。ただ同時によくわかっておく必要があるのは，超自我は，まさしく悪い対象に対する防衛方法として発生するものだということである。悪い対象が回帰するということが，抑圧という防衛がうまくいかなくなっていることを示しているのは明らかである。しかし，それは同時に，道徳的防衛がうまくいかなくなって，超自我の権威が失墜したことをも示している。だから，戦時中に不調を呈する兵士たちの特徴は，分離不安にばかりでなく，武装して国のために奉仕せよと命じていた超自我の要請に代わって，悪い対象が解き放たれることに伴う急性の不安が喚起される状態に陥っている，というところにもあるのである。だから実際的に考えれば，その兵士たちにとって，軍は最早，超自我としての機能を果たし得ず，むしろ悪い対象という存在へと立ち還っている，ということが起きてくるのである。だからこそ，精神神経症，あるいは精神病の兵士は，曹長に怒鳴られるのに耐えられないし，軍の食事をするのが耐えられないのである。そういう兵士の目から見れば，司令部の言葉は，その一言一言が悪意に満ちた父親の暴行と同じなのであり，炊事室から出される「脂ぎった」シチューは，その一匙一匙が悪意に満ちた母親の乳房から出てくる毒と同じなのである。「戦争神経症」が手に負えないのも，そのはずである！　そして私が，精神神経症や精神病の軍人たちとの経験をひとまとめにして考えてみた時，「この人たちが求めているのは，精神療法家ではなくて，伝道師だ」と言いたくなったのも，無理もないことであろう。国家という観点から見れば，「戦争神経症」の問題は，精神療法の問題ではなく，集団の士気の問題だからである。

原注 21)　ここに記した結論は，いまや（1951），以前に起きた出来事ばかりでなく，その後に起きた出来事［第二次世界大戦］によっても，正しいことが認められているように思われる。

第4章

対象関係の観点から見た心の中の構造

（1944）原注1）

Endopsychic structure considered in terms of object-relationships, In Fairbairn, 1952, *Psychoanalytic Studies of the Personality*, London, Tavistock, pp.82-132

対象が内在化されているということを原理にした対象関係心理学

以前発表した論文（1941）訳注1）の中で，私は，リビドー論の改訂版を新たに定式化し，それ基づいた体系的な精神病理学を組み立てるとすれば，それがおおむねどのようなものになるかを提示しようとした。その際提出した基本的な概念づけは，私は今でもそれを堅持しているところだが，リビドーは（古典的な理論に言うように，快楽を求めている，というよりもむしろ）一義的に対象を求めている，ということ，そして，あらゆる精神病理学的状態の究極的な起源は，発達途上の自我が出会う対象関係上の問題にこそ求められなければならない，ということであった。私の目から見れば，こうした概念づけは，Freud のもともとのリビドー論におけるものよりも，心理学的な事実や臨床データとよりよく合致しているように思われるし，それればかりでなく，精神分析的な思索の現段階における必然的な結果であり，精神分析理論をさらに発展させるためには欠くことができないステップであろうと思われる。とりわけ，Melanie Klein が，かくも実り多いものへと発展させてきた内在化された対象という啓発的な概念づけは，その科学的な系譜が Freud の超自我論に辿られるものだとしても，動かし難い意味を持っているように思われるからである（超自我とは，言うまでもなく，Freud が，対象が内在化されることによって発生すると考えた，ある心の中の構造 an endopsychic structure である）。

原注1）　もともと，*The International Journal of Psycho-Analysis* Vol.25, Pts. 1 & 2 に発表。
訳注1）　本書第2章。

私が以前の論文で述べた考察や，その他引用し得る数多くの考察を全て棚上げにしたとしても，対象が心理的に取り入れられるということや，そして何より，取り入れられた対象が内的現実の内にあり続けるということは，それ自体，リビドーが本質的に対象を求めているものであることを示す過程だと言えるであろう。なぜなら，こうした現象に意味されている対象への著しい思い入れ devotion は，単に口愛的な衝動が存在するということからだけでは説明しきれないからである。同じことは，エディプス状況が無意識の内に存在し続けるということ1つをとってみても言えるであろう。対象への止むことのない思い入れこそが，まさにその状況の本質だからである。ところが，内在化された対象という概念づけがここまで発展してきているにもかかわらず，さまざまに考えてみて，それとは相容れないと考えざるを得ないリビドー論の方には，これまでのところ，何ら重大な修正も加えられてきていない。Freud 自身，その超自我論を導入した後になってさえ，もともとのリビドー論を体系的に定式化し直した方がいいとは考えなかったのである。ただ，Freud の著作の中には，リビドーは紛れもなく対象を求めている，ということが前提になっていると考えられる箇所が数え切れないほどある。実際，この暗黙の理解が表立って述べられているところを見つけ出すことも可能である――例えば，Freud がごく簡潔に，「愛は対象を求めている」原注2）と述べているところである（1929)。この言葉は，Freud が，その初期の本能論に言及して，次のように述べているところにある。「そこでまず浮かんできたのが，自我本能と対象本能との対比である。私はこの対象本能のエネルギーについて，そして，それについてのみ，リビドーという用語を導入した。こうして，自我本能 vs 対象に向けられたリビドー的本能，という命題が成立したのである」。Freud がその後に指摘している通り，この2群の本能の区別は，やがて，Freud が「自己愛の概念，つまり，自我そのものにリビドーが備給されているという考えを導入」すると同時に放棄されてしまった。しかし，先に引用した部分に照らしてみれば，とりわけ，私が先の論文で示そうとしたように，自己愛とは自我が対象に同一化している状態だ原注3）と考えた場合，リビドーは一義的

原注2）　*Civilization and its Discontents*, 1930. London, p.95　［嶺秀樹・高田珠樹訳，2011，文化の中の居心地悪さ，フロイト全集 20，岩波書店，p.129］

原注3）　この示唆を棚上げしてみても，リビドーは一義的に対象を求めているという見解と，リビドーが自我に備給されているという概念づけとは，必ずしも矛盾するものではない。というのも，自我構造のある部分が，他の一部分を対象として取り扱っているということは，常にあり得ることだからである――そういう可能性は，自我の分裂に関連して後述することから考えても，決して無視できないものである。

に対象を求めているという主張は，そう革命的なものでもないように思われるのである。

こうして，一方では，精神分析の研究の中心がいよいよ対象関係に収斂してきているにもかかわらず，リビドーは一義的に快楽を求めているとするもともとの理論や，それに関連して，「心的過程の動き方は，自動的に“快楽原則”に支配される」(Freud, 1920) [原注4] といった概念づけは，いずれも手つかずのままになっている。そして，こうした見解がいつまでも持ち続けられているために，そうでなければもっと容易に解決できたであろうようなさまざまな問題が起きてきているのである。その中でも目立っているが，Freud がまさにその『快楽原則の彼岸』の中で解き明かそうとした問題，つまり，神経症者があれほどまでに力を尽くして辛い体験にしがみつくのはなぜか，という問題である。Freud は，この現象を快楽原則からは説明し難かったからこそ，「反復強迫」という概念づけに救いを求めることになった。だが，もし，リビドーは一義的に対象を求めていると見做していたとすれば，この便法に頼る必要は全くない。実際，私は最近の論文（1943）[訳注2] の中で，辛い体験にしがみつこうとする傾向が，悪い対象との関係という観点からいかに説明され得るかを示そうとした。また，同じ論文の中で，一次的な「死の本能」という概念づけには（それは，一次的な攻撃傾向という概念づけとは全く異なるものだが）多くの問題点があること，そして，そうした問題点は，悪い対象とリビドー的な関係を結ぶとどのようなことになるのかをよくよく考えてみれば，十分に避けられるものだということも示そうとしたのである。

衝動心理学とその限界

実際のところ，私が現在，「対象関係」という立場をとるようになったのは，めぐり合わせ上，ある種のスキゾイド傾向を示す患者たち，つまり，対象関係のことが特に難問となるような一群の人たちが示してくる問題を，よりよく理解しようとした末のことである。これに関連して，私はここで，近年の精神分析の研究はあまりにもメランコリー性抑うつの問題に囚われ過ぎている，と考えていることにあえて触れておきたい。私は，上記の立場をとるようになるもっと以前から，「衝動心理学」全般が持っているさまざまな限界をとても強く感じるようになっていたし，本

原注4）　*Beyond the Pleasure Principle*, 1922, London, p.1　［須藤訓任訳，2006，快原理の彼岸．フロイト全集 17．岩波書店，p.55］

訳注2）　本書第3章。

能をあらかじめ存在しているものとして扱う本能論についても，その説明的な価値に，いつもある種の疑念を抱いていた。衝動心理学の限界は，まさに実践的な意味で，治療の場の中で自然に感じ取ることができる。入念な分析によって患者に自らの「衝動」のあり方を見せてゆくことと，患者がそうした「衝動」についてどのように対処したらよいかを知ることができるようにすることとは，全く別の命題だからである。人が自らの「衝動」についてどのように対処すべきかということは，明らかに，対象関係の問題である。それはまた同時に，その人自身の人格の問題でもある。しかし（体質的な要因は別にして），人格の問題というものは，それ自体，自我が内在化された対象 internalized objects との間にどのような関係を持っているかということと繋がっている――というよりも，むしろ私は，その理由は後で述べるが，自我のさまざまな**部分**が，内在化された対象との間にどのような関係を持っているか，また，その自我の各部分同士が，お互いを対象としてどのような関係を持っているかということと結びついている，と言いたい。一言で言えば，「衝動」は，それがエネルギーを与えている心の中の構造や，そうした構造が，「衝動」があればこそ結ぶことができている対象関係から，切り離して考えることはできないのである。そして，同じように「本能」も，こうした心の中の構造の原動力となるエネルギーの諸形態に過ぎないと考える以外，その価値を見出すことはできないのである。

実践的な精神療法の立場からすれば，「衝動」を構造から切り離して捉え，その上でその「衝動」を分析したとしても，それはただ無益なだけである。そしてこのことは，とりわけ，著しいスキゾイド傾向を持っている患者について言える。こうしたケースの場合，多少なりとも「衝動」に絡んだ解釈をするだけで，ごく容易く豊富な連想が引き出されることがある（例えば，口愛サディズム的な幻想という形で）。だがそれは，単に無意識の顕われとして興味深いだけで，統合に向かう真の動きや，意味のある治療上の進展が全くないままに，いつまで経ってもそればかりということになってしまうこともある。もしこの現象を説明しようとすれば，それは，自我が（私は，むしろ，**中心的自我** *the central ego* と言いたいが），そうした幻想の報告者として以外，そこに述べられている幻想に参加していない，ということになるであろう。このような状況が起きてくる場合，その中心的自我は，いわば貴賓席に陣取って，内的現実というステージの上で上演されるいくつものドラマを，事実上何の参加もせずに描写しているのである。ただその中心的自我は，驚くべき出来事の報告者であることから，また，観客としての分析者と自らとを同一視していることから，少なからぬ自己愛的満足を得ている。しかも，単に観察しているだけではなく，観察のための素材の提供者になっているということによって，単なる観察者である分析者に対する優越を主張するのである。このやり方は，実に防衛技法の傑作である――スキゾイド的な人は，折さえあれば，瞬く間にこのやり方を頼みとすることになりやすい。まして分析家がもっぱら「衝動」の観点からだけの解釈をしていると，彼らはそのやり方への誘いに，まず抗うことができないのである。こうした技法は，患者が治療上の中心問題から，どのような方法よりもうまく身をかわせる方法となる。その中心問題とはつまり，「衝動」として知られているような力動的な負荷 dynamic charges を，現実という文脈の中でいかに解放するかという問題である。これは，明らかに，社会秩序の中でいかに対象関係を結ぶのかという対象関係の問題なのである。

衝動心理学は不都合なものだという私の論点を，これまで私が発展させてきた見解の出発点となったケースの１つを引用しながら，具体的に示してみることにしよう。この患者は，臨床像としては，顕著な恐怖症症状やヒステリー症状，それに汎化された不安を主症状とする未婚の女性であったが，数々のスキゾイド的な特徴を示している人でもあった。彼女はリビドーをめぐる強い緊張を和らげることができず，その分だけ強い抑圧の中にいた。セッションの中でこのリビドーをめぐる緊張が起きてくると，彼女はよく，気持ちが悪くなる feeling sick と訴えた。その嘔気は，明らかに１つの転移現象であり，それは，いずれも内在化された対象としてのだが，父親とそのペニスが介在した上での，母親とその乳房に対する態度に基づくものだったのである。彼女の連想は，当初から口愛的な素材がかなり多いのが特徴的で，その限りにおいて，この嘔気は，まずは口愛的な衝動との関連で解釈することができた。しかし彼女の悪心の主たる意味は，むしろ，その反応が口愛的な形をとっていたということにではなく，この反応から，（１）母親の乳房へのリビドー固着と，（２）自分のリビドー的欲求が向かう対象を拒絶するという態度とが，いかに彼女の対象関係に重大な影響を及ぼしているかを見て取ることができるという点にあるように思われた。もちろん，彼女の反応が口愛的な形で顕われていたということが，性器性愛の著しい抑圧と関連していたのは事実である。そして，その推測が当たっているかどうかはついに検証されなかったけれども，彼女が一度ならず口にした，もしセックスしたとしても，私，感じないと思います，という意見は，おそらく正しかったであろう。ただ，彼女が性器愛的な態度をとれるまでになってはいないということを最もよく理解する手掛かりは，口愛期への固着などということではなくて，父親のペニスの拒絶，つまり，１つにはこの対象と悪い乳房とが同一視されているための，また１つには，それに先立つ乳房への固着があるための，さらにまたもう１つには，全体対象としての父親が情緒的な意味で「悪い」ものであるための，父親のペニスの拒絶にあるように思われる。さらに加えて，口愛的な態度においては，性器愛的な態度に比べると，対象に献身する度合いがより少なく，その反面，対象を支配する力はより大きいものである。この意味で，彼女はますます性器愛的な態度の方には進みづらくなっていたのである。この患者は，セッションの中でよく，「トイレに行きたいです」と言った。この発言は当初，文字通りの意味しか持っていなかった。ところが分析が進むにつれ，それは次第に，彼女が転移状況に伴って動き出してきたリビドー的な情感を表出したくなっている，という意味を持つようになってきた。ここでもまた，この現象をめぐって何よりも重要なことは，発達段階（この場合，尿道期，および肛門期）との関連で考えられた「衝動」のあり方なのではない。重要なのはむしろ，そこに含まれている対象関係の質なのである。「トイレに行く」ことには，「気持ちが悪い」のと同じように，中身 contents と見做されているリビドー的対象を拒絶するという意味があるのは明らかである。ただ，「気持ちが悪い」のに比べれば，「トイレに行く」ことの方が拒絶の度合いが少ない。というのは，いずれの場合もリビドー的な緊張をカタルシスという形で外部に放出することにはなるけれども，「トイレに行く」ことに示される中身の放出は，それが一旦同化されているという意味で，外的対象の眼前にリビドー的な情感を表出しようとする気持ちが強いことを示しているからである。もっとも，それとて，性器愛的な態度の特長である，ある対象に向かって情感を直接放出するというところまで到ってはいない。

ある心理学の理論が科学的に妥当なものであるかどうかを考える場合，精神療法の成功，不成功というところからのみ，それを評価するわけにはいかないのはもちろんである。なぜなら，治療の成果が科学的にいかなる意味を持っているかということについては，その成果がいかにして得られたかということを正確に理解して，初めて判断できるものだからである。衝動心理学といえども，この一般原則を免れるものではない。ただ重要なことは，精神分析の場合，治療の成果は，今や広く認められている通り，転移という現象，すなわち，患者が分析家との間に，ある特別な対象関係を形作るということと密接な関係を持つという点である。一方，精神分析技法の１条項として，分析家は通常の人間関係に比べて，はるかに自分を表に出さずにいなければならないということが言われている。もちろん，分析家がこうした態度をとるのには十分な理由がある。だが，そうすることによって，必然的に，患者の目から見た患者と分析家との対象関係は，どこか一方的なものになってくる。そしてこのことが，抵抗を誘発することにもなるのである。もちろん，分析状況においては，患者と分析家との関係には，元来，ある種の一方性がある。だがもし，この，分析家が自分のことを表に出さないという態度と，衝動の心理学に基づく解釈様式とが結びつくとなると，それは，患者の満足いく対象関係を結ぶ能力に少なからぬ負担を掛けることになるように思われる（患者は，まさに患者であるという事実によって，この能力はすでに傷つけられていると見做さなければならないのに，である）。またその場合，患者は，さまざまな防衛の中でも，先に触れた防衛，つまり，内的現実のステージの上で上演されている光景を報告しつつ，その中心的自我は，その光景にも，また分析家との実際上の対象関係にも，何ら意味ある参加をしていないという技法に傾きたくなる誘惑を禁じ得ないことになる。かつてこの技法を駆使していた私の患者は，ある日，自分が置かれていると感じる衝動－緊張状態を知的にもれなく話してから，私にこんなふうに言った。「さて，先生はこれについて，どうするおつもりなんですか？」。これへの応えとして，私は，本当の問題は，あなた自身がそれについてどうするつもりなのかということだと説明した。この応えに，彼はひどく当惑した。実際，私はそれを狙っていたのである。彼がこの応えに当惑した理由は，それによって彼は，不意に，分析という，また自分の人生という，現実の問題に直面させられたからである。人がどのように衝動－緊張を放出しようとするかということは，すでに述べた通り，明らかに対象関係の問題である。だが，それはまた同様に，人格の問題でもある。なぜなら，対象関係には，必然的に，対象と同様，主体も含まれているからである。そこで，対象関係論からすれば，当然，次のように言える。もし「衝動」が，外的な対象であれ，内的な対象であれ，対象と切り離しては考えられないものであるのならば，同じように，「衝動」を自我構造から切り離して考えることもできない。いや，実際，「衝動」を自我構造から切り離して考えることなど，さらに不可能なことなのである。なぜなら，対象との関係を求められるのは自我構造だけなのだから。ここで私たちは，先に記した結論にもう一度立ち戻ることになる。つまり，「衝動」とは，ただ心の中の構造の力動的な側面に過ぎず，その構造がたとえどんなに未熟なものであったとしても，「衝動」はこうした構造なしには存在し得ないのである。結局のところ，一言で表現すれば，「衝動」とは，さまざまな形で表出される能動性を構成するものであり，自我構造はその能動性の中にこそ息づいている，と考えられなければならない。

構造心理学と構造の抑圧[原注５)]

さて，ここまでくると，当然のことながら，精神装置についての理論をもう一度新たに考え直してみなければならなくなってくる。ことに問題になるのは，Freudが，エス，自我，超自我との関連で精神構造を記載した，その記載が，果たしてどこまで修正無しに済ませせることができるだろうか，ということである。そして，そのことを問題にした途端，表に出てくるのは，他ならぬエスの位置づけをめぐる疑問であろう。というのも，もし，自我構造がなければ，いかなる「衝動」も存在し得ない，という理解が正しいとすれば，最早，エスと自我とを心理学的に区別することはできなくなってしまうからである。そして，自我とは，エス－衝動を現実との関係で統御するためにこころの表面に発達する構造である，とする，自我の**起源**に関するFreudの概念づけは，自我は当初から衝動－緊張を蓄えている，という概念づけに取って代えられることになるであろう。もちろん，こうしてエスを自我に含めて考えたとしても，「自我」は衝動－緊張の放出を外的現実の諸条件に従って統御する，という「自我」の**機能**に関するFreudの概念づけは，本質的に書き換える必要はないであろう。だがエスを自我に含めて考えるとなると,「衝動」というものは，まさに一番最初から現実を志向しており，従ってある程度は「現実原則」によって決定されている，と考えることになる。例えば，子供の最早期の口愛行動は，**最初から**乳房を志向していると見做されることになるであろう。この見解をとれば，快楽原則は，最早，行動の一次的な原則であるとは見做されなくなるであろう。むしろそれは，対象関係を不毛化させることになる従属的な行動原則であり，自我構造の未熟さのためであれ，あるいはその発達上の問題のためであれ，現実原則が作動しなくなった時に作動するようになるものだ,と見做されることになるであろう。こうして，例えば，快楽原則はどのくらい現実原則に取って代えられてきているかという問題は，もともとの未成熟な現実原則が，どのくらい成熟に向かって発展してきているか，という問題にその席を譲ることになるであろうし，また，自我にはどのくらい現実に従ってエス－衝動を統御する力があるかという問題は，内部に衝

原注５）　今振り返ってみて明らかになることなのだが，本論文の本節，ならびに，これ以前の節に記した結論の中には，私がずっと以前，1931年に書いた，そして本書にも収められている,「身体的性器異常を持つある患者の分析における諸特徴」と題した論文の中に，まだ漠然とではあるが，すでに示されているものがある。　[訳注：「本書」とは，『人格の精神分析的研究』(1952）のこと。なお，この論文は，本訳書では割愛した。]

動ー緊張を抱える自我構造が，どのくらい現実原則に見合った形で組織化されてきているか，もしそうでなければ，どのくらい快楽原則に準拠して組織化されてきているかという問題にその席を譲ることになるであろう。

もし，「衝動」は当初から自我構造と切り離し難く結びついていると考えることになるとすれば，では，エス由来の衝動を取り扱うために自我が用いる機能としての抑圧というFreudの概念づけはどうなるのであろうか？　私は，先に，私の対象関係論が，抑圧という概念づけに対してどのような意味を持つことになるかを考察した（1943）訳注３）。そこで私は，次のような見解を提出した。一次的に抑圧されるのは，辛い，あるいは「悪い」と思われるようになった衝動（Freudの最終的な見解）でも，辛い記憶（Freudのもっと初期の見解）でもなくて，悪いものとして扱われるようになった**内在化された対象**である，と。私は，今でも，この見解には十分な根拠があって，その意味でこの見解は正しいと考えている。ただし，抑圧についての私の見解が変化してきているところもある。ことに，抑圧されるのは内在化された対象ばかりではなく（ついでながら，内在化された対象も，自我構造ではないが，心の中の構造だと見做されなければならない），これら内的対象との関係を追い求めている「自我」の部分も抑圧されると見做すようになってきているという点である。ここで読者は，こんな批判を思い浮かべられるかもしれない。抑圧は「自我」の機能なのだから，この見解からすると，自我が自我それ自体を抑圧するというおかしなことになってしまう。いったいどうやって，自我が自我を抑圧しているという構図を描いたらいいのか？　この疑問に対する答えは次の通りである。確かに，全体としての自我が，その全体としての自我そのものを抑圧するということは考えにくいが，ある力動的な負荷dynamic chargeをもった「自我」のある部分が，これもまたある力動的な負荷をもった「自我」の別のある部分を抑圧するということは考えられないことではない。もちろん，これは，ある一群の衝動が別の一群の衝動を抑圧するというのとは全く別の命題である——Freudがその精神装置論を定式化するという課題に取り組んでいた時，こうした概念づけをとらなかったのは正しい。そして，Freud自身は，抑圧を説明するためには，どうしても抑圧を煽動できる**構造**の存在を想定しなければならないと考えた——それがすなわち，超自我である。従って，抑圧される構造の存在を想定するのは，ただこれと同じ方向に一歩，歩を進めたに過ぎないのである。こうした仮定をするのには，これまで述べてきた

訳注３）　本書第３章。

ような理論的な根拠は別にしたとしても，それを裏づける臨床的な根拠がある。中でも際立っているのが，リビドー的「衝動」はなかなか「昇華」され難いという問題である。この問題を説明しようとする場合,「衝動」というものはそれ自体，元来芯から強情なものだからだ，というのではとても適切な説明とは言い難い。とりわけ,「衝動」は自我構造の手中にあるエネルギーの諸形態に過ぎないと考えるようになると，その説明でよしとすることはとてもできないのである。むしろ，この問題は，抑圧された「衝動」は，ある特定のパターンを持った自我構造と不可分に結びついているという仮定に則って初めて満足のいく説明をすることができる。この仮定が正しいということは，多重人格という現象から見て取れる。というのも，そこでは，抑圧された「衝動」と，潜伏している自我構造とが結びついたものであることは疑いの余地もないことだからである。さらにこうした結びつきは，ヒステリーの人に大変特徴的な，さほど広範囲には亘らない形での解離においても，見出すことができる。つまり，抑圧を説明するためには，自我にはある種の多重性があるということを仮定せざるを得ないと思われるのである。このことは，スキゾイドの患者が示してくる問題に馴染みの深い人にとっては，実は特に難しい概念づけではないはずである。だが，ここでもまた，他のところと同様，精神分析理論が，その最近の発展の中で，メランコリー性抑うつという現象に囚われ過ぎているための行き詰まりが生じてしまっているのを見ることができるのである。

スキゾイド・ポジション

Freud の精神構造論それ自体が，少なからずメランコリーという現象の考察を基礎にして組み立てられたものだということは，その理論が詳述されている古典,『自我とエス』(1923) を読まれた方なら，まず見逃されることのない事実である。実際,「悲哀とメランコリー」と題された論文 (1917) [原注6] においては，一連の思索の中で，この結びつきが動かぬものになってきているのを見出すことができる。そして，このことと連動して，Melanie Klein とその協力者たちは,「抑うつポジション」を，他にまして重要なものと考える見解をとっている。だが私は，ここで，私自身の経験からすると，抑うつポジションをかくも中心に据えることについては納得し難いと言わざるを得ないのである。もちろん，真の抑うつに苦しんでいる人に

原注６） *Collected Papers* vol.IV. 1925, London, pp.152f ［伊藤正博訳, 2010, 喪とメランコリー. フロイト全集 14. 岩波書店, pp273-293］

ついて，あるいは，その意味で言えば，抑うつタイプの人について，抑うつポジションの重要性を認めないわけにはいかない。しかし，私の経験からすれば，こうした人々は，一般の精神科診療の中ではもちろん大変よく見受けられるにしても，分析家のクライエントとしてはさほど多いわけではない。むしろ，私たちがよく知っている，不安状態や，精神神経症症状や，性格の問題を抱えている患者に関する限り，分析治療を始める人，続けていく人の圧倒的大多数について，その中心的なポジションは，抑うつ的というよりもスキゾイド的なものであるように思われるのである。

ここで私は，以前（1941）訳注４）示したことのある，メランコリーに特有な「抑うつ depression」という感情と，私が特有のスキゾイド的な感情だと見做すようになっている「不毛感 sense of futility」との区別について触れておく必要があるように思う。観察する側から見ると，この２つの感情は，表面上，確かにとてもよく似ているし，ことにスキゾイドの人が，「落ち込んでいる depressed」という表現を使うのは日常茶飯事だから，その区別をするのが難しい場合も少なくない。そのため，臨床場面で不毛感を抱えていると記載するのが適当であるような患者にまで，耳慣れた「抑うつ的 depressed」という用語が当てはめられてしまうことがしばしばあるのである。２つの感情はかくも混同されやすく，その結果，精神神経症症状を持った患者の多くが，実はスキゾイド的なタイプに属しているのに，抑うつ的なタイプに属していると見做されることになってしまうのである。こうした混乱の原因とはまた別に，精神神経症的な防衛が強く，その結果，臨床像としては精神神経症的（例えば，ヒステリー的）な症状が目立つ「精神神経症の」患者の場合についても，そうであるがゆえに基本的なスキゾイド・ポジションが見逃されてしまう，ということもよくあることである。実際，Janet が１つの臨床単位としてのヒステリーという概念づけを定式化した際，その基礎素材となったケースをよく見てみると，そこに登場してくる人たちの極めて多くは，著しくスキゾイド的な特徴を示していると結論せざるを得ない。むしろ，彼らがもし現代の精神科クリニックを訪れたとすれば，そのかなりの割合の人が，紛れもなく統合失調症の患者だと診断されることになるのではなかろうか。そして，私自身，ここで，ヒステリーの症状を持った患者たちとの関わりを通して強く確信するようになったことを付け加えておきたい。それは，「ヒステリー」における解離現象には，自我の亀裂 a split of the ego が含まれ

訳注４）　本書第２章。

ており，その自我の亀裂は，「スキゾイド」という用語の語源となった意味での自我の亀裂と，基本的には同じものだということである。

「ヒステリーに還れ」

ここで，精神病理学の領域におけるFreudの最も初期の研究は，まずはもっぱら（メランコリーの現象ではなく）ヒステリー現象に関するものであり，これに従って，もともとの精神分析の理論と実践とは，ヒステリー現象に基づいて組み立てられてきた，ということを思い出して頂けるとよいであろう。もともとFreudの研究の中心に据えられたヒステリー現象が，もしその後もずっとその中心的な地位を保っていたとしたら，精神分析理論は果たしてどのくらい違った発展の仕方をしていただろうか？　そんなふうに考えてみるのは，確かに意味のないことかもしれない。しかし，少なくともこんな推測はできるであろう。もしそうであったとしたら，その後，抑うつポジションに代わって，スキゾイド・ポジションの方がずっと重視されるようになっていたであろう，と。周知の通り，メランコリーの問題が，それまで中心に据えられていたヒステリーの問題を脇に追い遣り，それに代わって中心的な地位を占めるようになったのは，Freudが，抑圧されるものの研究から，抑圧するものの研究へと移っていった時であった。そしてそうせざるを得なかったのは，（a）罪悪感と抑圧との間には，密接な関連があるように見えること，そしてもう一方で，（b）罪悪感は，メランコリーの状態において，とても際立った特徴であること，を考えれば，理解できなくもない。いずれにせよ，Freudの超自我論が，罪悪感についても，抑圧の煽動についても，エディプス状況という同じところにその発生の起源を求めようとしたのは明らかである。だが，このことは，Freudの抑圧の起源に関する見解と，Abrahamによるリビドー的発達「段階」説との間に重大な矛盾を生むことになる。というのも，Freudは，一方で，抑圧の理論的根拠を求めたエディプス状況は，本質的に性器愛的な状況だと考えていたにもかかわらず，抑圧を煽動するとした超自我の起源については，口愛的な状況との関連，つまり，「段階」説によれば，当然，前性器愛的ということになる段階に相応する状況との関連で説明しているからである。周知の通り，Melanie Kleinは，エディプス状況は，それまで想定されていたのよりもずっと早くの段階に生じてくると見做すようになってきている。だから，彼女は，実は，「段階」説を棄てることによってこの問題を解決しようとした，と考えなければならない。私もまた，この「段階」説については，以前，詳細に批判したことがある（1941）訳注5)。そして私は，現在，抑圧の起源を，性器愛的な態度のみならず，エディプス状況をも，さらには超自我が確立される水準さえも越えたところに求めるようになってきている。私が別の折に（1943）訳注6），**抑圧**は，（性器愛的な意味で近親姦的なものであろうと，そうでなかろうと，「衝動」に対する防衛として発生するのではなく）一次的に「悪い」内在化された対象に対する防衛として発生する，ということ，さらに加えて，**罪悪感**は，悪い内在化された対象を含む状況に対処するための**付加的な**防衛として発生する，ということを示そうとしたのも，このことと対応している。この見解に従えば，罪悪感は，子供にとって，自分が条件づきで（つまり，道徳的な意味で）悪いということになった方が，自分の両親は無条件に（つまり，リビドー的な意味で）悪いということになるよりもまだましだ，という原則に基づいて発生する。私は，この後者から前者へ心持ちの変化が生じる過程を記載するために「道徳的防衛」という用語を導入した。だから私の見解からすれば，超自我が確立されるのは，まさしくこの「道徳的防衛」が作動する時なのである原注7）。こうして見てくると，超自我が確立されるということは，下層に以前の水準を残したまま，その上層に新しい構造が組織化された水準が達成されたということである。つまり，私の考えによれば，中心的自我が道徳的な意味を持った内的対象としての超自我と相対している水準があって，その下に，自我の各部分がそれぞれ内的対象と，つまり，ただ道徳的な意味を持たないというばかりではなく，中心的自我のリビドー的な観点から見て，興奮させる対象の役割をとるものであれ，拒絶する対象の役割をとるものであれ（いずれにしても，内的な迫害者であるが），無条件に悪い内的対象と相対している水準があるのである。メランコリー性抑うつの主たる現象については，超自我の水準で比較的満足のいく説

訳注5）　本書第２章。

訳注6）　本書第３章。

原注7）　ここで次のことを付け加えておかなければならない。私の考えでは，一番はじめに内在化されるのは，常に，「悪い」対象 objects である。なぜなら，満足のいく「良い」対象について，それを内在化するに相応しい動機は，全く認め難いからである。実際，もし幼児がそうした内在化などしなくても，すでに母親との間で完璧な関係を結んでおり，しかもその母乳が幼児の合体欲求を十分満たしているのであれば，その幼児にとって母親の乳房を内在化するということには意味がないであろう。この考えに沿っていけば，幼児が母親の乳房を内在化する必要が出てくるのは，母親の乳房が，幼児の身体的，情緒的欲求を満足させることができず，その意味で悪い対象 object となる限りにおいて，をおいて他にはない。すでに内在化されている悪い対象objectsから子供の自我を守るために良い対象objectsが内在化されるのは，もっと後になってからのことである。超自我とは，こうした性質を持った「良い対象」なのである。

明ができると考えられるかもしれない。しかし，その一方で，この状態に随伴する現象の中には，そう簡単には説明できないものがあるのはこのためである。例えば，メランコリーの人に大変よく認められるパラノイド傾向や心気症的傾向は，「良い」ところなど全くない，ただ無条件に（つまり，リビドー的な意味で）悪い内的対象に目が向いていることを示しているのである。同じことが，抑うつの最初の段階にいる人に極めて特徴的に認められる強迫傾向についても言えるであろう。というのも，強迫傾向は，基本的には道徳的なものではないからである。むしろ，この防衛は，本質的には「不運」への，つまり無条件に悪い（内的）対象との関係を含む状況への防衛なのである。こうしたことと同様に，「ヒステリー」症状についても，超自我の水準では満足のいく説明ができない――例えば，「ヒステリー」におけるリビドー的な制止は，そこに見出し得る罪悪感の程度とは無関係に生じてくる。このこと1つをとってもそうである。従って，もし必要となれば自ら鼓舞しながら，「ヒステリーに還れ」というスローガンを掲げ，ヒステリー現象という素材を見つめ直すところに戻ってみることもまた，無益なことではないであろう。なぜなら精神分析は，Freud がヒステリー現象を説明しようとしたところからこそ，生まれてきているのだから。

自我の多重性

すでに見てきた通り，Freud は結局のところ，抑圧されるものは本質的には衝動だとする一方で，抑圧するものについての説明をしようとする段になると，構造という概念づけ（自我と超自我）を頼みにせざるを得なかった。Freud の抑圧についての概念づけを，最も簡潔な言い方でまとめれば，次のようになる。（a）抑圧は自我によって行われる。（b）抑圧は，超自我（内在化された親）が自我にかける圧力によって煽動され，保持される。（c）抑圧されるものは，本質的にはリビドー的な衝動である。（d）抑圧は，エディプス状況に含まれ，超自我の圧力の下，自我が「罪深い」ものとして取り扱うようになった衝動に対する防衛方法として発生する。これまであまり注目されてきていないところだが，抑圧するものとそれを煽動するものとはいずれも構造と見做されるべきだとする一方で，抑圧されるものが衝動だというのはいささかおかしい。これがどのくらいおかしなことかは，抑圧を煽動するものとされている超自我自体，その大部分が無意識的だという事実に照らしてみれば，おそらく最もよく理解することができるであろう。つまり，このことからすれば，超自我そのものも抑圧されているのではないかという難問が湧き上がるからである。Freud 自身も，このことに気づかなかったわけではない。そして，はっきりと，超自我もある程度は抑圧され得るのではないか，という見解も表明している。もし超自我が抑圧されるのだとすれば，それはもちろん，ある構造が抑圧されるということを示していると言えよう。だから，Freud は，一般に構造が抑圧され得ることを認識していたのだと思われる。そしてここまで述べてきた考察からすれば，抑圧されるものもまた，例外なく，元来構造的なものなのではないかと考えてみるのももっともなことなのである。もしそうであれば，先に指摘したおかしなところも，回避することができるであろうと思われるからである。

抑圧されるものは，本質的に構造的なものだという理解は，私が以前（1943）訳注7）提出した，抑圧が一次的に向けられるのは，悪いものとして取り扱われている内在化された対象である，という見解の中にも含まれている。事実，もし内在化された対象について，それを構造だと考えないのだとすれば，こうした対象が存在するという概念づけは，完全にその意味を失うことになる。ただし，その後の経験からして，抑圧は一次的に悪い内在化された対象に向けられるという私の見解には，かなり手を加えなければならないことがはっきりしてきた。私は，その道筋を辿りながら，最終的には心的構造論を書き換えるというところにまで来ることになったのである。私が実際にこの方向に第一歩を踏み出したのは，私の患者の１人が報告した，ある夢の分析を通してであった。この患者は，もともとは不感症のために私の許に分析を受けに来ていた既婚女性であったが，その不感症がヒステリカルな解離現象であることは明らかであった（ヒステリー性の膣の不全麻痺を伴うヒステリー性の感覚喪失）。もっとも，こうした現象が例外なくそうであるように，彼女の不感症も，広く人格全体に関わる問題のある一部分に過ぎなかった。その夢自体は，ごく単純なものであった。だが，その夢は私にとっては大変印象深く，しばしば科学の歴史の中で根本的な真実を含んでいることが発見されるような，そういうシンプルな出来事の１つであるように思われたのである。

その（顕在）夢は，ある短い光景であった。その中で夢主である彼女は，何代にも亘って自分の家に伝わる旧い建物の中で，自分がある有名な女優から，悪意に満ちた攻撃を受けているのを見ていた。彼女の夫はこれを傍観していたが，夫は極めて頼りなく無力で，彼女を護ることなどできそうにもなかった。その女優は，攻撃を終えると，そこを立ち去って，また舞台の役柄を演じ始めた。察せられる通り，

訳注7）　本書第３章。

この女優は幕間を使って攻撃を仕掛けるべく，暫しその役を降りていたのである。その後，夢主である彼女は，ふと気がつくと，床に倒れて血を流している自分自身の姿をじっと見ていた。しかし，見つめているうちに，その姿は，あっという間に，ある男性の姿に変わってしまうのに気がついた。それ以降，その姿は，自分になったり，この男性になったりして，結局彼女は，急激に不安が昂まって目が醒めたのである。

さほど驚くようなことではなかったけれども，彼女の連想から，私は次のようなことを了解した。彼女自身の姿と入れ替わる男性は，彼女の夫が最近手に入れたのと，とてもよく似たスーツを着ていた。そのスーツというは，彼女が強く勧めて夫が求めたものだったのだが，夫はその仮縫いの時，「また，浮っついた女を」連れてきたのである。この事実は，夢の中で彼女の夫が彼女への攻撃をなす術もなく傍観していたことと併せて考えてみれば，ごく自然に湧いてくる疑念，つまり，その攻撃は，彼女自身に向けられていたのと同様に，その夫にも向けられていたのではなかろうかという疑いを，確かなものにする。事実，今その詳細は述べるまでもないが，他の多くの連想からも，このことは十分に確証された。そしてもう１つ，攻撃を仕掛けていた女優は，実は，攻撃を仕掛けられていた彼女同様，夢主としての彼女の人格に属しているのではないか，ということも，その後の一連の連想から確証されていった。実際のところ，女優という姿は，彼女自身のある一面を表わすには全く相応しいものであった。というのも，彼女は，本質的には，閉じこもり，引きこもった人格で shut-in and withdrawn personality，他者に対する純粋な情感を示すことは，まずなかった。にもかかわらず，彼女は表面を取り繕う技術にはこの上なく長けていて，表向き，極めて純粋な人であるように見えたし，おかげで彼女は大変な人気者だったからである。子供時代から彼女が体験するリビドー的な感情は，そのほとんどが，内心のマゾキスティックとも見える幻想生活の中に現れていた。そして，外的現実の生活において，彼女は，ほとんど役割を演じることにその身を捧げていた――例えば，良き妻，良き母，良き接待役，良き女性実業家，といった役割に，である。このことから考えてみると，夢の中での彼女の夫の頼りなさは，もう１つ別の意味を持っていることになる。つまり，彼女は良き妻の役割を演じ，それについては万人が認めるほど成功していたものの，彼女の本当の人格は，夫にとってはとても近寄り難いものであり，夫の知っている良き妻は，その大部分が良き女優に過ぎなかったのである。このことは，情緒的な関係という領域のみならず，夫婦関係という領域においてもそうであった。彼女は，セックスの最中，何も感じないままだったにもかかわらず，性的に興奮したり，性的に満足しているという印象を与える能力を身につけていた。さらに分析から明らかになったところによると，彼女の不感症は，彼女自身の内のリビドー的要素への攻撃であったばかりでなく，リビドー的対象としての夫に対する敵意に満ちた態度でもあったのである。従って，夢の中に映し出されていた通り，彼女が女優という役割をとっていることの中には，明らかに，夫に対する隠された攻撃性が含まれている側面があったと言える。そしてこれと同じくらい明らかなのは，この夢からすれば，リビドー的立場にある彼女が，彼女自身の攻撃性の対象としての夫と同一視されているということである。ここで，触れておかなければならないことがある。当時彼女の夫は，ある前線部隊の隊員として従軍していたのだが，彼女がこの夢を見た時，夫は休暇を得て，家に戻ってくるところであった。夫が戻ってくる前の晩，その夢を見る直前に，彼女は喉の痛みがひどくなってきていた。しかしこうしたことが続けて起きるのは，何もこの時だけの偶然の一致ではなく，過去に何度もあったことであった。この意味からすれば，そこで，彼女自身，自分の攻撃性の対象としての夫と同一化していることが確認されるのである。以上から，この夢に示されている状況を整理してみると，今のところまだ特定しにくい立場にある夢主が，その攻撃性を，直接的には別の立場，つまりリビドー的な立場にある彼女自身に向け，同時に，間接的な形でリビドー的対象としての夫にもその攻撃性を向けている，ということになる。表面的な水準においてみれば，この状況は，すぐに次のように解釈されることになるであろう。夢主の彼女は，夫に対してアンビヴァレントであったが，その攻撃性をめぐる罪悪感が湧いた途端，彼女はメランコリーの人のパターンに従って，そのアンビヴァレントな態度の中の攻撃的な要素を，夫から彼女自身へと向け換えていた，と。だが，私には，この夢が報告された実際のセッションの中で，この解釈が，表面的な水準においてさえ，十分なものとは言えないように思われたのである。

もちろん，この夢の中に示されている状況について，今述べたのよりももっと深い解釈をすることができることは明らかである。私は先に，この状況では，今のところまだ特定しにくい立場にある夢主が，その攻撃性を，直接的にはリビドー的な立場にある彼女自身に向け，同時に，間接的な形でリビドー的対象としての夫にも向けている，と述べた。もちろん，この記載は，彼女が自分の攻撃性を表出した，その立場が特定されていないという意味でまだ不完全なわけだが，その特定されていない立場の性質について考えてみると，この夢のより深い解釈が浮かび上がってくる。この夢の顕在内容によれば，彼女が攻撃を仕掛けたのはある女優としてであった。そして私たちはすでに，その女優という姿が，リビドー的な関係に敵意を持つ彼女自身の一面をいかによく表わしているかを見てきた。しかし，すでに分析の中で，この女優という姿が，彼女を表わすのと少なくとも同じくらい，彼女の母親をも表しているだろうことが明らかになる素材がふんだんに出てきていたのである――その母親は，作り物のような感じのする女性で，自分の子供に自然で自発的な愛情を示したこともなければ，子供たちの方から自分にそういう愛情を示してくるのを歓迎したこともなかった。むしろ，この母親にとっては，社交界こそが，さまざまな役を演じつつ自分の人生を花開かせる晴れ舞台となっていたのである。つまり，夢主としての彼女は，女優という立場において，抑圧的な人物としての母親にピッタリと同一化していた，ということが容易に理解できるのである。先のドラマの中に，こうして明らかな「超自我」像としての母親を登場させてみると，この夢のもっと深い解釈というのは，エディプス状況との関連からなされるべきなのではないかという疑問がすぐに湧く。そうなれば，彼女の父親もまた，どこかに表わされていないだろうかと考えるのも当然である。彼女の父親は，現実には，1914 年から 1918 年までの戦争で従軍中に殺害されており，その時，彼女はわずか６歳であった。そして分析から明らかになったところによれば，彼女は，興奮させ，かつ拒絶することになったリビドー的対象としての父親に対して，かなりの恨みを抱いていた（この恨みは，ことに，ある幼い頃の更衣室の光景の記憶に集中していた）。そこで，先の夢の中にその父親の姿を探してみると，選択肢はただ１人の人物像以外にはない――攻撃の対象となり，夢主の彼女の姿と入れ替わり立ち替わりしていた男性である。確かに，私たちはこの人物像は彼女の夫を表わしているということを見てきた。だが彼女の夫は，転移によって彼女の父親と強く同一視されていたことが分析から明らかになっていた。このことからして，それに，今その詳細を述べるまでもないが，他のいくつかの理由からして，その攻撃のターゲットになっている男性は，より深い水準では，彼女の父親を表わしているであろうと考えることができるのである。だから，この水準において，先の夢は，彼女とその父親とが罪深い近親姦的な関係を持っており，そのためにその２人が母親に殺されているところを映し出している幻想だと解釈することができるのである。同時にこの夢は，心的構造との関連からすれば，彼女のリビドーが，母親に似せられた超自我の煽動の下，その父親への近親姦的な愛着のゆえに抑圧されるのを表わしている，というふうに解釈することもできる。しかし，私には，これらいずれの解釈も，その素材を正しく理解してはいないように思われた。もっとも，この構造との関連における解釈の方は，まだ実りの多いアプローチの方向性を示しているように思われたが。

ここで私は，幻想一般に関する，また，ことに夢に関する私自身の見解の発展について少し触れておく必要があるように思う。何年も前に私は，並外れて多くの夢を見る，極めて特異な女性を分析したことがある[原注8)]。この女性が報告した夢の中には，どうやってみても「願望充足」論には合致しない夢が多く含まれていたが，彼女自身，そうした夢を，全く自発的に「今ある状態 a state of affairs」の夢と呼ぶようになっていた。彼女は，そういう言い方で，それらの夢が，現に心の中に存在している状況を表わしている，ということを言うつもりだったのである。このことが私の心に残ったのはもちろんである。いずれにせよ，その後ずっとしてから，つまり，Freud の心的構造論が広く知られるようになり，Melanie Klein が心的現実という，そして，内的対象という概念づけに磨きを掛け，さらに私自身がスキゾイド現象がいかに広く認められ，いかに重要なものかを痛感するようになった，その後に，私はひとまず，以下のような見解を定式化した。夢の中に登場してくるもの figures は全て，その夢主自身の人格の一部か（当時私は，これを，自我，超自我，エスとの関連で考えていた），そうでなければ，その自我が同一化しているもの identifications を表わしている，と。この見解はさらに，夢というものは，本質的に，願望充足の産物ではなく，内的現実の内に存在しているさまざまな状況をドラマ化したもの，あるいはその（映画の用語を使えば）「短編 shorts」であるという見解に発展した。私はこの，夢は本質的に内的現実の内に存在している諸状況の「短編」であるという見解を，いまだに保持している。そしてこのことは，本論文全般を通じて一貫している考え方と相俟ったものである。ただし，夢の中に登場してくるものについては，それは「自我」の一部分か，あるいは内在化された対象を表わしている，というふうに見解を修正してきている。従って，私の今の見解からすると，夢の中に描かれている状況は，心の中の構造同士の間に存在しているさまざまな関係を示している，ということになる。そして同じことが，覚醒時の幻想の中に描かれる状況についても言えるのである。この結論は，もし内在化された対象に何らかの理論的な意義を認めるとすれば，それは心の中の構造だと見做されなければ

原注８）　このケースについては，「身体的性器異常をもつある患者の分析における諸特徴」と題した私の論文（本書に所収）の中に少し詳しく記載した。またこのケースは，「分析中の患者への国王の死の影響」（やはり本書に所収）の中の第３例である［訳注：本訳書では，この２論文はいずれも割愛している］。この患者は，主として躁うつ病的な症状を呈していたが，振り返ってみると，彼女は，基本的にはスキゾイド人格であったと私は考えている。

ならない，という紛れもない事実を認識し，その認識の上に立って私の対象関係理論を考えてみれば，そこから自然に導かれる結論なのである。

さて，少し説明のための回り道をしたので，先ほど検討していた，あの特定の夢に戻りたい。そして，少なからずこの夢によって喚起された理論的な問題を解決すべく，私がその後に到達した結論についても，説明してみるつもりである。先に述べた通り，私には，すぐにそれとわかる解釈は，どれも本当に満足いくものではなく，ただ構造論的な解釈がもっとも実り多いアプローチの方向性を示しているように見えていた。もちろん，読者は，私がすでに心的構造について述べたことを覚えておられるであろう。そして，私が先に，精神病理の発現は，例外なく，超自我が発展する以前の段階から生じ，超自我が作動している水準よりも下の水準に由来している，という見解を定式化したことを思い起こされるであろう。だから，これから述べることの中には，説明概念としての超自我やエスは，そのいずれもが出てこない。むしろ，私は，先の夢の意味を，構造論的アプローチをとりながらも，全くありのままに，その夢が提供してくれていることとの関連で明らかにしてみるつもりである。

この顕在夢において，実際のドラマに登場する人物は，次の４人である。（１）攻撃に晒されている夢主の姿，（２）この人物になり代わり，ついでその姿と入れ替わり立ち替わりしている男性，（３）攻撃している女優，そして，（４）頼りなく無力な傍観者としての夢主の夫。だが，実際のドラマに目をとられ過ぎて，この出来事をまさに目撃した証言者を忘れてはならない――それは，夢を見ている彼女自身，言い換えれば，その観察自我である。この彼女を含めて，考慮に入れるべき人物は５人である。しかし，私はこの際，あえてこんな示唆をしてみたい。それは，もしこの夢がもう数秒早く終っていたとしたら，夢を見ている「私」を勘定に入れたとしても，そこには４人の人物しか登場していなかったことになる，という点である。というのも，言うなればこの夢の第５幕になって初めて，一人の男性が，攻撃される対象としての夢主の姿と入れ替わり立ち替わりし始めたからである。こう考えてみると，なかなか興味深い。なぜなら，攻撃される対象は，この男性が現れる直前までは，実は混成された人物像だったという結論が導かれるからである。そして，この現象が特に興味深いのは，先に見てきた通り，もう一方の人物像も，実は混成されたものだと見做し得るところにある。つまり，攻撃している女優は，明らかに，夢主としての彼女のもう１つの姿であるばかりでなく，彼女の母親をも表わしていたのである。そこで私は，さらにこんな示唆をしてみたい――もしこの夢が，もう数秒長く続いていたとしたら，５人ではなく，６人の人物が登場していたとしてもおかしくはなかったかもしれない，と。いずれにしても，その潜在内容を考えてみる限りは，６人の人物がいたと推測しても問題はない。これは，結局のところ，解釈に大きく関わる問題なのである。さて，この夢の中には６人の人物が表わされていたと想定して，次に，これらの人物像の特質を考えてみることにしよう。そうしてみると，まず，これらの人物像が２つのグループに分けられることがわかる——自我構造と，対象構造である。面白いことに，それぞれのグループには各々３人ずつのメンバーが入ることになる。自我構造の方は，（１）観察自我，すなわち「私」，（２）攻撃された自我，そして（３）攻撃する自我，であり，対象構造の方は，（１）観察している［見ているだけの］対象としての夢主の夫，（２）攻撃された対象，そして（３）攻撃する対象，である。これらのことに次いで，もう１つ理解されるのは——自我構造と対象構造とは，自ずから３つの対に分けることができる，ということである。すなわち，（１）観察自我と，やはり観察者として登場している夢主の夫，（２）攻撃する自我と，彼女の母親を表わす攻撃する対象，そして（３）攻撃された自我と，彼女の父親を表わす攻撃された対象，という３つの対である（ここで私たちは，より深い方の解釈の水準に身を置いておかなければならない）。

さて，これら２つの理解を頭に入れて，私がこの夢をめぐって満足のいく解釈を得ようとしつつ到達した結論について，考えてみることにしよう。それは次の通りである。この夢の中に別々に登場した３つの自我像は，実は，夢主の彼女の心の中にある，別々の自我構造を表わしている。従って，彼女の「自我」は，スキゾイド・ポジションそのままに，３つの別々の自我——中心的自我と，いずれもその中心的自我から切り離されたところに置かれがちな２つの従属的自我 subsidiary egos——に分裂されているのである。これら２つの従属的自我のうち，一方は，もう一方の攻撃性が向かう対象だが，その攻撃される方の自我は，夢主の彼女の父親と（そして，転移によって彼女の夫とも）密接な関係にあるのだから，この自我はリビドーを強く賦与されていると推測しても構わない。それゆえ，この自我のことは，「リビドー的自我 libidinal ego」と記載するのが適切であろう。一方，攻撃する方の自我は，抑圧的な人物としての夢主の母親と密接な関係にあるのだから，その行動は，伝統的に，エディプス状況という設定における超自我の行動と考えられてきたものとよく一致している。ただし，その攻撃は，道徳的というよりも，まさしく悪意に満ちたものであり，それによって巻き起こされる感情は，罪悪感ではなく，単なる不安なのだから，（先入観なしに言えば）この攻撃する自我と超自我とをイコールで結ぶのは正しくない。いや，ともかくも，精神病理学的な意味で何よりも重要なのは，先に触れた通り，超自我が機能している水準よりも下の水準の方だと言えるのである。また，この夢が見られた時の現実状況から考えれば，夢主である彼女と夫とのリビドー的な関係は，ひどく危ういものになっていた。そして，この夢から見る限り，そうさせる原因は，この攻撃する自我が作動しているところにあると考えなければならないのは明らかである。だから，この攻撃する自我は，おそらく「内的妨害者 internal saboteur」と記載するのが最も適切であろう訳注8)。私は，この夢の語るところを見出そうとし，またそこに語られていることの構造論的な意味を見極めようとして，結局，自我，エス，超自我による古典的な精神構造の分類を退け，３つの異なる自我に分裂した自我構造を基盤に置いた分類をとることになった――それは，すなわち，（1）中心的自我（「私」），（2）リビドー的自我，そして（3）私が内的妨害者と呼ぶ，攻撃的で迫害的な自我，である。そして私は，その後の経験からして，この分類は普遍的に用いることができるものだと考えるようになってきているのである。

中心的自我と従属的自我との対象関係

前述の夢に表わされている自我構造についての私の結論は，以上の通りである。そこで今度は，これらの自我構造が持っている対象関係に関わる結論の方に進みたい。すでに示した通り，これら３つの自我は，それぞれ，自然にある固有の対象と対を成している。中心的自我に固有の対象は，夢主である彼女の夫であった。そこでまず，彼女の中心的自我はその夫に対してどのような態度をとっているか，というところから考えてみるといい。その中心的自我は，夢を観察している「私」であり，しかもその私は，夢を後に報告している覚醒時の「私」と連続しているという感覚を持っているものだから，この自我は，少なからず前意識的なものと推測することができる――それは，ともかくも「中心的」と呼ばれるに値する自我には当然期待されることではあろう。もう１つ，この推測を支持するのは，彼女にとって，夫は，外的現実の中で誰にもまして重要な対象であり，夢を見る前の晩，彼女は夫のことばかり考えていたという事実である。夢の中に夫として登場してきた人物は，確かに，ある内在化された対象だと見做されなければならない。だが，この対象は，

訳注8）　この命名，ならびにその機能に関する Fairbairn の見解のその後の修正，発展については，本書第8，10，12，16 章を参照されたい。

彼女の心の中で，この夢に表わされている他の対象（子供時代に内在化された両親を意味する対象）よりも，もっとずっと表層的な位置を占めているに違いないことは明らかである。実際，この対象は，外的現実の中で関係を持っている対象と比較的近い関係にあるはずなのである。こう考えてくると，夢主である彼女の，外的対象としての夫に対する態度が，今の私たちの目的からしてかなり重要なものとなってくる。その態度はと言えば，ことに夫婦関係というところで，本質的にアンビヴァレントなものであった。だが，夫への攻撃性があからさまに表出されるということは全くなく，同様に，夫へのリビドー的な愛着も著しく抑圧されてしまっていた。彼女はこの夢についての連想を進めていくうちに，自分は夫に対して深い想いを持っていないし，自分自身を夫に委ねることができない，と言って自分を責めた。だが彼女が意識的に，こうしてできていないところを何とかしようとしたとしても，彼女にできたのは，せいぜい「良い妻」の役割をとることでしかなかったのである。こうして見てくると，この夢においては，彼女の夫に対する隠れた攻撃性も，夫を求める隠れたリビドー的欲求も，表立っては現われてきてはいないけれども，何かもっと間接的な形で表わされているのではないか，という疑問が湧いてくる。こう考えてみてすぐに思いつくのは，リビドー的自我をかたどった人物が，内的妨害者をかたどった人物に攻撃された後に遂げた変身のことである。リビドー的自我はある男性へと変容し，次いでその男性と入れ替わり立ち替わりし始めた。そしてこの男性は，深い水準では彼女の父親を表わす一方で，彼女の夫とも密接に結びついていたのであった。つまり，彼女の攻撃性は，そのかなりの部分が，外的対象としての夫に向けられる代わりに，リビドー的自我へ，そして単にそれだけではなく，リビドー的自我と密接に結びついた内的対象へと向けられた攻撃の中に投入されていたことは明らかなのである。同様に，その分の攻撃性は，中心的自我の手中にではなく，内的妨害者の手中に収められるようになっていることも明らかである。では，彼女のアンビヴァレンスのうち，リビドー的な要素の方はどうであろう？　すでに見てきた通り，夫に対する彼女のリビドー的態度は，意識的な水準で抱かれていた好意とは裏腹に，かなり不毛なものになってきていた。このことからすれば，彼女の攻撃性について言えることは，明らかにそのリビドーについても言える。つまり，彼女のリビドーは，そのかなりの部分が，すでに中心的自我の手中にはなかったのである。この分のリビドーが向けられていた対象については，まず疑問の余地はない。それは，先の夢に従えば，攻撃の的になっていたリビドー的な自己と入れ替わり立ち替わりしたあの男性に違いないのである。ただし，このリビドーは，攻撃性とは違って，内的妨害者の手中にはない。むしろ，それは，リビドー的自我の手中にあると見做さなければならない。実際，私が「リビドー的自我」という用語が相応しいと考えるようになったのは，まさにこのためなのである。ここで，すでに読者も気になっておられるに違いない問題をはっきりさせておいた方がいいであろう――それは，夢の中では逆になっているけれども，内的妨害者の攻撃は，リビドー的自我には実は二次的に向けられているに過ぎず，それが一次的に向けられているのは，むしろ，この自我と入れ替わり立ち替わりするリビドー的対象の方なのではないか，という問題である。この想定が正しいとすれば，リビドー的自我が辛い思いに晒されているのは，そのリビドー的自我が，攻撃された対象と完璧に同一化していること，つまりそこには，とても強いリビドー的な愛着があることの証であると見做さなければならない。事実，このことは，リビドー的自我がその対象に思い入れることによって，いかに厳しい「苦しみ」にでさえも耐えられるようになっているかを立証している。夢主の彼女が，目を覚ました時体験した不安も，こうした意味を持ったものと解釈することができるであろう。実際，私は，この不安は，リビドー的自我のこうした「苦しみ」が意識に侵入したことを示しているのであろうと考えてみたいのである。ここですぐに思い出されるのは，Freudがもともと，神経症的な不安とは，苦しみに転化したリビドーであると概念づけていたことである。私は，以前，この見解ほど理論的に理解し難いものはないと考えていた。しかし，今，私がとるようになっている視点からすれば，この見解の意味は十分理解できるし，むしろ，私は，実質上，Freudが後に（どちらかというと，しぶしぶとだと思うが）とるようになった修正された見解よりも，こちらの見解の方を受け容れるようになってきている。

さて，これまでのところで，この夢に表わされている３つの自我は，どのような対象関係を持っているかが，ある程度明らかになってきた。だが，その明確化は，まだ十分とは言えない。ここまでで明らかになってきている状況をまとめてみると，次のように言える。夢主の彼女が夫に対してとっている前意識的な態度は，アンビヴァレントなものであり，この態度は，彼女の中心的自我がその外的対象に対してとっている態度であると同時に，この対象が内在化されてでき上がっている表象に対してとっている態度でもある。しかし，その中心的自我の対象関係におけるリビドー的要素と攻撃的要素とは，いずれも，活発なものとは言い難い。むしろ，彼女の活発なリビドーは，そのかなりの部分がリビドー的自我の手中にあって，ある内在化された対象に向けられている。その対象を命名するとすれば，おそらく，「(内的な）興奮させる対象 the exciting object」とするのが最もよいであろう。一方，彼女の攻撃性は，そのかなりの部分が，内的妨害者の手中にあって，それが（ａ）リビドー的自我と，（ｂ）興奮させる対象（つまり，リビドー的自我の対象）とに向けられている。さて，このように状況をまとめてみても，その中ではまだ，そこに存在しているであろういくつかの心の中の関係が考察されないままになっていることに気づかれるであろう——とりわけ，（１）中心的自我とその他の自我との関係，そして，（２）内的妨害者が極めて緊密な繋がりを持っている内在化された対象，つまり，女優という人物像の内の，母親的な要素に代表される対象との間に持っている関係，である。後者の関係の方を先に取り上げてみると，夢の中での女優は，彼女の母親も，同時に彼女自身をも表わす混成された人物像であり，そのことからすれば，内的妨害者は，その対象にしっかりと同一化しており，それゆえ強いリビドー的な愛着をもってその対象に結びついていると見做さなければならない，ということがまず容易に理解される。この対象を特定するために，それを命名しておかなければならないが，私はそれを「（内的な）拒絶する対象 the rejecting object」と記載しておきたい。私がこの用語を選んだ第一の理由については，後に述べる。ただ，とりあえずこの命名が相応しいであろう理由を挙げるとすれば，この内在化された対象のもともとのモデルになった彼女の母親が，本質的に拒絶的な人物であったこと，そして，いわば，この拒絶する対象という名の下においてこそ，内的妨害者の攻撃性がリビドー的自我に向けられている，ということが挙げられる。中心的自我とその他の自我との関係については，そのあり方を知る上で何よりも重要な手掛かりは，中心的自我には前意識的な要素も，意識的な要素も，さらには無意識的な要素もあると考えられる一方で，その他の自我の方は，いずれも，本質的に無意識なものと見做さなければならないというところにある。つまり，このことから推測できるのは，リビドー的自我と内的妨害者とは，いずれも，中心的自我によって拒絶されているのではないかということである。そして，この推論は，先に見てきた通り，リビドーと攻撃性のかなりの部分が，すでに中心的自我の手中を離れ，これら従属的自我の手中にあるということから，肯（うなず）けるものとなる。そこで，これら従属的自我は，中心的自我によって拒絶されたのだと仮定してみると，その拒絶の原動力は何かということが問題になる。拒絶の原動力は，明らかにリビドーではあり得ない。だから，それは攻撃性だと考える以外に手はない。この意味で，攻撃性こそ，中心的自我の従属的自我への態度を決めている特徴的な要因だと見做されなければならないのである。

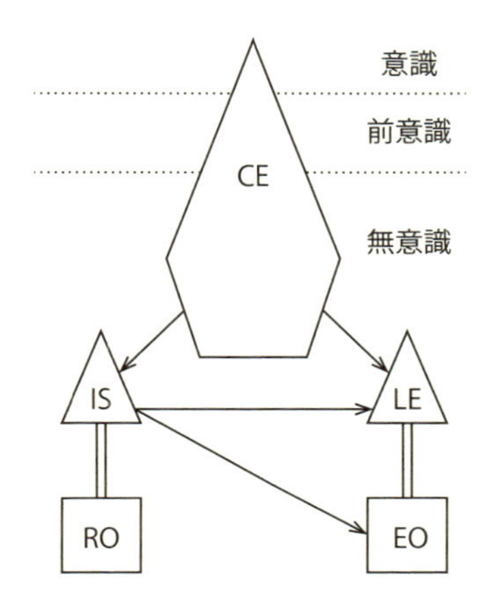

CE　：中心的自我
IS　：内的妨害者
LE　：リビドー的自我
RO　：拒絶する対象
EO　：興奮させる対象
→　：攻撃性
＝　：リビドー

さて，以上で，ある患者の夢に表わされた心の中の状況を，力動的構造との関連から再構成しようとした私の試みについての説明は終わりである。私はこれまで，それぞれのところで，なぜそう言えるのかをキチンと説明しながら述べてきた。だから，この説明によって，夢というものは，本質的に（願望充足というよりも，むしろ），内的現実の「短編」であるという私の見解がどのような意味を持っているかについても多少なりとご理解頂けることになるであろう。ただ，私がたった１つの夢にこれほどまでに読者の注意を引いたのは，夢一般に関する私の見解を具体的に示すことが第一の目的なのではない。その理由は，むしろ，私にはこの夢が，代表的な心の中の状況を表わしているもの，そして，実のところ，あらゆる心の中の状況の典型だと見做し得るほど基本的な性格を備えたものだと思われるからなのである。わかりやすくするために，この状況全体の成り立ちを図にしてみると，上図の通りとなる。

心の中の基本的な状況と，その上に立った精神構造論の改訂

私自身は，上記の心の中の基本的な状況 the basic endopsychic situation は，Freud が精神装置を自我，エス，超自我との関連で記載した，その層を下支えしている状況だと確信している。そして私は，いろいろと考えてみた結果，他ならぬこの心の中の状況を基礎にして，今回提起する精神構造論の改訂版を組み立てようと考えている。従って，私の精神構造論は，中心的自我，リビドー的自我，内的妨害者という用語をもって構成されている。もちろん，当然予想される通り，Freud の諸概念と，今私がとるようになっている諸概念との間には，大まかな対応関係がある。例

えば，「中心的自我」は，機能的な観点からすれば，Freud の言う「自我」にかなり密接に対応している。だが，これら２つの概念の間には，重大な違いがある。というのも，「中心的自我」は，Freud の言う「自我」とは違って，何か他のもの（「エス」）から派生してくるものとは考えられていないし，それに，その発生母体由来の衝動に活動が左右されたり，その表面に身を寄せているような，そういう受身的な構造だと考えられてはいない[原注９)]。むしろ，その逆で，「中心的自我」は，一次的で力動的な構造だと考えられており，すぐ後に考察する通り，他の精神構造がそこから派生していくような構造だと考えられているのである。「リビドー的自我」は，言うまでもなく，Freud の言う「エス」に対応する。しかし，Freud が「自我」は「エス」の派生物だという見解をとっていたのに対して，私は「リビドー的自我」（「エス」に対応する）が，「中心的自我」（「自我」に対応する）の派生物だという見解をとっている。さらに「リビドー的自我」が「エス」と異なる点は，それが単に本能衝動の貯蔵庫だと考えられているのではなく，むしろ「中心的自我」に匹敵する１つの力動的構造だと考えられている点にある。もっとも，「リビドー的自我」は，より幼児的な性格を持ち，より組織化が進んでおらず，より現実適応が悪く，より内在化された対象に傾倒している，といったさまざまな点で「中心的自我」とは異なっている。「内的妨害者」と「超自我」との相違点は多い。例えば，「内的妨害者」は，内的対象だとは全く考えられていない。すでに見てきた通り，「内的妨害者」はある内的対象と大変密接な結びつきを持っている。しかし，それはあくまで１つの自我構造なのである。実際，「超自我」は，「内的妨害者」と対応するのではなく，この構造と，それに結びついている対象とが混成されたものに対応しているのである（かの夢の中の女優という人物像のように）。また「内的妨害者」は，「超自我」とは違って，それ自体，道徳的な意味合いは全く持っていないと考えられている。だから私は，罪悪感という感情を「内的妨害者」の活動に由来するものとは考えていない。もっとも，その活動に基づいて多くの不安が生み出されてくることは明らかである。そして，こうした不安が罪悪感を伴って顕われてくる場合があるのも言うまでもない。しかし，この２つの感情は，理論的には別物なのである。ここで記

原注９）　周知の通り，Freud による自我の概念づけは，Groddeck から借用したものであった。しかし，もし，少しあとに述べる結論が少しでも正しいとすれば，この自我の概念づけは，抑圧の結果生じてくる心の中の状況に基づくものだということになり，その意味で，Freud 自身の見解からしておかしなことになる。というのも，それでは，自我が発生するためには抑圧が不可欠だということになってしまうからである。

しておきたいのは，私は，一方で内的妨害者という概念づけを導入してはいるものの，ちょうどエスという概念づけを棄ててしまっているように，超自我という概念づけをも棄ててしまう気にはなれない，ということである。むしろ私には，罪悪感について満足のいく心理学的説明をするためには，超自我は欠くことができないように思われる。もっとも，超自我は，精神組織上，内的妨害者が作動しているのよりももっと上層の水準に成り立っているものと見做されなければならない。これら２つの構造の活動が，細かく言うとどのような関係にあるのかという問題については，当面保留にしておかなければならないが，読者には，超自我の起源と機能についての私の見解を一番最近述べたものとして，先の論文（1943）訳注９）を参照して頂きたい。

自我の分裂と抑圧とは，スキゾイド状態にもヒステリー状態にも働いている同じ過程を違う角度から見たものに過ぎない

さて，私が「心の中の基本的な状況」と呼んだ状況の起源についての考察に移る前に，その状況固有のあり方，それ自体から導かれるであろう，もう少し一般的な結論を記しておく必要があるように思う。その第一は，最も明らかなことだが，自我は分裂しているということである。だからこの点において，今明らかになってきた心の中の基本的な状況は，スキゾイド・ポジションのあり方に準拠している――私は，先に示した通り，（抑うつポジションよりも）このポジションの方が中心的なものだと見做すようになってきている。言うまでもなく，Freud の精神装置論は，抑うつポジションを基盤にして展開された。そして Melanie Klein も，これと同じ基盤の上に立ってその理解を発展させてきた。これらに対して，私が今提出している精神構造論の基盤は，スキゾイド・ポジションにこそあるのである。ここでもう１つ記しておきたいのは，私の患者の夢に示された心の中の状況は，スキゾイド・ポジションのあり方に準拠している一方で，そこから，その夢を見た患者のヒステリー性の不感症について，力動的構造との関連で満足のいく説明ができるものでもあったということである。ここで，ヒステリー症状の背景には，スキゾイド的な態度が伴っていることが大変よくあるということが思い出される――このことについては，先に触れた通りである。そこで私たちは，十分な根拠を持って，第二の結論を導き出すことができるであろう――すなわち，ヒステリーは，元来，その背後に

訳注９）　本書第３章。

ある根本的なスキゾイド・ポジションに基づいて発現する。第三の結論は，中心的自我が従属的自我に対してとっている攻撃的な態度に関して，先に触れたところから導かれる。それは，スキゾイド・ポジションに認められる自我の分裂は，中心的自我の手中に一定量残された攻撃性が作動することによって引き起こされる，という結論である。実際，この攻撃性が原動力となって，従属的自我が中心的自我から分断 severance されるのである。もちろん，従属的自我は，通常，無意識的なものである。そして，それが無意識的なものだということから，それはつまり，従属的自我が抑圧されているということなのではないかという考えがまず浮かぶ。リビドー的自我（Freud の言うエスに対応する）については，明らかにそうである。そして，もし従属的自我の一方が抑圧され得るのなら，もう一方についても，中心的自我は同様の扱いをするであろうと考えるのは自然なことである。その結果，第四の結論はこうである。内的妨害者（機能的には，主として，Freud の言う超自我に対応する）は，リビドー的自我同様，抑圧される。この結論は，一見したところ，私が以前（1943）訳注10）提出した，抑圧は一次的に，内在化された悪い対象に向けられるとする理論と矛盾するように思われるかもしれない。だが，実はここには，全く矛盾がない。というのも，私は，今考えている従属的自我の抑圧は，内在化された悪い対象の抑圧に引き続いて起きる二次的な過程だと見做しているからである。このことをより理解しやすくするためのアナロジーは，内的妨害者のリビドー的自我に対する攻撃の中に見て取れる。すでに見てきた通り，この攻撃に含まれている攻撃性は，一次的には，リビドー的自我が関係を持っている興奮させる対象の方に向かうものであって，リビドー的自我そのものには，二次的に向けられているに過ぎない。これと同じように，中心的自我によるリビドー的自我の抑圧は，興奮させる対象の抑圧に引き続いて起きる二次的なものだと私は見做しているのである。以上から，第五の結論は，もう説明するまでもあるまい。抑圧の原動力は，攻撃性である。第六の，そして最後の結論は，同じように前述の結論から導かれる。すなわち，自我の分裂と，中心的自我による従属的自我の抑圧，この２つは，本質的には同じ現象であり，それを違う観点から見たものに過ぎない。ここでこんなことを思い出して頂けるといいであろう。自我の分裂という概念は，Bleuler が，「精神分裂病［統合失調症］」という用語を導入する以前，「早発性痴呆」として知られていた現象の発生を説明しようとして定式化したものであったのに対して，抑圧という概

訳注 10）　本書第３章。

念は，Freud が，ヒステリーという現象を説明しようとして定式化したものだということである。つまり，今述べた最後の結論は，ヒステリー症状が発現する基礎となるポジションは，本質的にはスキゾイド的なポジションだという見解を裏づけることになるのである。

心の中の基本的な状況と自我の多重性の起源

さてここで，私の患者の夢に典型的な形で表わされていた，心の中の基本的な状況の起源に関する問題の方に目を向けることにしよう。ただ，ここまで考えてきたことからして，この状況の起源についての説明は，それがどのようなものであれ，スキゾイド・ポジションの起源や，抑圧の起源，さらに，各種の心の中の基本的な構造の分化をも同時に説明するものとなるであろうことは明らかであろう。私たちがその夢に大いに注目してきた患者は，先に触れた通り，外的対象としての夫に対しては，本質的にアンビヴァレントであった。そして，心の中の基本的な状況が生じてくるのはまさに，人生早期において，対象に対するアンビヴァレンスの状態が確立されてくるところからである。幼児にとって一番最初のリビドー的対象は，言うまでもなく，母親の乳房である。もっとも，すぐに，このもともとの母親の器官を核として，その周囲に１人の人としての母親の輪郭が形作られていくことになるのは間違いない。理論的に完璧な条件の下では，幼児の母親に対するリビドー的な関係は極めて満足のいくものであろうから，リビドー的な意味で挫折させられるという状態はまず起り得ない。その結果，後述する通り，幼児のその対象に対するアンビヴァレンスは生じて来ないということになるであろう。ここで１つ言っておかなければならないのは，私は，攻撃性を，それがリビドーには還元できそうにもない（例えば Jung はそうしようとしたわけだが）という意味で，一次的な力動的要因だと見做しているけれども，その一方で，攻撃性は，形而上学的にばかりでなく，心理学的にも，最終的にはリビドーに従属するものだと見做しているという点である。だから私は，幼児が，何の挫折もないのに，自分のリビドー的対象に，自分の方から攻撃性を向けるものだとは考えない。実際，私は，自分で行った動物の行動観察の結果からしても，この見解はやはり正しいと考えている。ただし，もし幼児がずっと自然の状態の中にいるとすれば，文明化が進むにつれて段々に強いられるようになってくるであろうような母親からの分離を，通常は体験しなくて済むであろうということは付け加えておかねばなるまい。むしろ，こんな推測が可能である。自然の状態では，幼児が母親の腕の中に逃げ込むことができなかったり，その気になってもすぐにその乳房を手にすることができなかったりすることは稀で，幼児自ら，通常の発達過程を辿りながら，段々とそういうことなしに自分でやっていけるようになるのであろう，と[原注 10)]。だが，こうした完璧な条件は，文明化され，ある文化を持った集団に生まれついた人間の幼児の場合には，ただ理論的にのみ可能なことである。むしろ，実際のところは，幼児の母親に対するリビドー的な関係は，もちろん個々の場合によって程度の差は幅広くあるけれども，かなりの程度の挫折によって最初から障害を受けることになる。そしてまさにこのリビドー的な挫折の体験こそが，そのリビドー的対象との関係において幼児の攻撃性を呼び醒まし，そうしてアンビヴァレンスの状態が引き起こされるのである。ただ，単に幼児がアンビヴァレントになるというだけでよしとしてしまうと，今起きてきている状況についての図はまだ不完全で，全体を見通せていないということになるであろう。というのも，それは，もっぱら観察者の目から見た図に過ぎないからである。幼児自身の主観的な目から見れば，この状況は，母親がアンビヴァレントな対象，つまり，良くも悪くもあるような対象になってきているということである。だが，幼児にとっては，良い対象が同時に悪い対象にもなってしまうということは，とても耐えられないことである。だから，幼児は母親という人物像を，２つの対象に分裂することでこの状況を緩和しようとする。こうして母親は，リビドー的な意味で幼児を満足させている限りにおいて「良い」対象であり，リビドー的な意味で満足させることができない限りにおいて「悪い」対象だということになるのである。もっとも，幼児が今置かれているこの状況は，今度は逆に，幼児の忍耐力や適応力に厳しい負担を掛けるものとなる。というのも，これは外的現実の中での状況であり，幼児はこれをコントロールする力を持ち合わせてはいないからである。そこで幼児は，手持ちの手段によって，何とかこの状況を鎮めようとする。だが，幼児の手持ちの手段には限りがある。事実，だからこそ，幼児のとる技法は，多かれ少なかれ制約を受けることになる。こうして幼児は，自分の前に開かれているたった１つの道を辿ることになる。つまり，幼児にとって外的現実はどうにも手の及ばないものであるように感じられるので，幼児は全力を尽くしてその状況の中の外傷的な要因を，内的現

原注 10)　もちろん，たとえどのような条件の下にいたとしても，幼児は出生に当たって，深刻な別れの感覚や，安心感の喪失を体験するに違いないということは認識されなければならない。そして，この体験が，不安ばかりでなく，ある程度の攻撃性を呼び覚ますと仮定することはできるであろう。だが，幼児期の間のリビドー的な意味でのさらなる挫折の体験なしに，この体験それ自体がアンビヴァレンスの状態を引き起こすと考えるわけにはいかない。

実という領域の中へ，つまり，まだ自分でコントロールできる度合いが高いように感じられる内的現実という領域へと，移し替え transfer ようとするのである。このことは，言い換えれば，幼児が「悪い」対象としての母親を内在化するということである。ここで思い出して頂きたいのは，私の考えでは，一番最初に内在化されるのは，いつも決まって「悪い」対象だ（この段階では，満足させない対象と言うこともできる）ということである。なぜなら（先に脚注に示した通り），私の理解からすれば，幼児の目から見て，満足させてくれ，しかも御しやすい「良い」対象が一次的に内在化されるなどということは，何の意味もなさないように思えるからである。もちろん，剥奪という状況の下に置かれた幼児が，願望充足の原則に基づいて良い対象を内在化するのは自然なことなのではないかと言われる方もおられるであろう。だが私には，対象の内在化は，本質的には制圧の手段だと思われるし，幼児が制圧しようとするのは，満足させる対象ではなくて，満足させない対象だと思われるのである。私がここで，「良い対象」，「悪い対象」ではなくて，「満足させる対象」，「満足させない対象」と言っているのには，理由がある。それは，今の話の中で「良い対象」，「悪い対象」という用語を使うと，誤解が生じやすいだろうと考えるからである。つまり，そう言ってしまうと，それぞれ，「求められている対象」，「求められていない対象」というふうに誤解されてしまいやすいのである。だが，悪い（つまり，満足させない）対象が求められているという場合があることは，疑いの余地もない。実際，幼児の悪い対象は，それが悪いと感じられるばかりでなく，求められているからこそ内在化されるのである。問題は，その対象が，内在化された後にも，悪いまま，満足させない対象のままであり続けるということなのである。ここで重要なことを考えておこう。満足させる対象と違って，満足させない対象には，いわば２つの相がある。まず，その対象は，挫折させる。そしてその一方で，その対象は，誘惑し，そそのかす。実際，その対象の「悪さ」の本質は，まさしくそれが，そそのかすと同時に挫折させるというところにこそあるのである。さらに言えばこの対象は，内在化された後にもこの両方の性質を持ち続けている。だから幼児は，この満足させない対象を内在化することによって，「小難去って大難至る」という窮境に陥ることになるのである。幼児は，満足させない対象をコントロールしようとして，自分の心という内的経済の中に，自分の欲求を挫折させ続け，かつその欲求を刺激し続ける対象を導き入れてきている。こうして幼児は，今までとは別の耐え難い状況——今度は，内的な状況——に直面することになるのである。では，幼児はどのようにその状況に対処しようとするのだろう？　すでに見てきた通り，幼児がもともと直面した耐え難い外的状況に対処しようとして使った技法は，母親という対象を２つの対象，つまり（a）「良い」対象と，（b）「悪い」対象とに分裂することであり，それからその悪い対象を内在化することであった。そしてそれに引き続いて生じてくる耐え難い内的状況に対処しようとして幼児が使う技法も，実はこれと大きくかけ離れたものではない。幼児はその内的な悪い対象を２つの対象――（a）必要としている，すなわち興奮させる対象と，（b）挫折させる，すなわち拒絶する対象と――に分裂し，それからそれら２つの対象を，いずれも抑圧するのである（この抑圧の原動力は，もちろん，攻撃性である）。しかし，ここでいささか混み入った事態が生じてくる。それは，分割される以前の対象に対して向けられていた幼児のリビドー的な愛着は，同配分ではないにせよ，分割後に生じた２つの対象のいずれにも向けられているというところである。だから自我は，そこに生じた２つの対象を抑圧する過程で，いわば偽足を伸ばし，その偽足によって，抑圧されつつある対象へのリビドー的な愛着を維持し続けるのである。これらの偽足を伸ばす過程が，自我の分割の第一段階を表わしている。そして対象の抑圧が進むほどに，このはじめの自我の分割は既成の事実となってゆく。２つの偽足は，それぞれが拒絶された対象と結びついているがゆえに，自我の中心に残っている部分によって拒絶される。そしてその偽足は，それぞれ連合している対象と共に抑圧される運命を辿る。２つの従属的自我，リビドー的自我と内的妨害者とは，このようにして中心的自我から分裂排除されてゆくのであり，こうして自我の多重性が生まれてくるのである。

リビドーと攻撃性の処理をめぐる「分割統治」の技法

もうお気づきのことと思うが，これまで述べてきた一連の過程を経て生じてくる状況は，**構造的**に見れば，私が「心の中の基本的な状況」と呼んだ，その状況に備わっているパターンを示してきている。そして，**力動的**に見ても，やはりこの状況のパターンを示してきている。ただし，ある重要な側面については，まだこの限りではない――それは，内的妨害者が，リビドー的自我，およびそれが結びついている対象（興奮させる対象）に対して攻撃的な態度をとっているというところが，まだこの図の中には描かれていないところである。この状況のその部分の成り立ちを説明するためには，子供が母親に対して抱く，もともとのアンビヴァレンスというところに立ち戻って，その状況の成り立ちを新しい角度から考え直してみなければならない。今度は子供の反応を，意思の conative 側面というよりも，もっと感情の

affective 側面から考えてみるのである。子供が自分の気持ちをストレートに表わすということは，子供が衝動的になるということと同様，ごく自然なことである。いや，むしろ，主としてこうした気持ちの表出を通じてこそ，対象の側はその子供についての印象を作り上げる。しかし，一旦アンビヴァレンスが確立されてしまうと，母親に対して自分の気持ちを表わすということをめぐって，子供は，子供自身から見ればこれまで経験したことがないほど心許なく，自分の思いを主張しづらいと思えるに違いないポジションに追い遣られることになる。ここで，子供から見て，意思という観点からだけ見ると，母親の意思次第である**挫折**は，感情という側面に限定して見ると，全く違ったものに見えるということを指摘しておかなければならない。後者の観点からすると，子供が体験するのは，愛がないという感覚であり，実際，情緒的な意味で母親から**拒絶**されたという体験なのである。だから，子供の目から見れば，拒絶する対象としての母親に憎しみを表現するということは，大変に危険なことになってくる。というのも，もし憎しみを表現すれば，それは一方で，母親にもっともっと自分を拒絶させること，つまり母親の「悪さ」を増すことになり，母親が悪い対象だという印象が**もっと真実味**を帯びてきてしまうことに繋がるからであり，他方では，母親がもっと自分を愛さなくなってしまうこと，つまり母親の「良さ」を減らすことになり，母親が良い対象だという印象がもっと**真実味の薄い**ものになってしまう（言い換えれば，そういう良い可能性を持った母親を破壊してしまう）ことに繋がるからである。これと同時に，母親に対するリビドー的な欲求，つまり自分の生まれたての愛を表現することも，母親の手になる拒絶を前にした子供にとっては，危険な行為だということになってくる。なぜなら，それは，自分のリビドーを情緒的な意味で空白の世界に放り出すのと同じことになるからである。こうした放出には，ひどく恐ろしい感情体験が伴っている。子供がもっと大きくなっていれば，この体験は，そこに表わされていると思える自分の愛が認められなかったことをめぐって，強烈な屈辱を味わうという体験になる。だがそれは，もう少し深い水準（つまり，もっと早期の段階）においては，求めているということを表わしても，気にも留めてもらえなかったり，蔑ろ（ないがし）にされてしまうということをめぐる，恥という体験が抱かれることになる。そしてこうした屈辱や恥の体験によって，子供は，価値もなければ何もない，物乞い同然の状態 beggardom に陥ってしまったと感じるのである。自分自身，価値を持った存在だという感覚は脅かされ，「劣っている」感覚の中で子供は心を痛める feels bad ことになる。もちろん，子供の欲求が強ければ強い分だけ，こうした体験も強烈なものになる。そして，欲求そのものが強まれば，それは「ないものねだり」という感じになり，だからこそ自分が悪いという感覚も大きくなることになる。それればかりか，その，自分が悪いという感覚は，子供が同時に体験する，自分ではどうすることもできないという不能感 sense of utter impotence と絡み合って，さらに厄介なものとなる。ただ，さらにもっと深い水準（つまり，さらにもっと早期の段階）において子供が体験するのは，いわば無駄な暴発をして，リビドーをことごとく使い果たしてしまったという体験である。だからそれは，統合が崩れ，心の死に瀕しているという体験になるのである。

以上から，母親から拒絶されるという体験に直面した子供にとっては，母親に対して，攻撃的な感情を表わすことも，リビドー的な感情を表わすことも，そのいずれもが，どんなに心許ないことになってくるかということを理解することができよう。最もシンプルに要約すれば，子供の置かれているポジションは，一方で，もし攻撃性を表にすれば，良い対象を失うことになる怖れが待ち受けており，他方で，もしリビドー的な欲求を表にすれば，自分のリビドーを（それは，子供にしてみれば，自分の良さの根幹を成すものである），そして究極的には，自分自身を成り立たせている自我構造を失うことになる怖れが待ち受けている，というものであろう。子供が怯えを感じる，これら２つの脅威のうち，前者（つまり，良い対象の喪失）の方は，抑うつという感情を引き起こすものであり，リビドーよりも攻撃性の処理の方が苦手な人が，後にそれを基盤にしてメランコリックな状態を発現させる，その基盤となるようなものだと考えられる。一方，後者の脅威（つまり，リビドーと自我構造の喪失）は，不毛という感情を引き起こすものであり，攻撃性よりもリビドーの処理の方が苦手な人が，後にそれを基盤にしてスキゾイド状態を発現させる，その基盤となるようなものだと考えられる。

抑うつ状態とスキゾイド状態の病因論については，今述べたのと同様の見解を，以前，かなり詳しく述べたことがある（1941）訳注 11)。ただ今回特に注目しているのは，子供が母親からの拒絶に晒されるという体験に直面した場合，子供の側から見れば，その母親に対して，リビドー的なものにせよ，攻撃的なものにせよ，感情を表出するのには数多の危険が伴っているように見える，その危険を免れるために，子供がどのような手段をとるかという点である。すでに見てきた通り，子供はそのアンビヴァレントな状況に対処しようとして，順に（１）その母親という人物像を

訳注 11）　本書第２章。

２つの対象，良い対象と悪い対象とに分裂する，（２）その悪い対象を何とかコントロールするべく，内在化する，（３）そうして内在化された悪い対象を，２つの対象，（a）興奮させる，ないし必要としている対象と，（b）拒絶する対象とに分裂する，（４）これら２つの対象を，その過程で，ある程度の攻撃性を使いながら，抑圧する，そして（５）さらに攻撃性を使い，これら内在化された対象にそれぞれリビドー的な絆で結びついたままになっている２つの従属的自我を，中心的自我から分裂排除し，抑圧する。こうした，内在化と分裂という技法を基礎にした多様な手段は，子供の母親との関係における挫折体験や，母親から拒絶されるという感覚のために生じる辛い状況を緩和するのに役に立つ。しかし，こうした手段を使ったからといって，最も極端な場合は別だが，外的現実の中にいる対象としての母親に向かう子供の欲求が取り払われてしまったり，そういう母親が全く意味をなさない存在になってしまうということにはならない――そういうところは，結局のところ，以前と何ら変わりがないのである。このことと並行して，子供のリビドーや攻撃性も，これまで述べてきた過程に全て注ぎ込まれてしまっているわけではない。結局のところ，拒絶する対象としての母親に対して，リビドー的，攻撃的な感情を表にしようとする際の危険は，相変わらず何とかしなければならないこととして残っているのである。だから，これまで述べてきた手段には，何か補助手段が必要なわけである。実のところ，そこでは，かの有名な「分割統治」というやり方[訳注12)]にとてもよく似た，大変わかりやすい技法がその補助手段として使われる。つまり子供は，自分の対象に対して，リビドー的，攻撃的な感情を表にするという，そのいずれの危険をも免れるべく，**自分の持っている最大限の攻撃性を使って，自分のリビドー的な欲求を最大限に制圧しようとする**。こうして子供は，外部への表出を求める感情の量を，リビドー的なものと攻撃的なもの，そのいずれをも低減するのである。もちろん，すでに指摘した通り，リビドーも，また攻撃性も，構造から切り離された状態で存在するとは考えられない。だからあと私たちが確定しなければならないのは，多過ぎる分の子供のリビドーと攻撃性は，それぞれ，すでに述べた自我構造のうち，どれに割り当てられるかということである。だがこの問題への答えは，迷うまでもない。多過ぎる分のリビドーはリビドー的自我に，多過ぎる分の攻撃性は内的妨害者に，引き取られる。こうして，子供がとる，攻撃性を使いながらリビ

訳注 12）　フランスの国王ルイ 11 世（1423-1483）の「分割して統治せよ」という言葉に由来する支配・統治のための技術。統治される側に内在している対立や抗争を助長してその連帯を弱め，そうやって統治する側に有利な条件を作り出そうとするもの。

ドー的欲求を制圧しようとする技法というのは，つまり，内的妨害者がリビドー的自我を攻撃する，ということを意味することになるのである。リビドー的自我は，充填されることになる多過ぎる分のリビドーを，自ら繋がっている対象，興奮させる対象の方に向ける。一方で，内的妨害者がこの対象を攻撃するのは，満足させない，まさにその欲求を刺激し，そうして自分を束縛する誘惑者としての母親に対する子供のもともとの恨みが，まだ続いているということである――これとちょうど同じように，内的妨害者がリビドー的自我を攻撃するのは，自分がその欲求ゆえに依存しなければならない，その依存をめぐって子供が感じるようになった自分自身に対する憎しみが，まだ続いているということなのである。ただ，付け加えておかねばならないのは，今述べた過程は，それが補助することになる過程と時を隔てることなく生じてくるということである。ここでは，そのそれぞれを明確に示すため，別々に記載してきたに過ぎない。

直接的抑圧，リビドーの抵抗，そして間接的抑圧

さて，これまで，内的妨害者が，リビドー的自我，および興奮させる対象に対してとっている攻撃的な態度の起源について述べてきたので，これで心の中の基本的な状況の力動的パターンを決定している諸過程についての考察は完了したことになる。ただここで，先に抑圧の性質と起源に関して述べたことについて，もう少し補足しておかねばならないことがある。ここまで考えてきたことに従えば，抑圧とは，まだ分割されていない自我が，興奮させる対象と拒絶する対象とを拒絶するところに発生する過程である。そして，この一次的な抑圧過程に伴って，自我が，その抑圧された内的対象のそれぞれに結びついたままになっている自我そのものの２つの部分を分裂排除し，拒絶するという，二次的な抑圧過程が生じることになる。その結果，中心的自我（分割されていない自我の残りの部分）が，興奮させる対象と拒絶する対象とに対してばかりでなく，これらにそれぞれ結びついている分裂排除された従属的自我，つまり，リビドー的自我と内的妨害者に対しても，拒絶的な態度をとっているという状況ができ上がる。中心的自我がとるこの拒絶する態度が抑圧を生み出すのであり，その拒絶の原動力は攻撃性である。ここまではよい。だが，この抑圧の性質と起源についての説明は，これで完了したとは言えない。というのも，そこではまだ，最大限の攻撃性を使いながら最大限にリビドーを制圧し，そうやって外的対象に向かって表出されるリビドーと攻撃性の量を低減するという技法が，そこにどう位置づけられるのかが考えられていないからである。すでに見てき

た通り，この技法は，（a）多過ぎる分の攻撃性が内的妨害者に引き取られ，リビドー的自我への攻撃へと充てられる，（b）多過ぎる分のリビドーはリビドー的自我に引き取られ，興奮させる対象へと向けられる，という過程によって成り立っている。ここで，この過程の意味をよくよく考えてみると，内的妨害者がリビドー的自我に向けている不断の攻撃は，抑圧が目指すところを推し進める上で大変大きな力を持つ要因となっているに違いない，ということがすぐに見えてくる。実際，抑圧を維持する原動力として，内的妨害者のこの不断の攻撃が，その最も重要な要因である可能性は極めて高い。そして，今述べたまさにこの現象に基づいて，Freud が超自我やその抑圧機能についての概念づけを行ったのは明らかなのである。事実，Freud の言う，超自我のエス衝動に対する特徴的な態度としての妥協を許さない敵意とは，内的妨害者がリビドー的自我に対してとっているこの妥協を許さない攻撃的な態度とピタリと一致するのである。そして，このことと同様に，メランコリーの人の自責は，究極的には自分が愛した対象に対して向けられた非難であるという Freud の観察も，内的妨害者が興奮させる対象に対して向けている攻撃的な態度というところから容易に説明できるものなのである。

Freud による超自我やエスの概念づけ，それにそれらが意味することについての批判は，すでに述べているので，ここでそれを繰り返す必要もあるまい。ただ注目しておいた方がいいと思うのは，次の事実である。つまり，Freud は，抑圧のことを記載する際，私がリビドー的自我の興奮させる対象への愛着として記載してきた現象の意味を，全く考慮に入れていないということである。すでに見てきた通り，この愛着には，かなりの量のリビドーが注入されることになる。それればかりか，その分のリビドーは，内的な，抑圧された対象に向けられており，そのことと共に，必然的に外的現実に向かう方向づけを失っている。だからリビドー的自我の対象希求性は，抑圧が直接の原因となって生じる抵抗を力強く強化するものとして働くのであり，抑圧に直接由来する方の抵抗に勝るとも劣らず，治療の目的とは相容れないものとなるのである訳注13)。これは，今回必要な修正を加えてあるけれども，私が以前の論文（1943）訳注14)の中で発展させたテーマである。私がここで「今回必要な修正を加えてあるけれども」という但し書をつけたのは，その論文を書いた当時，

訳注13）　Fairbairn は後に，内的世界を閉ざされた体系として保持しておく努力としての抵抗という概念を発展させたが，ここに触れられている発想の中にその起源があることは言うまでもない。本書第10章参照。

訳注14）　本書第3章。

私はまだ今の心の中の構造に関する見解を定式化していなかったからである。ただその見解をとるようになってから，このもともとのテーマは，むしろ逆に以前にも増して重要なものとなった。このテーマが，「無意識，つまり“抑圧された”材料は決して治療の努力には抵抗しない」というFreudの発言（1920）[原注11]と直接矛盾することは言うまでもない。しかしそれは，リビドーは一義的に対象を求めているという見解をとりつつ，もしその求められている対象が抑圧された内的対象であった場合にはどうなるのかを考えてみれば，当然すぐに導き出されてくるテーマなのである。そして今の私の見地からすれば，リビドー的自我が興奮させる対象にいつまでも愛着を向け，その対象の断念を渋っているということが，抵抗を生み出すものの中でも特に手に負えない部分となることは疑いの余地がない――そして，このことこそ，陰性治療反応として知られている事象の成立に当たって，少なからぬ役割を果たしているものなのである。今問題にしている愛着は，もともとリビドー的な性格を持つものであり，それ自体を抑圧的な現象だと見做すわけには，もちろんいかない。だが，この愛着は，それ自体，中心的自我による抑圧によってそれとして生み出されたものであり，この抑圧の過程を力強くサポートするものとして機能する。内的妨害者によるリビドー的自我の対象（興奮させる対象）に対する攻撃が，リビドー的自我のこの対象に向ける愛着を不断のものとする方向に働くことは言うまでもない。というのも，この対象は常に脅かされていることになるからである。こうして私たちは，羊の皮を借りたもともとの狼の姿を垣間見ることになる。つまり，偽装の衣の下に存在し続けているもともとのアンビヴァレントな状況を垣間見るのである。というのも，興奮させる対象に対するリビドー的自我の執拗な愛着と，その同じ対象に向かう，内的妨害者の，同じくらい執拗な攻撃性とは，実はもともとのアンビヴァレントな態度がいかにいつまでも心に残っているものであるかを示しているからである。だから，表向きいくら上手に偽装したとしても，人は，実のところ，子供時代のもともとの対象へのもともとの憎しみを，そしてそれと同様にそのもともとの欲求his original needを，あくまで手放そうとはしないのである。このことは，精神神経症的な人や精神病的な人の場合に特によく当てはまる。まして，精神病質的人格というカテゴリーに入る人々については言うまでもない。

もし興奮させる対象に対するリビドー的自我の愛着が，抑圧を力強くサポートす

原注11）*Beyond the Pleasure Principle*, 1922, London, p.19［フロイト全集17．岩波書店，p.69］

るものとして働くのなら，この内的対象に対して内的妨害者がとっている攻撃的な態度についても同じことが言えるであろう。しかし，実際の抑圧過程に関する限り，後者は，前者とはある重要な点で異なっている。それは，後者は，抑圧の目的を推進するばかりではなく，事実上，抑圧と変わらない作用をするからである。すでに見てきた通り，中心的自我が興奮させる対象を抑圧するのは，攻撃性の顕われなわけだが，内的妨害者も，やはりその興奮させる対象を攻撃するという意味で，中心的自我と，同盟するのではないにしても，共闘するような機能を果たすのである。内的妨害者はさらに，リビドー的自我への攻撃という点においても，中心的自我と共闘するものとして機能する――事実，この攻撃によって，中心的自我がこの自我を抑圧する際の攻撃が補強されることになる。だから，実際のところは，リビドー的自我と，それに結びついている対象に対する内的妨害者の攻撃が，**間接的な形での抑圧**となり，それが，中心的自我によるこれらの構造の直接的な抑圧を補強し，促進することになると言うことができるであろう。

すでに見てきた通り，従属的自我は，まだ分割されていない自我に亀裂が生じるところから発生する。だが，これもすでに見てきた通り，局所論的な観点からすれば訳注 15)，単に自我の亀裂だということになるものでも，力動論的な観点からすると，中心的自我が２つの従属的自我のいずれをも能動的に拒絶し，抑圧しているということになる。そこで取り上げておかなければならないのは，直接的抑圧に関する限り，リビドー的自我と内的妨害者とは共通の運命を辿ることになるが，間接的抑圧の過程に晒されるのは，これら従属的自我のうち，一方だけ，リビドー的自我の方だけだということである。こうしたことから，直接的抑圧と間接的抑圧との違いについて考えてみれば，Freud が記載している抑圧過程というのは，私が直接的抑圧と言っているものよりも，間接的抑圧と言っているものの方とはるかによく対応していることは，言うまでもなく明らかである。ただ Freud による抑圧の概念づけと，私が概念づけをした，直接的抑圧，間接的抑圧の双方を含めた全体としての抑圧現象とを比較してみると，共通の特徴を見出すこともできるであろう――それはつまり，こころの中ではリビドー的な要素の方が，攻撃的な要素よりも，ずっと強い抑圧に晒されているということである。もちろん，攻撃的な要素の抑圧が生じるのは紛れもない事実である。だが，Freud の精神装置論をとった場合，この事実

訳注 15）　ここの「局所論的 topographical」という記載は，現代風に言えば，「構造論的」という意味で用いられている。言うまでもなく，これは，Freud の初期の用語の用い方に準じたものである。

がいかに一貫性を持った形で説明され得るのか，理解に苦しむところである。衝動と構造とを根本的に切り離して考えているこの理論からすると，ただリビドーの抑圧のみが可能であるように思われる。実際，Freudの理論から攻撃性の抑圧を説明しようとすれば，攻撃性を抑圧するために使われるのは攻撃性であるという，おかしなことになってしまうからである。これに対して，私の提唱する観点をとって，衝動は構造からは切り離せないものであり，むしろ，衝動は構造の力動的な側面を表わしているに過ぎない，と考えた場合，こころの中の攻撃的な要素の抑圧の説明は，リビドー的な要素の抑圧の説明同様，難しいものではなくなる。そこに出てくるのは，攻撃性を抑圧している攻撃性という問題ではなくて，ある自我構造が，攻撃性を帯びた別の自我構造を，攻撃性を使いながら抑圧しているということだからである。それゆえ，内的妨害者は，リビドー的自我同様，中心的自我によって抑圧されるという私の見解からすれば，攻撃的な要素の抑圧についても満足のいく説明をすることができる。同時に，リビドー的な要素の方が攻撃的な要素よりもずっと強い抑圧に晒されるということについても，間接的抑圧という概念づけによって満足のいく説明ができるのである。だから，実のところは次のようになっているのであろう。もし，**多過ぎる分のリビドー**の処理を多過ぎる分の攻撃性の処理よりも大きく司っているのが**抑圧の原則**だとすれば，**多過ぎる分の攻撃性**の処理を多過ぎる分のリビドーの処理よりも大きく司っているのは，**局所論的な配分し直しの原則**なのである。

エディプス状況の意味

攻撃性を使ってリビドーを制圧するという技法は，Freudによる「抑圧」の概念づけの中にも，私の「間接的抑圧」の概念づけの中にも共通して見られる過程だということについては，もう十分おわかりいただけたと思う。だが，この技法の起源についての私の見解は，Freudのそれとは異なっている。Freudによれば，この技法は，エディプス状況という設定の下，異性の親に対するリビドー的（近親姦的）な衝動と，同性の親に対する攻撃的な（親殺しの）衝動とを，表現しない，あるいはなるべく表現しないようにするための方法として発生する。しかし，私の見解からすれば，この技法は，幼児期において，幼児がその段階で自分にとって唯一の重要な対象であり，かつ完全に依存している母親に対して，リビドーと攻撃性のいずれをも，なるべく表現しないようにするための方法として発生する。こうした見解の相違が生じるのは，エディプス状況を1つの説明概念として評価するかどうかという点をめぐって，私がFreudから離れてしまっているためだと考えるのが正しいであろう。Freudにとってエディプス状況は，いわば究極的な原因である。しかし私は最早，この見解に賛同することはできない。いや，それどころか，私は今，Freudがエディプス状況に求めた究極的な原因の役回りは，幼児的依存という現象にこそ求められるべきだと考えているのである。実際，この立場からすれば，エディプス状況は，原因を成す現象なのではなくて，結果としての産物だということになる。エディプス状況は，基本的な状況なのではない。それはむしろ，論理的な意味においても，時間的な意味においても，それに先立つある状況からの派生物なのである。この先立つ状況とは，幼児の母親への身体的，情緒的な依存に直接由来するものであり，父親が重要な対象となるよりもずっと以前，幼児が母親との間に持つ関係の中に生じてくるものである。私はここで，エディプス状況に関して私が到達している見解をもう一度詳しく述べるつもりはない――それについては，以前，大まかにではあるが素描したことがある（1941）訳注16)。ただ，今問題にしている，抑圧に関する私の概念づけと，抑圧をまさにそのエディプス状況との関連で定式化しているFreudのそれとを比較するという観点からして，私がこのよく知られた状況を，今まで概説してきた全般的な枠組みの中にどのように組み入れようとしているのかという点については，簡潔に述べておいた方がいいであろう。読者はすでに気づいておられるであろうが，私は，これまで，抑圧の起源に関する説明においても，心の中の基本的な状況の発生に関する説明においても，さらに心の中の構造の分化に関する説明においても，エディプス状況というものを説明概念として使うことなしにやってきた。これらの説明は，もっぱら，幼児期の間に，もともとの対象である母親との関係の中に発現するアンビヴァレントな状況に元来備わっている問題に対処するべく，子供はいかなる方法をとるのか，ということとの関連から定式化されてきたのである。子供がこのアンビヴァレントな状況を何とかしようとしてとるさまざまな方法は，全て，エディプス状況が発展する以前のものである。心の中の基本的な状況が確立されるのも，心の中の構造の分化が完了するのも，そして，抑圧が発生するのも，いずれも子供と母親との関係という舞台の上でのことなのである。そして，こうした発達が生じた後になって初めて，子供はエディプス状況固有の問題に遭遇させられることになる。だから，エディプス状況は，それが説明概念になるのではなく，そこまで発達してきている心の中の状況との関連から説明されるべ

訳注16）　本書第2章。

き現象なのである。

エディプス状況が子供の世界にとって目新しいものとなる，その中心のポイントは，ちょうど外的現実の中にそのまま現われてくる通り，子供の眼前に，以前はたった１人しかいなかった親という対象が，今度は２人いるという点にある。もちろん，子供の新しい対象，つまり父親との関係には，不可避的に，以前母親との関係の中で体験されたのと同様の運命——とりわけ，求めては，挫折や拒絶を味わうことになるということの繰り返し——が付きまとってくる。こうした運命からすれば，父親はやがて子供にとってアンビヴァレントな対象になってくるし，それと同時に，子供自身，その父親に対してアンビヴァレントになってくる。だから子供は，父親との関係においても，はじめ母親との関係において直面したのと同じ適応問題に直面することになる。今度は新しい対象との関係においてではあるけれども，もともとの状況が復活するのである。そして，子供は，当然，そのはじめの状況に伴っていた問題に対処すべく身につけたのと同じ一連の技法をもって，その復活した状況の問題に対処しようとする。子供は，父親という人物像を良い対象と悪い対象とに分裂し，その悪い対象を内在化し，その内在化された悪い対象を（ａ）リビドー的自我が結びついている興奮させる対象と，（ｂ）内的妨害者が結びついている拒絶する対象とに分裂するのである。付け加えなければならないことは，この父親という新しい興奮させる対象 the new paternal exciting object は，それ以前から存在している母親という興奮させる対象 the old maternal exciting object の上に，ある部分二重写しにされたり，またある部分融合されたりするらしいということであり，それと同様に，父親という拒絶する対象も，母親という拒絶する対象の上に，ある部分二重写しにされたり，ある部分融合されたりするということである。

子供が父親との関係において求められる適応について言えば，それは，もちろん，以前母親との関係の中で必要であった適応とはある重要な点で異なっている。そのポイントは，情緒的なレベルでの適応が占める割合の大きさである。新しい適応は，そのほとんどが情緒的なものに他ならない。なぜなら，当然のことだが，父親との関係の中には，胸に抱かれながら授乳されるという体験がないからである。そしてここに，子供の父親への適応が，以前の母親への適応とはどうしても違ったものになるさらに重要な点を見出すことができる。つまり，父親は男性であり，母親は女性なのである。もっとも，子供が両親の性差について，最初から正しく認識しているなどということは実に疑わしい。むしろ，子供が正しく感知する両親の差は，父親には乳房がないということであろう。言い換えれば，父親は，子供の前にまず，乳房を持たない親として登場するのである。そしてこのことが，子供と父親との関係が，母親との関係よりももっとずっと情緒的なところに限定されたものになる主たる理由の１つとなるである。一方，子供が母親の乳房との間に持つ体験は，子供は多かれ少なかれその関係の中で同時に挫折も体験していくとはいえ，まさしく身体をベースにした関係であり，それがゆえに，母親に向けられた欲求は，父親に向けられる欲求や，その後のあらゆる性器愛的な欲求の背後に，いつまでも持ち続けられてゆくことになる。子供が，少なくともある程度，両親の性差について正しく認識するようになり，その一方で，子供の身体的な欲求が，子供自身の発達に伴って，以前にもまして（その程度はさまざまだが）性器という径路を介して流れ出すようになると，母親への欲求は，母親の膣への欲求を含むようになる。それと同時に，父親への欲求は，父親のペニスへの欲求をも含むようになる。ただし，これら両親の性器への身体的な欲求の強さは，その情緒的な欲求の満足度に反比例する。つまり，両親との情緒的な関係が満足いくものであればあるだけ，両親の性器への身体的な欲求はさほど差し迫ったものではなくなるのである。この後者の欲求は，例えば性的好奇心という形での代理満足が求められることはあるかもしれないけれども，それ自体が満足させられるということは，もちろんない。それゆえ，必然的に，ある程度のアンビヴァレンスが，母親の膣や父親のペニスとの関係においても生じてくることになる。ついでながら，このアンビヴァレンスは，原光景をサディスティックなものとして捉えることの中に映し出されている。もっとも，原光景が心に描かれるようになるまでには，両親相互の関係が子供にとっての重大な関心事になってきていて，どちらにせよ，一方の親に対する嫉妬が，もう一方の親との関係をめぐって生じるようになる。その嫉妬が主にどのような形で生じてくるかは，もちろん，その子供の生物学的な性別によって決定される側面もある。しかし，それは少なからず，それぞれの親との間に持っている情緒的な関係のあり方によって決まってくるものである。いずれにせよ，子供は，今や２つのアンビヴァレントな状況が同時にそこにあるという問題に対処しなければならないことになる。そして子供は，こうした問題への対処に当たって，これまで慣れ親しんだ一連の技法を用いようとするのである。子供は，悪い母親の性器と悪い父親の性器のいずれをも内在化し，そのそれぞれを２つに分裂する。そしてその各々が，興奮させる対象と拒絶する対象という構造の中に組み入れられるのである。この意味で，これらの内的な対象は，子供がそう大きくならないうちに，すでに複雑な混成構造の形態をとっていることが理解されよう。この内的対象は，ある部分は対象同士の二重写しを基礎として，またある部分は対象同士の融合を基礎として作り上げられている。内的対象がどの程度**層状の積み重ね** *layering* を基礎とし，またどの程度**融合** *fusion* を基礎として作り上げられるかという点については，もちろん個体差がある。ただ，層状の積み重ねと融合，そのどちらの方が優位を占めているかは，少なからず重要なことであるように思われる。この度合いが，さまざまな構成対象の調和のあり方と共に，生物学的な性別という要因によって決定されるのではない個人の精神性的態度のあり方を決めるに当たって，重要な役割を果たしているように思われるからである。同様に，この度合いは，その構成対象の調和のあり方と共に，性倒錯の病因においても主要な決定因となっているように思われる。こうしてここに，対象関係心理学から見た倒錯の病因論を構成することができるのである。

これまでの考察の中で，子供を示す人称代名詞が一貫して男性形だったことに気づかれるかもしれない訳注 17)。だからと言って，上記の考察が男の子の場合にだけ当てはまるものだとは理解しないで頂きたい。それは，女の子にも同じように当てはまるものである。男性形の代名詞を使ってきたのは，単に，男性女性のどちらかということではなくて，ある種の人称代名詞を使った方が非人称代名詞よりもよいと思えたからに過ぎない。また，このこととは別に，古典的なエディプス状況はまだ登場してきていない，ということにも気づかれるであろう。最後に述べた段階においては，両親相互の関係が子供にとって重要な意味を持つようになってきてはいる。しかし，子供のポジションは，本質的に，どちらの親に対してもアンビヴァレントだという段階なのである。ただ私たちは，子供がこれら２つのアンビヴァレントな状況に一度に対処しようとして一連の過程を使い，その結果，両親それぞれの性器が，興奮させる対象という構造や，拒絶する対象という構造に組み入れられるようになるのを見てきた。もちろん，子供の生物学的な性別も，それぞれの親に対する態度を決めるに当たって，ある役割を果たしているに違いないということは認めなければならない。だが，それが唯一の決定因ではないことは，逆エディプス，混合エディプスといった状況がいかに多く見られるかということからしても明らかである。私が概説してきた観点からすれば，これら，逆エディプス，混合エディプスといった状況は，必ずや，興奮させる対象や拒絶する対象の成り立ち方によって決定されるに違いない。だから，陽性エディプス状況についても同じことが言えるという結論は，ただ同じ方向に一歩，歩を進めたに過ぎないのである。このことか

訳注 17）　邦訳に当たっては，日本語の流れのよさを優先して，特に訳し分けていない。

らすれば，実のところ，**エディプス状況は，実は外的な状況なのではなくて，内的な状況であるように思われる**——そしてその状況が，程度の差こそあれ，実際の外的状況に転移されるのであろう。さて，こうして，エディプス状況は本質的には内的状況だと考えることになると，どちらの内的対象においても，母親由来の要素の方が父親由来の要素よりも，いわば一番目の強みを持っていることが容易に理解される。このことはもちろん，男の子の場合にも，女の子の場合にも当てはまる。母親由来の要素の方が強い地位を占めているのは，言うまでもなく，２つの内的対象がいずれも，もともとのアンビヴァレントな母親と，そのアンビヴァレントな乳房からの派生物を，その核としているからである。この事実と相俟って，**エディプス状況を十分に深く分析していくと，必ず，その状況が，内的な興奮させる母親像と，内的な拒絶する母親像とをめぐって作り上げられていることが明らかになってくる**。Freud がもともとエディプス状況という概念を定式化した際，その基礎になっていたのは，周知の通り，ヒステリー現象であった。そして，Abraham の「段階」説によれば，ヒステリーの起源は性器（男根）期における固着へと辿られることになっている。私はすでに，Abraham の「段階」説については，さまざまな批判を加えてきた（1941）訳注 18)。だから，次の指摘は，含み程度にせよ，さらにもう１つ批判を重ねているだけになるかもしれない。つまり，私が分析したヒステリーの人たちは，男女を問わず，どの人も，心の底ではいつまでも乳房を求め続けている人たちだったのである。私は陽性エディプス状況を深く分析するという場合，そこには，主要な水準が３つあるであろうことを示唆したい。まず第一の水準では，エディプス状況そのものがその全体像を色づけている。次の水準では，異性の親に対するアンビヴァレンスが，そして最も深い水準においては，母親に対するアンビヴァレンスが，その全体像を色づけているのである。こうした段階は全て，かの有名な戯曲『ハムレット』の中にも跡づけることができよう。ただし，この作品における女王は，興奮させ，誘惑する対象と，拒絶する対象との両方の役柄を果たしており，その意味で真の悪役だということは疑うべくもない。つまり，ことの次第は次の通りであろう。子供にとってアンビヴァレントな対象に対処しなければならないのは，たとえそれが１人であっても，十分に耐え難いことである。しかし，２人のアンビヴァレントな対象に対処しなければならなくなった時，その方がもっとずっと耐え難いことになる。だから子供は，２人の興奮させる対象と２人の拒絶する対象がい

訳注 18)　本書第２章。

るという，その状況を，１人の興奮させる対象と１人の拒絶する対象だけがいるような状況へと転換し，そうしてこの複雑な状況を単純化しようとするのである。もちろん，それがどの程度うまく行くかはさまざまである。だが子供は，この目的を果たすべく，一方の親の興奮させる側面と，もう一方の親の拒絶する側面とにだけ目を向ける。こうして子供は，全く実際的な目的のために，一方の親を興奮させる対象と，もう一方の親を拒絶する対象と，それぞれイコールで結ぶようになる。そうやって**子供が自分の手でエディプス状況を作り上げる**のである。ただし，その背後には，双方の親に対するアンビヴァレンスが続いている。そしてさらにその深層部では，興奮させる対象と拒絶する対象とがいずれも原型のまま，つまり母親の姿のまま存在し続けているのである。

神経症的な不安とヒステリーの人が味わう苦痛

私は先に，外部への表出を求める感情の量を（リビドー的なものも，攻撃的なものも，その双方を同時に）低減する方法としての分割統治の技法について述べた。そこで，この技法に関連して，この文脈で適切かつ有益であろうこんな問題を少し考えてみることにしよう。それは，もし，内的妨害者がリビドー的自我を攻撃しても，リビドー的欲求が中心的自我の要請に応えられるほどには制圧できなかった場合，言い換えれば，手元のリビドー的感情が手に負えるほどに低減されなかった場合には，どういうことになるかという問題である。ただ，これはとても大きなテーマであり，今，その方向に論を進めていくわけにはいかない。そこで，さしづめ次のように言っておけば十分であろう。この技法によってもリビドー的な感情が十分に低減されず，その意味で，この技法の第一の機能が果たされなかった場合，そこに二次的な機能が加えられることになるようである。つまり，外に出たがるリビドー的な感情は質的な修正を受け，もともとの感情の質が偽装されるようになる，という機能である。もう少し説明すると，リビドー的自我内の力動的緊張が高まって，一定の閾値を超え，リビドー的な欲求が出るぞ出るぞと迫ってくる場合，実際に表出されるリビドー的な感情は，内的妨害者がリビドー的自我に向ける攻撃性の影響の下，（神経症的な）**不安**に転換されるのである。ただ，リビドー的自我内の力動的な緊張がさらに高まり，もう一段上にある閾値に達すると，リビドーの放出は最早避けられなくなってくる。そして，内的妨害者のリビドー的自我に対する攻撃は，この，どうしても放出せざるを得ないリビドー的な感情に，今度は**痛みを伴う**性質を賦与することになるのである。少なくとも，以上のようなことがヒステリーの人の感情表出の仕方の中に含まれている過程であろうと思われる――この過程によって，リビドー的な欲求の表出は，否応なしに苦痛として体験されることになるのである。

力動的構造の心理学とその背景をなす科学一般の考え方

今述べた（神経症的な）不安の発生に関する議論からすると，不安とはいかなるものかということについての私の概念づけが，Freud のもともとの概念づけ，つまり，不安とは放出されないリビドーが転換されたものだという概念づけとかなり近いものであることに気がつかれるであろう。これは，現在私がとるようになっている立場全般から見ると，Freud の後期の見解の中には意を異にするものがある一方で，その初期の見解の中には（後に棄てられてしまったものもあるが），逆に復活させることになるものもある，という，少し注目しておいて頂きたい事実の一例に過ぎない。このようなことはさほど特別なことでもないのだが，その理由はこんなふうに説明することができるであろう。私の現在の見解と Freud の最終見解との間には，確かにそこここでそれとわかる類似点がある。しかし，私の見解は，Freud のそれが時を追って発展してきた，その道程とは，だんだんに違った道のりを辿って発展してきているのである。では，なぜそんなふうに辿る道そのものが違ってきてしまったのであろう？　その答えは１つしかない――ある種の基本的な理論上の原則が違っているのである。その違いの中心を特定することも難しくはない。それは，次の２点である。第一に，Freud は，その全ての思索体系を通じ，対象関係に関心を向けてはいたものの，理論的には，リビドーは一義的に快楽を求めている，つまり，方向性を持っていないという原則を堅持していた。これに対して私は，リビドーは一義的に対象を求めている，つまり，方向性を持っているという原則を堅持している。これに関連して言えば，Freud は，暗にではあったけれども，理論的には，攻撃性も，リビドーと同じように，方向性を持っていないと見做していたのに対して，私は，攻撃性もやはり方向性を持っているものと見做している。第二に，Freud は衝動（つまり，心的エネルギー）は，理論上，構造とは別物だと見做していたのに対して，私はこの区別の妥当性を認めず，あくまで力動的構造の原則を堅持している。Freud の見解と，現在私がとるようになっている見解との差の中心を成すこれら２点を比べてみると，後者の方がより根本的なものである。実際，前者は，後者の上に成り立っているとも言えるであろう。リビドーは一義的に快楽を求めているとする Freud の見解は，エネルギーと構造とを切り離してしまったところから直接導かれているからである。というのも，エネルギーを構造から切り離してしまえば，心を乱すのではない，つまり，快と感じられ得る唯一の心的な変化は，諸々の力の均衡を確立するような変化，つまり，特定の方向性を持たない変化だということになるからである。これに対して，エネルギーは構造とは不可分なものだと考えれば，あり得る唯一の変化は，構造的な関係や構造同士の関係における変化だということになる。そしてこうした変化は，本質的に方向性を持ったものなのである。

どのような人でも，たとえどんなに偉大な，どんなに独創的な人であっても，その時代の科学を支配している考え方から完全に自由でいられる人はない。Freud とて，その例外ではない。ここで私たちは，Freud がその中で育ってきた 19 世紀の科学を支配していた考え方に思いを馳せてみなければならない。そこでは，ヘルムホルツ流の概念づけ，つまり，自然宇宙は自ら動く力も変化する力も持たない極微粒子の集塊であり，運動は粒子そのものとは別に存在する一定量のエネルギーによって与えられる，という概念づけが全体を支配していた。このエネルギーは，何らかの未知の理由で，初めは均等に分配されていないが，後に徐々に再配分される過程をとり，最終的には諸々の力が均衡を得て，諸粒子がしっかりと固定されるところまでいく，と考えられていた。そして，こうした考え方が当時の自然科学者たちに広く信奉されていた概念づけであったことを考えれば，Freud が，時代に先駆けて，それまで混乱していた精神病理学の領域に秩序をもたらすという至難の課題に手をつけようとした時，どのようなことが起きたのか，それを理解するのはそう難しいことではない。つまり，Freud は，当時の科学を支配していた考え方の影響をまともに受けて，衝動（心的エネルギー）を構造とは別に考え，均衡希求という鋳型の上にそのリビドー論を作り上げたのである。だが私は，このことは，Freud の思索が外部からの影響によって背負わされてしまった限界だと考えている。事実，Freud の思索は，それ以外の点においては，それまで心理学の領域で広く認められていた概念づけを歴史的に一歩進めたものであったし，現代に現われつつある新しい科学的立場から見ても，その精神にずっとよく見合ったものであると考えられるからである。ところが，20 世紀の間に自然宇宙に関する科学の概念づけは，すでに大幅に修正されてきている。以前自然宇宙の構成要素だと考えられていた自動力のない極微粒子，あるいは原子は，今やとても信じられないほどのエネルギー量を持った，この上なく複雑な構造だということが知られてきている――このエネルギーは，それなしには構造そのものの存在を考えにくくなってしまうようなものなのだが，それと同じように，その構造なしには，このエネルギーの説明をすることも難しいのである。この原子内エネルギーは，原子内の関係を決定するばかりでなく，はるか彼方の物体にまでも影響を及ぼす力を持っている。こうした力を最も端的に示しているのが，放射という現象である。例えば，ある種の光の現象は，一昔前の科学が認めていた波動説から説明することが困難で，それを説明するためには，放射という現象を考えに入れる必要があることが認められている。興味深いことに，放射線には，以前固体のみが持っていると見做されてきた属性の少なくとも１つ，すなわち質量があることがわかってきている。だから，放射が起きれば，原子を発する側の構造も，受け取る側の構造も，そのいずれもが影響を受けることになるのである。こうしたことに止まらず，実は宇宙そのものも，ある閉鎖系内での均衡を確立しようとするのではない，変化の過程を辿っていると考えられている。つまり，宇宙は恐ろしいスピードで拡大しつつあるらしいのである。そこに働く主な力は，引きつける力と追い出す力であるが（cf. リビドーと攻撃性），引きつける方の力は，物質を部分的に凝集することができるだけで，少なくとも現段階において優勢を占めているのは，追い出す方の力である。従って，宇宙は，特定の方向性を持たぬまま，何らかの均衡を確立しようとする過程にあるのではなく，ある限界点に向かって，つまり，これ以上の拡大は不可能で，最早相互的な影響は生じないし，それ以上は何も起こり得ないというほどに何もかもが力を失ってしまう，そういう限界点に向かって，拡大し続けている過程にあるのである。この意味で，宇宙の辿っている変化は，特定の方向性を持った変化なのである。現代においては，以上のような考え方が科学全般の背景を成している。だから私たちの心理学の発想も，力動的構造を基盤にした関係の心理学 relationship psychology から定式化し直されなければならないというのが，他でもない，時代の要請であるように私には思えるのである。

説明体系としての力動的構造の心理学

私には，今考えている力動的構造の心理学が，数多くの点において，１つの説明体系としての強みを持っているように思える。例えば，集団現象については，他のいかなるタイプの心理学よりも満足のいく説明をすることができるし，それもこの理論の１つの大きな特長だと言える。もっとも，このテーマについては，本論文の中で触れた他のいくつかのテーマ同様，また別の機会に譲ることにせざるを得ない。本論文の最後に，もう少し，私が Freud の古典的な理論に代わるものとして提出した，その精神構造論の側にあると思われる強みについて述べておくべき事柄があるからである。周知の通り，Freud の理論では，局所論的な観点から見た場合訳注 19)，私たちに馴染みの深いさまざまな臨床状態の生成因として３つの要因の作用しか認められていない（エス，自我，超自我）。これに対して，私の理論では——私の考える超自我については別にしたとしても——５つの要因の作用を認めている（中心的自我，リビドー的自我，内的妨害者，興奮させる対象，拒絶する対象）。このことからすれば，私の理論の方が病因の可能性についてより広く説明できる可能性を持っている。そして，実際問題として考えた場合，この，病因をどの程度まで説明し得るかという点についての２つの理論の差は，一見したよりもずっと大きい。というのも，Freud の理論に言う３つの要因のうち，構造と呼ぶのに相応しいのは２つしかないからである（自我と超自我）——第三の要因（すなわち，エス）は，単にエネルギーの源に過ぎない。言うまでもなく，Freud は，エスに由来するエネルギーは２つの形態をとると考えていた——リビドーと攻撃性である。だから，まとめてみれば，Freud の理論の中に認められる作用因は，２つの構造的な要因と，２つの力動的な要因だということになる。Freud の言う２つの力動的な要因は，もちろん，私自身の理論の中でも認められている。しかし私の理論では，構造的な要因の数は２つではなく，５つである。だから５つの構造的な要因と，２つの力動的な要因とを揃えている私の理論からした方が，Freud の理論からするよりもずっと多くの順列組み合わせが考えられるのである。さらに，実のところ，Freud の理論から考え得る可能性は，理論上，その超自我機能の概念づけの仕方によって，さらに大きな制約を受けている。というのも，Freud は，超自我とは，その特徴として，攻撃的であるばかりでなく，反リビドー的なものだ，と見做しているからである。だから Freud に従えば，心の中のドラマは，その大部分が，リビドー的な立場にいる自我と，反リビドー的な立場にいる超自我との葛藤だということになる。Freud の抑圧に関する一番最初の見解に含まれていたもともとの二元論は，こうして，実質的にはその後の精神構造論から何の影響も受けずに，そのままの形で持ち越されているのである。心の中のドラマについてのこのような概念づけは，それが社会心理学に対して持つ意味という点（例えば，社会機構は一次的に抑圧的なものだという含み）においてばかりでなく，精神病理学や性格学の領域の中での説明的な価値という点から見ても，あまりに多くの限界を持っている。結局のところ，これらの領域の中での説明は，リビドー的な立場にいる自我が，超自我に対してどのような態度をと

訳注 19）　訳注 15）に述べた通り，ここでの「局所論的観点」とは，現代に言う，構造論的観点という意味で用いられている。

っているかという考察に帰結することになってしまうからである。これに対して，私の理論の方には，精神病理学的，性格学的な現象を，さまざまな構造間に存在している複合的な関係がどのようなパターンをとっているのかという観点から，余すことなく記載することができるという，１つの説明体系としての特長が備わっている。そればかりか，私の理論からすれば，精神病理学的症状を，構造の成り立ちとの関連から直接説明できるという強みがあり，従って，症状とは，それ自体，独立した現象なのではなく，まさしく全体としての人格 personality as a whole の表われであるという，疑うべくもない事実を正しく理解することができるようになるという強みもあるのである。

さて，話がここまで来たので，ここでもう１つ指摘しておかなければならないことがある。それは（もしまだ十分に明らかになっていないとすれば，ではあるが），私がこれまで述べてきた，そして私がかくも重要だと考えている，心の中の基本的な状況は，経済論的な観点から見る限り，決して不変なものと考えられているわけではないという点である。確かに，局所論的な観点からすれば，その状況は，相対的に不変なものと見做されなければならない。ただ，私は，精神分析的治療の主要な目的の１つは，心の中でそれぞれの構造が占める領域を修正することで，そこでの構造のあり方にある種の変化をもたらすことだと考えている。言い換えれば，私が精神分析的治療の最も重要な機能と考えているのは，（ａ）リビドー的自我と内的妨害者に割譲されてしまっている領域を，最大限，中心的自我の方に復元させることで，もともとの自我の分裂を軽減すること，および，（ｂ）興奮させる対象と拒絶する対象とを共に，可能な限り中心的自我の影響が及ぶところまでもってくること，である。しかし，こうした変化がいったいどのくらい達成され得るのかと言えば，それには，かなり厳しい限界があるのではないかと考えている。これに対して，経済論的な側面から見れば，心の中の基本的な状況は，広範囲に亘って修正し得るものである。この意味で，私は，精神分析的治療のもう１つの主要な目的は，（ａ）２つの従属的自我が，それぞれ結びついている対象に向けている愛着の度合いと，（ｂ）中心的自我が，従属的自我とその対象に向けている攻撃性の度合い，そして（ｃ）内的妨害者が，リビドー的自我とその対象に向けている攻撃性の度合いを，いずれも，最小限にまで引き下げることにあると考えている。一方，心の中の基本的な状況が，ある精神病理学的な方向に向かって大きく変化し得ることは明らかである。すでに述べた通り，心の中の基本的な状況の経済的なパターンは，ヒステリー状態に大変よく認められるパターンである。私自身，このことについては何の疑いもないと考えている。だが私は，(ある時にパラノイドと診断されたことがあるくらいに）はっきりとしたパラノイド傾向を示し，分析の中で，パラノイド的な態度とヒステリカルな態度との間を往ったり来たりするのが認められるような，そういうヒステリーの人に，これまで何例も出会ってきている。こうした態度の変化は，心の中の状況の経済的なパターンの変化と連動しているようであった――だからパラノイド的な時期には，私が心の中の**基本的な**状況と呼んでいる経済のパターンから離れてしまっているという特徴があったのである。パラノイド状態において，心の中の状況がどのような経済的パターンをとるのか，私にはまだそれをうまく言い表わすことができないように思う。だが私があえて示唆したいのは，特定の臨床状態には，それぞれ，それに対応した特有の心の中の状況のパターンがあるだろうということである。もちろん，さまざまなパターンが並列的に存在していたり，１つのパターンが別のパターンの上に二重写しになっていたりすることもあり得るだろう。このことは認識しておかなければならない。さらに，心の中の状況のパターン化は，硬直している場合も，柔軟性を持っている場合もあり得るだろう。このことも同様に認識しておかなければならない――極端に硬直しているのも，また極端に柔軟なのも，同じように望ましくない特徴である。そして強調しておかなければならないのは，心の中の**基本的な**（そして，もともとの）状況は，ヒステリー状態に認められるものだということである。この理解と軌を一にしたことだが，私は，一番はじめに顕われる精神病理学的症状は，ヒステリカルな性格を持ったものだと考えている。だから私は，幼児の泣き叫ぶ発作も，この意味から解釈している。もしこの私の見解が正しいとすれば，Freud は，精神分析理論の基盤を造り上げるための素材としてヒステリー現象を選んだという点で，大変洞察深かったと言えるであろう。

これまでに述べてきた考察からして，心の中の基本的な状況は，ヒステリー状態の背後にあるものだとはいえ，それ自体は，もともと自我の亀裂に基づいて産み出されてくるものであり，従って，あるスキゾイド的な現象だ，ということを理解して頂けるであろう。だから，一番はじめに顕われる精神病理学的**症状**はヒステリカルなものであったとしても，一番はじめに顕われる精神病理学的**過程**は，スキゾイド的なものなのである。抑圧そのものも，１つのスキゾイド過程である。そして自我の分裂は，もちろん個人によって程度の差はあるけれども，ある普遍的な現象なのである。しかし，では一番はじめに顕われてくる精神病理学的な状態は，はっきりとしたスキゾイド状態だということになるかというと，そういうわけではない。むしろ，一番はじめに発現してくる精神病理学的な状態は，ヒステリカルな性質を持ったものなのである。実際のスキゾイド状態は，もっと後になってから発現してくる――それはつまり，スキゾイド過程がさらにもっと推し進められ，感情の抑圧が極めて広範囲に亘るようになり，ヒステリカルな感情表出さえもうまくいかなくなった段階で顕われてくるものなのである。言い換えれば，感情全般に亘る抑圧が起きた時にこそ，人は過度に感情離脱的となり，深刻な不毛感を体験するのである。スキゾイド状態が発現してくる過程については，今回はこのくらいにしておこう。

内在化された対象の力動的性質

Freud の精神装置論の最もおかしなところはどこか。このことには，まだ触れていない。それはつまり――こころ the psyche というものの中で，Freud が力動的構造という観点にほど近い意味から記載しているものが，超自我だけしかないという点である。周知の通り，エスは，構造のないエネルギーの源だとされている。そして自我は，エスから侵出してくる以外のエネルギーをもたない，受身的な構造だとされている。これに対して，超自我は，一定量のエネルギーを持った構造だとされている。このエネルギーは，究極的にはエスに由来するものと考えられているわけだが，しかし，Freud は，それでも，超自我は，機能的にかなり独自の活動をするものと考えていた。ことに，例えば，超自我とエスとが互いに正反対の目的を持ち，対立した行動をとっている中で，自我はこれら２つの心の中の存在の間に立って悪戦苦闘している，と語るところである。この図式が奇妙なのは，個人の心という領域において，超自我が，実は，いわば帰化した外国人，外的現実からの移民に過ぎないというところである。超自我の真の意味は，むしろ，それが本質的に，内在化された対象だというところにこそあるのである。Freud が力動的構造として扱ったこころの部分が，たった１つ，ある内在化された対象に過ぎなかったという，そのことだけをとってみても，それは私の目には十分奇妙なことであり，私は，これに代わる心的構造論を定式化しようと考えずにはいられなかったのである。さて，読者諸氏は，私がこうした代替理論を定式化するに当たって，今までのところ，Freud の考え方とは相容れない考え方をとってきているということに気づかれているかもしれない。それは，Freud にとって１つの内在化された対象が，唯一力動的構造として取り扱われたこころの部分であった対して，私は内在化された対象 objects について，こころの一部を成すものとは考えつつ，それを，これまで力動的構造として取り扱ってきてはいないということである。私は，内在化された対象を，単に力動的な自我構造の**対象**として，つまり，心の中の構造ではあるが，それ自体が力動的なものではないものとして取り扱ってきた。私は，よくよく考えた上でそうしてきたわけだが，それは，説明が複雑になってしまうのを避けるためばかりではなく，私が根本原理として仮定する必要があると考えている自我構造の能動性の方に焦点を当てるためであり，この能動性こそが何よりも重要なものだということを過小評価することがないようにするためであった。実際，最終的には，この能動性を介してこそ，対象が内在化されるようになってくるのである。だが，私の力動的構造論から論理的に考えてみれば，内的対象も構造なのだから，それは必然的に，少なくとも多少は，力動的なものでなければならない，と結論しなければならない。そうすることで，全体の一貫性を保つことができるし，この結論を明確にすることによって，私は，Freudの先導に従うことになるばかりでなく，例えば，夢やパラノイアという現象の中に現われてくる心理学的事実が訴えかけてくるものを適切に汲み取ることができるようになると思う。さらに，こう考えることで，順列組み合わせを応用して，心の中の状況が他にどんな姿をとり得るかをさまざまに想定してみることもできる。そうすることで，私の精神構造論の説明的価値はさらに高められることになってゆくであろう。ただし，実践上は，内在化された対象の活動と，それに結びついている自我構造の活動とを区別するのは大変困難だということを理解しておかなければならない。そして，もし悪魔学を登場させることはしないでおくのであれば，どちらかといえば，自我構造の能動性の方に重きを置いておいた方が賢明だと言えるであろう。たがそれでも，ある種の条件の下では，内在化された対象が無視できない独自の力動性を発揮することがあるのも確かである。そして，人類が根源的にはアニミズムの中にいるということの説明も，この方向にこそ求められなければならないのは明らかである。このアニミズムは，文明や科学といった上辺の下に隠されていようとも，その裏側にずっと存在し続けており，最も垢抜けた形式としての芸術の中にすら，それとわかる形ではっきりと表われてきてしまうようなものなのである。

補遺（1951）

すでに序論に述べた通り，本書の第一部を成す一連の論文は，上記の論文もその1つだが，すでに確立されている観点を体系的に明示したものではなく，一連の思索が段々に発展していったものである。こうした場合，その流れの後の方で述べられる見解が，前の方に述べられた見解とそぐわなかったり，むしろ相反しているという場合が生じてくるのは避けられない。ただし，実際には，極めて深刻な矛盾というものはまず起きていない。というのも，見解を変更する場合には，たいてい，なぜそうしたかを，その後の方の見解を議論する中で，はっきりと述べてあるからである。しかし，残念なことに，いつもいつもそうだとも限らない。実際，振り返って考えてみると，私は，直前の論文で述べた見解と，「精神病と精神神経症の精神病理学の改訂」の中で述べた見解との間に，大きな矛盾が２つあることを認めざるを得ない。すなわち，先立つ方の論文において私は，「受け容れられた対象」，「拒絶された対象」として述べた２つの内在化された対象の区別に基づいて，「移行期的」防衛技法を４つに分類した。そして，それぞれの技法の特徴を，これら２つの対象がどのように取り扱われるか，別々にか同様にか，内的なものとしてか外的なものとしてか，といった軸から見た特有の対処様式で示した。一方，後の方の論文においては，「受け容れられた対象」や「拒絶された対象」については触れず，ただ，「心の中の基本的な状況」が成り立つ際の「興奮させる対象」と「拒絶する対象」について述べたのである。ここで，私が前の方の論文で，内的対象を「受け容れられた」「拒絶された」ものとして述べた際，私は，自我がそれらの対象に対してとる態度という観点からその位置づけを考えていたのに対し，内的対象を「興奮させる」「拒絶する」ものとして述べた際には，その対象が自我の前にどのようなものとして登場するかという観点からその位置づけを考えていた，ということに気づかれるであろう。この２つの観点は別のものである。ただ私は，この２つの観点が調整不能なほど相容れないものだとは考えていない。なぜなら，ある自我構造がある対象に向ける態度は，必然的に，その対象がその自我構造の前にどのようなものとして登場するかということと関係しているはずだからである。しかし，「受け容れられた」と「拒絶された」との対比は，厳密には「興奮させる」と「拒絶する」との対比とパラレルなわけではない。というのも，「拒絶する」と「拒絶された」とは表裏の関係だが，「興奮させる」と「受け容れられた」とは表裏の関係だとは見做せないからである。とりわけ，「興奮させる対象」は，「満足させない」という意味において「悪い」ものだとされているのだから。こうした意味で，理論体系の一貫性を保つためには，ここで見解を再調整しておかなければなるまい。私は，一方で，興奮させる対象と拒絶する対象という概念を反故にしたくはないし，他方で，移行期的技法の分類の基礎とした包括的な考察を捨てたくもないからである。

ここで，先に触れた矛盾の第二番目，今のよりももっと重大な矛盾の方に目を向けてみるのがいいであろう。覚えておられることと思うが，先に私は，興奮させる対象と拒絶する対象とは，内在化された「悪い」対象，言い換えれば，満足させない対象に亀裂が生じてできた対象だと述べた。実際，私は，一番最初に内在化される対象，つまり，もともとの原型となる内的対象は，その「悪い」対象だと見做していた。しかし，それに先立つ論文の中で，「受け容れられた」対象と「拒絶された対象」について論じた際，私は，「良い」対象も，「悪い」対象と同様に，すでに内在化されているという仮定から出発していたのである。もちろん，ここに見出せる矛盾について，それは，それぞれの文脈で，異なる発達段階のことが論じられているのだ，と説明することはできるであろう。実際，私は，最近の方の論文においても，「良い」，ないし満足させる対象の内在化は，もともとの「悪い」，ないし満足させない対象の内在化に引き続いて生じるもので，「悪い」対象の内在化によって心の中に生じる結果を補償するのであろうと考えていたのである。もちろん，私が「受け容れられた」対象と「拒絶された」対象のことを述べた際に論じていた発達段階は，「移行」段階であった――この段階は，私が「興奮させる」対象と「拒絶する」対象との分化について述べた際に論じていた段階の次の段階である。ただ，そのそれぞれに含まれている２つの概念づけを関係づけるのは，そう容易いわけではない。一見すると，「満足させない」対象と，「拒絶された」対象とはイコールで結べるように思われるかもしれない。だが，私が「拒絶された対象」のことを論じる時に思い描いているのは，私の後の方の見解に従えば，「満足させない」対象がすでに「興奮させる」対象と「拒絶する」対象とに分裂された後の段階に対応する――だから，こう考えてみても問題は解決できないように思われる。

だが，今の私の考えでは，問題は，次のように見解を修正することで解決することができるように思われる。つまり，もともと内在化される対象は，外的対象のもっぱら「悪い」，満足させない側面だけを持った対象ではなくて，アンビヴァレンス以前の対象 the pre-ambivalent object なのだ，と。実際，これは，私が「人格におけるスキゾイド的要因」と題した論文（本書に所収）の中でとっていた仮定である。では，アンビヴァレンス以前の対象はなぜ内在化されるのか。その説明としては，その対象は，満足させないところも，満足させるところも，それぞれある程度持っている存在として登場する，ということを挙げられよう。この仮定からすれば，アンビヴァレンスが，もともとの分裂していない自我の内に初めて生じてくるのは，外的対象との関係ではなく，内在化されたアンビヴァレンス以前の対象との関係においてだということになるであろう。そしてその結果生じてくるのは，まだ分裂していない自我が，内的なアンビヴァレントな対象を眼前にしているという状況だということになるであろう。ここで思い起こして頂きたいのは，私の言う心の中の基本的な状況において，興奮させる対象と拒絶する対象とは，**いずれも**，中心的自我から見れば「拒絶された」対象だということである。もっとも，この前者の方は，リビドー的自我によって「受け容れられ」，後者の方は，内的妨害者によって「受け容れられ」ているのではあるが。このことを踏まえてみると，内的状況が辿る次のステップ，つまり，内的対象の分裂は，次のような形で生じるものと考えられる。もともとの自我にとっては，内的（でアンビヴァレントな）対象の，**興奮させ過ぎる**要素も，また，**挫折させ過ぎる**要素も受け容れ難いものである。だから，これらの要素は，両方とも，その対象の中心部から分裂排除され，抑圧されて，「興奮させる対象」と「拒絶する対象」とを生じさせる。これら２つの対象へのリビドー備給は，その２つの対象が拒絶されたとしても途絶えることはないから，最近の方の論文に記したような形で，自我の分裂がもたらされることになる。もともとの自我の，興奮させる対象に備給している部分は，その自我の中心部分によって拒絶され，抑圧されて，「リビドー的自我」となる。また，もともとの自我の，拒絶する対象に備給している部分は，その自我の中心部分によって拒絶され，抑圧されて，「内的妨害者」となるのである。ただ，お気づきの通り，内的なアンビヴァレントな対象から，その興奮させ過ぎる要素と，挫折させ過ぎる要素とが分裂排除された後にも，その対象の核は，その興奮させ過ぎる，挫折させ過ぎる要素が刈り込まれた形で残っている。この核は，中心的自我から見れば，「受け容れられた対象」の地位を占めるようになるものであり，中心的自我はこの対象への備給を続け，自ら，それを保持しておこうとするのである。心の中の基本的な状況の展開についてのこうした概念づけは，私自身，直前の論文において提言した概念づけをさらに一歩進めたものと考えており，私の見解は，そのように修正しておきたいと考えている。

私のこの修正された概念づけからすると，興奮させ過ぎる要素と挫折させ過ぎる要素とを刈り取られた，中心的自我にとっての「受け容れられた対象」は，脱性愛化され，理想化された対象という形をとり，リビドー的自我と内的妨害者を生じさせる要素を取り払った後の，中心的自我が安心して愛することができる対象となる，ということが理解されるであろう。そして，この対象こそ，まさに，ヒステリーの患者が，分析者をそういう対象にならしめようとするような対象だということには意味がある――この対象は，子供が両親をそのようにならしめようとするような対象であり，その努力は，通常，かなりの程度に成功するのである。だから，私は，これが，私が描くようになっている超自我（「内的妨害者」ではなく）の核となる対象であろうと思われる。ただ，この対象の性質を考えてみれば，それは，「超自我」とするよりも，（以前の用語を復活させて）「自我理想」とした方が適切であろうと思われる訳注20)。

さて，ここでまだ次の問題が残っている。私の先の方の論文に言う「受け容れられた対象」と「拒絶された対象」とは，私が概念づけを修正した，そのどこに繋がってゆくのか，つまり，私が移行期的な防衛技法として述べたものは，その新しい概念づけのどこに位置づけられるのか，という問題である。あらゆることを考慮に入れてみれば，最も適切な見解は次のようになるであろう。「受け容れられた対象」とは，興奮させる対象と拒絶する対象とが抑圧された後にも，中心的自我が備給し続け，その周りに，最終的には，私が考える超自我が形作られる核となるような，内的なアンビヴァレントな対象の核なのである。そして「受け容れられた対象」という用語は，その核を記載するためには都合のいいものである。こうして，この２つが同じものだということになると，後の方の論文に言う「興奮させる」対象と「拒絶する」対象とは，いずれも，先の論文に言う「拒絶された」対象という概念の中に入るものと見做す必要が出てくるであろう。というのも，すでに見てきた通り，これらの対象はいずれも，中心的自我によって拒絶されているからである。だから，先の論文に言う「拒絶された対象」（単数形）という用語は，「拒絶された対象 objects」（複数形）というふうに書き換えられなければならないことになる。改めてよく考えてみれば，「移行期的」技法においては，いずれの場合も，「興奮させる」対象も，「拒絶する」対象も，どちらも同じやり方で取り扱われていることがわかる。この意味で，「拒絶された対象 objects」は，この複数形の用語を用いるのが正しい，と思われるのである。実際，パラノイド技法と恐怖症技法においては，この２つはいずれも，外的なものとして取り扱われ，また，強迫技法とヒステリー技法においては，いずれも，内的なものとして取り扱われている。そして，付け加えておくべきことは，これらさまざまな技法は，いずれも，中心的自我が用いているものと見做されなければならない技法だ，ということである。

訳注20）Fairbairn は，後に，再度，これを「理想対象」と修正する。本書第８，16 章参照。

第5章

対象関係と力動的構造

(1946)[原注1)]

Object-relationships and dynamic structure, In Fairbairn, 1952, *Psychoanalytic Studies of the Personality*, London, Tavistock, pp.137-161

本稿の目的は，1939年から45年の戦時中に発表した一連の論文[原注2)]の中で発展させ，私が現在とるようになっている独自の観点を，少し一般的に説明することにある。これらの論文は，あるはっきりと確立された観点が推敲されたものではなく，一連の考えが，段々に発展し，生み出されてきたものである。ただ，この私独自の見解の根幹を成す究極的な原則はと言えば，それは，リビドーは，一義的に快楽を求めるものなのではなく，対象を求めるものである，という一般命題として定式化することができるであろう。この命題の基となっている臨床素材は，ある患者が口にした苦情に集約することができるかもしれない――曰く,「先生はいつも，私があの願望，この願望を満足させたがっていると仰いますけれど，私が本当に求めているのは，父親なんです」。今に至る私の一連の思索は，まさにこうした現象が意味するところを考えることからスタートしてきたのである。昨今，実践の中で対象関係を軽視しているという批判を受けて憤慨を感じない分析家はほとんどいないであろう。しかし，対象関係の重要性を認めつつも，だからと言って，古典的なリビドー論の基礎となっている理論的な原則，つまり，リビドーは一義的に快楽を求めるものだとする原則を堅持し続けていることについてまで立ち入って考え直してみようとしている分析家も，そう容易くは見出せない。もちろん，読者はすぐに，古典的な理論に言う「快楽希求」の意味とは,「リビドー的な緊張の緩和」のことに他ならない，と考えられるであろう。私が言いたいのは，そういう緊張は，元来，対

原注1） 1946年6月5日に，英国精神分析協会にて口頭発表。その後，*International Journal of Psycho-Analysis* Vol. 27, Pts. 1 & 2に発表。

原注2） 本書の第2～4章の3論文。[本書第2～4章]

象を求めている欲求の緊張だということなのである。快楽希求は，もともと，緊張状態それ自体の中に内在しているのだとする主張は，私から見れば，「ある事象の後で」起きることは，必ず「その事象ゆえに」起きているとする原則に基づいた議論であるように思われる。もっとも，その主張は，単に，緊張は緊張であって，緊張は自然に発散を求めるものだから，発散されれば自然に緩和されるものだ，ということを言っているに過ぎないと考えられるかもしれない。だが，そういう言い方をしてしまっては，緊張の背後に働いているさまざまな力の性質や，それらの力の目的や方向性にまつわる問題が答えられないままになってしまう。それに，緊張の緩和そのものは，いったいどのくらいリビドーの目的を実現することになっているか，という問題も答えられないままになってしまう。周知の通り，Freud は，リビドーの目的について触れ，それを――口愛的目的，肛門愛的目的，などといったように――性感帯との関連で定義した。だが，Freud がそうして記載したものは，実は，目的ではなくて，対象との関わり方のありようである。性感帯は，目的を司るものではなくて，目的に仕えるものだと考える方が適切である――つまり，性感帯とは，パーソナルな目的が，そこを介して達成される径路となる身体器官のことなのである。リビドーの本当の目的は，対象との間に満足いく関係を樹立することにある。だから，対象こそが本当のリビドーの目標だということになるのである。さらに，リビドー的な接近がどのような形式をとるかは，その対象のあり方によって決まることになる。幼児に備わっている合体傾向が，口で吸うという形式をとるのは，乳房というもののあり方に基づいてのことである。いやもちろん，厳密に言えば，母親の乳房と幼児の本能的口愛的な資質とは，お互いに，相互適応が可能なように進化してきている。そして，この事実それ自体が，リビドーの目的は，元来，対象関係と結びついたものだということを示しているのである。実際，いわゆるリビドー的目的を持ったものとされている活動の中には，私自身，一義的にリビドー的なものとは言い難いと思えるようなものも含まれている。例えば，いわゆる肛門愛的，尿道愛的な活動がそれである。これらの活動の元来の目的は，対象との関係を樹立することにあるのではなく，吐き出すことと同じように，生体にとっては異物である対象を拒絶することにあるからである。もちろん，だからといって，こうした活動が快楽を生み出さないわけではない。しかしそれは，快楽が，リビドーと特別な繋がりを持っているからではなくて，どのような力にせよ，その力にまつわる緊張が緩和される際には，自然にそこに快楽が伴ってくるものだからなのである。性感帯という概念づけについては，この他にも批判すべき点がある。そのいくつかを述べてみよう。

性感帯という概念づけは，生体についての，原子論的，あるいは分子論的な概念づけに基づいている――つまり，生体は，もともと，ばらばらの実在が寄り集まったものであり，発達の過程を俟って初めて，それらが関係づけられ，統合されたものとなってくる，という概念づけである。機能的な領域においては，この概念づけに呼応する原子論に基づいて，力動的な過程を，個々の衝動や個々の本能から記載しようとする傾向が生まれてきている。「リビドー」も実体化され，定冠詞をつけて「リビドー the libido」と記載する慣習が一般的になってきている。実際，これと同様の原子論が Marjorie Brierley の「過程論」[原注3)] の背景にあるように思われるし，Adrian Stephen が，その「アンビヴァレンスについての覚書」[原注4)] の中でとった認識論，その中で彼は，私の見解を例に引いて「良い対象と悪い対象」という概念づけを批判的に考察しているのだが，その認識論の中にも認められるように思う。私には，こうした原子論は，過去の生物学的概念づけの遺産であるように思われるのである。現代の生物学の概念づけは，これとは相容れないものであり，むしろ，生体は最初から全体として機能している，という見解をとっている。健常に機能している生体について，それを個々に機能している部分の集合体だと見做してよいと考えるのは，科学的な分析をするために導かれた人工的な考え方でしかない。むしろ，部分部分が別々に機能していることがはっきりと見えてくるような場合があるとすれば，それは，そこに何らかの病的な過程が起きているということなのである。同じように，個々の生体がその自然な対象との関係から切り離されて捉えられた場合，その捉え方からは，個々の生体の性質について，適切な概念づけを導くことは不可能である。生体の真の性質は，そうした対象との関係の中にこそ，示されるものだからである。行動主義者が，幼児について，隔離されたガラスの部屋で実験を行う時，その価値が低いものになってしまうのは，まさにこの事実を無視しているからである。母親から離れてガラスの部屋に置かれることで，子供はすでにその自然な対象を剥奪されている。その意味で，健常に機能する人間の子供ではなくなってしまっているのである。パブロフ流の実験の多くが価値の低いものになってしまっているのも，同じ理由によると考えられるであろう。

原注3）　Marjorie Brierley, 1944, Notes on metapsychology as process theory. *International Journal of Psycho-Analysis*, Vol.25, Pts. 3 & 4

原注4）　Adrian Stephen, 1945, A note on ambivalence. *International Journal of Psycho-Analysis*, Vol.26, Pts. 1 & 2

第二に取り上げたいのは，性感帯という概念づけをすることで，人が快楽の満足をなしにできる能力を正しく評価できなくなってしまう，という点である。古典的な理論からすれば，こうした能力の成立は，（ａ）抑圧，か，（ｂ）現実原則をもって快楽原則に置き換えること，のいずれかによるものと考えられることになる。抑圧に関して言えば，その技法によって，人は確かに，快楽なしで済ますことができるようになるし，むしろ，自分から快楽を断念するようにさえなるのも確かである。しかし，逆に，目に見えて快楽を求めるということがあるとすれば，それは，対象関係心理学 object-relationship psychology の観点から見る限り，行動が荒廃しているということである。私がここで，行動の「退行」と言わずに，「荒廃」と言うのは，もし対象希求が一義的なものだとすれば，快楽希求を「退行的」とするわけにはいかず，むしろ，荒廃という性質を持っているとした方がもっと適切だからである。目に見えて快楽を求めることの本質的な目的は，ただ緊張を緩和するという，そのことのためだけにリビドー的な欲求の緊張を緩和することにある。もちろん，こうした過程はごく一般的に認められる。だが，リビドー的な欲求というものは対象を求める欲求 object-need なのだから，単なる緊張緩和を求めるのは，どこか対象関係がうまくいっていないということを意味しているのである。文字通りの緊張緩和は，実は，安全弁の過程に過ぎない。つまり，それは，リビドー的目的を達成する手段なのではなく，その目的が達成できていないということを宥（なだ）めるための手段なのである。

先に述べた通り，古典的な理論からすれば，快楽の満足をなしにできる能力は，抑圧のみならず，現実原則をもって快楽原則に置き換えることによっても達成されることになっている。だが，もしリビドーが一義的に対象を求めるものであるのならば，行動は外的現実を志向し，最初から現実原則によって決定されているはずだということになる。このことがもし，人間の幼児の場合にうまく当てはまらないのだとすれば，その主な理由は，人間においては，動物の場合と違って，本能行動のパターンがさほど固定化されたものではなく，もっと幅広い可能性を持ったものだからである。だから，人間の本能的欲動は，おおよそこのような傾向を示すという形をとるだけである。それが，経験を経て，もっと固定されたパターンや，もっと分化したパターンをとるようになってくるのである。子供に欠けているのは，何よりもまず，現実についての経験である。大人の観察者から見て，子供の行動が，一義的に快楽原則によって決定されているという印象を持ちやすいのは，子供に現実志向性が欠けているからではなく，子供に現実についての経験がないからである。

もちろん，子供はその未経験さゆえに，大人に比べれば，より感情的で衝動的，つまり，よりコントロールの悪いものになりがちだということは認めなければならない。そしてこのことと子供が出会うフラストレーションの大きさとが相俟って，子供は大人よりも，緊張緩和の行動に走りがちになる。しかし，だからと言って，子供の行動が一義的に快楽原則によって決定されていて，その快楽原則はのちのち現実原則に置き換えられてゆく必要があるものだと結論するのは誤っていると私は思う。行動を司る原則をこうして２つに分けて考えることは，動物の場合には通用しない。というのも，動物の本能行動は，あまり経験の有無に左右されることのない固定化されたパターンをとっており，従って，対象を求めるということについて問題が起きることはほとんどないからである。人間の子供も，あくまでも対象を求めるものである。それは，動物の場合と何ら変わりがない。しかし，人間の子供の場合，対象への道は，大雑把に描かれているに過ぎない。それゆえにこそ，子供は路頭に迷ってしまいやすいのである。飛んで火に入る夏の虫の喩えが，ここでちょうどいい例になるかもしれない。この喩えは，一見，相応しくない例のように思われるであろう。なぜなら，火を求める虫には，現実感覚に重大な欠陥があると言えるであろうから。しかし，だからと言って，この虫は快楽に導かれて火に向かっているのだ，というわけにもいかない。むしろ，その行動は，本質的に対象を求めているのである。もっとも，その虫が求めているものは，火ではなくて光である。つまり，その行動は，快楽原則によるものではなく，ある光源と別の光源とを区別できないという意味での重大な限界を抱えているとはいえ，ある現実感覚によってこそ導かれているのである。実際，現実感覚というものは，本質的に程度問題である。子供の現実感は，その特質上，大人のそれよりも程度が低い。けれども，たとえフラストレーションを前にして緊張緩和という方向に脱線してしまいがちであったとしても，子供が最初からある現実感覚に基づいて行動していることに変わりはないのである。

さて，もう１つ，性感帯という概念づけと，それに関連した，リビドーは一義的に快楽を求めるものだとする概念づけについて考えておきたいことがある。それは，これらの概念づけからすると，本能的な対象希求においては特定の対象が求められるという特性があることが，きちんと評価されなくなってしまうという点である。この特定性は，動物の場合に最もよく見出しやすい。人間の場合，その適応性ゆえにそれが見えづらくなっている。けれども，それが損なわれてしまっているわけではない。これに関連することとして，鳥の巣作りを例に引こう。鳥がその巣の材料として集めるもの（対象）は，極めて特定のものである。小枝を集める種もあれば，藁を集める種も，土を集める種もある。同じように，完成した巣は，それぞれの種に応じて特徴的な構造を持っている。ここで心に留めておいて頂きたいのは，鳥にとって巣は，まさしくある到達目標 object になっているわけだが，それと同じように，人間にとっても家が１つの到達目標になっている，ということである。というのも，家は造り上げられるべきもの［対象］だからである。それは，実現されるべき目標であり，ともかくも作り出さなければならないものなのである。もちろん，人間における家は，どんな種の鳥における巣に比べても，そのデザインはヴァリエーションに富んでいるし，その素材もずっと多様なものである。だが，それでも，家は常に家である。人間の家がかくも多様なのは，ヒトの本能的資質が固定化されたパターンをとっておらず，おかげで適応性も高いということの証だと解釈されるに違いない。適応性とは，言うまでもなく，経験から学ぶ能力，つまり，対象希求を実現するため，生来的に備わっている現実感覚をさらに進化させてゆく能力のことである。適応性は，また，対象を求めるために使い得る技法の幅を，かなり大きく広げることにもなる。ただ，こうした特長には，必然的に，ある危険が付いて回る。それは，健常な状態からの逸脱を引き起こす危険性が増してくるということである。もっとも，だからと言って，対象希求の原則が霞んでしまうことにはならないはずである。ここで，私は，以前主治医をしていたある男性のことを思い出す。この人は，頸部脊椎骨折のために，四肢が完全に麻痺していた。ただ，彼は熱心な読書家で，舌で本のページをめくりながら文学の世界に親しんでいた。彼のこの行動を，口愛期への強い固着だとか，彼の性格に口愛的要素が他を圧倒するほど大きな地位を占めているだとか，そういうことから説明をすることはもちろんできない。彼が口を使ってページをめくっていたのは，その器官だけがその目的を果たせる身体的径路だったからに過ぎない。幼児が乳房を求めるために口を使うのも，実はこれと似たような原則に基づいている。つまり，口だけがその目的を達成するために使い得る器官なのである。もちろん，幼児がまず口を使うのは，長い進化の過程を経て，幼児の口が，対象を求めるという，まさにその目的を遂げるに当たって，特に都合のいいものになってきているからである。そしてこのことと軌を一にして，その同じ進化の過程によって，乳房を求めるという目的のために口を使うということが，幼児の本能的資質の中で１つのパターンとして確立されてきているのである。だが，もしこのことを捉えて子供は口愛的だとするのであれば，そこではっきりさせておかねばならないのは，子供が口愛的なのは，乳房を求めているからであって，その逆ではない，ということである。全般的に言えば，人は自分のリビドー的目的を達成するため，つまり，自分の対象との間に望ましい関係を樹立するために，身体の器官を使う。そして，その選択は，次のような順位に従った原則によって決定されていると思われる。（ａ）目的に適っている器官。また，進化の過程を通じて，その目的の達成に，他の器官よりも特に適合するようになってきている器官，（ｂ）使い得る器官（もちろん，この「使い得る」というのは，「生物学的にも，心理的にも使い得る」という意味である），（ｃ）たとえ外傷的な体験であったとしても，経験によって，少なからずよしとされてきた器官。これらの原則は，一般的に言って，次のように作用していくことになる。成人の場合，対象との性愛的関係のために選択される器官は性器であり，性器は，通常，その関係における主たるリビドーの径路となる。しかし，何らかの心理的な理由によって性器を使うことができなければ，リビドーは，どこか他に使い得る，１つ，もしくは複数の径路に向け替えられることになる。例えば，幼児期に選ばれ，経験によってよしとされた器官である口に向け替えられたりするのである。そうでなければ，リビドーは，これまで径路として選ばれたことはないけれども，幼児期に――おそらく浣腸といった外傷的なやり方で――経験的によしとされたことがある肛門に向け替えられたりすることもあるのである。ここで，おそらく触れておいた方がいいのは，成人の場合，リビドーが性器から口へと向け替えられ得るのと同じように，幼児期において，挫折状況の中で口が使いづらくなった場合，リビドーが機が熟さないままに口から性器へと向け替えられることがあるということである。このような特殊なリビドーの向け替えが，幼児の自慰へと繋がることになるのであり，それはまた，ヒステリーの精神病理の重要な特徴になっているようにも思われる。

さて，これまで，私が古典的なリビドー論のどのようなところに満足できないか，それはなぜなのかということについて述べてきた。私はまた，その理論はどのような方向で修正していく必要があると考えているか，という点も示してきた。私が手直しの必要があると考えている大きなポイントは，リビドーは一義的に対象を求めるものだという原則をとるというところにある。他の変更は，いずれも，そこから直ちに導くことができる。そしてすぐに理解されるであろうことは，これらさまざまな変更の中には，性感帯という概念づけを基礎としたAbrahamのリビドー的発達論とは相容れない，ある考え方があるということである。私は，今回，Abrahamの図式に対する詳細な批判を述べるつもりはない。それは，「精神病と精神神経症をめぐる精神病理学の改訂」と題した論文ですでに述べている。ただ，もし性感帯という概念づけがどこかおかしいのであれば，それを基礎にした発達図式にもおかしなところが出てくるであろうことは明らかである。これは，Abraham が対象関係の重要性に関心を払っていなかったということではない。Abraham が対象関係の重要性を認識していたことは，その著作の中に明らかである。しかし，私の意見からすれば，Abraham は根本的な過ちを犯している。それは，実のところ，対象関係を結ぶ上での**技法**であるものを，リビドー的段階として捉えたところにある。そしてその背景にあるのは，彼が性感帯という概念づけを無批判に受け容れてしまっていたということなのである。ただ，忘れてならないのは，Abraham は，対象関係の重要性について決して無関心ではなかったけれども，その理論の定式化が，Melanie Klein の業績を通じて**内在化された**対象がこの上もなく重要だということが注目されるようになる以前に行われた，という意味で，とても残念なめぐり合わせの中にいたということである。Melanie Klein の業績と，それに基づくその後の発展からしてみれば，人のもつ対象関係は，内的対象との関係を考慮に入れ，その重要性をしかるべく認めていかない限り，正しく理解することはできない。そういう理解に基づいて初めて，Abraham が発達段階という文脈で理解し，私は主としてさまざまな技法として解釈されるべきだと考えている，その現象の，真の意味が認識できるようになるのである。

対象関係心理学から見れば自明なことだが，リビドー的発達に関する図式は，発達の過程にある個人にとって，さまざまな段階における，自然な，そして生物学的な対象とは何かということを中心にしたものでなければ，満足できるものとはなり得ない。もちろん，最も早期の段階における子供の自然な対象が，母親――もっと特定して言えば，その乳房――であることについては，議論の余地もない。そして，発達が進むにつれ，最初は何よりも母親の乳房に向けられていた関心は，次第に全体としての母親に向けられるようになり，そうやってリビドーの焦点は変わっていくことになる。一方，最初は何よりも母親の乳房に集中していたリビドー的関心が，発達尺度のもう一方の極では何に向けられるのかと言えば，親以外の異性の対象の性器がその関心の的となるであろうこともまた，同じように議論の余地はない。もっとも，ある特定の身体器官が，後の方の段階になっても初期の段階と同じくらい関心の中心を占めているとすれば，それは，何かとても具合が悪いことが起きている，ということになるわけだが。さて，ここにこうして，**その段階に相応しい生物学的な対象**が明確で，それによって他と容易に区別できる段階が２つあることになる（１つはその尺度の低い方の極，もう１つは高い方の極である）。だから問題は，人はその一方の段階から，もう一方の段階へと進むに当たって，どのようなステップを踏んでゆくのかということである。では，一番最初と一番最後の段階における２つの対象の間にあって，発達過程においてその２つの仲介役を演じるに相応しい生物学的な対象とは何かと考えてみても，そういう対象を見出すことは全く不可能である。これはつまり，一方の段階ともう一方の段階との間の移行過程の問題なのである。ただ，この移行過程は，とても長期に亘り，かつ複雑なものである。それゆえ，それは，２つの段階の間に存在する特別な中間段階だと考えなければならない。こうして，３つの段階からなるリビドー的発達論ができ上がる――（１）乳房がその段階に相応しい生物学的対象である段階，（２）移行段階，（３）異性の性器がその段階に相応しい生物学的対象となる段階。この一連の段階を通じて，対象とのパーソナルな関係は次第に拡大し，発達してゆく。その始まりは，母親との間に形作られるほとんど排他的で非常に依存的な関係であり，それが成熟の過程を介して，さまざまな程度の親密さを備えた，非常に複雑に体系化された社会関係の集積へと変化していくのである。こうしたパーソナルな関係は，その段階に相応しい生物学的対象との間に持たれた関係からもっぱらそれだけに左右されるということではないにしても，大変大きな影響を受ける。そして，子供が小さければ小さいだけその影響は大きなものとなる。言うまでもなく，社会的な観点から見れば，パーソナルな関係というものは，この上なく重要なものである。だから，さまざまな発達段階の意味を考える場合も，そうしたパーソナルな関係のことは十分考えに入れておかなければならないし，その各段階を命名するに当たっても，その命名の中に，そのパーソナルな関係の重要性が浮かび上がるようなものである必要がある。最も早期の段階をとってみると，子供の乳房に対する態度は，確かに，口愛的と言えるかもしれない。しかし，それが口愛的なのは，それが**合体的**であり，合体する器官が口だからに過ぎない。だが，そこで子供が母親との間に持つパーソナルな関係に際立っている特徴はと言えば，それはむしろ，この上ない**依存**にこそある。この依存は，心理的なレベルでは，一次的同一化[原注５)]という過程の中に見て取ることができ

原注５）　私がここで用いている「一次的同一化」という用語は，備給している主体が，自分自身からまだ分化し切っていない（ないし，部分的にのみ分化してきている）対象に向けている備給のことを示している。この過程は，もちろん，従来「同一化」と記載されてきた過程，すなわち，分化された（ないし，部分的に分化された）対象を，情緒的なレベルで，あたかもそれが分化されていないかのように扱う，という過程とは，別物である。後者の過程は，「二次的同一化」と記載するのが適切であろう。

るし，その観点からすれば，子供にとって不安を引き起こす最大の要因は，自らの対象からの分離である，ということになる（私の戦争精神医学 war psychiatry の経験からしても，このことが神経症的な兵士の不安を生み出す最大の要因であった）。こうしたさまざまな考察を踏まえてみると，最初の段階は，主として対象への口愛的合体的態度，ならびに対象との一次的な情緒的同一化という態度の中に依存が示されることに鑑みて，**幼児的依存**の段階とするのが最も適切であろう。これに対して，最終的な段階は，**成熟した依存**の段階とするのが最も良いであろう――ここで，「独立」と言わずに，「成熟した依存」と言うのは，関係を結ぶ能力には，必然的に，何らかの依存が含まれているからである。成熟した依存が幼児的依存と明らかに異なる点は，一方的な合体的態度も，一次的な情緒的同一化も，そこには特徴として認められないというところにある。むしろ，その特徴は，分化した個人が，分化した対象との間に協力的な関係を結ぶ能力にある。もちろん，その段階に**相応しい生物学的対象**から見れば，その関係は性器愛的なものである。しかし，その関係は，与えること giving と摂ること taking との均衡がとれていて，お互いに依存しながら，その互いの依存には釣り合いが取れているような，そういう２人の分化した個人間での関係である。さらにその関係の特徴は，一次的同一化がないこと，合体がないこと，にもある。少なくとも，これが理想の図である。もっとも，実際にはこうしたことが完璧に実現されるなどということはあり得ないということも，言うまでもあるまい。というのも，どこにも引っかかることもなくリビドー的発達を遂げられる人など，誰一人としていないのだから。中間の段階については，先に**移行期**と記した。こう名づけるのが一番いいと考えたのは，この段階を移行していく上での困難や葛藤に起因する波瀾の段階だからである。従って，おそらく予想される通り，この段階は，特徴的に葛藤の段階であるばかりでなく，もろもろの**防衛技法**が展開される段階でもある。中でも群を抜いて目立っているのが，４つの典型的な技法――パラノイド技法，強迫技法，ヒステリー技法，恐怖症技法である。ただ，私の考えでは，これら４つの技法，それぞれに対応する固有のリビドー的段階というものは存在しない。むしろその４つは，移行段階の困難に何とか対処しようとするための４つの方法，いずれが使われても構わない４つの選択肢なのである。ここで注目しておく必要があるのは，これから移行が始まっていくという段階で，合体的態度がいかに重要な役割を果たすかという点である。この合体的態度は，ミルクの摂取ということのみならず，対象の心理的な内在化，言い換えれば心的構造の中に対象を表象するもの representations of objects を心理的に合体する，というところにも顕われてくる。その結果，移行期の大きな課題は，分化した外的対象との関係を樹立することにばかりではなく，すでに内在化されている対象objectsとの関係を心の中にうまく収めていくというところにもあることになる。ただ，移行段階の課題には，最初の段階で樹立された関係を断念することも含まれている。だから，状況はもっと複雑なものになるのである。加えて，それまでのところですでにアンビヴァレンスが確立し，対象が良い対象と悪い対象とに分裂されていることも，その状況をさらに複雑にする。こうして，結果的に言えば，対象を追い払い，対象から逃れようとすることが移行段階の際立った特徴となることになる。このことは，外的対象についてばかりでなく，内的対象についても言える。いや，だからこそ，とりわけ移行段階のより早期の段階においては，排出的，排泄的な過程を基盤にした技法が，かくも大胆に使われるようになるのであり，それは，生来的に備わっている肛門期が到来したためなどではないのである。つまり，この時期においては，早期の対象を追い払い，その対象から逃れようとする努力が，もっと後の時期よりも目立った役割をとるのであり，それが自然な経緯なのである。もっとも，移行期の間に発展する，後の精神病理の基盤をなすさまざまな技法は，内在化された対象に対処するためのさまざまな選択肢としての方法だ，ということは強調しておかなければならない――それらは，実のところ，それまでに内在化されている早期の対象を，失うことなく，追い払おうとする方法なのである。

本論文においては，さまざまな移行期的技法が持っている特徴を議論することはできない。それゆえ，大掴みに，それらの本質的な相違点は内的対象の取り扱い方にある，とだけ言うだけで，よしとせざるを得ない。また今回は，幼児的依存の段階にあって，後に精神病理を発展させる基盤となる過程についても詳しく議論することはできない。そこで，せめて，私が最も重要だと考えている，この最初の段階に起きる人生最早期の発達に目を向けておくことにしよう。私の考えでは，そこには，次のような一連の過程が含まれている。

（１）　内在化された悪い対象が，（ａ）興奮させるような属性を持った対象と，（ｂ）拒絶するような属性を持った対象とに分裂される。

（２）これら２つの対象が，自我によって抑圧される。

（３）２つの抑圧された対象に結びついたままになっていて，それらの対象の抑圧の，いわば後を追う自我の部分が，分裂排除され，抑圧される。私は，その自我の部分を，それぞれ，**リビドー的自我**，**内的妨害者**と呼んでいる。

（４）その結果，私が，**心の中の基本的な状況**と呼ぶ状況ができ上がる。そこでは，**中心的自我**が攻撃性を使い，（ａ）**興奮させる対象**と結びついているリビドー的自我，と，（ｂ）**拒絶する対象**と結びついている**内的妨害者**とに対して，**直接的抑圧**を加えている。

（５）私が**間接的抑圧**と呼ぶ過程が作動する。即ち，拒絶する対象と同じ態度をとっている内的妨害者が，興奮させる対象と同じ態度をとっているリビドー的自我に対して，攻撃性を行使する。

今，ごく簡単に触れた，心の中の基本的な状況の何よりもの特徴は，それが**自我の分裂**という手段を介して造り上げられているというところにある。だから，その状況が成立しているということは，すでに**スキゾイド・ポジション**が確立されていることを意味している。このポジションは，人生最初の段階の比較的早期の内に確立され，Melanie Klein が詳細に記載した抑うつポジションに先行するものである。抑うつポジションは，もともとの単一の自我が分裂され，スキゾイド・ポジションが確立された後になって初めて現われてくる。ここで，ここまで説明する機会がなかったことについて触れておいた方がいいであろう――私は，人生最初の段階は２つの時期に分けられると考えている。その後の方の時期は，もともとの吸いつくという傾向に並んで，噛みつくという傾向が現われてくることで区別される。この２期の区別は，言うまでもなく，Abraham の言う，早期口愛期と後期口愛期との区別に対応している。そして，抑うつポジションが生じてくるのは，その後期になって初めて，つまり，子供が，合体的に吸いつくことから生じてくる状況と同時に，破壊的に噛みつくことから生じてくる状況にも直面するようになってからのことである。そこで，私は，心の中の基本的な状況に示されるようなスキゾイド・ポジションこそが，究極的には，その後発現する可能性のあるあらゆる精神病理の基盤となるものだと言いたいのである。というのも，こうしたポジションが確立されて初めて，Freud が，自我，超自我，エスとして定式化しようとした，心の中の構造が分化し得るからである。

現在までのところで私が到達している心の中の構造という概念づけは，Freud が定式化したものとは大きく異なるものであることが理解されるであろう。ことに私の概念づけは，究極的には内在化された対象の抑圧をベースに考えているという点で，Freud のそれとははっきりと区別できる。だが，仮にこうした対象の抑圧のことを脇に置いてみると，この２つの概念づけの間には，全般的に対応関係があるのは明らかである。つまり，中心的自我は Freud の言う「自我」に対応し，リビドー的自我は Freud の言う「エス」に，そして，内的妨害者は Freud の言う「超自我」

に，それぞれ対応しているのである。だがそれでも，こうした対応関係のもう１つ深いところでは，概念づけの仕方に関わる重大な相違がある。というのも，私の考えている自我構造（つまり，中心的自我と２つの従属的自我）はいずれも，一番最初に存在しているもともとの単一の力動的自我構造が分裂されることによって生じてくる，元来**力動的**な構造だと考えられている。これに対して，Freud が記載した精神装置の３つの部分は，その全てが，元来力動的な構造だというわけではない。「自我」は，もともと自分のものとしてはエネルギーを全く持たない構造だと考えられ，「エス」は，構造を持たないエネルギーの源泉だと考えられている。「超自我」については，確かにそれが力動的な構造だと理解できるような書き方でその行動が記載されているが，こころのエネルギーは全て，究極的には「エス」に由来すると見做されているのだから，「超自我」も「自我」と同様，実はエネルギーをそれ以外のところから受けている，エネルギーを持たない構造だと考えられていることは明らかである。Freud の精神装置論のさらなる特徴は，「自我」がもともと存在している構造ではなく，「エス」という未分化な母体の表面に発達し，そこから，いわゆる「衝動」という形で，エネルギーを受け続ける構造だというところにある。これに対して，私の理論では，自我構造はいずれも，元来力動的なものだと考えられている。中心的自我がもともとの単一の力動的な自我構造の中心部分を成し，そこから，後に従属的自我が分裂排除されてゆくのである。つまり，Freud がある構造としての「自我」を，構造を持たない「エス」の派生物だと考えていたのに対して，私は，リビドー的自我（「エス」に対応する）は，もともとの力動的自我の部分が分裂排除されたものだと考えているのである。もちろん，Freud は，一貫して，「超自我」を，ある意味，「自我」の派生物だと考えていた。だから，この点で，「超自我」は，内的妨害者と違いがない。ただし，もちろん，そのエネルギーが他から派生するものだというところは別である。もっとも，Freud は一方で，超自我をある内在化された対象としても記載した。もし「超自我」にこうした資質があるのだとすれば，超自我は，私の言う拒絶する対象（内的妨害者が結びついている）の果たす役割とどこか類似した役割をも果たすことになる。ただ，私は，「超自我」という概念は，内的妨害者や拒絶する対象という概念でカバーできるものではないと考えている。実際，私は，自分の図式の中に，「超自我」という用語を導入しようと考えているけれども，それは，中心的自我が，興奮させる対象と拒絶する対象とを拒絶し，抑圧しても，まだ中心的自我によって備給され，「良い」ものとして受け容れられている内在化された対象のことを示すものとしておくのがよいと考えている。

私はこれまで，私の提唱する心の中の構造論と Freud の精神装置論とを比較し，両者のさまざまな相違点に，その中には全般に関わる部分も，ある特定な領域に関わるものもあるけれども，着目してきた。私が，我々が問題にしている現象にアプローチする方法として，Freud の精神分析の方法を用いていることは言うまでもない。しかし，その根本的な相違点はと言えば，そのアプローチの背景となるところで，私が Freud とは違った科学的原則をとるようになってきているところにある。私の見解が Freud のそれと対応していながら，同時に離れているのは，このように，方法は同じでも，その背景にある原則が違っているためなのである。実のところ，私の見解は，かなりの部分，Freud のそれとは違った一連の科学的原則を背景にして，Freud の見解を解釈し直したものだと言えるであろう。その中心を成す相違点は，次の２つである。

（１）Freud は，その全思索体系を通じて，対象関係の問題に関心を向けてはいたものの，リビドーは一義的に快楽を求めること，つまり，自らの緊張緩和を中心に据えているという原則を堅持していた。だから，Freud にとってリビドーは，理論上，方向性を持たないものであった。もっとも，Freud の発言の中には，明らかにそうではないと言っているように思えるところもあるのだが。これに対して，私は，リビドーは一義的に対象を求めているという原則，そして，緩和を求める緊張というものは，ある対象を求める傾向と，別の対象を求める傾向との間の緊張だという原則を堅持している。つまり，私にとって，リビドーは，方向性を持ったものである。

（２）Freud は，心的エネルギーは，本質的に心的構造からは区別されるという前提をもって，心理学的な問題にアプローチしようとした。これに対して，私は，力動的構造の原則，つまり，エネルギーから切り離された構造も，構造から切り離されたエネルギーも，いずれも意味のない概念だと考える原則に従うようになっている。

これら２つの中心的な相違点を考えてみると，前者は，後者に基づくところが大きいと考えられ，その意味で，後者の方がより根本的なものである。つまり，Freud の，リビドーは一義的に快楽を求めているという見解は，エネルギーを構造から切り離したところから直接的に導かれた考え方なのである。事実，エネルギーを構造から切り離してしまえば，心を乱すのではない唯一の心的変化は，ただ，もろもろの力の均衡を確立するもの，言い換えれば，方向のない変化だけとなる。だが，もし，エネルギーは構造とは切り離せないものだと考えれば，そこに認め得る変化は，構造上の関係の変化と構造同士の関係の変化しかない。そして，こうした変化は，いずれも，元来方向性を持ったものなのである。もちろん，よくよく考えてみると，Freud がエネルギーを構造から切り離してしまったのは，当時の科学に一般的だった風潮によって背負わされてしまった限界を示しているということが見えてくる。面白いことに，近代においては，その時々の物理学の概念づけが，その時代の科学の風潮をいつも支配しているという特徴がある。ともかくも，Freud の時代の科学の風潮を支配していたのは，宇宙は自ら動く力も変化する力も持たない極微粒子の集塊であり，運動はそうした粒子とは別に存在する一定量のエネルギーによって与えられるという，ヘルムホルツ流の概念づけであった。だが，現代の原子物理学は，この概念づけを完全に書き換えてしまった。そして，もし心理学が，まだ物理学に追いついていないのだとしたら，心理学は，少なくともそこに足並みを揃える努力をしなければいけないと考えるのは，さほど過大な期待でもあるまい。精神分析に関して言えば，エネルギーを構造から切り離して考えてしまったことによって，大変遺憾なことだが，精神分析理論の中，その力動的な側面において，「衝動」や「本能」といった仮想上の存在が，まるで空襲でも加えるかのように，受身的な構造を攻め立てる，という図式が浸透してきてしまっている。思いつくままに一例を挙げると，Marjorie Brierley（前出）は，「心的活動を刺激するものとしての本能」という言い方をしている。だが，力動的構造という見方からすれば，「本能」は，心的活動を刺激するものではなくて，それ自体が，ある心的構造の特徴的な活動なのである。同じように，「衝動」は，いわば，だしぬけにガツンとやられた自我が縮み上がったり，おそらくある種の痛みを感じたりするようなものではなくて，ある活動している心的構造なのである——つまり，ある心的構造が，何か，あるいは誰かに対して何かをしているということである。実際，力動的構造という観点からすると，「本能」とか「衝動」とかいう用語は，心理学で用いられている他の多くの用語同様，誤解を招きやすく，ただ事態を混乱させるだけの存在の実体化である。さらに誤解を招きやすいのは，「本能 instincts」とか「衝動 impulses」が複数形で用いられている場合である。だから，そういう用語は，「本能的な傾向」とか「衝動的な行動」といったように，形容詞形で用いられることによって初めて有益なものになり得るのである。そうすることによってこそ，それらの用語が，一方ではある心的構造のこと，他方ではある対象関係のことを言っていることを示すことができるからである。

さて，私は，1939 年から 45 年の戦時中，新しいアプローチをもって古典的な問題を考え直す機会を得ることができた，その成果として，その間に到達したさまざまな理論的結論のうち，最も根本的なところについて少し説明をしてきた。よくよく考えながら，私が自然に導かれ，とることになった，そのアプローチは，まさしく対象関係の心理学であった――もっとも，振り返ってみれば，私のもっと早い時期の論文の中には，この立場を先取りしているものがあるのがわかる。ただ，その後明らかになった通り，このアプローチは，さらに新たな考え方が必要となるような問題をもたらし，私は，その道を辿って，まさしく力動的構造の心理学をとるようになったのである。もし私が，本論文の中で，私のいくつかの主な結論のみならず，対象関係の心理学 a psychology of object-relationships から力動的構造の心理学 a psychology of dynamic structure が生み出されてきた過程を示すことができていたとしたら，それは願ってもないことである。

第6章

人格の対象関係論の発展における諸段階

(1949) 原注1)

Steps in the development of object-relations theory of the personality, In Fairbairn, 1952, *Psychoanalytic Studies of the Personality*, London, Tavistock, pp.152-161

1909年，私が初めて心理学という学術研究に接した時，私は，人間の行動を司る主たる要因について，何がしかの洞察を得ることができそうな気がして，まずはぞくぞくする好奇心をそそられた。しかし，程なく，そこで語られている精神生活についての解説の中には，ある重大なテーマが取りこぼされていることに直面し，驚愕の思いを禁じ得なかった。とりわけ，私が，当時でさえ，精神生活を考えるに当たってどうしても無視することができないと考えていた2群の重要な現象，つまり，性という現象と，良心という現象について，あまりに何も触れられていなかったことである。それから数年を経て，私はFreudの中に，そうした重大な取りこぼしをしていない稀有な心理学者を見い出した。それ以来，私の心理学的な関心は，主として，Freudの研究が導く方向に従って進んでいったのである——その研究は，精神病理学という領域の中で行われていたわけだが，私自身，次第にその領域に大きな関心を持つようになり，そのことが一層これに拍車をかけた側面もある。だが，Freudの理論は，基本的なところで，私がどうしても受け容れ難い特質を1つ持っていた。それは，その心理的快楽主義である。私がそれを受け容れ難い，その少なくとも1つの理由は，私がかつて哲学についての訓練を受けていた中で，すでに，もともとはJohn Stuart Millが提唱したような快楽主義を唱える理論がどのようなジレンマに直面することになるかをよく理解していたこと，実際，Millの思索も，心理学的な快楽希求という原則から，「最大多数の，最大幸福」という倫理原

原注1） 1948年7月26日に，エジンバラにおいて開催された第12回国際心理学会議での講演。後に，*Brit. J. Med. Psychol.* Vol.22, Pts. 1 & 2に発表。

則[訳注1]へと，矛盾に満ちた，しかもやむを得ざる形で動いてゆくことになった過程を知っていたことにある。もちろん，このように考えが変わっていったのは，社会生活というものが成立しているという厳然たる事実を評価せざるを得なかったからである。だが，その修正が必然だったということ自体，快楽希求という原則からでは，対象関係について満足いく説明をすることが難しいということを物語っているのである。Freud の思索の発展の中にも，同様の移行が認められる――それは，リビドーは一義的に快楽を求めるものだと考えるリビドー論から，快楽希求が，対象関係の圧力の下，いかに道徳原理に従属させられるようになるかを説明しようとする超自我論への移行である。つまり，ここでもまた，社会生活の成立という厳然たる事実から，快楽希求論の不適切さが明らかになったのである。実際，Freud は，超自我論を定式化してようやく，『集団心理学と自我の分析』において，集団生活という現象を体系的に説明しようとする試みに手をつけることができた。Freud は，この著作の中で，社会集団が凝集するのは，そのリーダーに，つまり個人の超自我を外的に代表するものとして機能するリーダーに，共通の忠誠が誓われるからだと説明した。集団のリーダーは，言うまでもなく，父親像として捉えられている。それは，Freud がここまでのところですでに，超自我とは，子供時代，エディプス状況を内的にコントロールしなければならなくなった際に，内在化された両親像の心の中の代表物だと考えていたことによる。実際，エディプス状況が存在するということ自体，対象関係の存在を，また，家族が1つの社会集団として存在していることを示していると言えよう。ただ，超自我は，子供がその対象関係をコントロールする手段であると同時に，その対象関係から生み出されたものであることも明らかである。そして，言うまでもなく，超自我は，それ自体，ある内的対象である。さらに注目しておきたいのは，Freud の自我論は，抑圧の煽動者としての超自我論と結びついているという点である。事実，Freud の自我論は，抑圧するものの研究から生まれてきたのである。こんなふうに考えてくると，Freud の思索の発展は，行動は快楽希求によって決定されるというもともとの理論から，自我と対象との関係，そ

訳注1）　John Stuart Mill の父の親友で，彼の幼少期から大きな影響を受けた Jeremy Bentham が 1789 年に提唱した，いわゆる功利主義の原理。社会の幸福は個人の幸福（快楽）の総和によって決定することができるとし，最大多数の人が最大限の幸福を教授できることが人間が目指すべき善であり，それを可能にする施策が正しいとするもの。Mill 自身は，後に，この原理には快楽の質的相違が考慮されていないこと，より低い快楽が選ばれることがあることを指摘していくことになる。

の対象は内的のものも，外的なものも含まれているわけだが，そういう自我と対象の関係から考えられた人格理論へと進展していったことが理解されるであろう。この後期の理論によれば，人格のありようは，ある外的対象の内在化によって決定され，集団関係のありようは，ある内的対象の外在化，ないし投影によって決定されることになる。だから，こうした発展の中に，すでに，人格の「対象関係」論の芽生えを見て取ることができるのである——対象関係は，人格と外的対象との間にばかりでなく，人格の内にも存在するという概念づけを基礎にした理論の芽生えである。

この発展はさらに，Melanie Klein によって一歩前に進められた。Klein は，その分析的研究の中で，人格の発達においては，内的対象の影響力が計り知れないほど重要なものだと考えるようになっていったのである。Freud の理論において，唯一認められた内的対象は，超自我であった。そしてこの構造が果たす役割として考えられたのは，良心として機能する内的な親としての役割であった。周知の通り，Melanie Klein は，この超自我概念を受け容れている。だが Klein は，取り入れられた対象は他にも多様に存在していると考えた——例えば，良い対象と悪い対象，良性の対象 benign objects と迫害する対象，全体対象と部分対象，といったように。そして彼女は，こうしたさまざまな対象が取り入れられるのは，まだ幼い口愛期の間に，一次的，かつ特徴的に生じる口愛的合体という幻想のゆえであると考えた。この概念づけについては論議があるが，そのことについては今は触れない。ただ，Melanie Klein は，口愛的に対象を合体するという幻想が，いかに心の中の構造としての内的対象を確立し得るのかという点について，十分満足のいく説明をしてはいないように思われる——もし内的対象がそういう心の中の構造でないのだとすれば，それを内的対象と呼ぶのは全く相応しくない。もしそうなら，それは単なる幻想の話に過ぎなくなってしまうからである。それはともかくとして，Melanie Klein は，内的対象が良いものであったり，悪いものであったりするのは，子供自身の口愛的活動の側にある諸要素によって決定される，と考えるところにまで論を進めた——つまり，Klein は，Freud の本能二元論に従いつつ，内的対象の良さはリビドー的要因と関係し，その悪さは攻撃的要因と関係していると考えたのである。また Klein は，その内的対象という概念づけを発展，拡大させていく過程で，取り入れと投影という概念づけをも発展，拡大させ，子供の精神生活は，外的対象の取り入れと，内在化された対象の投影とが不断に交錯しているものであると考えるようになった。こうして，発達途上にある子供の人格がどのような形を成していくことになるのかを，主として対象関係との関連から説明するようになったのである。

私は当初から，Melanie Klein の見解は，全体として，精神分析理論の発展における重要な一歩だと考えていた。だが，私は次第に，Klein は，ある重要な側面において，その見解から論理的に導かれるはずの結論を導き出していない，と確信するようになってきた。その第一は，これが最も重要なポイントだが，Klein は，Freud の快楽主義的なリビドー論を，無批判に堅持し続けているという点である。私には，これが，一貫性を欠いたことのように思えるのである。というのも，もし対象の取り入れと，そういう対象が内的世界にずっと生き続けるということが，彼女の見解に示される通りに重要なことであるのならば，そうしたことが起きるカラクリを，単に，子供の内には口愛的衝動があるとか，リビドーの快楽希求は強迫的なものだといったところに求めて満足しているわけにはいかないからである。むしろ，そこからは，どうしても，リビドーは一義的に快楽を求めているのではなくて，対象を求めているのだという結論が導かれなければならないように思われるのである。これが，私が 1941 年に発表した論文[原注2)]の中に示した結論であり，私はそれ以降，この結論を堅持している。そして，もしそう結論すれば，Freud の性感帯という概念づけについても，修正しないわけにはいかなくなる――性感帯は，それ自体，そこから快楽を求める目的が生じてくるものであり，対象は，程度の差はあるにせよ，その快楽を求める目的のためにたまたま利用されているものに過ぎない，とするのは適切ではなく，むしろ，性感帯とは，自我に発し，対象との間に満足いく関係を樹立しようとするリビドー的目的を実現するために使われる径路である，というふうに修正されなければならないのである。

Melanie Klein が採っていて，私にはそれが一貫性がないように思える第二の概念づけは，Abraham のリビドー的発達論である。この理論は，Freud による性感帯の理論をそのまま踏襲した形で，一連の発達上のリビドー的段階を想定し，そのそれぞれにおいて，特定の性感帯が特徴的に優位を占めているとするものである。Abraham が対象関係に無関心だったとするのは不当な評価であろう。というのも，彼の言う段階は，いずれも，リビドーが体制化されてゆく段階としてのみならず，対象愛の発達の段階としても考えられているからである。だがそれでも，Abraham の言う諸段階は，それぞれに相応しい対象との関連ではなく，性感帯との関連から記載されている。実際，Abraham は，「乳房」期とは言わずに，「口」愛期と言うのである。そしてその理論のもう1つの特徴は，周知の通り，古典的な精神病と精神神経症が

原注2）　本書に所収。［本書第2章］

全て，ある特定の段階への固着から生じてくると考えられている点にある。この2つの特徴についてはいずれも，上段に触れた論文の中で批判しておいた。同時に私は，それに代わる見解を提出した。私は，Abrahamのリビドー的発達論に代え，対象への依存のあり方に基づく理論を定式化したのである。そして私は，もともとの幼児的依存の段階から，中間的な移行の段階を経て，最終的な成人の依存の状態へと取って代わられてゆく発達の過程を概説した。私はまた，統合失調症とうつ病という2つの例外を除いて，さまざまな古典的な精神病理学的状態は，ある特定のリビドー的段階への固着を表わしているのではなく，**内的**対象との関係を統御するための特定の**技法**が使われていることを表わしているのだという見解を定式化した。そして，これらの技法は，幼児的依存から成人の依存へと発達してゆく間の移行段階に発し，その目的は，成長途上の人格を，早期の対象関係に含まれている葛藤の影響から防衛することにあると述べた。一方，統合失調症とうつ病とは，こうした技法が回避しようとしていた心理状態が顕在化してしまったものであり，その病因的な起源は，幼児的依存のはじめの段階にある，としたのである。

Freudがもともと採用し，最後まで捨てることのなかった衝動心理学は，引き継がれてきた精神分析的思索に含まれていたもう1つの特徴であり，Melanie Kleinもこれを疑問視することをしなかった。しかし，私は今，Kleinの研究に照らしてみれば，それはすでに時代遅れのものになっている，と考えるようになってきている。振り返ってみれば，私が衝動心理学を最初に捨てる方向に歩み始めたのは，リビドー論を対象希求性という文脈から定式化し直した時のことであったのは明白である。だが，私がもっとはっきりとその方向に向かって歩を進めたのは，1943年に発表した論文[原注3)]の中で，このリビドー論の改訂が古典的な抑圧理論にとってどのような意味を持つことになるかを考えてみた時であった。その中で私が道案内として使っていたのは，Freudの次の発言であった。「しかし，超自我は，エスが最初に対象を選択した際の単なる残存物ではなくて，その対象選択に対する精力的な反動形成の意味をも持っている」[訳注2)]。Freudがここで，超自我は対象選択の残存物だと言う時，超自我はある内的対象だと言っていることになるわけだが，対象選択に**対する**反動形成だと言う時，それはもちろん，超自我は抑圧の煽動者だと言っていることになる。このことからして，もし抑圧に対象選択に対する反動が含まれているので

原注3）　本書に所収。［本書第3章］
訳注2）　Freud, S., 1925,　道籏泰三訳，2007，自我とエス．フロイト全集18．岩波書店，p.31

あれば，抑圧は，当然，対象に向けられているはずだ，というのが私の考えである――この対象は，超自我同様，内的なものだが，超自我とは違って，自我によって拒絶されたものである。こうして私は，この見解を明確に定式化することにした。というのも，私から見れば，この見解の方が，抑圧は罪深い衝動に向けられるという Freud 自身の見解よりも，Freud の先の発言から導かれる，もっと論理的な結論であるように思われたからである。この観点からすると，罪悪感，つまり，人として道徳的に悪いという感覚は，対象に備わっていると感じられる悪さの感覚に比べれば，二次的なものだということになる。また，罪悪感は，自我が良いものとして受け容れられた内的対象としての超自我との間に持つ関係と，その他の内的対象，つまり，悪いものと見做された内的対象との間に持つ関係とが葛藤する，その緊張の中に生み出されてくるものだということになるであろう。つまり，罪悪感は，悪い対象との関係に対する，１つのある防衛だということになるのである。こうした結論から見て重要なことは，子供はなぜ，自分の前に悪いものとして登場する対象 objects を合体しなければならないのか，というところを確定することである。そして私は，この疑問に，こう答えられると考えた。子供が悪い対象を内在化する理由は，１つにはその対象をコントロールしようとしてだが（攻撃的な動機），もっと主たる理由は，その対象をリビドー的な意味で必要としているからだ，と。私は，この意味で，精神療法で出会う抵抗という現象において，内的な悪い対象への積極的なリビドー的愛着が果たす役割に着目した。そうする中で，Freud の言う，抵抗とはもっぱら抑圧の顕われであるという原則から離れることになったのである。

私は，1944 年に発表した論文[原注4)]の中で，もう一度，抑圧という問題に戻った。その中で私は，心の中の構造は，いわゆる「衝動」によってエネルギーを与えられ，かつ，対象との関係が持てるようになっているのだから，「衝動」と心の中の構造とは切り離すことができないものだ，という総括的な立場に立って，そこから，衝動心理学の弱点をさらに細かく検討した。私はまた，いわゆる「本能」についても同じことが言えることを示唆した。そして，この考えの流れに沿って，かつて Freud が採用し，最後まで捨てることをしなかった時代遅れの衝動心理学を，新しい力動的構造の心理学に置き換えていったのである。その過程で，私は，Freud の，エス，自我，超自我からなる精神構造の記載を批判的に検討することになった。そこでまず明らかになったのは，力動的構造の心理学を考えようとすれば，それは，Freud

原注４）　本書に所収。［本書第４章］

による本能衝動の貯蔵庫としてのエスという概念づけや，エスの表面に発達し，外的現実との関係でエス衝動を統御する構造としての自我という概念づけは，そもそも相容れないものだということであった。事実，エスと自我との区別を捨て，自我は，それ自体，衝動－緊張を蓄えた，もともと備わっている構造だと考えてこそ，力動的構造の原則を主張することができるのである。そしてこのことと相俟って，自我における衝動－緊張は，元来，外的現実を志向しているものであり，はじめから現実原則に従っている，と見做されなければならないのである。この観点からすると，子供の適応能力がまだ不十分なものである主な理由は，子供に経験がないためだと説明されることになるであろう。人間の本能的資質は，おおむねこういう傾向があるという形態しかとることができず，それがもっと分化し，固定化されたパターンをとるようになるためには，経験が必要なのである。子供は経験がないがゆえに，より情緒的，衝動的になりやすいし，そして，自分の出会う多くの挫折を持ち堪える力に乏しい傾向にある。こうしたさまざまな要因のことは，漏らさず考えておかなければならないのである。そして，子供にとって，適応するのにはあまりに困難な条件が揃ってしまった時になって初めて，現実原則は快楽原則にその席を譲るのである。つまり，快楽原則は，緊張緩和と代償的満足を求めるだけの，行動の原則としては二次的な，しかも荒廃的な（退行的な，ではなく）ものなのである。ここで，こんなことも付け加えておこう。私は，今のことと同じような意味で，攻撃性は，リビドーよりも二次的なものだと見做すようになっており，攻撃性を独立した一次的な要因（つまり，ある別の「本能」）と見做す Freud からは，この点でも離れてしまっている。

こうして自我についての概念づけを考え直してみると，抑圧の理論についても，再度考え直してみなければならなくなる。言うまでもなく，Freud は，抑圧は**衝動**に向かっていると考えていた。だが，抑圧するものを説明する段になって，抑圧を煽動できるある**構造**（超自我）の存在を仮定せざるを得なくなった。だから，私が抑圧される**構造**の存在を仮定する時，それは，Freud が辿ることになったのと同じ方向に，歩を一歩進めているに過ぎないのである――そして私は，一次的に抑圧されるのは，内的な悪い対象である，という結論を導いた。実は，私がこの方向に進み始めた当初，私は，衝動も二次的な意味で抑圧されることになるのだろうと考えていた。だが，力動的構造の心理学をとるとなれば，最早この見解をとっているわけにはいかなくなる。そして私は，抑圧された対象と最も密接な関係を持っている自我の部分が，二次的に抑圧されることになる，という見解をとるに至ったのである。そしてこの概念づけによって，自我の亀裂という現象，つまり，その特徴はと言えば，自我のある力動的な部分が，もう一つ別の力動的な，しかしもっと自我の中心に近い部分によって抑圧される，という現象を明確にすることができるようになったのである。

ここで，次のことに着目してみるとよい。それは，Freud は，その初期において，**抑圧されたもの**の性質を追究していく際，ヒステリーについての研究をその基礎としていたのに対して，後期になって，**抑圧するもの**の性質を追究するようになった時には，メランコリーについての研究をその基礎にしていた，という点である。このように基盤となるものを変えてしまったために歴史に残る過ちが起きてしまった，というのは言い過ぎだとしても，Freud が，抑圧するものについての研究を，抑圧されたものについての研究と同じ基盤の上に組み立てることができなかったこと，それゆえ，その精神構造論の基礎にヒステリーという現象を据えることができなかったのは憂うべきことであるように思われる。私は，これがいかに憂うべきことかについて，1944 年の論文訳注３）の中で，「ヒステリーに還れ」というスローガンの下に述べておいた。私の考えでは，Freud が自らの研究基盤を変えてしまったのは，その心理的快楽主義や，それに関連して Freud が堅持していた衝動心理学によって生み出された行き詰まりのゆえであって，Freud は，そのためにこそ，ヒステリーの中に，自我の分裂といった過程の存在を認めることができなかったのである。自我の分裂は，もちろん，特徴的に統合失調症と結びついた現象である。その意味からすれば，Freud による抑圧の概念づけは，後に Melanie Klein が「抑うつポジション」と記載したものに基づいていると言えるだろうし，私の概念づけは，「スキゾイド・ポジション」と記載されるであろうものに基づいていると言えるであろう。統合失調症は，メランコリーよりももっと原初的な状態である。だから，私の概念づけの基盤は，Freud のそれよりも，もっと根本的なものだと見做すことができるであろう。同様に，自我の分裂という概念づけを基礎にした人格理論の方が，Freud による，分裂されていない自我による衝動の抑圧という概念づけを基礎にした人格理論よりも，もっと根本的なものだと言えるであろう。私のこの理論は，多重人格のケースに見られるような極端な症状を説明するのにも十分適応できるものであることは言うまでもない。だが，Janet が指摘している通り，この極端な症状は，ヒステリーに特徴的な解離現象が誇張された形で表現された例に過ぎない。だから私

訳注３）　本書第４章。

たちは,「ヒステリーに還れ」というスローガンに従えば，まさしく分裂という現象と向かい合うことになる。そして私の抑圧理論は，この分裂という現象を基礎として組み立てられているのである。

ここで，Freud が，抑圧を煽動するものとしての超自我は，抑圧されるものそのものと同じように無意識的なものだと言っていることに注目しておく必要がある。では，なぜ超自我が無意識的でなければならないのか。この問題について，Freud は，ついに十分満足いく答えを出すことができなかった。そして問題になってくるのは，果たして超自我自体が抑圧されるということはないのかどうか，という点である。私は，1944 年の論文[訳注３)]の中で，Freud の言う「超自我」に相当する構造は，まさしく抑圧されるという結論をも出している。そこで私が考えた状況とは，内在化された悪い対象に亀裂が生じるという理解に基づくものであった。私は先に，内在化された悪い対象の抑圧は，その対象とリビドー的な繋がりをもって最も親密に結びついている自我の部分の抑圧を導くことになる，という結論について説明した。だが，もし，この対象が分裂されるのであれば，それぞれの部分対象に結びついている２つの自我の部分が，中心的自我から分裂排除されるということになる。私の概念づけからすれば，内在化された悪い対象には２つの側面がある――興奮させる側面と，拒絶する側面である。そしてこの二側面性に基づいて，その対象は，**興奮させる**対象と**拒絶する**対象とに分裂されるのである。興奮させる対象の抑圧に伴って，もともとの自我の一部分が分裂排除され，抑圧される。その部分を私は,「リビドー的自我」と記載した。また，拒絶する対象の抑圧に伴って，もともとの自我のもう１つ別の部分が分裂排除され，抑圧される。それを私は,「内的妨害者」と記載した。内的妨害者という概念づけは，超自我という概念づけとは，決して同じものではない[原注５)]。ただ，拒絶する対象と同盟しているこの自我の部分は，その同盟ゆえに，リビドー的自我が持っているのとは正反対の目的を持っており，リビドー的自我は，その敵意から逃れることはできない。内的妨害者の，リビドー的自我に

原注５）　私は,「超自我」という用語を，次のような内的対象を記載するために残しておきたいと考えている。それは，中心的自我の備給を受け,「良い」ものとして受け容れられた内的対象であり，今問題にしている基本的な水準に引き続いて確立される体制の水準において，自我理想として機能するであろうものである。私は，中心的自我によるこの対象への備給は，従属的自我による内的な悪い対象への備給に対する防衛となるものであり，加えて，内的世界の中に道徳的な価値観が確立されるに当たって，その基礎になるものと見做している。［訳注：Fairbairn は，後にこの構図を再修正する。本書第４章補遺，第８, 10, 12, 16 章参照］

対するこの敵意は，中心的自我がリビドー的自我を抑圧するのと同じ方向に作用する。そこで，私はこれを，「間接的抑圧」の過程と記載した。Freud は，ほぼ，抑圧の中のこの側面だけに目を向けていたようであり，それを基礎にして抑圧理論の全体を作り上げたのである。

私がここで概説してきたもろもろの過程を経て生じてくる内的状況は，私が「心の中の基本的な状況」と記載したものである。ここに含まれている３つの自我構造（つまり，中心的自我と２つの従属的自我）は，大まかに言えば，Freud の言う，自我，エス，超自我に対応する。しかし，その３つはいずれも，お互いの関係においてある力動的なパターンをとっている，元来力動的な自我構造だと考えられており，エスは構造を持たないエネルギーの源泉であり，自我と超自我とはエスの手によって与えられる以外のエネルギーを持たない構造だと考えられている図式とは一線を画している。言うまでもなく，Freud は，超自我は準－自我 quasi-ego の地位にある内在化された対象だと考えていた。だが，最も根本を成すエスは，基本的に，対象を求めるものとは考えられてはいないのだから，超自我が内在化されるということについて，いかに理論的な一貫性をもって説明し得るのか，理解しにくい。しかし，私の定式化している概念づけからすれば，対象が内在化されるということは，早期の対象関係の移り変わりの中で，対象を求めるもともとの自我が持っている，リビドー的な欲求がそのまま表わされているものだということになる。自我の分裂を介した人格の中の構造の内的分化も，それまでに内在化されている対象との関係との関連から説明されることになる。そしてその関係が，もともとの自我が分裂されてできてくるさまざまな自我の部分同士の関係をも生み出すものだと理解されるのである。こうした意味からして，私がここまで概説してきた理論，ことに，それがどのように生まれ，どのように発展してきたかを述べてきた理論を，「人格の対象関係論」と呼ぶのがいかに相応しいかを理解して頂けるであろう。

さて，最後に，先に触れた心の中の基本的な状況について一言述べておこう。この状況は，ひとたび確立されると，局所論的に見ると相対的に変化しにくいものと思われるが，経済論的に見ると，相当多様な力動的パターンをとり得るものと思われる。そして，おそらくそうしたパターンが固有の特性を持ったものになればなるだけ，それが，精神医学の教科書に出てくるさまざまな精神病理学的状態と対応するものとなるのであろうと思われる。もっとも，これらのパターンや，それと症候学との関係の詳細については，よくよく研究を積み重ねてみないと，まだ確定することができない。ただし，ヒステリーの場合は，その力動的な配置が最も明瞭である。いずれにせよ，以上の概説から,「人格の対象関係論」とは何を意味するのかということをご理解頂けたであろう。私は，時系列に沿ってその説明をすることで，この目的を達することができたであろうと信じている――私は，この理論の存在意義を，それがさまざまな考察に基づいて，段階を追って次第に発展してきた，そのそれぞれの考察を述べることで示そうとしたのである。

第7章

人格構造に関する著者の見解の発展のまとめ

（1951）

A sypnosis of the development of the author's views regarding the structure of the personality, In Fairbairn, 1952, *Psychoanalytic Studies of the Personality*, London, Tavistock, pp.162-179

1941年，私は（「精神病と精神神経症をめぐる精神病理学の改訂」の中で），自我が分裂しているということを裏づける証拠は，はっきりとしたスキゾイド状態についてばかりではなく，精神神経症についても，いや，精神病理学的状態全般についても認められる，という見解を発表した。私はまた，この見解が導かれたデータに基づいて，Freudのリビドー論の妥当性を疑うことになった。そのポイントは，（1）リビドーは本質的に快楽を求めるものだとするFreudの仮説，と，（2）Freudが自我発達を決定する上で重要なものと考えた性感帯の意義について，である。そして，これらのことから必然的に，Abrahamによる自我発達の「段階」説，そして，それに基づく病因論の妥当性をも疑わなければならなくなった。そのため私は，これら基本的な精神分析概念（リビドー論，自我発達論，そして病因論）を，観察された臨床データともっとよく合致するようなものにするべく，そうしてその説明的な価値を高めるべく，定式化し直そうと試みた。その結果，私の新たな定式化の中軸は，次のようなところに置かれることになった。

（1）リビドーは本質的に対象を求めている。

（2）性感帯それ自体は，リビドー的目的の一義的な決定因ではなく，自我が持っている一義的な対象希求の目的を仲介する径路である。

（3）自我発達論は，それが満足いくものとなるためには，対象との関係，とりわけ，人生早期の内に，剥奪や挫折の圧力の下で内在化されてきている対象との関係を軸に組み立てられたものでなければならない。

（４）Abrahamが「段階」として記したものは，「口愛期」を除いて，実は，自我が対象との関係，ことに内在化された対象との関係を統御しようとして使う諸**技法**のことである。

（５）Abrahamが特定の段階への固着によるものと考えた，さまざまな精神病理学的状態は，統合失調症とうつ病とを除いて，実は，**特定の技法**が使われたことに伴って生じてくるものである。

こうした考察を踏まえて，私は，対象関係を軸に組み立てられた自我発達論を考える方向に進んだ。その要点は，以下の通りである。

（１）自我の発達は，対象との一次的同一化を基礎とした，もともとの幼児的依存が放棄されてゆき，それに代わって，自己から対象が分化されていく，その分化を基礎とした，成人の，ないし成熟した依存の段階が達成されてゆく過程として捉えることができる。

（２）従って，自我発達の過程には，３つの段階が含まれているだろうと考えられる。それは，

（ａ）幼児的依存の段階（Abrahamの言う「口愛期」に相当する）

（ｂ）移行段階

（ｃ）成人の，ないし成熟した依存の段階（Abrahamの言う「性器愛期」に相当する）

である。

（３）統合失調症とうつ病とは，病因論的に言えば，幼児的依存の段階における発達の乱れdisturbancesと関連している――統合失調症は，吸いつくこと（愛すること）をめぐる対象関係の中で生じる問題と関連し，うつ病は，噛みつくこと（憎しむこと）をめぐる対象関係の中で生じる問題と関連している。

（４）強迫症状，パラノイド症状，ヒステリー症状，および恐怖症症状の病因論的な意味は，自我が，**移行**段階の間の対象関係をめぐって生じる問題に対処しようとして使う，４つの特定の技法が作動していることにある。その移行段階の間の対象関係をめぐる問題は，幼児的依存の段階で自我が関係を持っていた対象を内在化した結果生じる心の中の状況を基礎として生じてくるものである。

（５）４つの移行期的技法は，自我発達の最初の段階に由来するスキゾイド傾向や抑うつ傾向が発現してしまうことへの防衛として機能する。

（６）抑うつ状態に特徴的な感情は，言うまでもなく，抑うつであるが，スキゾイド状態に特徴的な感情は，不毛感である。

（７）幼児的依存の段階に生じるスキゾイド傾向，抑うつ傾向のどちらが優位に残っているかに応じて，人を２つの対照的なタイプに分けることができる――（ａ）スキゾイド的（「内向的」と対比できる）な人と，（ｂ）抑うつ的（「外向的」と対比できる）な人である。

1943年，私は（「抑圧と悪い対象の回帰――特に戦争神経症をめぐって」の中で），Freud理論の一貫性を欠いているところに着目した。それは，Freudが，自我の性質と成長とに関わるより後期の研究を，より早期の研究から生み出された衝動の心理学の上に重ねながら，その衝動の心理学のことは，後期の構造の概念に照らして見直してみようとはしなかったために生じてきてしまったものである。そして私は，衝動という概念と自我構造という概念とは，自我と外的対象との関係のみならず，自我と内在化された対象との関係をも含めて考える対象関係心理学に基づかなければ統合することはとてもできないという見解を示した。私は以前（1941）の，リビドーは本質的に対象を求めるものだという結論を踏まえて，それが抑圧理論にとってどのような意味を持つのか，というところに向かった。私はまた，Freudの，超自我は「エスが最初に対象を選択した際の残存物」であるばかりか，「その対象選択に対する精力的な反動形成」でもあるという発言に着目した。対象関係心理学の観点から見れば，この発言は，超自我は，ある程度の同一化を含め，自我が関係を持っている内在化された対象であることは明白だ，ということと共に，抑圧は，何よりもまず，自我が同様の関係を持っている他の内在化された対象に対して向けられているに違いない，ということを意味しているように思われる。これに従って，私は，自我による防衛反応としての抑圧は，まず耐え難いほど不快な記憶に向けられるもの（Freudの初期の見解）でもなければ，耐え難いほど罪深い衝動に向けられるもの（Freudの後期の見解）でもなくて，まずは自我にとって耐え難いほど悪いものに見える内在化された対象に向けられるものだ，という見解をはっきりと定式化した。この結論を支えたのは，性的暴行を受けた子供たちが見せる反応についての観察である。また，満足を与えてくれない家庭の子供たちが見せる反応についての一連の観察からは，悪い対象の内在化は，子供がその目に見える「悪さ」という面倒を自ら背負うことで自分の周囲の対象を「良い」ものにしようとする努力，つまり，周囲の環境をもっと耐えられるものにしようとする努力から生じてくる，という見解が導かれた。この，外的な安心感を確立しようとする防衛の試みは，それがゆえに自我が内的迫害者の意のままにされることになり，その意味で，内的な安寧が蝕まれるという側面を持っている。そして，まさにこの内的な安寧を守るための防衛として，内在化された悪い対象の抑圧が生じるのである。私はこうして，自我が対象関係の中で出会う問題に対処すべく使う防衛技法として，（１）悪い対象 bad objects の内在化，と，（２）内在化後のそれら悪い対象の抑圧，という２つについて述べ，その上で，（３）私が「道徳的防衛」として記載したさらなる防衛技法，これは「超自我による防衛」と同じことだが，その意義に焦点を当てた。私はまた，ここまでのところで述べてきた悪い対象というのは，「無条件に」（つまり，リビドー的な意味で）悪いのであって，「条件づきで」（つまり，道徳的な意味で）悪いのではないことを指摘した。さらに，子供の自我がこうした対象と同一化している限り，子供は自分自身も無条件に悪いと感じてしまうということにも触れた。道徳的防衛の目的は，子供が，条件づきで（道徳的な意味で）良い，悪いという可能性を手にすることで，この耐え難い状況を好転させようとするところにある。そして，それを実現するために，良い対象がその状況を補償すべく内在化される。そうしてその良い対象が，超自我の役割をとることになるのである。その結果として導かれる状況からすれば，条件づきでの良さは，良い内在化された対象への同一化がどのくらい優勢を占めているかによって決まり，条件づきでの悪さは，悪い内在化された対象への同一化がどのくらい優勢を占めているかによって決まる，ということになる。これらの選択肢は，いずれも，無条件の悪さよりも好ましいものである。なぜなら，たとえ条件づきの悪さであっても，そこには贖いや許しが得られる希望の余地があるのだから。こう考えてくると，抑圧と道徳的防衛（超自我による防衛）とは，その相互関係はもちろんあるにしても，別々の防衛技法だ，という結論が導かれるのは必然である。実際，こう考えることによって，罪悪感を緩和する分析的な解釈が，実際には抑圧を強化することがあるという現象を説明することができる。ただし，抑圧によって生じる抵抗が克服されると，その結果として，意識の領域に抑圧された悪い対象が「回帰」してくることになる。転移神経症は，主として，こうした悪い対象の回帰への恐れから生じるものである。ただ，治療という観点からすれば，その回帰は，内在化された悪い対象への備給を解消するために必要なことである。そして，こうした備給の解消は，今の私の観点から導かれるさらなる結論，つまり，対象備給，とりわけ抑圧された悪い対象に向けられている対象備給は，それ自体，１つの抵抗として作用する，という結論に照らしてみれば，治療上，特に重要なこととなるのである。この結論は，言うまでもなく，Freud の言う「抑圧されたもの」それ自体は，治療の努力に抵抗することはない，とする見解と矛盾する。

だがそれは，リビドーは対象を求めるものであり，抑圧は，一次的に，内在化された対象に（衝動にではなく）向けられるという見解をとれば，そこから必然的に導かれてくる結論なのである。陰性治療反応についての説明も，主として，この方向にこそ見出されることになる。というのも，内在化され，抑圧された悪い対象が備給されている限り，そのリビドーの目的は，治療の目的とは相容れないものになっているからである。もちろん，抑圧された悪い対象の回帰，それ自体が治療的なわけではない，ということは認識されてしかるべきである。実際，患者が分析の援助を求めてくることになる症状は，実は，こうした対象が回帰してしまう恐れと，それに対する自我の防衛とによって作り上げられているものなのである。自我が使い得る防衛の１つに，抑圧された悪い対象を（「抑圧された衝動」を，ではなく）自ら能動的に外界に投影するパラノイド技法があるのは周知の通りである。だが，これは，抑圧された悪い対象が自然に回帰してくるのとは別物である。後者は，投影という現象ではなく，転移という現象だからである。患者は程なく，治療が目指しているのは，自分がそうならないように防衛している状況を再現させることになるということに気がついてゆく。そして，分析家との実際の actual「良い対象」関係という設定の下で，分析的な転移状況がワーク・スルーされることによって初めて，抑圧された悪い対象の回帰を，治療という目的のために活用することができるのである。抑圧された悪い対象が自然に回帰するということが起きてくる場合，その引き金として，何らかの外傷的な状況が重要な役割を果たしているものである。戦争神経症も，まさにこういう方向から理解されなければならない。さらに，Freud が「反復強迫」として記載した現象も，主として，抑圧された悪い対象が回帰し，不動の地位を占めているという現象として説明される必要がある――反復強迫とは，外傷的な状況が強迫的に反復されているのではなくて，悪い対象の回帰に対する防衛がどれも破綻してしまい，（死ぬ以外には）もうどうにもそれから逃げることができないほどに悪い対象に取り憑かれている状況だ，ということが認識されれば，その概念の説明的な価値は，ほとんどなきに等しいものとなる。そして Freud の「死の本能」という概念も，内在化された悪い対象に対するリビドー備給ということの意味が十分に理解されれば，必要のない概念となるであろう。内在化された悪い対象への備給の中には，当然，力動的な性質を持った反リビドー的要因が作用しているものだし，この要因は，特に「死の本能」といったものを理論づけなくても，対象関係の側から十分説明することができるからである。戦争神経症について付け加えるべき結論はあと２つである。（１）過度の幼児的依存（実際的に見れば，その特徴は，同一化の傾向にある）の段階に止まっている人の場合，兵役そのものが，内在化された悪い対象の回帰を引き起こしやすい外傷的な体験となる。というのも，兵役に服するということは，それまでずっと同一化が現実に保たれていた，馴染み深く，比較的良い対象から，特定の期間離れなければならないことになるからである（このことと相俟って，軍人たちの不調の最たる特徴は，分離不安にある），そして（2）抑圧がうまくいかず，内在化された悪い対象が回帰すると，道徳的防衛もうまく働かなくなる。その結果，Freud が示した通り，集団の士気を左右する超自我の権威が機能しなくなり，兵士を軍隊という集団に結びつけているリビドー備給が解消され，兵士は，兵士としての精神を失ってしまうのである。

1944 年，私は（「対象関係から見た心の中の構造」の中で），内在化された対象という概念づけが，その発想の元になっている，もっと限定された，超自我という概念づけと共々（これは Freud の自我という概念づけについても同様だが）発展してきているにもかかわらず，Freud は，もともとの着想である衝動の心理学に，何ら意味のある修正を加えていないという事実を取り上げた。私はまた，衝動心理学が元来抱えている実践上の限界，つまり，衝動心理学からは，分析的治療の中で仮想された「衝動」を明るみに出すことはできても，その処理をめぐる問題については，実は何の光も当てることができないという点にも注目した。そして私は，「衝動」の処理というのは，本質的に対象関係の問題であること，また，それは人格の問題でもあり，人格の問題は，それ自体，自我構造と内在化された対象との関係に繋がっていることを指摘した。さらに私は,「衝動」には必ず対象関係が含まれていること，そして，対象との関係は自我構造だけが求めることのできるものなのだから,「衝動」と自我構造とを切り離して考えることはできない，という見解を表明した。つまり,「衝動」とは，単に，自我構造の力動的な側面のことを言っているに過ぎないと考えられるべきものなのである。こうして，古い衝動心理学は，新しい**力動的構造の心理学**に取って代えられる必要が出てきた――そこで，この方向に歩を進めるために，Freud による，エス，自我，超自我からなる精神装置の記載を批判的に検討することが必要になってきた。そして，その検討を始めてみてすぐに明らかになったのは，力動的構造の心理学をとろうとすれば，ともかくもそれは，Freud による（a）本能衝動の貯蔵庫としてのエスという概念づけや,（b）エスの表面に発達し，エス衝動を外的現実との関連で統御することを目的とする構造としての自我という概念づけとは，そもそも相容れないものだ，ということであった。というのも，力動的構造の原則を提唱するためには，自我はもともと存在しているある構造であって，それ自体，衝動－緊張を蓄えたものだ，と考えられなければならないからである。同時に，自我における衝動－緊張は，元来外的現実における対象を志向しているものであって，その意味で，はじめから現実原則によって決定されているものだ，と考えられなければならないのである。当初その現実原則は，無論，成熟したものではない。だが，それが成熟したものではないのは，主として経験がないためである。その現実原則は，適応を促進する条件が与えられる中，経験の広がりと共に成熟してゆく。しかし，適応を促進しない条件の下だと，現実原則は，快楽原則にその席を譲りがちとなる。つまり，快楽原則というのは，緊張緩和と代理満足とに走る，二次的で，荒廃的な（退行的なのではなく）行動の原則なのである。力動的構造の原則をとることで，私が1943年に発表した，抑圧は，まず悪いものとしての内在化された対象に向けられるという見解もまた，考え直すことになった。抑圧は，内在化された対象に対してばかりでなく（ついでながら，内在化された対象というものが意味を持つのは，それが心の中の構造として考えられている場合だけである），その内的対象との関係を求める自我構造にも向けられる，という見解をとる必要が生まれたのである。この見解からすれば，抑圧を成り立たせるためには，そこに自我の分裂があるはずだということになる。周知の通り，Freudは，抑圧を煽動できる**構造**の存在を仮定する必要を感じた。それが，超自我である。だから，抑圧される構造を仮定したり，力動的な自我の一部が，その力動的自我の別の一部によって抑圧されると考えたりするのは，実は，Freudの発想と同じ方向に一歩，歩を進めたに過ぎないのである。こうした概念づけは，多重人格や，ヒステリー性の解離といった現象を解明するばかりでなく，衝動心理学において「昇華」と言われる過程が，実際上，いかに難しいかということを解明していく視点にもなるであろう（「昇華される」「衝動」というものも，最早，自我構造と別物だと考えることはできないからである）。抑圧が起きるということは，自我が分裂しているということだという見解は，スキゾイド的な患者の示す問題に馴染みの深い人たちにとっては，そう受け容れ難いものではない。だが，ここで，私たちは，近年の精神分析理論がメランコリーに目を向け過ぎているために，理論の発展がそこから進まなくなってしまっているところに突き当たる。Freudの精神装置論の主な基盤はメランコリーについての研究であったし，このことと相俟って，Melanie Kleinの見解の中では「抑うつポジション」が中心的な地位を占めている。だが，Freudがもともと抑圧の概念の基盤としていたのは，ヒステリーの研究だったのである。Freudは，抑圧されたものから，抑圧するものへと目を移していった時，メランコリーに目をとられてしまった。私は，Freudが，抑圧するものの研究を，抑圧されたものの研究と同じ土俵の上で行わなかったこと，それゆえ，ヒステリーという現象を，その精神装置論の基盤としなかったことは大変残念なことだったと考えている。もしFreudがそうしていたら，Freudの抑圧の概念づけは，Melanie Kleinが後に「抑うつポジション」と記載したところにではなく，「スキゾイド・ポジション」と記載されるであろうところに基づくもの，つまり，抑圧が起きるということは自我が分裂しているということだという事実の認識をキチンと踏まえたものになっていただろうと確信する。ここで，注目しておいていいのは，Freudが，抑圧の説明を性器愛的な状況としてのエディプス状況に求める一方で，抑圧の煽動者とした超自我の起源については，口愛的，つまり，前性器愛的な状況との関連で考えていたという矛盾である。Melanie Kleinは，この問題を，エディプス状況の発生を幼児期にまで遡ることで解決しようとした。けれども，それは，超自我が形作られる以前にも抑圧が起こり得る可能性については除外して考えてしまっているという意味で，実は何の解決にもなっていない。その問題を解決するためには，むしろ，抑圧の起源を，性器愛的な態度以前，いや，エディプス状況以前に，さらに言えば，超自我が確立される水準以前のところに，求めなければならないように思われる。この解決策は，私が1943年に発表した，抑圧は，はじめ，内在化された悪い対象に対する防衛として発生するという見解，また，超自我が確立されたということは，その下の古い水準が持ち越されている上に，その後に加わったより後期の防衛（「道徳的防衛」）が成立し，新しい構造体制の水準が達成されたことを示している，という見解と相俟っている。つまり，私の考えでは，「中心的自我」が，道徳的な意味を持っている内的対象である超自我と相対している水準があり，その下に，分裂排除された自我の部分が，道徳的な意味は持たないばかりか，中心的自我から見れば無条件に（つまり，リビドー的な意味で）悪い内的対象objectsと相対している水準があるのである――これらの内的対象は，（ａ）興奮させる対象exciting objectsであろうと，（ｂ）挫折させる対象frustrating objectであろうと，どちらにせよ，同じように内的な迫害者として機能する。だから，メランコリーの中心的な現象は超自我の水準で比較的満足のいく説明ができるけれども，そこに随伴することが極めて多いパラノイド的，心気症的，強迫的な特徴についてはそうはいかない。そうした特徴は，内的な悪い対象の方に目が向いているところから生じてくるものである。同様に，ヒステリー現象もまた，もっぱら超自我の水準からだけでは満足のいく説明をすることができないものである。Freud の抑圧理論には，さらにおかしなところがある。それは，Freud が，抑圧するものとその煽動者（つまり，自我と超自我）とは，いずれも，構造だとしている一方で，抑圧されるものは衝動だとしている点である。このことがどのくらいおかしいかは，Freud が，超自我は，その大部分が無意識的だと考えたことに照らしてみると最もわかりやすい――つまり，もしそうであるのなら，超自我そのものが抑圧されているのではないか，という疑問が湧くからである。Freud 自身，この問題には十分気がついていて，超自我も，ある程度は抑圧されるのではないか（例えば，ヒステリーにおいて）と考えたのだが，このことはつまり，Freud が，抑圧されるのは心の中の構造であろうという原則を認識していたことを示している。先に述べた考察からすれば，抑圧されるものは，必ず，そして元来，構造的なものだと結論しなければならないのである。ここで，夢の性質について，私が以前から考えてはいるものの，まだ発表していない結論に触れておくのがいいであろう。この結論は，ある女性患者の治療の中で考えてきた一連の思索から生まれてきたものである。その患者の夢の多くは，願望充足の原則にはどうにも見合わず，患者は，自ら，それは「今ある状態」の夢だと述べていた。そしてこの一連の思索に基づいて，私は，Melanie Klein の心的現実，および内的対象という概念づけの影響を受けながら，夢は，そしてその意味では覚醒時の幻想も同じことだが，本質的には，（a）自我構造と内在化された対象との関係，および，（b）自我構造同士の関係，の双方を含め，心の中の状況がドラマ化されたものだと見做すようになっているのである。その後，別の患者が解釈の難しい夢を報告したが，それによって私は，そうしたさまざまな関係を含む**心の中の基本的な状況**という概念を定式化することができた。加えて，その状況に含まれている心の中の基本的な構造についての見解を固めることもできたのである。そして，そこから生まれた理論の要となったのは，内在化された悪い対象には亀裂が生じるという概念づけであった。私は，1943 年に，悪いリビドー的対象の内在化は，最初に使われる防衛だという見解を述べた。だが，その対象には，２つの側面があることを認識するのが大切だということがわかってきた――それは，興奮させる側面と，拒絶する側面とである。この二側面性を基礎にして，内在化された悪い対象は，（a）**興奮させる対象**と，（b）**拒絶する対象**とに分裂されるのである。これらの対象は，いずれも，抑圧という防衛が作動するようになると，もともとの自我によって抑圧される。ただ，もともとの自我は，これら２つの対象に，強い同一化を含め，リビドー備給によって結びついている。だから，その対象が抑圧されるということは，そのそれぞれの対象に密接に結びついたままになっている自我の部分が，分裂排除，抑圧されることになる。つまり，自我の中心的な部分による，興奮させる対象の抑圧には，私が**リビドー的自我**と呼ぶ自我の部分の抑圧が伴い，同様に，拒絶する対象の抑圧には，私が**内的妨害者**と呼ぶ自我の別の部分の抑圧が伴うのである。こうして生まれる自我構造の分化は，Freud の考えた精神装置に大まかに対応していることが理解されるであろう――中心的自我は，Freud の言う「自我」に，リビドー的自我は，Freud の言う「エス」に，そして，内的妨害者は，Freud の言う「超自我」に，それぞれ対応しているのである。ただ，私の概念づけの根幹には，今述べた３つの構造はいずれも，お互いの関係において，ある力動的なパターンをとっている力動的な自我構造だという理解がある。これに対して，Freud の考えでは，「エス」は構造を持たないエネルギーの源泉であり，「自我」と「超自我」とは，「エス」から与えられる以外のエネルギーを持たない構造である――Freud においては，「自我」だけが真の自我構造なのである。というのも，「超自我」の中核は，ある内在化された対象だと考えられているのだから。さらに私の概念づけに欠かせないのは，こうした自我構造の力動的なパターンは，私の考える意味での超自我が，中心的自我からの備給を受けている内在化された対象として確立されている水準の，その下の水準にあるということである。そして，私は，この下の水準こそ，あらゆる精神病理学的状態の究極的な起源が求められるべきところだと考えるのである。また，私の概念づけからすれば，（１）私の言う自我構造の分化は，もともとは内在化された悪い対象に抑圧が向けられるところから生じてくるものである，（２）抑圧の原動力は，中心的自我が，内在化された対象に対してばかりでなく，そうした対象に備給している従属的自我，つまり，リビドー的自我と内的妨害者とに対しても向けている，攻撃性である。ただし，攻撃性は，もっぱら中心的自我の手中にのみあるわけではない。攻撃性は，従属的自我が中心的自我に対してとる態度においても，さらに，従属的自我が相互に対してとる態度においても，ある役割を果たす――中でも，内的妨害者がリビドー的自我に対して向ける態度について，重要な役割を果たすのである。内的妨害者がリビドー的自我に向かって，妥協を許さぬ攻撃的な態度をとる背景には，リビドー的自我が興奮させる対象に備給していること，そして，内的妨害者が拒絶する対象に備給していることがある。そこには，リビドー的対象に対するもともとのアンビヴァレンスが反映されているのである。私の考えでは，このアンビヴァレンスは，それ自体が原初的な状態ではなく，剥奪や挫折に対する反応として生じてくるものである。だから，私は，挫折のないところでは，幼児は，自発的に自分のリビドー的対象に攻撃性を向けることはないと考えている。この意味で，私は，攻撃性は，一方でリビドーになり得ないという意味で一次的な力動的要因だとは考えるけれども，究極的には，リビドーに従属するものであり，本質的には，幼児のリビドー的な関係における剥奪や挫折に対する――もっと特定化して言えば，母親からの分離という外傷への――幼児の側からの反応だと見做している。言い換えれば，リビドー的な関係における剥奪や挫折の体験こそが，もともと幼児のリビドー的対象への攻撃性を呼び覚ましたり，引き起こしたりするのであり，そこにアンビヴァレンスが生まれることになるのである。ここで重要なのは，アンビヴァレンスの主観的な側面である。アンビヴァレントな幼児にとって，その状況は，母親がアンビヴァレントな対象として機能する状況なのである。この耐え難い状況を何とか良いものにするために，幼児は，母親という人物 the figure of his mother を２つの対象に――**満足させる**（「良い」）対象と，**満足させない**（「悪い」）対象とに――分裂する。そして，その満足させない対象をコントロールしようとして，幼児は，それを外的現実から取り除くべく，内在化という防衛過程を使う。外的現実においてはその対象に自分のコントロールが及ばないので，内的対象としてならばもっと自分のコントロールを及ぼしやすくなるだろうという見通しをもって，内的現実の領域に内在化するのである。こうしてでき上がった内的対象が厄介なのは，それが内在化された後にも満足させない対象であり続けるということであり，同時に，望まれた（備給されている）対象でもあり続けるということである。だから，この二側面性は，少し前には，外的世界における対象へのアンビヴァレンスが大変な問題だったのと同じくらい，内的世界においても大変なことになるのである。この二側面性に基づいて，内在化された悪い対象が，（ａ）興奮させる対象と，（ｂ）拒絶する対象とに分裂されることについては，すでに述べた――こうして，もともとの自我が，悪い対象を内在化した途端に起きてくるさまざまな問題に対処しようとして発動するのが，この分裂であることが理解されるであろう。実際，自我は，これに引き続いて，さらに防衛を強化すべく，興奮させる内的対象と，拒絶する内的対象とをいずれも抑圧し，この抑圧に，それぞれの対象に対応している自我の中のある部分が分裂排除され，抑圧される過程が伴うのである。こうして，中心的自我による抑圧を受けているリビドー的自我と内的妨害者とが，中心的自我とは別の従属的自我として確立されることになる。ただし，内的妨害者がリビドー的自我に対してとっている攻撃的な態度については，もう少し説明する必要がある。というのも，それは早期のアンビヴァレンスを映し出したものだと言うだけでは不十分だからである。このアンビヴァレンスに関して言えば，全体として，次のように言えるであろう。子供は，拒絶する対象という役回りになっている母親に対して，攻撃的な感情の表出のみならず，リビドー的な感情の表出をめぐっても，少なからぬ不安を体験する。その母親に攻撃的な感情を表出することに伴う危険とは，そのために母親がもっと自分を拒絶し，もっと愛さなくなるだろうこと，言い換えれば，子供の目から見て，母親が悪い対象だという真実味が増し，母親が良い対象だという真実味が薄れてしまうことにある。この危険（良い対象の喪失）は，私が 1941 年に結論した通り，抑うつ感情を引き起こしやすい。一方，子供が拒絶する対象としての母親にリビドー的感情を表出するのに伴う危険とは，子供の心の中では，それが，リビドーを情緒的な空白の世界に放り出すのと同じことになり，そのために劣等感や無価値観が生まれてしまうことにある。この危険（リビドーの喪失）は，私が 1941 年に結論した通り，スキゾイド的な不毛感を引き起こしやすい。子供は，このどちらの危険をも避けようとして，「分割統治」の原則に似た，先に述べた技法によって防衛手段を補強する。自分の攻撃性を最大限に使って，自分のリビドー的欲求を最大限に制圧するのである。力動的構造の原則に従えば，この防衛は，すなわち，内的妨害者が多過ぎる分の攻撃性を引き受けて，それをリビドー的自我に向け，リビドー的自我は多過ぎる分のリビドーを引き受けて，それを興奮させる対象に向ける，という過程となる。リビドー的自我に対する内的妨害者の攻撃は，明らかに，抑圧が目指すところをこの上なく強力に後押しする要因として機能するに違いない。実際，Freud の超自我の概念と抑圧機能の概念とは，主としてこの現象に基づいて構成されているものと思われる。しかし，私自身が定式化してきた概念からすれば，抑圧が発生するのは，まだ分割されていない自我が，興奮させる対象と，拒絶する対象，その双方を攻撃するところである。そして，私が**一次的直接的抑圧**と記載するこの過程には，自我が，この２つの抑圧された内的対象のそれぞれに備給を続けている２つの部分（リビドー的自我と内的妨害者）を分裂排除し，押さえつけるという**二次的直接的抑圧**が伴っている。このリビドー的自我からの興奮させる対象への備給もまた，治療に対する抵抗を強力に支えるものとなる。そしてこの現象は，私がまだ力動的構造という概念を展開する以前，1943 年の段階で公表した見解とよく一致している。ただ，今問題にしている備給は，リビドー的なものだから，それ自体が抑圧的な現象だと見做すわけにはいかない。むしろ，その逆なのである。そこには，内的妨害者によるリビドー的自我への攻撃が付いてくる。これもまた，１つの抵抗として機能するし，中心的自我によるリビドー的自我の抑圧に積極的に貢献するのである。そこで私は，この過程を**間接的抑圧**の過程と記載することにした。直接的抑圧の過程と間接的抑圧の過程の両方を共に含めて考えてみた場合，こころの中でリビドー的要素の方が，攻撃的要素よりもはるかに強く抑圧に晒されていることが明らかになる。そこで，次のような結論を導くことができるであろう。多過ぎる分のリビドーの処理を司るのは，主として**抑圧の原則**であり，**多過ぎる分の攻撃性**の処理を司るのは，主として**局所論的分配**の原則である。私は，間接的抑圧という概念づけをすることで，抑圧というものについての Freud の見解とは，袂を分かつこととなった。Freud の見解に従えば，抑圧は，エディプス状況という設定の下，異性の親へのリビドーの表出と，同性の親への攻撃性の表出，この両方を低減するための手段として発生する。だが，私の見解では，直接的抑圧も間接的抑圧も，そのいずれもが，エディプス状況の出現を俟つことなく，幼児期の間に発生する。そして，間接的抑圧は，子供が，母親が自分にとって唯一意味のある対象であり，ほぼ完全に母親に依存している段階で，母親に対して，リビドーも攻撃性も，そのいずれの表出をも低減するために使われる特別な技法なのである。だから，私の見解からすれば，抑圧の発生について，Freud がエディプス状況が果たすと考えた，その役割は，幼児的依存という現象が果たすものである。エディプス状況は，説明概念なのではなくて，すでに心の中の構造の分化が生じ，抑圧が発生した後になってから子供が出会うことになる，ある派生的な状況なのである。言い換えれば，エディプス状況は，すでにそこまで発達してきている心の中の状況との関連から説明されるべき現象だということになる。外的なエディプス状況の出現が子供の世界にとって目新しいものであるのは，子供が，今度は１人だけではなく，２人の別の親という対象と向かい合っているというところにある。父親という新しい対象と子供との関係においては，以前すでに母親との関係の中で体験されたのと同様の適応問題が生じてくることになる。だから，子供は，自然に，以前と同じ技法をとることになる――その結果，（a）興奮させる対象としての父親と，（b）拒絶する対象としての父親，という２つの内在化された父親像が確立されることになる。これらの中には，それと同類の母親像の上に二重写しになる部分もあるし，それと融合してゆく部分もあるであろう。ただ，子供が父親との関係において果たさねばならない適応は，そのほとんど全てが情緒的な領域に限られており，その意味で，もともと母親との関係において要請された適応とは異なっている。それは，当然のことだが，子供と父親との関係の中には，その胸に抱かれ，乳房から授乳されるという体験がないからである。実際，子供は，一番はじめ，父親を，まずは乳房のない親として捉えるように思われる。子供が両親の性別の違いを認識するのは，もっと後になってからのことである。子供が，この違いを識別するようになるにつれ，そして，そのリビドー的欲求が性器という径路を介して表現されることがだんだん増えてくるにつれ，子供の，母親，父親への欲求の中には，それぞれの性器に対する身体的な欲求が含まれてくるようになる。こうした身体的な欲求の強さは，情緒的な欲求が満足されている，その度合いに反比例する。もっとも，そうした身体的な欲求は満足されることがない。それゆえ，ある程度のアンビヴァレンスが，母親の膣と父親のペニスとをめぐって発生することになる。このことは，原光景をサディスティックなものとして捉えることの中に反映されてくる。ただ，このころまでには，両親の間の関係が，子供にとって重大な関心事になってきている。そして，それぞれの親に対する嫉妬が，もう一方の親をめぐって発生する。この嫉妬が，どの程度の範囲まで及ぶことになるかは，子供の生物学的な性別のみならず，それぞれの親との情緒的な関係のあり方によっても決まってくる。だが，子供は，ここで２つのアンビヴァレンスに一度に適応することを要請されることになるわけで，その適応努力の中で，子供は再び，先に述べた一連の技法を使う。その結果，その程度はさまざまだが，両親の悪い性器像が，すでに存在している内的な悪い対象（興奮させる対象と拒絶する対象）のそれぞれの中に組み込まれてゆくようになるのである。こうして，これらの内的対象は，層状に積み重ねられているところも，部分的に融合しているところもある，複雑に混成された構造の形をとっていることが理解されるのである。そこで，層状の積み重ねと融合のどちらの方がどのくらい優位を占めているかということは，それぞれの要素を成している対象の割合と相俟って，その人の精神性的態度を決める上で重要な役割を果たすように思われる。そして同時に，性倒錯の発生を決める主たる要因にもなるように思われる。興奮させる対象と拒絶する対象とのあり方は，また（生物学的な性別を別にすれば），そこにどのようなエディプス状況が展開されることになるかを決める主たる要因にもなる。このことは，陰性エディプス，混合エディプスといった状況の場合に明らかである。だがそれは，陽性エディプス状況の場合にも当てはまる。実際，陰性エディプス，混合エディプスといった状況があり得るということ自体，陽性エディプス状況でさえ，本質的には，ある内的状況だということを示している――それが，程度の差こそあれ，実際の外的状況に転移されているのである。この事実が理解されると，実際，深い分析をしてみると明らかになる通りだが，エディプス状況は，本質的には，内在化された興奮させる母親像と，内在化された拒絶する母親像とをめぐって形作られていることが容易に理解される。ただ子供は，２つのアンビヴァレントな関係に同時に適応しなければならないので，この複雑な状況を単純化すべく，一方の親の興奮させる側面と，もう一方の親の拒絶する側面とだけに注意を向け，そうやって，興奮させる対象と拒絶する対象のあり方を限定するというやり方を使う。そうやって，実は子供自らが，エディプス状況を作り上げるのである。

私がここまで概観してきた一般図式には，あらゆる点で，Freud の見解と，それとわかる類似性がある。しかし同時に，そこから大きく離れてしまっているということも理解されるに違いない。このように，類似していながら大きな距離があるということを説明するためには，基本的な理論原則の相違というところから考えるしかない。実際，その相違点のポイントをまとめてみるのもそう難しいことではない。それは２点ある。第一に，Freud は，全ての思索体系を通じて対象関係に関心を持ってはいたものの，理論的には，リビドーは一義的に快楽を求めている，つまり，方向性は持たないものだという原則を堅持していた。これに対して私は，リビドーは一義的に対象を求めており，そこには方向性があるという原則を堅持している。関連して言えば，Freud は，含み程度にではあったけれども，攻撃性も，リビドー同様，方向性を持たないものと見做したのに対して，私は，攻撃性にも方向性はあると見做している。第二に，Freud は，衝動（心的エネルギー）は，理論的には構造とは別物だと見做したのに対して，私は，これらを別に考えるのは妥当ではないと考えており，力動的構造という原則を堅持している。これら２つの中心的な相違点の内では，後者の方がより根本的なものである。実際，前者は後者から生み出されてくるものである。つまり，リビドーは快楽を求めるものだとする Freud の見解は，Freud がエネルギーを構造から切り離したところから直接導かれてきているのである。というのも，エネルギーを構造から切り離してしまえば，快いと感じられる（つまり，心を乱すのではない）心的な変化は，唯一つ，もろもろの力の間の均衡を確立するような変化，すなわち，方向性を持たない変化しかないからである。これに対して，エネルギーは構造からは切り離せないと考えれば，考え得る唯一の変化は，構造的な関係の，あるいは構造間の関係の変化である。こうした変化は，本質的に方向性を持ったものなのである。Freud がエネルギーを構造から切り離してしまったのは，19 世紀に一般的だった科学的背景，ヘルムホルツ流の自然宇宙についての概念づけに支配されたものと考えられるに違いない。Freud の思索は，こうして，外からの影響による限界を背負わされてしまっていたのである。20 世紀に入って，原子物理学は，自然宇宙についての科学的な概念づけを革新的に改訂し，力動的構造という概念づけを導入した。そして私がこれまで概観してきた見解は，この概念との関連で精神分析理論を定式化し直そうとしたものに他ならないのである。私の言う力動的構造の心理学には，特に優れた点がある。それは，他のいかなるタイプの心理学よりも，集団現象について，満足のいく説明基盤を提供できるということである。また，力動的構造の心理学をとることによって，精神病理現象を，直接，構造的な配置という観点から説明できるようにもなる。そうして，症状とは全体としての人格 personality as a whole の表現だという，紛れもない事実を正しく評価することができるようになるのである。私が述べてきた心の中の基本的な状況は，局所論的に見ると，相対的に変化しにくいもののように見える。だが，経済論的に見ると，その状況は，治療的であるかどうかは別としても，広範囲に亘って修正され得るものと見做されなければならない。私の理解では，これまで述べてきた経済的パターンは，ヒステリー状態に大変よく認められるものである。そして私は，これが特徴的に，他の原型となるパターンだと信じている。このことと相俟って，私は，子供が最も初期に顕わす症状（例えば，号泣発作）は，ヒステリカルなものだと解釈している。もしこれが正しければ，Freud が，精神分析を基礎づける材料としてヒステリー現象を選んだのは，驚くべき洞察であった。さてここで，私が力動的構造の原則を示す際に，一貫性を欠いているように見えたかもしれない点について，修正をしておかなければならない。それは，私が，内在化された対象について，それを構造として語りながらも，単に力動的な自我構造の対象として扱い，それ自体を力動的なものとして扱っては来なかったという点である。私がそうしてきた1つの理由は，説明があまりに複雑になるのを避けようとしたためでもあるが，むしろ，もっと主な理由は，自我構造の能動性に焦点を当てたかったからである――自我構造の能動性は，結局のところ，最も重要な事柄である。ことに，対象の内在化は，それ自体，この自我構造の能動性によって生み出されるものなのだから。ただ，全体の一貫性を保つために，私の理論から導かれる論理的結論として，内的対象は心の中の構造であり，それゆえに，それ自体，ある程度力動的なものであるはずだ，と言っておかなければならない。ただ付け加えておかねばならないのは，内的対象の力動性の源は，自我構造からの備給にあるに違いないということである。こうした結論は，悪魔の登場が想定されるような現象についてばかりでなく，夢や妄想状態について観察される現象ともよく一致するように思われる。

ごく最近，1951 年になって私は，1941 年に定式化した見解と，その後に定式化した見解との間で未解決になっていた齟齬を取り除くべく，私が示してきた理論を，さらにもう少し修正する必要があると判断した。1941年に示した4つの「移行期的」防衛技法の分類は，私がそれぞれ「受け容れられた対象」，「拒絶された対象」と記載した2つの内在化された対象の区別に基づいたものであった。そして，このそれぞれの技法を際立たせるのは，自我がこれら2つの対象に対処する際に用いる特徴的な方法が，それらを別々に扱うか，同様に扱うか，そして，内的なものとして扱うか，外的なものとして扱うか，というところにある，とした。この分類の背景には，早期の段階において，外的対象に向かうアンビヴァレンスに基づいて，良い対象，悪い対象のいずれもが内在化される，という仮定があった。ところが，1944年にした定式化において，私は，分化した自我構造と内在化された**悪い**対象との関係に，そして，その結果生まれる心の中の状況に，主な関心を向けていた。つまり，この定式化を裏打ちしていたのは，最初に内在化される対象は，**悪い，ないし満足させない**対象だという結論だったのである（私は，すでに1943年にこの結論を考えていた）。満足させない対象の内在化は，その対象を含む状況に備わっている外傷的な要因をコントロールしようとする，ある防衛技法だと見做されていた。一方で，はじめから完全に満足させる対象を内在化しようとする動機は見当たらない，と考えられていたのである。そして，良い，ないし満足させる対象は，もっと後の段階になってから，つまり，悪い，ないし満足させない対象が内在化され，内的世界にその悪い対象が存在することをめぐって生じてくる不安を鎮めるためにこそ内在化されるのだ，と考えられた。ここには，1941年の場合と同様，アンビヴァレンスは，もともと外的対象との関係をめぐって生まれてくる状態であり，その外的対象が，それを心の中で代表するもの mental representations についてだが，良い対象と悪い対象とに分裂されるという仮定があった。それは，悪い対象の内在化という問題が生じる以前の話としてである。だが，私は，今（1951），この見解を修正し，私が以前の「人格におけるスキゾイド的要因」と題した論文（1940）の中でとった見解に替える必要があると考えている――それは，最初に内在化される対象は，早期口愛期における**アンビヴァレンス以前の対象** *pre-ambivalent object* だ，という見解である。この観点からすると，アンビヴァレンスは，まず，まだ分裂されていないもともとの自我の内に，**内在化された**アンビヴァレンス以前の対象との関係をめぐって生じてくる状態だ，と見做されなければならない。まず第一にこのアンビヴァレンス以前の対象が内在化されることになる，その動機は，この対象が，満足させるところがあると同時に，満足させないところもあるということにあるのであろう。そして，アンビヴァレンスがしっかりと確立されると，まだ分裂されていない自我が，**内在化されたアンビヴァレントな対象**に相対しているという内的状況が導かれる。次に考えられているステップは，この対象の分裂であるが，それは，２つの対象（良い対象と悪い対象）への分裂ではなく，**３つ**の対象への分裂である。つまり，自我が働いて，この内的対象の，**興奮させ過ぎる** *over-exciting* 要素と，**挫折させ過ぎる** *over-rejecting* 要素とがその対象から分裂排除，抑圧され，（私が1944年に記載したようなやり方で）興奮させる対象と拒絶させる対象とを生み出すのである。この概念づけからすれば，興奮させる対象と拒絶する対象とが分裂排除される際には，興奮させ過ぎる要素と挫折させ過ぎる要素とが刈り取られた，**もともとの対象の核**が残ることになる。この核が，脱性愛化され，理想化された対象という地位を占めるものであり，中心的自我が，自身から，興奮させる対象と拒絶する対象とに備給しているそれぞれの部分，私が「リビドー的自我」，「内的妨害者」と呼ぶ部分を放棄した後にも，自ら備給し，保持し続けている対象である。この中核の対象は，お気づきの通り，中心的自我に受け容れられた対象であり，従って，それが抑圧に晒されることはない。私は今，この対象が，私が考えるようになってきている意味での超自我がその周囲に形作られる核となるものだ，と見做している。ただ，その性質に鑑みて，その呼び方を考えてみると，「自我理想 ego-ideal」という用語を復活させるのが適切であろうと思われる。言うまでもなく，これは，1941年に「移行期的」防衛技法を説明する中で「受け容れられた対象」と記載したものに対応する。

そして，重要なのは，ヒステリー患者は，まさにこの種の対象に，分析者を転換しようとするのである。私が1941年に「移行期的」技法を説明する中で，「拒絶された対象」と記載したものに関しては，今にして思えば，「興奮させる対象」と「拒絶する対象」の双方がこの概念に含まれていると考える必要があるであろう。というのも，私のその後の見解からすれば，これらの対象はいずれも中心的自我によって拒絶されるものなのだから。それゆえ，「移行期的」技法を説明した際の「拒絶された対象（単数形）」という用語は，「拒絶された対象 objects（複数形）」という用語に取り換えられなければならないであろう。ここで，よく考えてみると，移行期的技法のどれをとってみても，中心的自我は，「興奮させる対象」と「拒絶する対象」とを同じように扱っていることがわかる。その意味で，この修正は正しいと言えるであろう。例えば，この２つの対象は，パラノイド技法と恐怖症技法においては，いずれも外的なものとして扱われるように思われるし，強迫技法とヒステリー技法においては，いずれも内的なものとして扱われるように思われる。これに対して，「受け容れられた対象」は，恐怖症技法とヒステリー技法においては，外的なものとして扱われ，パラノイド技法と強迫技法においては，内的なものとして扱われるのである。

第２部
臨床論文

第8章

ヒステリー状態の性質について考える

（1954）原注1）

Observations on the nature of hysterical states, 1954, *Brit. J. Med. Psychol.* Vol. 27, 105-125

精神病理学者にとって，ヒステリー状態は，それ自体，元来大変興味深いものであろう。だがそれに加えて，現代の精神病理学が，ヒステリー状態を深く研究することで積み上げられた知見の上に成り立っているという意味において，特に重要な意味を持っていると言えるであろう。周知の通り，この研究は，もともとパリのサルペトリエールでCharcotによって開始された。ただ，識別可能な臨床状態としてのヒステリー概念を定式化したのは，Charcotの弟子で，その研究を引き継いだJanetであった。Janetの業績は，ヒステリーの症候学の記載や分類に止まらなかった。彼は，ヒステリーの人が呈する現象がいかに発生するのか，そのからくりについての科学的な説明をしようとしたのである。そしてJanetがその説明概念として定式化したのが，周知の通り，「解離」という古典的な概念であった。この概念から見れば，ヒステリー状態というものは，本質的に，自我が人格の全機能を同時に保っておくことができず，その結果，ある種の機能は残りの人格から解離され，失われてしまって，意識や自我の統制を離れて独立に作用するようになるところに生じてくるということになる。Janetの記載によれば，解離される要素の範囲は多岐に亘り，手足の動きといった個別の機能である場合もあれば，こころの内のある大きな領域，あるいは複数の大きな領域に亘る場合もある（例えば，二重人格，あるいは多重人格のケースの場合のように）。そしてJanetは，こうした解離は，自我にある種の弱さがあることによって生じるものと考えた——その弱さは，生来的な部分もあるし，

原注1）本論文は，1953年8月28日に，英国心理学会医学部門にて口頭発表された原稿に基づいている。

病気，外傷，あるいは個人の適応能力に負担を強いるような状況など，環境に由来する部分もある，と。

Janetによって記載された解離という現象は，もちろん，本質的には受身的な過程である――つまり，通常は自我によってなされている凝集機能が破綻し，それによって統合に支障が生じるという過程である。従って「解離」という概念は，少し後に，ヒステリー現象のもっと適切な説明を求めてFreudが定式化した「抑圧」という概念とは全く対照的なものである。Freudはサルペトリエールで行われた研究をよく知っていたし，実際そこに長期間滞在していた。しかし，ヒステリーの性質に関するFreudの研究は，それとは全く別に，独自に行われたものであった。実際，Freudの抑圧という説明概念は，本質的に，Freudのウィーンでの開業実践の中で，自ら体験したヒステリー患者の反応から組み立てられたものであった。中でも，ヒステリー患者は治療者側の治療努力に対して積極的に抵抗を示すという現象についての根源的な観察と，その観察された現象の意味を理解しようとする努力の中から導かれた概念だったのである。抵抗という事実は，今や精神病理学者の間では周知のこととなってきており，抵抗について何か述べようとすれば，一々その言い訳をしなくてはならないほどである。しかし，ヒステリー患者の抵抗は，精神療法のプロセスに対する抵抗ではなく，むしろ，**精神療法家その人に対する抵抗**だという点は，一般にはあまり理解されていない。しかし，そのことはさておき，Freudが抑圧の過程を仮定したのは，この抵抗のことを説明するためであった。そして，抵抗は1つの能動的な過程であるがゆえに，Freudは，抑圧についても，それを元来能動的な過程として捉えることになったのである。抑圧の概念が解離の概念を凌ぐようになった主な理由はここにある。というのも，それは，解離の概念と違って，力動的な概念であり，人格の力動を包括的に研究する際の基礎となるものだからである。事実，精神分析理論が描き出す説明体系は，全て，この抑圧の概念を礎石として，その上に作り上げられてきている。ただ同時に言っておかなければならないことは，私の考えでは解離の概念が光を失い，それと共に抑圧の概念の方が説明概念としての光を浴びるようになったことは，全体として見ると純粋に進歩であったとは言えないということである。前述の通り，Janetは，ヒステリーに特徴的な解離の過程は，自我の弱さの顕われだと考えた。そして，Freudも程なく，ヒステリー症状は自我の弱さに発する防衛の産物だということを認識した。にもかかわらず，抑圧の概念の中には，こうした弱さが存在しているということが，それとして組み込まれていないのである。さらに解離過程のことをよく考えてみれば，そこには，Janet

が考えていた通り，その範囲はさまざまだし，しばしば多重的なものではあるけれども，**人格の中に亀裂** *a split* が存在しているという含みがあることが明らかになる。そして私は，1944年に書いた論文の中で，ヒステリー現象の背景には，こうした人格の分裂 splitting があるという見解を実証しようとしたのである（Fairbairn, 1944, 特に pp.81-82［本書 pp.110-111］。実はこの見解は，Freud も一時考えたことがあったものである[原注2]。だが Freud は，その後，抑圧の概念を発展させていくことの方に集中してゆき，それにつれてこうした発想はそのまま手つかずになってしまった。人格の分裂という特定の概念が，もともとは精神分裂病［統合失調症］という現象を説明するために Bleuler によって導入されたものであることは周知の通りである。しかし，私の考えでは，Janet が注目したようなヒステリー性の解離の過程と，今やスキゾイド状態に特有のものと認識されている自我の分裂との間には，何ら根本的な差異はないのである。

もっとも，私がこのように考えるようになった出発点は，Janet の解離の概念ではなかった。私は，はっきりと対象関係の心理学をとることにした結果，抑圧の概念を作り直す必要があると強く感じるようになったのである。というのも，Freud が初期の段階でとっていた衝動心理学は，説明体系としての限界を持っていると思われたからである。Freud はその後，その上に自我心理学を重ね，一貫性が取れなくなったにもかかわらず，衝動性心理学を放棄することはしなかった。Freud の自我心理学によれば，抑圧は，言うまでもなく，超自我の圧力の下，エスに発する衝動の統制を目的として，自我によって行使される機能である。私には，こうした考え方の中には，抑圧と自我の分裂との間には関連があるということが**暗黙の裡に**認識されているように思える。しかし，Freud は，本能衝動の源としてのエスを，自我とは独立したものとして概念づけることによって，こうした関連性について**表立って**認識することが難しくなってしまった。エスをこのように概念づけることで，Freud は，（衝動の抑圧という形で）抑圧が生じても，自我は何の変化も受けないままでいると考えていた。しかし，私の見解からすれば，抑圧と自我の分裂とは，同

原注2）　このことは，1893年に公表された「ヒステリー現象の心的機制について」という論文の中の，以下のような発言からして明らかである。「実際，こうした現象に関われば関わるほど，我々はこう確信するようになる。**二重の良心**としてよく知られた古典的な症例に顕著な意識の分裂は，基本的に全てのヒステリーに存在し，解離傾向は……この神経症の基本的な症状なのである。」（Freud, 1924, p.34［芝伸太郎訳，2009，ヒステリー諸現象の心的機制について．フロイト全集1．岩波書店，p.338］参照）

じ基本過程のただ２つの側面を表わしているに過ぎないのである。私がこのように考えられるようになったのは，衝動との関連で考えられた心理学を，対象関係との関係で考えられた心理学に置き換えることが必要だと感じ，Freud が衝動（つまり，エス）と自我とを切り離してしまったところを，むしろ，自我構造そのものが元来力動的なものなのだという統一的な概念づけをとることによって解決する必要があると感じたことによる。こうしたステップの中には，人格の諸問題は，パーソナルな水準でのみ，そしてパーソナルな関係との関連でのみ，適切に理解できるという一般原理をはっきりと認識したことも含まれている。そして同時に，人格の諸問題をポスト・ダーウィン主義の生物学との関連で解釈しようとするのは不適切だということをはっきりと認識し，従って Freud の理論体系のうち，人格の諸問題を，本能や性感帯との関連で説明しようとする部分を明確に放棄することにしたことも含まれている。こうしてでき上がってきた考え方に基づいて，私は，抑圧についての理論も改訂してきている。その本質は，おそらく，人格の発達と分化に関して現在私がとるようになっている全体的な理解を示すことで，最もよく了解して頂けるであろう。それを要約すると，以下のようになる。

（１）子供の初期の人格は，単一の力動的な自我からなっている。

（２）もともとの自我が，満足させないパーソナルな関係に対処するためにとる最初の防衛は，その満足させない対象[原注３)]を精神的に内在化すること，つまり，取り入れである。

（３）満足させない対象には，２つの厄介な側面がある。それは，興奮させる側面と，拒絶する側面である。

原注３）　ここでおそらく説明しておく必要があるのは，完璧に満足させる対象については，それを取り入れる動機が全く見当たらないということである。つまり，私は，もし乳児とその実際の母親との関係が，情緒的な領域においても，もっと特定の授乳状況という領域においても，完璧に満足させるものであるのならば，乳児がその母親という対象を取り入れる手続きというのは意味がないだろうと考えている。私には，むしろ，乳児の母親との関係が完璧に満足させるものにはなり切らない限りにおいてのみ，乳児はその母親という対象を取り入れる動機を持ち得るように思えるのである。この観点は，「良い」対象の取り入れがその理論体系の中で大変重要な位置を占めている Melanie Klein とその協力者たちにとっては，かなり受け容れ難いらしい。おそらく問題は，少なからず，この点について私が以前，はじめに取り入れられるのは「悪い」対象であるという意見を表明したところにあるのであろう（例えば，私の本『人格の精神分析的研究』（Fairbairn, 1952）の p.93 脚注参照［本書 p.112 原注７）］）。ただ，私は，今，以前の意見を次のように修正している。

（1）「良い」とか「悪い」とか言えるような，それぞれのカテゴリーに対象を分化していくのは，もともとの（アンビヴァレンス以前の）対象が取り入れられた後になってからのこと

（4）自我がとる第二の防衛は，２つの要素——つまり，その内在化された対象の興奮させる側面を代表する要素と，拒絶する側面を代表する要素と——を拒絶し，その内在化された対象から分裂排除することである。

（5）こうして，内在化された対象は，３つの対象に分裂されることになる。すなわち，「興奮させる対象」と「拒絶する対象」，そして，興奮させる要素と拒絶する要素とが分裂排除された後に残る核，である。

（6）この，後に残った核は，内在化された対象の，どちらかといえば満足させる，あるいは，ともかくも耐えられる側面，従って，自我が拒絶せず，場合によっては積極的に備給している側面を代表しており，これは「理想対象」と記載するのが適当である[原注４）]。

（7）興奮させる対象と拒絶する対象とを拒絶し，分裂排除するのは，自我による「直接的一次的抑圧」という行為である。

（8）興奮させる対象と拒絶する対象とは，抑圧される過程の途上においても備給され続けている。だから，その抑圧には，この２つの抑圧された対象それぞれへの備給を代表する２つの部分を，自我の本体から分裂排除する過程が含まれている。

（9）この，自我の２つの部分の，残りの中心的部分からの分裂排除は，後者による「直接的二次的抑圧」という行為である。

（10）その結果，心の中の状況は，中心的自我が受け容れることができる内的対

原注３）続き

である。（2）この分化は，はじめは「良」くも「悪」くもなく，ただ「ある意味では満足させない」対象が，その取り入れの後になって初めて真に「アンビヴァレントな」内在化された対象になってくる，その対象が分裂されることによって生じてくるものである，と。分裂過程の生じ方についての私の意見は，上記の要約に示した通りである。ただ，付け加えておくべきことは，乳児と，その実際の母親との間の完璧に満足させる関係というものは，理論的にのみ可能な偶然であって，実際には起こり得ないということである。従って，実際的に考えれば，乳児は，不可避的に，環境の側から母親という対象を取り入れようとする動機を抱かされることになる，と考えることができるであろう。そしてこうした環境は，子宮内の存在であることを止めた後にはいつでも起り得るのである。実際，出産過程によって子宮内の至福が妨害されること自体が，こうした環境の代表であると見做すこともできるかもしれない。

読者はおそらく，私が満足させない対象の取り入れを，１つの防衛——「もともとの自我がとる最初の防衛」——だと記載していることに気づかれるであろう。このことは，もちろん，私が対象の取り入れを——いわばまさにそこに起きている，そのままの形で——乳児の本能的な合体欲求がまさしくそこに表出されているというふうには見做していないことを

象としての理想対象に備給し，２つの，分裂排除され，抑圧された自我構造が，それぞれ**抑圧された**内的対象に備給している，というものとなる。

(11) 興奮させる対象と，拒絶する対象に備給している抑圧された自我構造を記載するのに，それぞれ「リビドー的自我」と，「反リビドー的自我」原注５）という用語が採用されている。

(12)「反リビドー的自我」という用語をとった根拠は，この抑圧された自我構造が，拒絶する対象との同盟の下，興奮させる対象と同盟を組んでいるリビドー的自我が持っている目標とは元来敵対する目標を持っているところにある。

(13) 反リビドー的自我は，１つの力動的構造として，リビドー的自我に持続的で攻撃的な迫害を加えるという形で，リビドー的自我の目標に敵対するが，それは，中心的自我がすでに行っているリビドー的自我の抑圧をサポートすることになる。従って，これは「**間接的抑圧**」の過程と記載するのが適当であろう。

(14) リビドー的自我に対する直接的抑圧と間接的抑圧とは，２つの性質の異なる過程だが，Freud は両者を「抑圧」という１つの用語の下にひっくるめて理解した。そして特記すべきは，Freud が，中心的自我による**反リビドー的**自我の抑圧には注意を払わなかったことである。ただし，Freud が『自我とエス』の中で，ふと，なぜ超自我が無意識なのか，そして，少なくともヒステリー人格の場合，この抑圧の煽動者それ自体は，抑圧の対象にならないのか，という疑問に触れているところは例外である（Freud, 1927, pp.52-53, pp.74-75）——

原注３）続き

示している。というのも，その本能的な合体欲求の目的は，身体的にせよ，精神的にせよ，母親やその乳房を合体することにあるのではなくて，むしろ，母親のミルクを身体的に合体することにあるのが明らかだからである。また，対象の取り入れの過程は（それはつまり，そこで，ある外的対象を代表する**精神構造**がこころの中にでき上がるということである），単に「記憶」と言い表わされるような，体験が心の中に残っていく過程だと見做すこともできない。だから，取り入れという概念が重要な意味を持ち得るのは，それを１つの防衛技法だと捉える場合以外にはないと思われるのである。私の取り入れについての見解が Melanie Klein やその協力者たちに受け容れ難い，その背景にある真の問題は，（１）子供が体験する良い，満足させる関係が，どのような形でその心の中に残されてゆくのかという問題，そして（２）こうした体験が，どのような形で人格を形作るのかという問題，であるように思われる。こうした極めて重大な問題は，おそらくすでに長くなり過ぎているであろう脚注の中では議論できるようなものではない。ただ，私は，最低限，次の点を指摘しておきたい。（上記，本文中の要約に記されているような）人格発達についての私の理論からすれば，これらの問題に対する鍵は，「中心的自我」と「理想対象」との関係の中に見出されるであろう，と。

ただし，これらの疑問には，その理論構築の方が急務であったために，満足のゆく答えが出されないままになってしまったのである。

(15) 反リビドー的自我と拒絶する対象，そして理想対象は，いずれも，こころの経済の中で異なる役割をとっている，互いに独立した構造だが，Freud は，これら全てをまとめて「超自我」という包括的な概念の中に入れ込んでしまった。そのために生じる混乱を避けるためには，これら各々の構造が独立したものであることを認識しておく必要があるであろう。

(16) 以上述べてきたような，抑圧と分裂という対を成す過程から生じる心の中の状況は，その全般的な枠組みにおいて，幼い子供の内にでき上がってくることは必至であり，その意味で，「正常な」ものだと見做すことができるであろう。ただし，この状況は，ことにその力動的な側面において，その後の生活の中で，そこからあらゆる精神病理が発展し得る可能性を含み持っている。

(17) この心の中の基本的な状況 basic endopsychic situation という概念づけは，パーソナルな関係や力動的な自我構造との関連から考えられたものだが，それは，Freud が，エス，自我，超自我との関連からこころのあり方を記載した，その記載に取って代わるものである。Freud の理解は，物理学ではすでに認められていないヘルムホルツ流の構造とエネルギーとを切り離す考え方に基づくものであり，生物学的な本能や性感帯との関連から考えられたパーソナルでない心理学を，大幅に一貫性が取れなくなっているにもかかわらず，そのままの形で結びつけてしまったものである。

さて，以上が，ヒステリー状態という問題への私のアプローチの背景である。ヒステリーの人に関する限り，私が今概説してきた心の中の基本的な状況には，興奮させる対象が過度に興奮させるものであり，拒絶する対象が過度に拒絶するものだという特徴がある。従って，必然的に，リビドー的自我は過度にリビドー的であり，

原注４）　私は以前，この内的対象を記載するのに「自我理想」という用語を用いたが（Fairbairn, 1952, pp.135-6［本書 p.158］)，現在では，それを記載するのに「理想対象」という用語をとった方がよいと感じている。それは，その，対象としての地位を強調し，「興奮させる対象」，「拒絶する対象」と共に用語を整理するためである。

原注５）　私は以前，この自我構造を記載するのに「内的妨害者」という用語を用いたが（Fairbairn, 1952, p.101［本書 p.121］)，現在では，それを記載するのに，「反リビドー的自我」という用語をとった方がよいと感じている。それは，その，自我としての地位を強調し，「中心的自我」，「リビドー的自我」という用語と共に，用語を整理すためである。

反リビドー的自我は過度に迫害的だということになる。これらの特徴は，私から見ると，ヒステリー状態の性質に大きな光をもたらしてくれるように思われる。というのも，これらによって，（1）ヒステリーの人の抑圧された性愛性が，いかに強いものか，また（2）その性愛性はいかに広範囲に亘って強迫的に犠牲にされているか，といったヒステリー現象に特徴的とされている現象を，いずれも効果的に説明することができるからである。

ヒステリーの人の場合，その心の内にはどのような内的状況が広がっているのか，それを，古典的なやり方に従って，ある夢によって示してみよう。この夢は，私が「ルイーズ」と呼ぶ患者が報告したものである――このヒステリー型の患者は，もともと夫婦関係にまつわるの問題のために私の許を訪れたのだが，以前，心身症症状を呈した既往も持っていた。その夢の中で，彼女は子供で，両端にドアのついた短い通路の中におり，片方の壁には窓が１つ付いていた。それぞれのドアの前には，彼女の父親が，手に棒のようなものを持って彼女と相対していた。その内１人は，その棒を自分の性器の前に持って彼女に向けており，それは勃起したペニスを象徴していることをはっきりと示しているようであった。もう１人の方は，その棒を自分の頭の上に持っており，それは，今にも彼女を罰しようとしている鞭のようであった。ルイーズ自身は，この２人の父親像の間に，身動きのとれないままに立ち尽くし，興奮と不安とに駆られて跳ね回っていた。そうしている間に，窓の外に何組もの男女がぞろぞろ行くのが見えたが，その人たちは通りすがりに彼女の憐れな状態を見る際，見下し，軽蔑するような眼差しを彼女に向けた。その眼差しは，彼女から見れば，彼らが自分を，高々「バカな，取るに足らないヤツ」と思っているという印象を受けるものだった。この印象は，まさに彼女が自分自身について感じていたことだったし，それゆえ彼女は，その通路の２人の父親像の間で意動きもとれないままに立ち尽くしている時，心底寄る辺ない感じや，絶望的な劣等感に圧倒されていたのであった。言うまでもなく，こうした寄る辺ない感覚や劣等感は，覚醒時にも，ヒステリーの人にはよくある体験だが，ルイーズの場合も例外ではなかった。そして，この夢の光景は，この体験の発生源をよく表わしているのである。この光景は，ルイーズが子供時代，父親との間に実際にあった関係のあり方に由来する内的状況であった。というのも，彼女の父親は躁うつ病的な特徴を持った移り気な人で，ある時にはまさしく性的な意味で挑発するようなやり方で彼女を扱ったし，またある時には，彼女に対して思いやりのない無関心さを示して彼女を無視し，父親は自分を拒絶しているという感覚を彼女に与えたりしていたのである。

私が「モリス」と呼ぶ男性患者についても，同様の内的状況が存在していることが明らかになった。それは，彼自身が母親との関係の中で置かれている状況を述べていた分析過程でのことであった。この患者もやはりヒステリー型の患者だったが，その症状は，主として不安という形で現われていた。そして，分析治療が必要なほどその急性の不安症状が悪化したのは，彼が第二次世界大戦で従軍して負傷し，夫と死に別れた母親の許へと帰還してきてすぐのことであった。このことに大きな意味があったのは言うまでもない。分析の中で明らかになってきた内的状況とは，彼の感覚では，まるで母親がその手で彼の勃起したペニスを押さえつけ，かつその睾丸を握り潰しているように感じられているような状況であった。彼は，もし自分が何とか自由になろうとすれば，母親は自分の性器を破壊してしまうであろうことが恐ろしいと述べたのだが，その一方では，握っている手を離されてしまうのも怖い，なぜなら，もし母親がそうすれば，性器をおもちゃにされ，刺激されていた性的な興奮が，それでもうおしまいになってしまうから，とも語ったのである。ここでもまた，私たちは，興奮させる対象と拒絶する対象とが同時に働いているのを見て取ることができる。モリスがこれら２つの対象を，その想像上の光景の中で別物として語らなかったのは事実である。だが，それはつまり，彼がこの光景を語っていたのが意識的な水準においてであったこと，そしてもう１つ，これはヒステリーの人に大変特徴的なことなのだが，彼がこの内的世界におけるジレンマをマゾキスティックなやり方で解決しようとしたからであろう。彼は，こう説明した。その拒絶する母親によって去勢される恐怖がなかったわけではありません。けれども，母親が自分の内に巻き起こした興奮は，母親が自分の性器をギューッと握り潰してしまうことによってしか鎮めることができないだろうし，そうなることでこそ，自分は性的に完全に満足することができるだろうと思えるのです，と。彼が子供時代，実際にあった状況を簡単にまとめれば，彼は，他は女の子ばかりの家族の中で唯一の男の子であり，小うるさく，所有欲の強い母親は，そういう彼のことを，何か事につけ，過度に気に掛けていた。母親はそうして，彼をリビドー的な意味で繋ぎ止めたばかりでなく，彼の側で性愛的な部分をかけらでも見せようものなら，眉をしかめ，自慰を禁止し，ある時には母親にペニスを見せたと言って彼を叩き，外傷を与えた。もう１つ言っておいた方がいいであろうことは，彼の父親は，よそよそしく近づきにくい人柄で，もしそうでなければ母親によってがんじがらめになっているところから彼を救い出し，大人の男性としての独立した態度の発達を援け得たであろうような関係を彼に提供することができなかったということである。こうして，状況はますます悪化していたのである。

私がこれまで述べてきた2つの心の中の状況の図は，ヒステリー状態に大変特徴的なものだと考えることができるであろう。ただし，双方の場合共，興奮させる対象と拒絶する対象とだけが注目されていて，それ以外のところにはほとんど注意が払われていないということも理解されるであろう。そこで私は，今度は，心の中の状況に含まれる3つの自我構造に注意が向けられている例を挙げてみたい。ただ，そうする前に，第三の内的対象，すなわち理想対象について，一言述べておきたい。この対象は，興奮させる対象や拒絶する対象に比べれば，ヒステリーの人の夢の中に表われてくることは少ない。だが，彼らの意識的な幻想の中に表われてくることは稀ではない。例えば，私が「ジーン」と呼ぶ，また別のヒステリー患者は，最終的に分析を受けるきっかけになった変調の何年も前から，こんな白昼夢の中に慰めを求めていたと述べた。それは，大金持ちで大甘の夫との，セックスのない結婚で，その夫は，豪華な家も，数え切れない数の召使も，何台もの高級車も，優雅な衣類も，立派な宝石も，そして贅沢な食事も，皆与えてくれるのだった。ジーンはまた，時に，夫が子供たちをも与えてくれることを想像した。ただ，この子供たちは，それに先立つ性交や妊娠やお産などは全くなしに，どこからともなくミステリアスに現われてくるのであった。こうした幻想には，一方で性的興奮という要素が，他方で挫折や拒絶という要素が，あまりにも欠落しているという特徴があることに注目して頂きたい。つまり，こうした幻想からは，興奮させる対象と拒絶する対象，そのいずれもが排除されているのである――その意味では，リビドー的自我と反リビドー的自我についても同様である。言い換えれば，こうした幻想は，中心的自我と理想対象との関係を表わしているのである――そして，その理想対象の中核は，乳児期において，満足させ，安心させる限りでの母親であることを付け加えておこう。さらに言えば，これがヒステリーの人が分析状況において分析家との間に作り上げ，維持しようとする関係なのである。ただし，転移の圧力の下，治療者はすぐに興奮させる対象と拒絶する対象，その両方の役割を引き受けることになる。にもかかわらず患者は，通常，この事実を意識的に認識することに著しい抵抗を示す。むしろ，これら抑圧された内的対象が分析状況に侵入する脅威に対して，決まって不安や身体的苦痛をもって反応するのである。

理想対象について少し触れたので，次に，ヒステリーの人の内に広がっている心の中の状況が，もっぱら3つの自我構造との関連で表わされている夢を述べていくことにしたい。この夢を見たのは，今述べた患者，ジーンである。この夢は，ごく単純なものであった。それは，２匹の犬が互いに競い合っている夢で，一方の犬は白く，もう一方は黒かった。そして，黒い方の犬が競争に勝った。ジーンは，その競争に負けてしまった白い犬を慰めてやっていた。そこへその黒い犬がやってきて，白い犬を襲撃したのである。この夢の解釈は，私が導入部で述べた見解からすれば，そう難しくはないであろう――ことに，ジーン自身のこの夢についてのコメントは，「２匹の犬は，２匹共，私だと思います」というものだったのだから。つまり，白い犬がリビドー的自我を，黒い犬は反リビドー的自我を，そしてジーン自身が中心的自我を表わしていることは明らかなのである。そしてその筋立てから見れば，競争で黒い犬が白い犬に勝ったこと，そして，その後にまた黒い犬が白い犬を激しく攻撃したことは，ヒステリー状態に特有の，リビドー的自我に対する反リビドー的自我の優位性，および，後者による前者への冷酷な迫害という図を完璧な形で示している。こうして，自ら満足を与えないこと，自ら妨害すること，性愛性を強迫的に犠牲にすること，および苦しみへの欲求が，ヒステリーの人に典型的に認められることになるのである。

ジーンがこの夢の中で，白い犬の苦境を気に掛けていたこともまた，ヒステリーの人が持っている自己憐憫の傾向が典型的な形で示されている。すでに見てきた通り，ヒステリーの人は，リビドー的自我が抑圧されているにもかかわらず，その抑圧のために生じる制限や犠牲，そして劣等感を嘆き続け，その復権への憧れを抱き，その抑圧がさほど厳しくない人々に羨望を向け続ける。さらに彼らは，たとえそれが無意識的であるとはいえ，心の中のドラマの究極的な起源となっている，自分を取り巻く環境に関わる人々に対して，激しく不平を言い立てたい感覚を抱いているのである。ここで，リビドー的自我の際立った特徴はリビドー的欲求にあるのに対して，反リビドー的自我の際立った特徴は攻撃性にあるということに触れておいた方がいいであろう。総合して考えればこれら２つの抑圧された自我構造は，つまり，子供が自分の対象に対して向けた早期のアンビヴァレンスを反映していると考えることができる。子供の攻撃性は，私の考えでは，リビドーと同様，もともと対象の方に向かっている（私は，一次的な死の本能という概念を受け容れない）。ただ，発達の過程で，反リビドー的自我が介在しつつ，このもともとの攻撃性が主としてリビドー的自我の方に向かうようになるというところが，ヒステリー状態の発生における大きな特徴なのである。

こうした発達を生じさせる環境のパターンは，もう１人，私が「オリビア」と呼ぶヒステリー患者によって示すことができる。この患者は，もともと，「神経性無食欲症」ということで私の許に紹介されてきた。オリビアは，最小限の食事しかとることができなかった。そして，どこであれ外出する時にはいつでも，上腹部に痛みを伴うひきつりを覚え，同時にひどい嘔気を体験した。実際，外出することを考えただけでもそういう症状が起きたし，ひととの約束が絡んでいる時には，いつも最悪であった。オリビアは，実際の身体の病気ではなかったのだが，そうなることを恐れていた。彼女は，人前で気分が悪くなることを特に恐れ，そのための外出恐怖がさらに付け加わっていたのである。こうした症状の発展を導いた環境のパターンは，もともと乳児期にその起源があった。言うまでもなく，彼女はその問題の出来事を直接思い出すことはできなかった。しかし，このことはその家族の間ではよく話題に上っていたから，彼女にとっても馴染み深いものとなっていた。その状況とは，早い時期から始まっていた授乳上の問題であった。乳房からの授乳はついにうまくいかなかった。そしてはじめは母親が哺乳ビンから授乳させることも難しかったのだが，それが一旦できるようになると，母乳と哺乳ビンとをうまく組み合わせることが難しかった。予想される通り，オリビアはいつも泣いていた。そして，オリビアのベビー・ベッドは両親の寝室に置かれていたため，やがて父親は気を悪くし，ついには捨て鉢になって，泣き止むまで彼女を押さえつけることになったのである。この父親のやり方は，遺憾ながら大変うまくいった。実際，それによって，今度はオリビアが，いわば自分自身を押さえつける役割をとるようになる内的過程が生じてきたのである。先に述べた心の中の状況との関係で言えば，この内的過程には，拒絶する対象としての父親に最も親密なやり方で同一化していた彼女の反リビドー的自我が，そのリビドー的自我を冷酷に攻撃するという側面を持っていた。そしてその結果，彼女ははっきりと口愛的欲求を禁止するようになり，早期幼児期を通じて食べ物を拒否する習慣を身につけてしまったのである。欲求の制止は，彼女のリビドー的自我の他の機能まで及ぶようになっていった。彼女は子供時代を通じて，便秘がちだったし，尿も出にくい傾向にあったのである。彼女が成長するにつれ，便秘は解消したが，尿の出にくさは残り，さらには性的にも制止を受けることになっていった。この尿の出にくさだけがいつまでも残ったことには，少なからず次の事実が密接に結びついていた。彼女が尿が出ないという時，彼女の父親は，いつも決まって彼女をトイレに連れて行き，早くおしっこをしなさいと急き立てたのである。こうして，この父親は，明らかに興奮させる対象の役割をもとっていた。これに対して，おなかの方は母親の手に委ねられていた。その母親は，父親ほど小うるさくもなく，また，さほど過保護でもなく，彼女にとってはそれほど争いの的になるような人物ではなかったのである。オリビアの父親の口やかましさと過保護さとは，彼女の生活のあらゆる領域に及んでいた。そしてそのことが，彼女の父親との関係をさらに複雑なものにしていた。というのも，彼女の生活はそれによって大きく干渉されることになったわけだが，上述の通り，そこには興奮させる側面があり，その一方で父親は彼女をひどく挫折させ拒絶する人物にもなっていたからである。父親は，自分の不安から，オリビアには憂き目を見させまいとし，彼女の自発的な活動に常に制約を加えた。例えば，彼女は女の子なのだからという理由で，オリビアよりも４歳下の弟の方にはこれを認め，むしろ奨励したような，無鉄砲な冒険やそういう活発な活動に彼女が関わるのを思い止まらせることが多かった。このことは，以前から存在していた弟への嫉妬を強め，ペニス羨望を募らせる結果を招いた。そしてそこに湧き上がる罪悪感は，彼女のリビドー的自我の抑圧をさらに強め，そのリビドー的自我はさらに迫害的な反リビドー的自我のなすがままにさせられることになったのである。父親はまた，彼女が女の子であるということのために，性的な危険から彼女を守るべく，彼女が自由に動き回ったり，独立したりしようとすることに著しい制限を加えた。もっとも，こうした父親の努力は，必ずしも全てうまくいったわけではなかった。というのも，彼女は，子供時代を通じて何度も性的外傷を負うことになったからである。罪悪感の影響の下，これらの外傷，ことに性器にまつわる要素が絡む領域での外傷は，彼女のリビドー的自我の抑圧をさらに強め，リビドー的自我を，さらに反リビドー的自我の迫害に晒すことになった。そしてこれらのことは，興奮させる対象の抑圧をも増強させることになったのである。このことは，性的存在としての男性に対して彼女が強い恐怖と敵意とを持っていたことに表わされている。そして状況がさらに悪化したのは，父親が，一方では彼女を，いつも挑発的にからかう標的にしていたという事情にもよっている。このことが，その過剰な心配の興奮させる効果を強化することになったからである。こうして彼女の心の中の状況は，ルイーズの２人の父親の夢によく表わされているような，寄る辺なく，絶望的なまま全く身動きをとることができない状態へと陥ることになっていった。そして，ルイーズの場合には，実際の生活において身動きのとれなくなっているところはある部分的な領域だったのに対して，オリビアの場合は，彼女が私の許を訪れた時までに，あらゆる努力を諦めてしまっており，オリビアはほぼ完璧に受身的な人になってしまっていたのである。

まだ大まかな言い方にならざるを得ないけれども，オリビアのケースについての私の考察からすれば，ヒステリー症状がどの程度生じてくるかは，一方で興奮と，もう一方で挫折 frustration，つまり拒絶[原注6]とを同時的に体験するという――それらはいずれも，対象関係という設定の中でのことだが――その体験によって決まってくるということであるように思われる。また，我々はここに，まずもともとの内在化された対象から興奮させる対象と拒絶する対象とが，続いてもともとの自我からリビドー的自我と反リビドー的自我とが，それぞれ抑圧的に分裂排除される repressive splitting-off ことになっていく環境のパターンとはいかなるものかを理解することができる。さらに，興奮させ，しかも拒絶する対象に対する子供のもともとのアンビヴァレンスが，いかに，最終的には，抑圧されたリビドー的自我が抑圧された反リビドー的自我の攻撃性の的となっているような内的状況を引き起こし，そうしてヒステリーの人に特有の，リビドー的な活動を強迫的に犠牲にする傾向を引き起こしていくかを理解することができるのである。

オリビアの場合，彼女が幼児期に授乳上の問題を持っていたことから見て，その母親が，彼女にとっての興奮させる対象と拒絶する対象，そのどちらの役割をもはっきりと併せ持つ最初の対象であったことは明らかである。そして，母親がこれら２つの役割のいずれをも果たす幼児期の状況は，それを基本的な核としてその周囲にヒステリー人格が形作られてゆく特質を持ったものであるように思われる。だから，このことによって，ヒステリーの人のリビドー的自我が，かくも強力な口愛的要素を持っているということが説明されるのである[原注7]。

原注6）　私はここで，「挫折，つまり拒絶」と述べているが，対象関係の心理学から見れば，挫折は常に，情緒的には拒絶と等価であるということが理解されなければならない。「挫折」が「拒絶」と区別される意味を持ち得るのは，衝動心理学から見た場合においてのみである。というのも，もし子供が本質的に対象を求めているのだとすれば，挫折が，対象の側からの拒絶であると体験されるのは避けられないからである。さらに，子供の一次的な対象は常にパーソナルな存在であるから，子供は必然的にアニミズム的であり，子供時代の内に確立される内的現実の世界がアニミズムを基盤として作り上げられることもまた，避けられないのである。私は，人間の心の内に元来備わっているこのアニミズムは，大変根の深いものであって，意識的思考が洗練されても，その影響を受けずに心の中にずっと残っていると考えている。従って，深い根を持つ情動的葛藤は，アニミズム的な発想の中でこそ，満足のいく解決を導くことができるということになるであろう――私には，このことが，精神分析的治療に重要な含みを持っているように思われる。

原注7）　私は以前（Fairbairn, 1952, p.124［本書 p.145］），この事実に基づいて次のように述べたことがある。（1）「エディプス状況を十分に深く分析していくと，必ず，この状況が，内的な興奮させる母親像と，内的な拒絶する母親像とをめぐって作り上げられていることが明らかになってくる」，また（2）「私が分析したヒステリーの人たちは，男女を問わず，どの人も，心の底ではいつまでも乳房を求め続けている人たちだったのである」。

こうした状況は，オリビアの場合と同様，ジーンの幼児期にも確かに起きていた。ジーンも同じように，授乳状況における母親との不満足な関係から派生する，ごく小さい頃の出来事のことを聞かされていたのである。そしてこの文脈で意味があるのは，ジーンには，もう少し大きくなってからのことだが，甘いものを盗んだり，お金を盗んでは甘いものを買ったりする癖があったということである。乳児の頃，ジーンも，オリビアと同じように，夜泣きという形で両親を悩ませていた。そして，やはりオリビアの場合と同じように，それを抑圧する行動に出たのは，その父親であった。もっとも，ジーンの父親のしたことは，オリビアの父親とは全く違っていた。ジーンの父親は，彼女を押さえつけるのではなくて，ベビー・ベッドごと客間に連れて行って，朝まで声の届かないところに放置したのであった。

これらの患者の場合はいずれも，その状況に介入し，拒絶する対象の役割をとったのが父親であったということの意味を考えてみるのは興味深い。この２人の父親はいずれも，その役割をとることで，同時に，興奮させる対象としても登場していたことは疑いがない。ともかく，ジーンが甘いものを買うためにお金を盗んだのは，たいてい父親のお金であった。同じように，オリビアは子供の頃，父親の朝食についた卵の一番上のところをもらって食べるのが何より好きだった時期があった。オリビアは，そうしてもらおうと思って，当時父親が１人で朝食をとっていた食堂に降りてくるのであった。これは，オリビアの弟が同じことをできる年齢，つまり，父親の卵の一番上を取り合える年齢になるまでのことであった。オリビアは，弟が実際にこの年齢に達した時，突然父親の朝食のテーブルに降りてくるのを止めてしまった。そして，オリビアの父親に対する態度はがらりと変わってしまった――以前父親に示していた熱心な関心は，表向き無関心を決め込む雰囲気へと変わってしまったのである。ただ，それでもオリビアは，分析の中で，定期的に食べ物についての夢を見た。そればかりでなく，卵に特定された夢を，何度も何度も見た。つまり，彼女にとっての卵は，象徴的に父親のペニスとしての意味を持つようになってきていたのである。ジーンとオリビアのケースは，次のようなことを示していると言うことができるであろう。**ヒステリーの人の性愛性は，その根底において極めて口愛的であり，またその基本的な口愛性は，いわば，極めて性器愛的である。**この事実が示していることは，つまり，ヒステリーの人の場合，その性器性愛の特徴は，機が熟さないうちに興奮させられてきているというところにあると考えることができよう――その結果，リビドー的自我は，とても強い口愛的要素をいつまでも持ち続けているばかりか，強い力を帯びた性器愛的な要素，それも，機が熟さないうちに刺激されるためにその度合はさらに高まり，同じ理由で質的にはその未熟さが際立っている性器愛的要素が含まれていることになるのである。

こうした口愛的要素と性器愛的要素との繋がりは，私が「アイヴィ」と呼ぶ患者，彼女については後に，私との分析期間中のある時期，彼女が患っていた副鼻腔炎に焦点を当ててより詳しく述べるつもりだが，その患者の場合によく示されている。この患者は，分析が短い休暇に入っていたある日，自分が「恐ろしくダルイというか，麻薬を使った時みたいに」なって，夢幻様状態となり，「本当にママの胸に抱かれている子供になったっていうリアルな体験」をしたと報告した。しかし，彼女がこの体験について，そして，そこまでありありとしたものではないにしても似たような体験について，特に意味があることとして語ったのは，「私はいつも，同時に脚の間に何かを欲しがっているんです」ということであった。これと同じような口愛的要素と性器愛的要素との繋がりは，私が「ジャック」と呼ぶ，また別の患者の場合にも明らかになっている。この患者は，アイヴィの場合よりももっとひどい副鼻腔炎を患っていたが，このことについてもまた後に触れる。当面，ジャックの夢の１つを取り上げ，その一部分を引用して今問題にしているポイントの一例として示すに止めたい。その部分とは，次の通りである。

> 僕はある家の，居間のような部屋にいました。でもその部屋は，ここの待合室のようでもありました。部屋の中には豹が一頭，眠そうに手足を床の上に伸ばして寝そべっていました。豹は，僕とドアの間にいたんです。僕は，部屋から出て行きたかったんですけど，もし僕がちょっとでも動いたら，その豹が僕に飛び掛ってきそうで，怖かったんです。なので僕は，豹の頭に手を置いて，起きないようにしておいて，その横に回ってドアの近くまで来ました。それからすっとドアの方に後ずさりして，忍び足で抜け出したんです。

この夢の光景について連想しているうちにジャックは，ほどなく，その豹が彼の人格の「生き生きとしていて活気に満ちた」側面（リビドー的自我）を表わしていることを認識した。もっとも，その側面は，獰猛でサディスティックなものであったから，彼は危険に思ってずっと押さえつけていたところでもあった（夢の中で，彼が豹を押さえつけたように）。ジャックはまた，これもほどなく，自分自身のこの側面を押さえつけておくということは，自分がまだ小さい頃，少なくとも母親にケアしてもらうという意味で幼い弟が自分に取って代わっていくにつれ，自分がとるようになっていた極端に受身的な態度と関係があると考えた。彼はまた，肉食の豹という象徴の中に，口愛的要素が含まれていることも容易く見出した。しかし，性器愛的要素の存在，つまり，「豹を起きないようにしておく」ことは，そのペニスを起きないように，勃起しないようにしていることを表わしているという意味については，それを実感できるようになるのに私の解釈が必要であった。この後の方のテーマは，彼に思い起こしてもらった通り，すでに以前の夢の中に表わされていた。その夢は，ライオンの檻に入って行く夢で，そこには，女性の番人（彼の母親を表わしていた）がいて，彼女は，今にも飛びかかってきそうなライオンに「伏せ！　シーザー，伏せ！」と言って，そのライオンを縮み上がらせていたのである。そしてジャックは，私の解釈の下，「豹を起きないようにしておくこと」と自分の性生活が辿ってきた歴史との間に，ある関連性を見出すことができたのであった[原注8)]。

ヒステリーの人の場合，強い負荷を帯びた口愛的要素と性器愛的要素とが連合されている，その背景に，性器性愛が機の熟さないうちに刺激されているということがあると思われる。ジーンとオリビアの場合，拒絶する人物としての父親が決定的な時期に介入し，おかげで強烈な欲求が巻き起こされていたことがこれと関係していたのは明らかである。アイヴィの場合には，こうした父親の介入が実際にあったという証拠は見出せなかった。だが，彼女は，小さい子供の内に，何か性器が興奮させられるような出来事があったことに触れ，そのことに父親が絡んでいた気がすると述べていた。こうした父親の介入がヒステリー女性の早期の生活史の中にどのくらい典型的なものなのか。それは，なかなかはっきりとはさせにくい。ただ私の意見では，幼児期における自慰行為によって子供の性器が機の熟さないうちにリビドー化されるということは，もっと普遍的に認められる要因だと思われる（このことは，男性のヒステリーの場合にも当てはまる）。こうした幼児期における自慰行為は，早期の対象関係が満足させない類のものであったがために，子供が自分自身に慰みを見出そうとする努力である。ただ，そこには，自分の性器を興奮させる対象と同一視する側面もある。いずれにしても，重要なのは次の認識である。すぐに

原注8）　ここでお断りしておきたいのは，私はこれまでヒステリーの人の問題を，本質的にパーソナルな問題だと記載してきたが，だからと言ってこうした問題が起きている特定の領域の重要性を過小評価するつもりは全くない，ということである。同様に私は，ヒステリーの人のパーソナルな葛藤が，最初に口愛的な文脈の下で顕在化するものだからと言って，性器愛的な文脈の中で起きてくるさまざまな葛藤の重要性を過小評価するつもりもない。実際，私がジャックの夢に言及したこと自体からも十分に理解して頂けるであろうが，私は，ヒステリー症状を精神療法的に治療する場合，さまざまな葛藤が性器愛的な文脈を舞台にして生じてくるということには特別な関心を払わなければならないと考えている。

何とかしてもらいたいほどの欲求を刺激され，そのために興奮が起きているのに拒絶されるという体験をすることは，子供にとって，この上なく外傷的な状況になるのである。そして，こうした外傷的な体験が，ヒステリー状態の発生において，いかに重要な役割を果たしているかについては，いくら強調してもし過ぎることはないであろう。このことは，ヒステリーの病因論において，子供時代の性的外傷体験が決定的な役割を果たすとするFreudのもともとの理論に含まれていた真実であるように思われる。

今，このFreudのもともとの，しかし後に切り捨てられてしまった理論のことは一旦棚上げすることにして，ヒステリー状態の病因論に関する古典的な精神分析の定式化を考えてみると，そこには2つの特有の説明原理が用いられているのが見て取れる。1つは，一方の親への近親姦的な固着を含む，古典的なエディプス葛藤という概念から導かれるもの，もう1つは，リビドー発達のある特定の段階，すなわち「早期性器期」への固着という概念から導かれるものである。これらの説明原理のうち，前者は，明らかに対象関係との関連で捉えられており，後者は，部分本能との関連で捉えられたものである。言うまでもなく，Abrahamによる古典的なリビドー的発達論の定式化においては，対象愛の諸段階が考えられており，それがリビドー体制の諸段階と関係づけられているのは事実である。しかし，Abrahamが最初の段階，すなわち「早期口愛期」を「(対象を持たない) 自体愛」の段階と記載したことには意味がある (Abraham, 1927, p.496)。つまり，Abrahamは一方で対象愛が極めて重要だと考えていたにもかかわらず，その理論によると，対象愛は，本質的に，本能の発達過程の中で生じる派生的な現象だということになってしまうのである。これは，リビドーとは一義的に快楽を求める目的を追求する一連の本能である，と本能を実体化して捉えるFreudの衝動心理学を無批判に受け容れると，どうしてもそうなってしまう結論なのである。こうした本能の実体化と，心理的快楽主義とは，私がとるようになっている，対象関係と力動的構造との関連から考えられた心理学とは，相容れないものである。そして私は，以前，ヒステリー状態は (パラノイド状態，強迫状態，それに恐怖症的状態と同様に) リビドー発達の特定の段階への固着の結果生じるものではなく，人生の早い時期に確立される内的対象関係を統御するために使われた**特定の技法**の産物であるということを示そうとしたのである (Fairbairn, 1952, p.30, p.143 [本書 p.43, p.166])。

もちろん，私の観点からすれば，ヒステリー状態の起源の説明として，古典的なエディプス葛藤という概念の方が「早期性器期」への固着という概念よりも受け入れやすい。というのも，それが対象関係との関連で捉えられているからである。しかし，精神分析の歴史の中では，比較的早い時期から，この発達段階に至ることが古典的なエディプス葛藤の発現の前提条件であると見做すのが習慣になってきており，エディプス葛藤の概念は，こうして発達段階説に従属させられてきたのである。だが，比較的最近の研究に照らしてみると，この考え方をそのまま持ち続けていくのは難しいことがますますはっきりとしてきている。こうした研究，中でもMelanie Kleinの研究は，あらゆる精神病理学的状態を規定しているさまざまな葛藤は，いかに，一般に推定されている「早期性器期」よりもずっと早い時期に根ざしたものであるかということ，実際それは，乳児期にさえその起源を求められるということに光を当てている（Heimann, 1952, Lampl-de Groot, 1952, van der Sterren, 1952, そしてGitelson, 1952）。事実，ヒステリー状態もこの規定の例外ではないことが，これまで述べてきたジーンとオリビアの素材からして明らかである。Melanie Kleinとその学派は，こうして生じてきた問題を，一般にエディプス葛藤はもっと早期に発現するものだと考えることによって解決しようとしている。ただ一方では，例えばLampl-de Groot（前出）のように，プレ・エディパルな葛藤が決定的に重要だということの方を強調しようとする精神分析家たちもいる。この問題についての私自身の見解はと言えば，特定の学派には所属しない独立した立場のものではあるけれども，おそらく後者の人々の解決の仕方に通じるものがあるであろう。私は，1944年に書いた論文（前出）の中で，エディプス状況は，原因となる現象ではなくて，でき上がる結果であること，従って，説明概念ではなくて，説明されるべき現象であること——つまり，ある派生的な現象であること——を示そうとした。また私は，エディプス状況は，幼児的依存が辿る運命[原注9)]にその起源があることも論証しようとした。この文脈で，次のことは言っておいた方がよいであろう。こころはエス，自我，超自我から成るとするFreudの説明は，エディプス葛藤との関連で組み立てられたものであるが，それに対して私自身の心の中の基本的な状況という概念は，子

原注９）　伝統的なエディプスの物語についての精神分析の関心が，そのドラマの最終段階にばかり集中していて，もっと前の段階が大幅に無視されてきたのは，驚くべき事実である。あるドラマはその第一幕から終幕までを俟って初めて意味を持つ１つのまとまりだと考えられなければならないというのが，文学のみならず，心理学的な解釈をする際の根本原理であろう。この原理に照らしてみれば，結果として自分の父親を殺害し，自分の母親と結婚した，そのエディプス自身，山の上に身を晒されることからその人生を始め，母親が唯一の対象となる段階であらゆる面で母性的なケアを剥奪されている，ということを認識することが重要になってくるのである。

供が母親に対して持つもともとの関係と，そこから発展するアンビヴァレンスとの関連で組み立てられているのである。だから，私の考えからすれば，子供のもともとの葛藤を作り出す三角関係の状況は，３人の人（子供と母親と父親）から成るのではなく，本質的には，中心的自我，興奮させる対象，そして拒絶する対象から成るものなのである。さらに，私がこれまで示そうとしてきた通り，子供が母親に対して持つ関係という設定の中でこそ，心の中の構造の分化ができ上がり，抑圧が発生する。こうした発達がすでに生じた後になって初めて，子供は古典的なエディプス状況特有の問題に出会うことになっていくのである。この観点からすると，エディプス状況は，子供が一方の親（通常，異性の親）に主として興奮させる対象を見identifies，もう一方の親（通常，同性の親）に主として拒絶する対象を見るような状況の下で成立する。しかし，この同一視のパターンは，決してそれしかないわけではない。例えば，オリビアの場合，そこに古典的なエディプス状況が存在していると考えられないわけではない。だがその父親は，興奮させる対象とも，拒絶する対象とも見られていたのである――ともあれ，転移状況の中で他にはないほど頑固な抵抗が生じていたのは，このことによるものであった。モリスの場合も同様であった。彼の分析においては，その比較的早期の段階にある種の古典的なエディプス状況が認められたが，もっと後期になって明らかになったより基本的な状況は，母親が興奮させる対象にも拒絶する対象にもなっているようなものだったのである。

本研究の最後に，ヒステリーに特有な転換過程について，そのいくつかの側面を論じておきたい。ヒステリー性の転換は，言うまでもなく，ある防衛技法である――その目的は，対象関係が絡んださまざまな情緒的葛藤が意識に現われてきてしまうのを防ぐことにある。そしてその本質的な，かつ際立った特徴は，**あるパーソナルな問題を，ある身体的状態で代理する**という点にある。つまり，この代理によって，そのパーソナルな問題をそれとしては見ずに済むことができるようになるのである。パーソナルな問題というものは全て，基本的には，重要な対象とのパーソナルな関係を含んだ問題である。そして，ヒステリーの人の葛藤に含まれている対象とは，本質的に**内的対象**である――より特定化して言えば，興奮させる対象であり，挫折させる対象である。理想対象が出てくる場合もある。もちろん，今問題にしている心の中の状況には，内的対象ばかりでなく，自我構造も含まれている。しかし，抑圧がうまく機能している限り，ヒステリー性の転換という防衛が援用されることはない。この防衛が作動するのはただ，抑圧がこれまでのようにうまく機能できなくなり，（この用語の最も広い意味における）転移現象に基づいて，その人の日常生活の中で抑圧された状況が顕わになってきてしまう怖れが生じた時なのである。ヒステリー性の転換はどのような事情の下に生じるか，それを深く探求してみればみるだけ，この防衛は，その人にとって本質的に外傷となるような，そして，その内的世界において抑圧されている状況を再現したり，再活性化することになるような，そういう特定の外的状況をめぐる反応だということが明らかになってくる。例えば，ルイーズが一時期患っていた心気症症状は，結婚生活の中で，２人の父親の夢に描かれていたような内的状況が再現しそうな状況への反応であった。同様に，オリビアの食思不振とそれに伴う症状は，いずれも，18歳の時，寄宿制の学校での留学生活を終えて数年ぶりに帰省することへの反応であった――その帰省は，小さい頃に内在化され，抑圧された父親にまつわる原型的な状況が息を吹き返してしまうことを意味していたのである。分析の中で，転移と共に，この状況は彼女が私に対して持つ関係と密接に重なるようになった。そして，分析状況が辿る経過と連動して彼女の症状の強さが変化するということが認められたのである。

オリビアの場合，その転換症状が胃に起きてきたのは，もちろん，父親が絡んだもともとの外傷的な状況（父親が，泣き止むまで彼女をベッドに押さえつけていたこと）が，強い口愛的欲求が絡んでいる状況だったという事実と関係していた。ただ興味深いのは，彼女が学校から帰省した後に食思不振を起こすようになった，その実際のきっかけは，感染性の胃腸病であったこと，従って彼女の転換症状は，表面上，その感染症それ自体の後遺症であるように見えた点である。つまり，オリビアのケースから学べるのは，転換症状が身体のどの特定の部位に位置づけられるかについて，症状発現の直接の引き金となっている要因も，しばしばその決定因として一役買っているということである。ジーンの場合は，この引き金となった出来事は，もっと複雑かつ生活全般に亘るものであった。その主な要素を挙げれば，そこには，結婚生活の中で引き受けなければならないもろもろのこと（彼女にはまだ十分な準備ができていなかった），両親の死，夫や兄との諍い，一粒種の子供の体が弱かったこと，そして，第二次世界大戦中の生活の逼迫，といったことが含まれていた。従って，彼女の転換症状が，特にここという身体部位に位置づけられたものではないという特徴を持っていたことも，おそらく，偶然のことではなかったのである。彼女は，頭の天辺から足の先まで，そこら中の痛みに苦しめられていたし，自ら，引っ張られる，引き裂かれる，捻り回される，締めつけられる，打ちつけられる，と述べるような，ひどい感覚にも苦しめられていたのである。ちなみに，この多彩な身体的苦痛は，攻撃性が内側に向けられるとどういうことになるかをよく示している。ただ私がここでそれを引用したポイントは，その攻撃性が，ジーンの身体全体に汎化された形で撒き散らされていたというところにある。そして，ジーンにはさらに，乾癬という形での心身症的な問題もあったことを付け加えなければならない。その皮膚の患部領域は，そこら中に散らばっていて，やはり汎化された形で撒き散らされているというパターンを取っていたのである。ただし，転換症状は，もっとはっきりここと位置づけられる形を取ることの方が一般的である。そして，ちょうどオリビアの食思不振の場合のように，その引き金になる状況は，原型となる外傷的状況に深く関わっている身体部位，あるいは身体組織に関わるものであることが，いつもいつもそうだというわけではないにしても，しばしばである。私の経験からすると，近年，ヒステリー性の麻痺をはじめ，ヒステリー性転換が比較的加工されない形で現われてくることが，以前に比べると少なくなってきている。その一方で，鼻の通りの悪さを伴う慢性の副鼻腔炎が珍しくない転換症状になってきているように思える。もちろん，このように外傷的な状況が鼻腔部に位置づけられるということは，子供が乳房に顔を近づけられ過ぎたために鼻孔が塞がってしまったというような幼児期の状況と関係しているのではないか――その状況は，子供の側の過剰な欲求からも生じるし，母親の側の過剰な心配，ないし所有欲からも生じ得る――という議論ができるかもしれない。そしてこの議論は，口唇の興奮の特徴である唾液の分泌は，鼻の粘膜の充血と粘液の過度な分泌とを伴いやすいということを考えれば肯けるものであるかもしれない。確かに，このような状況が大きく影響しているケースがあることは疑いがない。ただ，私が自分の経験から判断できる限りでは，１つの転換症状としての副鼻腔炎は，興奮と拒絶とが同時に体験されている状況の中に鼻風邪が重なったといった出来事によって決定されている場合の方が一般的である。ただ，鼻の通りは，元来，子供が基本的な欲求を表現したり，それを満足させたりすることを，親が否定するような状況を象徴するのに使われるものだ訳注１）ということは，同時によく了解されている必要がある。さてここで，今のこととの関連で，先に少し触れたジャックという患者のケースを引用しよう。ジャックは大人になってから副鼻腔炎に罹ったが，それは，彼の生活史から見ると，子供時代に便秘がちだったことと関連していた。そして，情緒的な閉塞が身体的に顕わされている，これらの身体現象はいずれも，支配的で所有欲が強く，かつ彼を挫折させる母親に対して彼が持っていた関係が，凝縮され，永続化されている，そ

訳注１）　イギリス人の親には，小さい子供に No を伝える際，鼻を強くつまむ習慣がある。

ういう内的状況がドラマ化されたものであることが理解されたのである。実際，ここと思われる時に私が，あなたはその副鼻腔炎によって，母親に閉じ込められている状態を１つのドラマのように表現しているのだと指摘すると，この症状は，見事に，そしてほとんどあっという間に改善してしまった。アイヴィもまた，慢性の副鼻腔炎を患っていた。彼女の場合は，それと同時に便秘傾向がずっと続き，周期的に全く便が出なくなるということが起きていた――そして，この状態はいずれも，強い不安を喚起した。アイヴィは典型的なヒステリー患者ではなかった。彼女が分析に通うようになった問題は，主として抑うつ症状や強迫症状であった。だが，彼女には紛れもないヒステリーの特徴があった。彼女の，分析内外の情緒的状況との関係でその強さが変動する副鼻腔炎は，明らかにヒステリー性の転換症状だったのである。彼女の母親もまた，支配的で，所有欲が強く，かつ彼女を挫折させる人であり，内的状況の中では，過度に興奮させる対象として，同時に過度に挫折させる対象 excessively frustrating object として機能していた。そして彼女の副鼻腔炎は，その周期的な便秘と同様，彼女の母親との関係の中にあった内的状況が，各々の部位においてドラマ化されたものだったのである。

ジャックとアイヴィ，いずれのケースからも，転換症状としての副鼻腔炎と，そして人生早期にその起源を持つ現象としての便秘傾向との関連性が明らかになってきたわけだが，ここからさらにもう１つの次のテーマを展開させることができる。オリビアもまた，その食思不振という転換症状と，子供の頃，拒食傾向と共に目立っていた大小便の出にくさとがその生活史の中で関連性を持っていたわけで，この観点からすれば，オリビアのケースもまた適切な素材となるであろう。私は，このテーマを，こんな疑問から始めてみたい。「もしヒステリー性の転換が，副鼻腔炎という形を取り得るのなら，便秘傾向という形をも取り得ると考えて何か不都合なことがあるだろうか？」。これらの現象は，いずれも，後に述べる通り，対象関係にまつわるパーソナルな葛藤が身体という舞台に顕われてきているものである。そのいずれもが，出現するところは身体のある特定領域に限られている。そしてそのいずれもが，ある特別なリビドー的意味を持ってきた身体機能が障害されたり，犠牲になったりしている。だが，こうした類似性があるにもかかわらず，精神分析家たちは，便秘傾向については，それを転換症状とは見做さない習慣がある。むしろ，それをまずは直接的な肛門性愛の現象として，そして，もしそれが後の生活にまで引き継がれていたとすれば，推定上の肛門期への固着現象として捉えようとするのである。実際，精神分析家たちが便秘傾向をヒステリー性の転換症状と見做せなくなっているのは，性感帯の理論と，それに基づいたリビドー的発達論の影響によるものであるように思われる。私は以前，これらの理論への批判を述べたことがあるので（Fairbairn, 1952, pp.29-34, pp.138-143［本書 pp. 42-47，pp.161-166］），ここでそれを繰り返すつもりはない。ただ次のように言えば十分であろう。（１）私は，「性感帯」とは，リビドー的目的をそれ自体で決定する決定因ではなく，程度の差こそあれ，パーソナルな目的を表現するために使われる身体部位である，と見做すようになっている，（２）私は，ヒステリー状態が生じるのは，推定上の「早期性器期」への固着によるものではなく，葛藤の中心をなす内的対象関係をコントロールするために，ある**特定の防衛技法**がとられたことによるものであると見做すようになっている。すでに見てきたように，この特定の技法の狙いの本質は，あるパーソナルな問題をある身体的状態で代理させることにある。そして，ヒステリーの人のパーソナルな問題の中に，どんなに特徴的に性器愛的な性愛性が含まれていようとも，このことはこの本質的な目的とは矛盾しないのである。

人が，パーソナルな問題をある身体的状態で代理させるというヒステリー技法をとろうとする動機は何か。この点については，ある段階でアイヴィが語った，半分は白昼夢であった幻想から拾い集めることができよう。その幻想は，以下の通りである。

> 私はしきりに先生を求めていました。それから，削り石鹸 soap-flakes でできてるみたいなベッドの上にうつぶせに寝て，その中に顔をうずめたんです。それで，お母さんだったんです，私がしきりに求めていたのは。次に感じたのは，お尻に赤く焼けた針があるみたいな感じでした。それはまるでベルゼン訳注２）みたいでした。

そしてこの幻想について，もう少し詳しく話してみるよう促されて，彼女は次のように述べた。

> 私が思うのは，私の頭じゃぁ，私の中にある気持ちを皆覚えているなんてことは，とてもできないだろうってことです。そんなのは耐えられないと思います。だから，そんな気持ちは，どっかに遣ってしまわなければ――お尻にある赤く焼けた針だって，同じです。頭ん中に湧いてくる気持ちは，退治しなくちゃなりません。お母さんを欲しがっているのに，手に入らないなんて耐えられません。そんなことを感じるより，お尻に赤く焼けた針を作り上げるんです……お母さんとの間に起きている大事な

訳注２）　ドイツ南西部の地方都市。惨虐で有名になったナチスの収容所があった。

ことからは身をかわさなくちゃって感じで……赤く焼けた針と同じように，自分の気持ちを頭ん中から追い出すのは，ものすごく大切なことに思えるんです。

ここで，私が「ガートゥルード」と呼ぶ，また別の患者とのあるセッションの中で起きた出来事を提示してみると興味深い。この患者は，明らかにヒステリー型の人格であったが，表面上，転換症状を呈してはいなかった。しかし，私がこれから述べる出来事は，彼女がそうした症状を発展させ得る可能性があったことをよく示しているし，むしろその出来事の中にこそ，直接観察ができる条件の下，今まさに始まりかけている転換症状を見て取ることができるのである。問題のセッションのはじめに，ガートゥルードは，以前，待合室に，ある劇場のプログラムが置いてあったのが気になっていたことに触れ，それから，実は昨晩その劇を見てきたんですと語った。そこで私はそれに応じて，私もそこに行っていて，あなたがいらしていたのには気づいていましたよと述べた。すると彼女はひどく感情的になって，声高に叫んだ。

昨日の夜，先生が私を見ていらしたなんて，怒り心頭です。だってそれは，先生がプライベートな生活の中で私を見たってことですよね。そんなの，不法侵入みたいなものです。この相談室以外のところで先生が私を見るなんて，そんなこと思ってみたこともありませんでした。今度からは，私が先生を探すことにします。Dr. X の時もそうしたんですけど。

私は，彼女が私との関係を，その他の彼女の生活から切り分けておこうとしていることを指摘した。そしてこのことを，以前の医者は彼女のプライベートな生活の中にいた，それと同じように，私もそのプライベートな生活の中にいてしかるべきだと願う，その彼女の側の願望を認めまいとする防衛であると解釈した。さらに，彼女が私に怒っているのは，私がこの防衛を脅かすようなことを言ったためであり，そういう脅威を感じたからこそ，私が彼女に自分の言い分を押しつけているように感じたのだと付け加えた。すると彼女は，面白いことに，もともと語った私への怒りの気持ちを次のように言い換えていったのである。

本当は先生に怒っているわけじゃないんです。ただ，あれやこれや叩き壊しながらこの部屋の中を歩き回ってみたいだけなんです。

そこで私は，あれやこれや叩き壊しながらこの部屋の中を歩き回りたいという衝動は，彼女の攻撃性を，私という人から生きてはいない対象へと向け換えるという，また別の形の防衛であること，でも，この部屋の中にあるものは，全て私のものなのだから，彼女がいくらその事実から目を覆おうとしても，彼女の攻撃性はやはり，暗黙裡にではあれ，私に向けられたままになっているということを指摘した。この状況の解釈は，さらに興味深い発展へと繋がった。すなわち，彼女が次に述べたのはこうである。

> 私は，本当は，全く怒りを感じていません。私はただある種の運動感覚を感じているだけなんです。

ここで，ガートゥルードは，私の許に来る前にかなりの心理学の知識を身につけていたことを付け加えておこう――彼女はまた，以下にすぐ明らかになる通り，精神病理学についても，多少の心得を持っていた。彼女が「運動感覚」という言葉を使っているのは，そういう訳である。そこで私は，彼女が，私との関係にまつわるパーソナルな問題，つまり，私への怒りと私を必要とする欲求との間の葛藤（彼女の側のアンビヴァレンス）から起きてくるパーソナルな問題を，ある身体的な状態によって代理させるという防衛をとりつつある，と示唆してみた。すると彼女は，憤慨しつつ，それは，私が彼女を「転換ヒステリー」であると言っているに過ぎない，と応えた。そこで私は，実は私がやろうとしていたのは，ついこの数分の間に，彼女がある転換症状を発現させる過程にあったということを指摘することだったと説明した。このことは，私の理解では，実際の事実を述べたものであった。というのも，彼女は，私を必要とする欲求と，私への攻撃性，その双方を含みこんだあるパーソナルな問題を，運動感覚という形で体験されるある身体的な状態に転換していたのだから。

私が今記載した出来事からすれば，たとえ表立った転換症状がなかったとしても，ヒステリー性の転換が生じる可能性は，それはそれとして存在し得るということを証明していると考えることができるであろう。ただそれと同様に，表立った転換症状がないのであれば，ヒステリー性の転換は幻想の領域の中にのみ息づくことになるというのもまた真実であろう。いずれにせよ，次に述べるモリスのあるセッションの中で起きた出来事の意味もまた，こうしたことであったと思われる。このセッションの前の回，こんな話が出てきていた。彼は，内的世界の中で，自分にはペニスを所有し，それを自分の好きなように使う権利があるということをめぐって，常に母親と口論してきたというのである――彼には，母親の反応（これについては先に触れた）からして，母親がその権利を否定しているように感じられていた。彼は母親がペニスへの憎しみを抱いていると考え（それは，理由のないことではなかった），母親が，そのペニスへの憎しみに代えて，「ペニスというものの価値を信じる」よう，何とか転心させようとしており，それがこの想像上の母親との口論の中心部分を成していた。もっと具体的に言うと，彼は母親を説得して，母親が，彼は自分のペニスを持っているということを受け容れ，それを使っていいという許可を与えさせようとしていたのである。というのも，彼は母親に隷属する関係の中で，自分のペニスを万が一にも母親の許可なくして使ってはいけないと感じていたからである――その唯一の例外が，誰にも内緒で自慰をしている時であった。だが彼はそれについて，激しい罪悪感を感じていた。さらに彼は，自分が渇望している許可を，母親は頑として与えてくれないだろうとも感じていた。そのため，彼は袋小路に陥り，結果，母親との口論の中に，あえて自虐的な満足を見い出すことで，悪い状況に善処しようとしていたのであった。次の回――私がここで注目したい出来事が起きた回だが――モリスは，再び母親との口論という話題に戻った。そこで私は，機会を捉えて，あなたがペニスを持てるかどうかはお母様の許可次第だと感じているのはどういう訳なのだろうかと尋ねた。これに対して彼は，母親の魔の手 mother's clutches 訳注３）から逃れたいとはずっと思っているけれども，自分がペニスを持つことを許してくれないことで母親に向けてしまう憎しみのことを考えると，罪悪感で一杯になり，母親の許を去ることができなくなってしまう，と応えた。そして，次のように付け加えた。

> 僕は全く動きがとれない。だから，もうどうしようもないんです。便秘みたいなものですよ。何をするにしてもただ恐ろしくて，どうすることもできないんです。

そこで，私はこんな考えを述べた。彼は自分の母親への攻撃性を自分の内側に向け，自分の性が具象化されているものとしてのペニス（つまり，彼のリビドー的自我）に向け換えることで処理している，そうやって自分自身を情緒的に去勢された状態に置き続けている，と。すると彼は，こう述べた。

訳注３）「clutch」には，「ぐっと摑む」「ぎゅっと握る」の意味がある。

> 僕は自分自身を去勢することで，性の悦びを得ているんだと思います。多分それが僕の目の前にある問題への解決策なんだろうと思います……僕は，母に去勢されるくらいなら，自分自身で去勢します。実際，もう，母の先を行くために，僕は自分を去勢しかかっているんです。もし僕が母に怒ったら，母はもっと怒ることになるでしょう。それで，母が僕のペニスをダメにして，それで全てが終わりです。

私はここで，彼は確かに５歳の時，包茎のために手術を受けた circumcised けれども，彼の本当の問題は，母親に自分のペニスが実際に傷つけられるという脅威のことではなくて，彼が自分のペニスを使うことをめぐって，彼と母親との間に**人と人とのぶつかり合い**があるということだと指摘した。そして，彼はこの人と人とのぶつかり合いという情緒的な苦痛から逃れようとして，そのドラマを想像の中で自分のペニスというところに限局している，と付け加えた。すると彼は，次のように述べた。

> そのことは，僕が母に怒りの気持ちを出しにくいことと繋がっています。僕が自分のペニスに触っていたり，あるいはどんなことにせよ，何か性的なことをする時の母の反応を見ていると，母が，僕の怒りの気持ちをどんなに恐れているかがよくわかります。僕の母に対する怒りの気持ちは，僕のペニスの方に追い遣られています……僕は自分のペニスの中に，強烈な怒りの気持ちを持っています……先生は，僕の怒りの気持ちを皆毛布の中にしまい込むんじゃなくて，引き出させてくれようとしています。でも，それは，ちょうど僕の首をギロチンにかけて，ペニスの代わりに切り落とさせようとしているようなものです。この２つの悪なら，ペニスを切り落とす方がまだましみたいに思えます。（間）さぁ，もう帰りたいです。

読者は,（a）頭を切り落とすよりもペニスを切り落とした方がまだましだというモリスの話と,（b）お尻にある赤く焼けた針のように，自分の気持ちを頭の中から追い出すことが大切だというアイヴィの話との間には，類似性があるということに気づかれるであろう。それに，モリスがこのセッションをもう終りたいと望むに至った，その流れについても，とても印象深く思われたであろう。彼がそう思ったのは，彼が自分の怒りの気持ちを「首」からペニスへと置き換えている，その置き換えを反転させようとする圧力，そして，彼と母親との間の人と人とのぶつかり合いに直面させる圧力を感じ取った時だったのである。こうした思いが特にここで生じてくるということは，この置き換えが，いかに防衛的な性質を持ったものであるかを示しているであろう。もちろん，この置き換えは，幻想の領域に限られていたのだが，だからと言ってその防衛自体がもっている本質的な性質については何ら変わりがない。つまり，モリスのとった防衛が目指していたものは，一見してわかりやすいヒステリー性転換の目指しているもの――あるパーソナルな問題をある限局された身体的状態で代理させること――と，本質的なところで違っているわけではないのである。

３つのケースから臨床素材を引用して，人をヒステリー性の転換という防衛技法へと走らせる動機を示してきたが，少し脇道に逸れてしまったので，そろそろ本筋のテーマに戻りたい。それは，私が「もしヒステリー性の転換が副鼻腔炎という形をとり得るのなら，便秘傾向という形をも取り得ると考えて何か不都合なことがあるだろうか？」という設問を立てたところのテーマである。今度は，もう直接要点に入ろう。最初に考えてみたいのは，**性感帯の理論の基礎となっているデータそのものが，転換現象としての性質を持っている**と言えるのではあるまいかという仮説である。私たちはすでに，ヒステリー性転換の過程は，いかに鼻の通りにも性感帯と同等の地位を与え得るかを見てきた。事実，ジャックとアイヴィのケースでは，情緒的に見れば，鼻の通りは，どこから見ても，肛門部の導管とまったく変わらない機能を果たすようになっていたのである。だから，ここで新たな疑問が生じる。それは，彼らにとっては，肛門部の導管そのものも，同じようなやり方で――つまり，あるパーソナルな問題をある身体的状態で代理するという意味での転換過程を介して――性感帯のようになっていたのではないか，という疑問である。これらの患者はいずれも，子供の頃，一定以上の便秘傾向を持っていた。そして，このことが，支配的で所有欲が強く，挫折させる母親への反応であったことは，いずれのケースの場合にも疑いようがない。リビドー的段階論からすれば，情緒的な葛藤がこの特定の部位に位置づけられるのは，本能的に決定された肛門期が始まったためと説明されるであろう。しかし，私の考えでは，これは，次のことをベースにしても，同じようにうまく説明することができる。それは，（１）排泄機能そのものは，元来，子供の依存，独立という問題をめぐって，母子間の葛藤を生起させやすいこと，そして，（２）排泄の機能には，母親の介入が特に起こりやすいということである。こうした介入の介在は，ジャックの場合には明らかであった。彼の母親は，彼の肛門部の抵抗を克服する手段として，しばしば座薬を頼みにしていたのである。同様に，アイヴィの子供時代の最も外傷的な記憶の１つは，母親に無理矢理浣腸させられることであった（だからこそ,「赤く焼けた針」は「お尻」に位置づけられたのである）。

ここで私は，性感帯の理論全般に関わる問題について，どうしてももう一度，脇道に逸れなければならないように思う。この理論からすると，特定の性感帯とは，身体内部の導管に沿って並んでいる粘膜が，その外側の表面を覆っている皮膚と交わる，特に感受性豊かな領域であるとされている。しかし，この理論は，その理由は定かではないが，鼻腔が特定の性感帯のカテゴリーに入れられていないという意味で，必ずしも一貫性がない――鼻腔は，最も基本的な欲求の１つである呼吸機能を支えているのにもかかわらず，である。ただ，それはそれとしても，ある限られた領域にのみ性感帯としての地位を与えているということについては，それが純粋に解剖学的に考えられたもので，機能の側から考えられたものではないという意味で，やや人為的なものが入り込んでいると考えてもいいであろう。機能的な観点からすれば，口は，言うまでもなく，胃への入り口でしかない。そしてこの事実と相俟って，オリビアの食思不振は，口唇の現象というより，胃の現象である。従って，「口唇」領域と言うよりも，「消化器系」領域と言った方が，身体の経済にはよく調和していると言えそうである。同じ原理からして，便秘傾向，あるいはその真逆の傾向については，肛門よりも，直腸，そして，その意味では結腸の方が深く関わっている。従って，いわゆる「肛門」領域も，「排便器系」領域と記載した方がもっと適切であろう。同様の考察は，いわゆる「尿道」性愛についても当てはまる。そして，このことはアイヴィのケースによく示されている。アイヴィは，子供の頃，極めて長期に亘ってひどい頻尿に悩まされていた。この症状は，分析のプロセスである程度再現されたが，それは特に分析状況のあり方と深く関連したものであった。例えば，ある時期彼女は，分析のセッションの途中で何回も尿意を抑えられないという体験をした。この欲求は言うまでもなく興奮という現象であったし，そのことから，私のところのトイレを使いたい気持ちと，すぐにでもそうしたくなることをめぐる不安との間に葛藤があることが了解できた。彼女は，ある時には，その前者の気持ちに基づいて，分析時間中にトイレに行きたいということになるように，セッションに来る前，多量の水分を飲んできた。ところが，彼女の身体は全く尿意を催さず，彼女はすっかり気落ちしてしまった。にもかかわらず，彼女はトイレに行くと言い張った――けれども，彼女の膀胱は本当に空っぽだったのである。また別の時に彼女は，不安の方に動かされ，私と共にいる時間，トイレをせがまずにすむように，セッションの前数時間は飲み物を何もとらずに来たこともあった。だがその結果は，とにかくすぐにでもおしっこをしたい気持ちが迫り，トイレに行くとその途端，大量のおしっこが出たのであった。これらの現象は明らかに，腎臓からの分泌現象である。だから，これらを「尿道愛的」な現象として記載できると考えるのは，人為的以外の何ものでもない。言い換えれば，原子論的解剖学からではなく，その機能との関連で考えれば，尿道は，ある組織の一部分，つまり，腎臓も尿管も膀胱も含まれるような組織のただ一部分に過ぎないのである。従って「尿道」領域というより，「泌尿器系」領域と言った方が適切だし，それに関連した性愛も，「泌尿器系の」と記載した方が適切であろうと考えられるのである。

さて，こうした余談を踏まえて，前の疑問，つまり，旧来，性感帯と言われてきたものは，ヒステリー性の転換過程の産物ではないか，という疑問に戻らなければなるまい。私はすでに，転換によって「肛門領域」がいかにして性感帯としての地位を果たし得るかという点を少し明確にしてきた。そこで今度は，いかに「口唇領域」もまた同様に性感帯としての地位を獲得し得るか，ということを示唆してみたい。私が「リチャード」と呼ぶ患者は，分析のある時期，彼の幼い娘が起こす問題に関する心配にばかりに翻弄され，その分，自分自身のパーソナルな問題はずっと背後に退いてしまっていた。数回のセッションが，その娘のために何をしたらいいのか，という議論で埋め尽くされた。その子供は，落ち着かず，眠らず，常に泣いていた。そして，体重も増加していかなかったので，リチャードは，これは絶対に子供に与えている半脱脂の合成乳が薄過ぎるのだと考えた。私は彼の話から考えて，その意見は正しいと思うと伝えた。彼は，私の同意に励まされ，妻を説得して子供に油脂を含んだ合成乳を与えるようにした。その結果，子供の体重は見る見るうちに増加し，授乳が終わる時には，もうすっかり満腹だという感じまでではないにしても，満足しているように見えた。ところが，授乳が終ってほんの少しすると，彼女はまた泣き始め，泣く合間に，自分の手か毛布に激しくしゃぶりついたのであった。この行動は，一週間に 12 オンス［340 グラム］以上の体重増加がある時にも続いていた。リチャードは，この問題を，哺乳との関連でのみ考えていたので，もう子供には充分栄養が行き渡っているのに，この行動はいったいどう説明したらいいのか，それがわからずにすっかりお手上げ状態になってしまった。私はそこで，その問題は，もう授乳の問題ではなく，マザリング mothering の問題になってきていることを指摘した。そこで哺乳のことのみならず児童心理学にも詳しい同僚の 1 人に連絡を取り，彼の家を訪ね，家族状況をアセスメントして母親にアドバイスをしてくれるよう調整した。この同僚の観察したところによると，私の予測は大幅に当たっていた。彼女の報告によれば，その子供は全くマザリングされておらず，その母親はむしろ，完全にその子供を拒絶しているということだったのである。この話がここで意味があるのは，そこから，乳児が母親との満足させないパーソナルな関係によっていかに「口愛的」な態度をとる方向に駆り立てられることになるか，そして，いかに性感帯としての「口唇領域」が成立してしまい得るかを理解することができるからである。引用したケースの場合，その子供の情緒的な欲求は，ある「口愛的な」欲求に転換されていた。そして，私の同僚のさらなる観察結果によれば，その子供は，自分を拒絶する母親を自ら拒絶するというところまで来てしまっていたとのこと。このことから，事実そうであったということが了解されるのである。別の言い方をすれば，その子供は，その母親との関係を，ヒステリー性転換の原則に従って「口愛的な」状態に置き換えていたのである。

リチャードの子供が身を置くようになった状況とは，一般的な言葉に置き換えれば，その子供が対象希求を口愛的エロチシズムで代理するようになった状況であると言うことができる。そしてこれと同様のプロセスが，他ならぬ「性器領域」という領域が成立する折にも関わってくるように思われる。自慰がそれなりの意味を持つのは，まさにこの事実によってである。この点を具体例に沿って示すため，もう一度モリスのケースに戻ってみたい。私が先に引用したセッションからさほど間をおかずに，彼は，家政婦が無遠慮にも，と彼は思ったのだが，彼の情事に立ち入ってきたことをめぐってひどく心を掻き乱されていた。彼は彼女のこの行為から，子供の頃の自慰に母親が干渉してきたことを思い出し，そこに繋がっていたさまざまな思いが，あれやこれやと動き出してきたのである。ことに鮮明に思い出されたのは，彼が５歳の時に受けた包茎手術のことであった。彼はそれを，自分に自慰を止めさせようとする母親の懲罰だと解釈していた。彼のもともとの反応は，この上なく激しいものであったのに違いない。なぜなら，彼の母親は後になってから，この時に彼を「失くす」ことになるのではないかと思った，と彼に語っていたのだから。そして，彼自身もこの時のことを振り返って，この手術は間違いなく，自分の人生の中で起きた最も重大な出来事だったと述べていたのである――彼は，次に重大なのは，この割礼－外傷 circumcision-trauma を激しく思い出させた出来事，つまり，兵役中に受けた不具になってしまうほどの傷だった，と付け加えた。この手術をめぐって，彼が特に傷ついたのは，実際に包皮が除去されてしまったことであった。その意味は，彼の次のコメントから見て取れる。

> 僕がいじくっていた皮は，取っていかれちゃいました……あの人たちは，僕が気持ちいいと思えるたった１つのものを取ってしまったんです。それは，僕が自分で持っているもの，両親に左右されないものだったんです……僕が自分のペニスを触ったか

> らって，母はいったい何の文句を言う権利があるんでしょう？　母は僕のことを無視してきたんです。なのに僕が別の逃げ場を見つけようとすると，それには文句を言う。僕はもうこれ以上，母に関わりたくない……僕は母からは満足を得られないんです……母は，僕が必要としているもの，僕が一緒に遊んでいたものを取り払ってしまった，そんな気持ちです。そうやって，母は僕を去勢してしまったんです。僕のペニスは，自分で遊べる，自分で愛することもできる人形みたいなものでした……僕が望んでいるのは，母が僕に自分のペニスを持たせてくれるってことなんです――人形みたいに……それは僕にとってはものすごく大切なものなんです。だから，母には，それについては放っておいてもらいたいんです。手術の後は，全てのことが脅威でした。結婚して，自分のペニスを使うってことも，また同じことになるだろうって思いました――誰かに邪魔されるって……性的な関係を持つってことは，僕のペニスを誰かと共有するってことですよね。でも，僕は，共有はしたくない……ここに来るのも同じことに思えます。僕は，先生が，僕が自分のペニスを持つのを諦めさせようとしているような気がします……僕がしたいことは，自分のペニスを持つってことなんです……それは，僕が自分で何とかできるものです。でも，母については，もうどうにもできない。僕は，この人形を心の中に持っています。そいつに話しかけることもできるんです……そうすれば心も落ち着くし，わかってももらえるんです。僕は，そいつに言うべきことを言わせることもできます。僕は，そいつのどこにでも触れるし，そいつはわかってくれるだろうと思います。でも，母をその状況に入れることはできません。僕は，母がわかってくれるなんて思ってないです……僕がしたいのは，できるだけ早く母から独立することです。それは実際，全ての人から独立するっていうことになるんです。

こうしてモリスは，その人生の早い段階で，つまり包茎手術のずっと以前から，その包皮を，母親の――もっと特定化して言えば，（少し前に引用した材料に示されている通り）母親の乳房の――代理にしていたと理解することができる。ちなみに，この事実は，先に触れた，ヒステリーの人のリビドー的自我においては口愛的要素と性器愛的要素とが密接に連関しているということを示している。ただ，私が今の文脈でモリスの言葉を引用したのは，このことを示すためではない。むしろ，いかに「性器領域」という特異な領域が確立されるようになるかを示そうとしているのである――それは，「口唇領域」の場合と同じように，ヒステリー性転換の原理に従って，対象希求を自体愛で代理することで確立されることになる。そして，すでに述べた通り，こうした代理によってこそ，自慰は固有の意味を持つようになるのである。モリスのケースによく示されているが，自慰においてその性器は，リビドー的自我という意味のみならず，興奮させる対象としての意味を持っている。ただ一方で性器は，拒絶する対象と結びついた反リビドー的自我が活躍する場にもなり得るようである——例えば，インポテンツや不感症の場合のように。さらに加えて「去勢された」状態全般がそうであるように。つまり，人とその対象との関係にまつわるドラマは，それがどのようなものであれ，性器愛的な自体愛という現象の中に表わされることがあると理解することができる。そして，この事実があるからこそ，自慰はかくも特徴的に情緒的な葛藤を巻き起こすことになるのだろうと思われるのである。

一般に，子供が持つ対象関係が満足いかないものである場合，リビドーのエネルギー charges は，その程度はさまざまだが，リビドー表出の径路となる利用可能な身体組織にいわば堰き止められるようになってくるようである。そして実際のところ，攻撃的なエネルギーについても同じことが言えるであろう。こうしたことが起きると，その身体組織は，それ自体，機能的な意味において対象としての意味を持ち，それ自体がリビドー備給を受けるようになる。個々の性感帯の成立には，こうしたプロセスが含まれているように思われる。幼児期においては，口から胃に至る食欲に関連した組織がこのプロセスが作動する自然な舞台となる——そしてもっと後の段階においては，性器がこれと同様に，そうなるのである。これら２つの組織は，もちろん，本能的に決定された対象を求めるのための径路である。しかし，排便器系および泌尿器系の組織については，それも同様だと言うわけにはいかない。ただ，この２つの組織は，特に，親が子供の排泄活動に手を貸し，それを監督し，統制する程度が高いということからして，リビドーおよび攻撃性の表出径路としての機能を容易に果たすようになるという特質を持っている。従って，子供時代の成り行き次第で，排便器系および泌尿器系の組織を，すでに示唆されたような方法で，個々の性感帯へと転換させることになる条件が生まれてくるのである。ここで認識しなければならないのは，それに相応しい条件があれば，身体のどの部位でも，転換過程の舞台となり，うまくいかなかったパーソナルな関係のドラマが位置づけられる性感帯になっていくであろうということである。転換過程がどのような身体部位を中心に生じることになるのか，その選択は，一見恣意的なものであるように見えるけれども，その選択を決定する主な要因は，（１）当該の身体部位を含む，あるいはそれと関連する外傷体験，（２）象徴化上の理由，（３）転換過程が及ぶ範囲を，ある部位の機能を保護したり，回復したりするために，その部位から別の部位へとそらせたり，置き換えたりする動機，といったものが挙げられよう。

周知の通り，性感帯に関する古典的な理論は，子供のもともとのリビドー的な方向づけは元来自体愛的なものであり，他体愛的，つまり対象を求める方向づけは，発達過程のもっと後の段階になって初めて獲得されるという見解と結びついている。私がとるようになっている対象関係心理学は，もちろん，この見解と完全に相容れない。そこで私は，ヒステリー性転換というプロセスから考えて，性感帯という概念がいかに「対象関係心理学」の体系の中に吸収され得るかを示そうとした。

ヒステリー状態の性質全般から見れば，この研究には限界があることは私も十分承知している。しかし，私はこの研究の中で，ヒステリー状態が呈する特別な問題に，対象関係と力動的構造の心理学という立場からいかにアプローチし得るかを示そうとした。そして，この立場から見て，ヒステリー症状の発生に含まれていると考えられる基本的な過程をいくつか示そうとしたのである。

文　献

Abraham, K., 1927, *Selected Papers of Karl Abraham*, London, Hogarth Press. ［下坂幸三他訳，1993，アーブラハム論文集．岩崎学術出版社］

Fairbairn, W.R.D., 1944, Endopsychic structure considered in terms of object-relationships, *Int. J. Psycho-Anal.*, 25, 70（Republished in *Psychoanalytic Studies of the Personality*, London, Tavistock Publications, 1952）［本書第４章］

Fairbairn, W.R.D., 1952, *Psychoanalytic Studies of the Personality*, London, Tavistock Publications.

Freud, S., 1924, *Collected Papers*, Vol.1, London, Hogarth Press.

Freud, S., 1927, *The Ego and the Id*, London, Hogarth Press. ［道籏泰三訳，2007，自我とエス．フロイト全集 18．岩波書店，p.1-62］

Gitelson, M., 1952, Re-evaluation of the role of the Oedipus Complex, *Int. J. Psycho-Anal.*, 33, 351-354

Heimann, P., 1952, A contribution to the re-evaluation of the Oedipus Complex——the early stages, *Int. J. Psycho-Anal.*, 33, 84-92

Lampl-de Groot, J., 1952, Re-evaluation of the role of the Oedipus Complex, *Int. J. Psycho-Anal.*, 33, 335-342

Van der Sterren, H.A., 1952, The 'King Oedipus' of Sophocles, *Int. J. Psycho-Anal.*, 33, 343-350

第9章

Schreber 症例からの考察

(1956)

Considerations arising out of the Schreber case, 1956, *Brit. J. Med. Psychol.* Vol. 29, 113-127

序　文

最近になって, Schreber による『私の神経質病の回顧』の英語版[原注1)]が出版されたが, この本については特にコメントなしで済ませるわけにもいかないであろう。この本に示された『回顧』は，それ自体，大変興味深いものである。というのも，そこには精神病という現象が，患者自身の体験に沿って事細かに記載されているからである——このケースは法曹職にあって，51 歳の時，その知的，職業的資質を認められ，ドレスデン控訴院議長（審査委員会の委員長）に指名された。そしてその6週間後，1893 年 10 月に，彼は急性の精神病を発症したのである。もちろん，精神病の自伝的な回顧録は，文学の中では珍しいものではない。だが，Schreber の『回顧』が他に類を見ないほど重要なものだということは，Freud がその原版をもって「この上なく貴重な本だ」(Freud，1923）と述べたことからも理解できる。まず第一に，Schreber はその『回顧』を 1900 年に書き始めたのだが（その時までに，その精神病の急性期は，すでに過ぎ去っていた)，それは，その病の最中にせっせと書かれたメモを編集したものであった——その意味で，その記載は，当時の体験を後から振り返ってみたものではなく，その時々に体験されたものなのである。第二に，その『回顧』には，Schreber が8年間収容されていたゾネンシュタイン精神病院 Asylum の所長である Dr. Weber による公式記録が3篇，付属している。その記

原注1）『私の神経質病の回顧』 Daniel Paul Schreber 著, Ida Macalpine & Richard A. Hunter 編訳，解説，討論，(416 ページ，35 シリング）ロンドン，Wm Dawson & Sons Ltd., 1955。

録は，博士が Schreber の保護を解くために書いたもので，そのおかげで彼は 1902 年に退院することができたものである。従って読者は，Schreber の状態について，その主観的な記録と，客観的な精神医学的アセスメントとを比較対照してみることができるのである。もっともこの『回顧』は，こうしたそれ自体の興味深さをさておいたとしても，Freud のパラノイアについての古典的な研究（Freud, 1911）の原資料となったという意味での歴史的重要性を併せ持っている。その研究は，精神分析的な洞察を精神病の研究に応用しようとした，その最も初期の試みの１つなのである。

Schreber についての Dr. Weber の報告書

1899 年 12 月９日付の Dr. Weber の報告書によると，Schreber には，1884 年から 85 年にかけて「重篤な心気症を発症」した既往があったが，これはすでに快癒。２度目に精神科病院 mental hospital への入院の必要が認められたのは，1893 年の 11 月になってのことであった。この２度目の病は，１度目と同様，発症当時は心気症的な観念を中心としたものであった。だが，ほどなく「幻覚に基づく……迫害念慮」と，それに伴う感覚異常が明らかとなった。幻聴と幻視は急速に多彩なものとなり，彼は「ありとあらゆる種類の恐ろしい操作が私の身体に施されている……それは，ある神聖な目的のためだ，と語った」。彼は接触が難しい状態になって，何時間も「完全に硬直し，不動のまま」座るようになり，時に怯えた目で，じっと空を見入っていた。彼は何度も自殺を試み，拒食し，排便もしなかった。1894 年 11 月になると，その緊張病的な硬さは和らぎ，突然，切れ切れにではあるが首尾一貫した話をするようになった。しかし同時に，「しきりに起きてくる幻覚に，空想的，妄想的な意味づけ」をするようにもなった。彼は「以前知っていた何人かの人たちから悪い影響を及ぼされている」と感じたが，中でも，最初の精神病の折，彼を診てくれていた Flechsig 教授からの影響が特に大きいと感じていた。彼は，世界は変わってしまった，神の全能は崩れ去ってしまったと信じ，自分がこれらの人々が企てている悪い陰謀に晒されていると信じていた。窓から罵倒の言葉を叫び，「魂の殺害者」である Flechsig に対する熱弁は執拗なものであった。彼はまた，大声で唸る発作を抑えられず，ピアノをとてつもなく乱暴に弾き鳴らすこともしばしばであった。彼は，世界は終焉を迎えた，自分の周囲にあるものは皆「ごまかし」だ，人々はただ「生命を失った影」に過ぎないといった確信を表明した。だが，こうしたことと時機を同じくして，彼は医師や介護者に以前よりも親切になり，近づきやすくなっていった。また，社会的な状況の中で自制することもできるようになってきた。さらに，日々の一般的な活動にも多く参加するようになってきた。ただ一方では，不眠傾向が増し，夜中に騒がしくなっていった。時間の経過と共に彼は，後に自分は女性に変えられつつあるという妄想に発展してゆく観念の徴候を示すようになっていった。頻繁に自室で半裸になり，自分には女性の乳房があると言い，裸の女性の写真にじっと見入っていた。そして，顎鬚は剃ってしまった。1897 年になると，彼の状態はさらに変化した。不眠と夜の叫び声は減少し，妻や他の人たちと手紙のやり取りをするようになった。そして，その手紙には「病的なものの徴候は一切見られなかったし，むしろ，ある種の洞察さえ示されていた」。彼はまた，「この上なく多岐に亘る話題について，それぞれ適切な話をすることができる」ようになり，「それに加えて，その自制心は，しばしば，彼が病であるとは思えないようなものであった」のである。

Dr. Weber は，以上のように，Schreber の病の経過を記載して，「早期の，全ての心的過程に影響を及ぼした，幻覚病とすら言えるような急性精神病から，妄想型の疾病が現在の状態像へと……固まっていった，その経緯」に注目している。つまり，もともとの妄想型統合失調症の状態像が，筋の通った妄想体系ができ上がっていくにつれて，明白なパラノイアの状態へと変化していったように見えるということである。

Schreber 自身の「神経症」についての考察

『回顧』の中に示されている Schreber 自身の捉え方によれば，その神経質病は，２回とも，「精神的に緊張し過ぎた」ためのものであった――１回目は，帝国議会に立候補したためであり，２回目は，控訴院議長という高官職を信望を損なうことなく務めようと不屈の努力をしたためであった。ただし，１回目の病は，２回目の時のように「超自然現象のような出来事は何も」起きなかったという点で，２回目のものとは違っていた。２回目の病の前兆は不眠であった。そしてそれは，その発症時期が重要なのだが，新しいオフィスで難しい仕事をこなせるようになってきたと思った，ちょうどその頃から彼を悩まし始めたのであった。何日も眠れない夜を過す中で，彼は「壁の中でパチパチという音が何度もする」のが耳につくようになったのである。もっとも，これに先立って，ある朝，ベッドの中で，「押し倒され，犯される女になったら，むしろ気持ちがいいに違いない」という，自分自身嫌悪感を抱くような考えが浮かんだことがあった。１回目の病の時に面倒を見てもらった

Flechsig 教授に相談したものの，その後，不安が生じ，気が沈み，自殺したくなっていった。そのため，Flechsig 教授が院長を務める精神病院に入院となった。ところが状態は急速に悪化。彼は，その「精神的な崩壊」に決定的だったのは，「普通考えられない回数のお漏らし（多分６回くらい）」をしてしまったある夜のことだったと記している。それからというもの，「超自然的な力との通じ合い，ことに Flechsig 教授が送ってくる神経伝達の初めての徴候」が出現した。そして Schreber は，こう結論した。Flechsig の魂は，自ら「神の光線」を使える力を手に入れて，その力によって自分に対する次なる秘密の企みを進めているのだ（「魂の殺害者」），と。Schreber の結論は，その後，死者の魂もまた，神の光線が自分の神経へ接触するように働きかけており，こうした魂の「声」が「神経言語」を使って自分に話しかけてくる，そうすると頭の中に強迫的な考えが浮かぶことになる，そういう「声」がいくつか同時に話しかけてくると，自分は混乱してしまうのだ，というふうになっていった。さらにその後，彼は，神自身が神の光線を使って自分の神経に直接接触を図っている，と感じるようになった――なぜなら，生きている人間の神経には，ことにそれが「高度の興奮」状態にある場合，「神の神経」を引き出し，神自身それを引き揚げることができなくなってしまうほどの力があるからだ，と。こうしたことは全て，「世界の秩序に反している」と彼は感じた。しかし，その後，Schreber には，「人間は……神の神経（光線）との間に解消不能な接触関係を持ってしまうと……ある種の状況の下では，“男性でなくされ”（女性に変えられ）なければならない」が，それは，明らかに世界の秩序に見合ったことだ，と思えたのである。その状況とは，「過度の耽溺」や「神経質」によって，「必然的に人類の破滅を招くような世界の破局」の際に生じる。だから，「種を守るために，たった１人だけ，人間は助けられる――おそらく他に比べて最も道徳性の高い人間が」。そしてこの人間は，世界に再び人間を住まわせるべく「子供を持つために，**男性でなくされて**（女性に変えられて）いなければならない」。子供のなかった Schreber は――それはとても意味のあることだったわけだが――自らこの役割を命じられたと感じた。そして彼は，他の全ての人間が破滅してしまうのだから，生き残るために必要な手段は，「束の間の即興人間たち」，つまり「この目的のために奇跡によって一瞬だけ人間の形を与えられた」魂[原注2)]から彼に与えられなければならないと信じたのである。「男性

原注２）この捉え方は，Dr. Weber の報告にある通り，Schreber が，自分の周囲の世界は非現実的であり，そこにいる人々は「生命を失った影」だと感じていたということでもある。

でなくされる」工程とは，外側の男性器を体の中に引っ込め，男性の内部器官をそれに対応する女性の器官に変更する，というものであった――この工程は，「不純な魂」からの光線によって常に妨害されることになるのだが，中でも Flechsig の魂からの妨害が最も際立っていた。Flechsig の妨害が力を持っていたのは，彼が，神との神経の接触を定立しており，神の方は，これを解消することができなかったからである。（「おそらく 1894 年の３月か，４月に仕組まれた」）Flechsig の陰謀の目的は，Schreber の病は不治のものであることを証明し，そうやってその魂をコントロールし，女性に変えられたその肉体を「本来のあり方ではない形で性的に利用する」ことにあった。Schreber の内で「自分は男性だと感じている部分は，こぞって」「この忌まわしい意図」に憤慨し，そのために Schreber は，絶食によって命を絶ち，そうやって我が身を捧げて神を，つまり Flechsig の醜行によってその万能が脅かされている神を，護ろうとしたのである。Schreber は，そのずっと後になって（その『回顧』を実際に書いている時になって）初めて，神自身この陰謀に，その主謀者ではないにしても，秘かに関与していたに違いない，だから自分はひどく**「世界の秩序に反する」**陰謀と戦うことで，実は，神が本来あるべき姿を自ら背負って，神と戦っていたのだ，と考えるようになった。

Schreber の記録によれば，彼は，1894 年６月に Dr. Flechsig の精神病院から，数日間 Dr. Pierson の精神病院へ移され，それからゾネンシュタイン精神病院に移され，そこで Dr. Weber の診療を受け，1902 年９月に退院するまでそこにいた。これら転院の間，彼は，自分との神経の接触を定立した魂に，ことに Flechsig の魂に，付きまとわれていた。彼は，後に振り返って，ゾネンシュタインにいた間を２つの時期に分けている。約１年間続いた第１期，「奇跡」が彼に力を及ぼし続け，彼は「恐れ戦き」，自分の生命や男性性，そしてまた自分の理性が危うくなることを深刻に心配し続けた。ただ，自分の周りにいるのは「束の間の即興人間たち」に過ぎないという確信は変わることがなかった。第２期は，第１期と対照的に，「奇跡」はどんどん害のない当たり前のものになっていったし，声も「単調な言い回しをただ繰り返しているような，意味のないざわめき」になって，彼は，できる時にはいつでもピアノを弾いてそれを掻き消そうとしていた。また彼は，徐々に，自分の周りにいるのは普通の人間だと感じるようになっていった。しかし，「不純な魂」からの攻撃が続くことに関しては，それは，その魂が彼の「極度に興奮した神経」が持っている力から逃れたいと願っているからで，その目的を果たすために，彼が男性でなくなることを企んでいる，だがそれは世界の秩序に反していることだ，と解釈した。これに対して，彼自身が目指していたのは，これら魂の消滅を図るためにその魂を自分の方に引きつけ，そうして（a）神の万能を修復し，（b）睡眠と，そして「新しい人間を作るための，世界の秩序に適った非男性化」によって自分の神経を完全に平穏なものにすること，であった。彼がある時期全く動かなかったのは，まさにこの目的を達成しようとしていたからだったのである。しかし，1895 年 11 月，彼の見方には，決定的な変化が生じた。というのも，この月の内に，彼の心の中には，世界の秩序は有無を言わせず彼の非男性化を求めており，自分は「男性のまま発狂した人間になるか，あるいは，生き生きとした女性になるか」という選択を迫られている，そして自分はただ「常識」のままにその後者を選ぶことになるだろう，と確信が生まれたからである。その後，彼の内には，自分の身体の中に「魂の耽溺」状態が持続されていないと神は彼から身を引いてしまいやすいということはあるにしても，神は最早，彼の神経の力を脅威とは見做さず，神の側から見れば，その力はむしろ神に協調するものにさえなっている，という信念が生まれた。この信念は，奇跡がどんどん無害なものになっていくにつれて，深まっていった。ここまでのところで彼は，神の光線は彼自身にとっても破壊的だし，世界の秩序を掻き乱すような効果をも持っていると見做していた。だが，いまや彼は，神の光線には創造する力がある（創造は，その光線の本来の機能なのだ）ということを強く感じるようになった。庭に座っていると，自分の周りから虫が自然に湧き出してくるというような奇跡を常々目撃し，そこで「自然発生ということ（親なしで生まれてくるということ……）が現実に存在するのだという，ある種の確信を持った」のである。こうした奇跡は，彼の周囲で起こった他のあらゆることと同様，他ならぬ彼その人に向かって指し示されていることのように感じられた。そこで彼ははっきりと，「**この世に起きることは何でも自分と関係がある**」と結論するようになった。この結論と共に，彼は，ある意味，自分は神にとって「唯一の人間」になっていると感じるようになったのである。この頃までに，彼の身体は，次の２つの状態を往ったり来たりするようになっていた。１つは，「まさしく性交時の女性の性の享楽をはっきりと思い描かせるような感覚の快楽」，もう１つは，彼がそれは光線が彼から引き揚げようとしているためだと考えた，例えば割れるような頭痛や唸りの暴発のような，「多少なりとも痛みを伴う不愉快な状態」である。彼は，自分が女性的な官能に耽る状態は，「単なる低次元の感覚性」から生じているものではあり得ないと感じていた。実際，いかなる性的欲望も，それを「**他の人間（女性）に向ける**」こと，何より性交時にそうすることは，彼の意には染まなかった。しかし，「１人神の傍にいる」と感じる時には，「神の光線に向かって，性の悦びに高まっている女性であるかのような印象を与える」ことが，彼の義務であるように思われた。そしてこの印象を作り上げるために，彼は，自分は自分自身と性交している「１人の人の中の男でもあり，女でもある」と想像しなければならなかった――これは，「自慰などといったこととは本当に全く何の関係もないことであった」。こうして，彼と神との関係においては，通常の道徳性が逆転していた。彼にとっては，官能に耽溺することが「神を畏れること」になっていたのである。これは，神自身が，彼との関係において，自ら世界の秩序に反するような関係（つまり，生殖のためではなく，性の快楽を目的とした関係）に身を置いた結果，彼にはそれ以外の選択肢がなくなってしまったのであった。だが彼は，彼がこの道をとることになったからこそ，自分の理性を救うことができたのだという確信も持っていた。最後はどういうことになりそうか，それはもう推測することしかできなかった。彼が以前に持っていた，人類を新生させるためにいつか自分は女性に変えられることになるという確信は，人類は実は滅びてはいないという認識と共に薄れていった。こうして彼は，自分は生涯「女性の側に身を置きやすいところを強く持っている」けれども，最後は「１人の男性として死ぬ」ことになるだろう，と考えていたのであった。

Schreber の病についての Freud の解釈

この問題を扱った，よく知られる論文（Freud，1911）の中で，Freud は，Schreber の病について，簡潔にまとめればこう解釈をした。この病を刺激した原因は，Flechsig へと結びついた「同性愛的なリビドーの噴出」であり，「彼がこのリビドー的衝動と格闘する中で，この病的現象を起こすような葛藤が生まれた」と。ではなぜこのような同性愛的リビドーの噴出がその時生まれたかという点について，Freud は，当時入手可能な資料から次のように考えることで満足せざるを得ないとした。（ａ）「人間は誰でも，その生涯を通じて，異性愛的な情感と同性愛的な情感との間を往き来するものであり」，「その片方における挫折や失望は，それがいかなるものであれ，もう片方の方向にその人間を駆り立てることになりやすい」こと，そして（ｂ）Schreber の病は，退縮性の変化訳注１）と結びついていたに違いない。Freud は，Schreber の Flechsig に対する態度は，もとはと言えば（彼が 19 歳の時に亡く

訳注１）「involutional changes」は，生理学用語。生理学的な機能の減退に伴い，臓器が縮小すること。ここでは，主として，加齢に伴う性的な機能の減退を示していると考えられる。

なった）彼の父親に結びついた受身的同性愛的願望－幻想の転移によるものだと解釈し，その同性愛的欲望の対象が迫害者へと転換されたのは，自我がその幻想を受け容れることができなかったからだと解釈した。病の進行につれ，優越者としての神が，迫害者としての Flechsig に取って代わった。この転換は，Schreber の葛藤がより深刻化したということではなく，実はその解決のための１つのステップであった。というのも，Flechsig に対して女性として身を捧げる役割をとりたいという願望にはある種の抵抗が伴っていたが，神に官能的な興奮を捧げるということの方には，それが神からの要求であるように思えるという意味で，それほど大きな抵抗なしに済んだからである。「男性性の除外」は不名誉なことではなくなり，「万物の秩序と調和」するものとなった。そして，それは，人間という種が絶滅してしまった後，人類を新生させるのに役立つものになるはずだったから，むしろ Schreber の名を高めることに繋がるようなことであった。こうして彼の自我は，その誇大妄想の中に補償を見出した。そこで，自分の女性的な願望－幻想を受け容れることができるようになったのである。同時に，彼は現実感を取り戻したことによって，葛藤の解決を遠い将来へと持ち越すことができるようになった。つまり，彼がその妄想体系の中で解決しようとしていた葛藤の根底にあったのは，一方で彼が愛し，他方で彼の自体愛の満足を妨害する人のように見えた父親をめぐる幼児的な葛藤だったのである。この妄想体系それ自体が，彼の小児性愛の勝利であった。なぜなら，官能に耽溺することは父親[訳注２）]から要求されたことになったわけだし，父親からの脅かしが彼の不安の源となっていた去勢は，彼が女性に変えられたいという願望を叶えるための手段となったからである。この願望の引き金となった現実生活上の挫折は，彼自身それ以外は幸せな結婚だったと述べていたにせよ，残念なことに子供を持つことができなかったこと，とりわけ，父親の喪失を宥め，彼の満足されなかった同性愛的な愛情の対象となるはずの男の子を持つことができなかったということだったのである。

Freud のパラノイア論

Freud は，Schreber の病において，父親コンプレックスが中心的な役割を果たしていることに注目しつつ，なぜこの病がパラノイドという形をとったのかという点を考察し，その上でパラノイアの精神病理学についての一般理論を提起している。

訳注２）　ここの「father」に，「神 Father」が秘められているのは明らかである。

Freudは，すでにSchreberの『回顧』を知る以前にこの理論を定式化していたのだが，パラノイドの患者の分析はそもそも成立し難く，追認することが難しかったところを，『回顧』の中に収められた詳細な記録が，そのための資料を提供することになったのである。Freudは当初から，パラノイア特有の性質は，「コンプレックスそれ自体の性質によってではなく（それはパラノイアに固有のものではない）」，「症状形成の機制，言い換えれば抑圧を生み出す機制」によって決定されるということをよく理解していた。同時にFreudは，「経験的に，同性愛的願望－幻想が，この疾病の，まさにこの形を作り出すのに密接に（おそらく不可欠に）関わっていると考えざるを得ない」と考えていた。またFreudは，こうした願望－幻想の存在は，リビドー発達上，「自己愛」段階から「他体愛的」段階へと移行するところでの固着と関連しているものと考えていた。通常，このあたりで起きてくる同性愛的な傾向は，「社会的本能に貢献するような」やり方で昇華されるものである。しかし，ここに固着している人の場合，こうした昇華は不安定であり，周囲の環境の中に，（1）通常は生じないリビドーの刺激か，あるいは（2）異性愛的，ないしは社会的な関係における挫折を含むような出来事が起きると，容易に逆戻りしやすいのである。Freudは，同様の「体質」は統合失調症の場合にも認められるが，ただ，パラノイアとの違いは，その「体質的な固着のあり方」の差にある，と考えていた。パラノイアにおいては，妄想形成を伴う投影に先立って，外的対象からのリビドーの撤収が起こり，その撤収されたリビドーが自我に備給されていくものだが，投影は，この状況を中和するために生じてくるのが特徴的である。Schreberの場合，彼が外的世界は非現実的であり，実際，破壊されてしまったと感じたのは，まさしくこうしたリビドーの撤収によるものである。また，それに伴って彼の自我にリビドー備給が行われていたからこそ，彼は誇大的になったり，自分への関係づけをしていたのである。Freudは，このリビドーの撤収は「どのような抑圧にも常に付いて回る本質的な機制」であるという可能性を認めつつ，そのことよりもむしろ，「リビドーが離脱し，退行的に自我へと向かうこと」がパラノイアと統合失調症とに共通する特徴的な抑圧のあり方だと指摘することの方により多くの関心を向けている。ただし，統合失調症の場合は，体質的な固着点はもっと早期の段階であり，「回復への努力」を構成する機制は，妄想形成を伴う投影ではなくて，「幻覚的（ヒステリー的）な機制」である。また，統合失調症においては，パラノイアと異なり，「抑圧への圧力」の方が「再構成への圧力」よりも強い。もっとも，複数の固着がさまざまな程度で生じているのだから，パラノイド現象と統合失調症的現象とは，さまざまな程度に混合され得る。実際，こうした混合が，Schreber の病の特徴であった。

その後の精神病理学の発展

パラノイア現象についての上記の説明は，もちろん，Freud が本能を自我本能と性本能（リビドー）とに分けて考えていた頃に定式化されたものである。そのため，この説明の定式化の中で，攻撃性についての考察は直接的には何も組み込まれていない。攻撃性に関しては，以下のようなところに触れられていないわけではない。例えば，（１）Schreber の迫害妄想の主な目的は，彼が以前愛した人への憎しみを正当化するところにある，としたり，（２）Schreber の病が，結局のところ以前よりもよくなったのは，ここは私にはやや一貫性に欠けるように思えるのだが，彼の父親コンプレックスがその中核においては肯定的な色彩を帯びていたことによる，としているところである。しかしながら，Freud がした定式化は，もっぱら抽象的に描かれたリビドー経済と，その固着という観点からなされている。Freud はまた，これも言うまでもないが，まだエスや超自我といった概念は導入する以前の段階にいた。そのため，その説明の中では，自我についても，同性愛的な性質を持ったリビドー的願望を拒絶するとか，外的対象から撤収されたリビドーの対象になるといったところ以外，ほとんど出てきていない。「疾病の選択」を説明するために，自我やその対象関係の心理学よりも，リビドー論や抽象的なリビドー概念の方を頼りにしようとする傾向は，Freud が，エス，自我，超自我との関連から精神組織論を定式化した後にも相変わらず持ち越されてきている。そしてこのことは，Abraham が Freud のもともとのリビドー的発達論を改訂した，その改訂版中にも明らかな通り，精神分析の考え方の１つの確固とした特徴として今も残っているのである。私が 1941 年にリビドー的発達論を提出したのは（Fairbairn, 1952, pp. 28-58［本書第２章］），まさにこの傾向を是正し，もっぱら自我とその対象関係の心理学から「疾病の選択」の説明ができるように道を拓きたいと考えたためであった。私のリビドー的発達論は，もともとの幼児的依存の状態（「口愛期」に対応する）が，内的対象関係をめぐる葛藤を統制するための４つの「移行期」的技法[原注3)]が特徴的に作動する移行期を経，徐々に成人の依存 adult dependence 状態（「性器愛期」に対応する）へと置き換えられていく，その発達に沿って組み立てたものである。この理論

原注３）「技法」という用語の方が「機制」という用語よりも望ましい。なぜなら，「機制」は衝動の運命に関わるものであるのに対して，「技法」は，自我の能動性に関わるものだからである。

からすれば，その４つの技法――パラノイド技法，強迫技法，恐怖症技法，ヒステリー技法――は，人が幼児的依存の段階の，それぞれ早期，後期に生じてくる内的葛藤のゆえに陥りやすい２つの大きな精神病理学的な災い――（１）スキゾイド状態（アンビヴァレンス以前の状態に対応する）と，（２）抑うつ状態（アンビヴァレンスの状態に対応する）――から身をかわそうとするさまざまな方法であると見做すことができよう。パラノイド技法との関連で言えば，Freud がパラノイドの投影と妄想形成とが「回復への努力」であると記しているのは注目に値する。そして Freud は，それは，切迫した精神病から身をかわそうとする試みの中にも使われるかもしれない，と示唆している。つまり Freud は，後に私が定式化したパラノイド技法の役割を概念づけるあたりまでは来ていたのである。ただ，すでに述べた通り，私のリビドー的発達論の主な目的は，「疾病の選択」を，もっぱら力動的自我とその対象関係の心理学との関連から精神分析的に説明するところにある――精神分析の考え方の中で，抽象的なリビドーとの関連から説明しようとする流れが続いているということが，今や，進展の妨害になっていると考えられるからである。もちろん，こうして辿り着いた説明の仕方が唯一絶対のものだというわけではない。１つには，Freud が最終的に定式化した本能論は，リビドーのみならず，攻撃性にもはっきりとした役割が与えられる精神病理学の成立を可能にしたし，また，Freud が，その後，エス，自我，超自我との関連から定式化した精神組織論によって，自我と超自我の間の，リビドー的要素ばかりでなく攻撃的要素をも含む内的対象関係という概念づけに裏打ちされた自我心理学が発展してくることにもなった。こうした発展によって，Freud も，サディスティックな超自我が，内的な親としての道徳的迫害者になり得ることを観察できるようになり，実際，抑うつのケースでは超自我がこの役割をとっていることを認識することもできたのである（Freud，1927，pp.74-77）。その後，Melanie Klein は，その研究から，超自我の発達は，成功の度合いはさまざまだが，多様に内在化された部分対象 part-objects が，その多くは「悪い対象」であり，内的迫害者として機能しているわけだが，統合されることによってもたらされるという結論に達した（Klein, 1948, pp.282-310, 330-331）。この見解と相俟って，退行を促すような状況では，その超自我がいかにその元の姿である部分対象へと分解し，その結果生まれた多数の内的迫害者がいかに防衛的に外的世界に投影されるかも了解できるようになってきた（Klein, 1948, p.221）。こうした概念づけからすれば，Schreber の病の初期に起きたことが説明できる。ただし，超自我の核は，ある程度生き残り，ある部分は Flechsig という形，またある部分は神という形をとったように見える。そしてその病の後期の段階で再構成の過程が生じ，多様な迫害する部分対象は，内的世界の中では超自我に再統合され，投影されたものは神の像の中に併合されていった。このように，内的対象という概念は，Schreber の病についての，また，パラノイド過程一般についての我々の理解を深め，もっぱらリビドー経済との関連からなされる説明の多くの限界を克服してくれるのである。

Freud がパラノイアと同性愛的願望－幻想とは「密接に（おそらく不可分に）関わっている」と推論する時, その推論にはどのくらい正当性があるのだろうか。これは興味深いテーマである。両者の間に密接な関連性があるということは，精神分析的に見て，十分うなずけるところである。しかし，その因果関係は，Freud が Schreber 症例の研究で示そうとしているであろうほど単純なものではないこともまた明らかである。Freud の言う「人は誰でも，その人生を通じて，異性愛的な情感と同性愛的な情感との間を往き来するものである」という見解は，とても満足いく理解とは考えにくい。なぜなら，そこで仮定されている往き来はどのような心理的要因によって決定されているのか，このことについては，心理学の立場から何も考察がなされていないからである。同性愛的な対象選択は，そこに含まれている自己愛的な要因を別にすれば，異性の親を拒絶することによって決定されるということはもう十分に証拠づけられていることであろう。そして，その自己愛的な要因ですら，発達上仮想された自己愛の段階への固着によってではなく，外的世界における悪い対象としての異性の親からリビドー的関心を撤収し，自慰に仲介される自体愛に防衛的に救いを求めるところから生じていると解釈することができるであろう。こうした自体愛への傾き自体，同性愛的な対象選択の素因を作るものなのである。ただし，異性の親に拒絶されるということが，もう一方の親への同性愛的な愛着を促すというところは無視できない。もし，それでもなお同性の親が迫害者の役割をとっていたとしたら，それは，主として，子供が異性の親からの迫害を取るか，同性の親からの迫害を取るかという選択肢を前にして，後者の方がまだ耐えられるものとしてそちらが選ばれているからなのである。つまり，異性の親からの迫害は，より深い水準ではそのまま保持されているということが見出されるのである。こうした理解に基づいて，こう考えてもいいであろう。古典的なエディプス状況の成り立ちの中には，もともとは異性の親に向けられていた攻撃性を，同性の親の方に置き換える，ということが含まれている，というのも，異性の親はリビドー的対象として重要度がより高く，原光景においては憎しみが抱かれる度合がより高いからである，と。だから，『ハムレット』の劇の中で，本当に「悪い対象」なのは，明らかにハムレットの母親なのである。Schreberの母親について知られているのは，『回顧』の中でたまに触れられることと，Schreberの病の折，母親は存命していたということ（これは，Freudが知らなかった事実である）だけである。ただ，もしSchreberの幻想の中に母親イメージがあまりにも欠落していたとすれば，それは，他ならぬその母親が重要な存在であるということを示していることになるであろう。実際，その母親の重要性は，隠蔽されていただけではなく，むしろ，Schreberがその母親に明らさまに同一化していたこと——これは，Freudが相応の重要性を認めなかった現象である——によって示されているのである。

今ひとつ興味を引く疑問は，パラノイアが，いったいどのくらい肛門性愛と関連しているのかという点である。Abrahamが1924年に定式化し（Abraham, 1927, pp.488-490），以来，一般に認められている精神分析理論の体系に取り入れられているリビドー的発達論によれば，パラノイアの発生は，早期肛門期への固着に基づいている。もちろん，この理論はFreudがSchreberの病を研究した時にはまだ確立されてはいなかった。その結果，Freudは，パラノイアと肛門性愛との関連については，何ら特別な示唆をしていない。ただ，Dr. Weberの報告の中には，Schreberの1つの症状としての便秘が記されており，Freudは『回顧』の中のやや理解し難い記述に注意を止めている。それは，Schreberが，1日に「少なくとも数十回」，どうにも排泄したくなる圧力を自分の内に引き起こさせる「奇跡」と，この圧力を——つまり，ともかくも自分の理性を破壊してしまおうとするこの圧力を——満足させないようにするための努力について語っている箇所である。Schreberの記述によれば，彼がうまく排便することができる時，その行為は「常に魂の耽溺がとても強く高まっていくのと結びついていた」。このことは，女性のみならず男性においても，パラノイド的な人たちについては肛門期的な傾向が特に表立ちやすい，というよく知られた観察と合致している。しかし，だからといって，仮想された早期肛門期への固着を考えるだけでは，この特徴について，まさにこれしかないと言えるような説明ができたことにはならない。すでに述べた通り，私はリビドー的発達論の改訂を定式化しており，そこから見れば，「パラノイド技法」は，「移行段階」の間に自我が利用できる4つの防衛技法の1つである。またこの理論から見れば，（妄想型統合失調症ではなく）純粋なパラノイアは，（法的にではなく）純粋に精神病理学的に見て，精神神経症の分類に入るであろう。実際，妄想という限られた領域を除けば，パラノイアの人は現実見当識が良いという事実がこの理解を支持するであろうから。いずれにしてもパラノイド技法は，主として肛門期の排出という行為をそのモデルにしていることは明らかである。だからこそ，排泄行為のあり方そのものが，ことに排泄訓練期間中において，悪い内的対象を攻撃的に外に出す project［投影する］ことの手近なモデルを提供するということはよく理解しておく必要がある――こうして，排泄訓練は，両親との間の対人葛藤を巻き起こすことになるのである。このこととの関連で興味深いのは，『回顧』の中で Schreber が，「排泄の象徴的な意味」について述べているところである。「すなわち，私のようにすでに神の光線との特別な関係に入った者は，幾分か，全世界に対してシーーーッ！ と言うことができる」[原注4)]。つまり，ここで容易に理解できるのは，排泄のモデルに倣って，自分の悪い内的対象を外的世界に投影するという形で棄ててしまおうとするパラノイアの人は，Schreber もまたそうであったように，内的な迫害を外的な迫害に置き換えているに過ぎないということである。

Macalpine と Hunter の注釈についての討論

このたび Schreber の『回顧』が，Macalpine と Hunter の編集の下に出版されたということは，間違いなく重要なことである。編者たちが記している通り，Freud の Schreber の病についての研究によって，「Schreber 症例」は，精神分析関連の文献の中での不動の地位を占めるようになっている。しかし，これまでは『回顧』を直接参照することが難しく，Freud に続く著者たちは，Freud 自身が引用している部分以外の資料に目を向けることをしてこなかった。Macalpine と Hunter の指摘によれば，このことのために，精神分析の著者たちは Freud の定式化を無批判に受け容れることになってしまった，ただその例外となっているのが Melanie Klein の概念づけの影響力だと言う。もっとも Macalpine と Hunter は，Klein のこの影響力を，リビドー的な要因に加え攻撃的な要因が果たす役割の重要性を強調したというところに限局してしまっている。それよりももっと重要な，Freud の理論をさらに前進させたものは，むしろ，Klein の内的迫害者に関する定式化や，その投影に関する定式化の方だと見做されなければならないのである。

Macalpine と Hunter の編集による『回顧』に添えられている序文と討論の部分で，彼らは，Freud のパラノイア論，そして，精神病一般についての精神分析理論を批判しているが，それについて考察するのはなかなか大変なことのようである。

原注4）　Melanie Klein は，排泄による母親の身体への幻想上の攻撃の重要性に着目している（Klein, 1948, p.236）。

それには，２つの理由がある。その第一は，彼らが，例えばパラノイア・プロパーと統合失調症とを区別するといった一般の分類に懐疑的だということである。ここに生じる問題は，今の文脈からすれば，スキゾイド過程それ自体と，現在症を彩るパラノイド的防衛とは別のものだと言っておくことしかできない。そこで「抑圧されたものの回帰」がどのくらいうまく統制されているか，その成功度に応じて現在症のあり方が決まってくるからである。第二に，Macalpine と Hunter は，彼らの言葉を借りれば「転移というものをめぐる神話，また，転移を精神分析技法の中心に据え，それに基づいて精神の病についての理論を組み立てようとすること」に対して，思うところがあるのである。この問題についての彼らの見解を簡潔にまとめればこうなる。精神分析理論は，分析のセッションにおける転移現象の観察に基づいて形作られている。そして，古典的な技法においては，患者の反応は純粋に自発的なものであり，分析家はあくまで受身的に，患者のもともとの対象に対する反応が映し出されるスクリーンに過ぎないという主張がなされている。しかし，それは正しくない。分析中に発展する転移神経症は，言われるほど純粋な自然現象ではない。にもかかわらず，Freud の転移神経症の理論，あるいは精神神経症の理論は，そういう材料に基づいて構成されている。また転移神経症を説明するために考案された概念には元来，対人関係（例えば，エディプス状況）のことが含まれているわけだが，その概念を，自己愛神経症ないし精神病，つまり，患者が外的現実やそこでの人々に向かうリビドー的関心を撤収し，それを自分自身に向けているような退行現象に応用しようとするのは，一貫性がなく，合理性に欠けている。

精神分析理論は分析のセッションの中の転移現象に基づいて構成されているという発言は，全く正しいわけではない。なぜなら，（ａ）転移は分析状況の外でも起きるものだし，（ｂ）分析のセッションの中で生み出されるものが，全て転移という材料であるわけではないからである。しかし，この発言はよしとしよう。だが，Macalpine と Hunter の，古典的な技法において分析家は，完全に距離をとった役割をとるものだとする概念づけに対する批判には，全く正当性がないわけではない。分析家は，いくら距離をとった態度をとろうとしても，その人格は不可避的に患者にある印象を与え，患者の反応を一部左右することは避けられないからである。加えて，解釈が分析家の側の能動的な介入であることはあまりにも明らかである。たとえこの上なく熱心な古典的技法の遵奉者であっても，その実践において，理論におけるほど距離をとった態度をとっているのかどうかは，極めて疑わしい。むしろ，古典的な技法に求められているだろうほど距離をとった態度をとることは，実際には望ましくないと考える分析家も増えつつある。それでも，転移はあらゆる状況の下で生じる。そして，もし分析のセッションが患者－分析家の二者関係を含む，ある実験状況だと考えてみれば，その影響力やその意味も，科学的にアセスメントすることができるものなのである（Ezriel, 1951, pp.30-34 参照）。

Macalpine と Hunter が，精神分析の概念を精神神経症の領域から精神病の領域に転用する合理性をめぐって表明した疑問については，もともと Freud が「転移神経症」と「自己愛神経症」との間に明確な区別をしていたことを考えれば，一見正当性がないわけではないようにも見える。この明確な区別は，精神分析の比較的初期の時代，Freud が体験した精神病者の治療が実際困難であったところから来ているに違いない――もっともこの困難は，最近の Joan Rozen による統合失調症を患った人たちとの仕事によく示されている通り（Rozen, 1953），必ずしも乗り越え難いものでもないのだが。しかし，この区別は，対象関係を持つ能力というものは，その人がもともとの自体愛的な段階，そして，その次に来る自己愛的な段階を通過した後になって初めて確立されるものだと考えるリビドー的発達論によって，確固たるものになってしまっている。私の考えでは，一番の問題は，精神神経症領域の概念を精神病領域に転用することではなくて，人は，生来，一番最初の瞬間から対象を求めているということを認めないリビドー的発達論の側にあるのである。私がリビドー的発達論を改訂したのは，この見解を実のあるものとすることを目指している。そして，Melanie Klein がエディプス状況を乳児期まで遡って考えようとしていることも（Klein, 1948, p.202），実はこれと同じ方向への動きなのである。Macalpine と Hunter も，人は元来は自体愛的なものだと見做す古典的なリビドー発達論が満足いくものではないという見解を共有しているようである。実際，彼らは，心身症や精神病についての研究を重ねた上で，それらの状態は，「内的現実の障害，患者の自分自身との関係から生じるものだ」という結論に達している。彼らの主張によれば，「最も中心的な障害は，個体間のものではなく，個体内のものである」。「そうした個体内の障害が，二次的に個体間の関係に影響を及ぼし，外的現実との関係を歪曲することになる可能性がある」としても，である。従って彼らは，現実を放棄してしまうかどうかということが，精神病と精神神経症とを鑑別する特徴だという精神分析の概念づけは「誤った考え方」だと述べる。しかし，彼らは，自ら述べている「内的現実」が，実は心の中の対象関係の世界だということを捉え損なっている。この世界は，子供が自分の欲求との関連で解釈したリビドー的対象の体験――何よりも，挫折や剥奪を含むようなそれ――を基盤として，取り入れという方法をもって作り上げられるものである。そしてその根幹は，乳児期の内に作られるのである。精神神経症と精神病の発生についての説明は，いずれも，この心の中の対象関係の世界が自我にどのような影響を及ぼし，そのさまざまな反応を引き起こしているかというところにこそ求められなければならない。それゆえ，転移現象を基礎にした概念を精神病に応用することは，精神神経症の場合同様，適切なことなのである。

Schreberの病についてのFreudの解釈に，MacalpineとHunterが述べている主な反論は，Freudが「Schreberの病に古典的精神分析における神経症の基準を応用して，リビドー的葛藤を基礎にして議論を展開した」こと，「さらにFreudは，Schreberの病を陰性エディプス状況を中心に，性器愛期的水準においてのみ説明した」ことにある。彼らによれば，「Schreberの心を占めていたのは……個体の歴史や人類の歴史において，性愛を介した生殖についての知に先立つ，原始的，前性愛的な意味における創造や生殖のことであり」，「それはあらゆる原始宗教の基盤となるものであること」をFreudは見落としている。彼らはさらに，Freudは一方で「この患者が発展させた膨大な数の心気症的な妄想的観念」に触れる中で，「私は，パラノイアにほぼ例外なく随伴している心気症症状のことをカバーしないパラノイア論については，それがどのようなものであれ，信用するに値しないと考えるであろう」と述べているにもかかわらず，自身がSchreberの病を説明する際には，こうした症状のことについてほとんど何も説明していないという事実に注意を喚起している。確かにこのことは驚くべきことである。というのも，Schreberの既往症を，Dr. Weberは「重篤な心気症を発症」と記しているのだから。ここでFreudが，心気症を「現実神経症」に含めて考える，そのあまり歓迎できない概念づけ（Freud, 1894）に影響されていたことには疑いがない。しかしながら，Freudがパラノイアの説明の中で抜かしてしまったところは，Melanie Kleinによる内的迫害者という概念づけによって埋めることができる。Kleinが指摘する通り，「幻想の中で，自我に対する内部の迫害する対象からの攻撃に起因する痛みやその他の症状は，典型的にパラノイド的なもの」（Klein, 1948, pp.292-293）だからである。これに対してMacalpineとHunterの見解では，「Schreberの心気症症状は，身体幻覚という形で，原始的，前性器愛的な生殖空想を表している」と言う——ここで「生殖空想」という用語は，「同性愛的なものにせよ，異性愛的なものにせよ，成熟した性愛の欲望は存在していないことを強調するために」特別に使われている。彼らの見解によれば，こうした生殖空想は，Schreberの病の中核を成している。そして彼らは，同性愛的な願望幻想は，単にそこから二次的に発展したものに過ぎないと見做している。彼らの記述を引用すれば，「Schreber が発病したのは，自分は子供を作れるだろうし，作るだろう，あるいは，作らなければならないという願望空想が病因と化した時のことなのである。それと共に彼は，自分自身の性を疑問視するようになった……その精神病は，生殖へと向かう旅だったのである。憶測が現実となり，出生や，生や死，再生や復活，死後の生や魂の転生を含み込んだ，１つの環の中で混ぜこぜになった。これらの全てのことの中核には，創造と，彼自身の創造能力という根本問題が横たわっていた……Schreber は，“一人の男である私は，いかに子供を持つプロセスに参加したり，実際に子供を持てたりするだろうか”という問題を追及した。その多様な可能性を現実に生きてみるのが，彼の精神病だったのである」。この見解に示されている通り，Schreber の病のきっかけとなったのは，その結婚の中で子供が持てなかったことによる彼の中の創造原理の挫折であった（この要因については，Freud も強調している）――子供が欲しいという欲求を持っていた Schreber は，彼の言う「失望の繰り返し」（流産？）を経て，最終的な失望，それは彼自身の更年期（Freud が強調したもう１つの要因）のためではなく，妻の閉経に起因するものであったが，へと至ったのである。

Schreber の病についてのこの解釈は，ある面，見事である。実際，確かにこの解釈の方が，Schreber の病の変幻自在な症状を広範囲に亘ってカバーすることができる。その意味では，Freud の解釈の方が限界が大きい。実際，前性器愛的な生殖幻想という概念づけは，精神分析的な考え方からして全く違和感がない。それゆえ，Macalpine と Hunter も「Freud が前性器愛的な空想のことを考えもしなかったのは，驚くべきことだ」と考えている――ことに，Freud は，Schreber の病についての研究を発表するわずか３年前に，出生にまつわる幼児の「クロアッカの理論」を議論し，こんなふうに書いているからである。「もし赤ん坊が肛門から生まれるのなら，男性も，女性と同じように子供を生むことができる。男の子は，従って，女の子みたいだという非難を受ける必要なしに，自分もまた自分の子供を持つことができると空想することができる。このことは，その子の中で，肛門性愛がまだ活発に活動しているというだけのことである」（Freud, 1908）。しかし，もし Macalpine と Hunter が Schreber の病を，その心気症的な側面（おそらく，よりスキゾイド的な側面）の側から解釈しようとしているとすれば，Freud はそれをパラノイド的な側面の側から解釈しようとしているということが認識されなければならない。そしてこの２つの解釈は，おそらく，Macalpine と Hunter も，そして Freud もまた，奇妙なことにSchreber症例の議論の中で全く考慮に入れていないある概念づけとの関連で，比較的容易に実り多い調和を図ることができるであろう――それは，生殖幻想とも，そして両親が迫害者として登場する幻想とも密接に結びついている，原光景という概念づけである。Freudに関する限り，後のあるパラノイアの事例に関する論文の中で，その患者の病の決定因の１つとして，原光景のことに少し触れているのは事実である（Freud, 1915）。だが，Freudは，このテーマを体系的には発展させなかった。しかし私の考えでは，このテーマこそ，Schreberの病を理解するに当たって，最も重要な手掛かりを提供してくれるものなのである。

原光景の病因としての意義

私の経験からすると，精神分析の実践の中で出会う最大の抵抗は，子供時代に現実に目撃されたものであれ，ただ想像されただけのものであれ，原光景の記憶が甦ることに対して向けられるものである。この抵抗は，大変風変わりな形を取ることもある。例えば，ある女性患者は，セッションの中で原光景に近づこうとすると，それがどのようなアプローチにせよ，すぐさま（文字通り）麻痺して失語症のようになり，ナルコレプシー様の状態に陥った。興味深いことに，この同じ患者は，ほとんど偽装されていな原光景の夢を見た後に，一定期間分析が休みに入っている間，数週間に亘って症状が消失したのである。彼女は，８歳になるまで両親の寝室で寝ていたことを付け加えておこう。また別の女性患者は，ある時，原光景に関連する材料をもう少し拡げてみるように言われて，このように述べた。「母と父が一緒にベッドにいるのを考えようとすると，眠気の波が，海の波のように襲ってくるんです」。私はまた，原光景のおぞましさhorrorは，近親姦の恐ろしさhorrorよりも，もっと基本的なものであり，実際，後者は，その大部分が前者から派生したものだと考えている。例えば，ある既婚の女性患者は，夫との性交の際，ほとんど偽装されていない近親姦的な幻想を抱いていたが，その幻想は，原光景が再演されたものenactmentsであった。ところが彼女は，原光景そのものが記憶に甦ることに対しては，最大限の抵抗を示したのである。他にも２人，１人は男性，１人は女性の患者が思い浮かぶが，その２人の恐怖症的な不安は，明らかに原光景を焦点としたものであり，この２人は２人とも，心気症的な傾向を示していた。この２人のうち，女性の方は10歳になるまで両親の寝室の隣の化粧部屋でドアを開けたまま寝ていたし，男性の方は６歳になるまで，つまりもう１人の子供が生まれるまで，両親の部屋で寝ていた。その後，この男性の母親は，父親に性交させないために，彼が15

歳になるまで自分と同じベッドに彼を寝かせた。これら5人の患者は全て，現在継続中の患者であることを記しておこう。彼らは，現在私が引き受けている10人の患者訳注3）の内の半数なのである。もう1人，別の継続中の患者では，原光景が記憶に甦ったが，それはいまだにこの上もなくおぞましいもののままになっている。この患者が最近見た夢を次に要約してみよう。

> 私は，自分の故郷みたいな田舎の家に戻っていくところでした。周辺はスコットランド国民党のデモに参加している人たちで一杯でした。私はその人混みの中を，彼らに気づかれないように，もし気づかれたら彼らが散り散りになってしまうので，そうならないように気をつけながら，すり抜けていきました。その人混みの中のそこここに，私は，若い男が2，3人，裸のまま，銅像みたいに立っているのを見かけました。彼らは，国民党の運動の象徴みたいでした。私は，彼らのペニスに特に目をやっていたんです。そうしたら，私は，その家の上の方の部屋にいました。そして私は，国民党の委員会の人たちが下の部屋で，革命や殺人の企ての話をしているのを聞きました。私は，自分がいるのを気づかれてしまうのではないかと思って，怖くて動けませんでした。なぜって，もし私が彼らの話を聞いてしまったのが知られたら，彼らは私がその運動に入るのを強要するか，あるいは私を殺してしまうだろうってことが私にはわかっていたからなんです。

この患者は，この夢から，すぐさま原光景を連想した。そしてその彼の連想から，この上なく興味深い事実が明らかになった。原光景に含まれている心地良い興奮は，裸の男たちとそのペニスにまつわるところに位置づけられている一方で，原光景のおぞましさは，国民党の委員会の企ての方に置かれていたのである。この患者には性交恐怖があり（性交は彼にとって，原光景に参加することを意味していた），行為にまでは及ばなかったが，彼には明らかに同性愛的な傾向があったことを言っておこう。彼にとって同性愛は，自慰のような形で原光景の興奮を享受する手段であると同時に，原光景そのものを否認する手段でもあった。そして，原光景のおぞましさは，彼に対して背徳的で怪物のように見えていた母親に対する彼のサディスティックな態度と結びついていた――彼が以前強調していた父親への敵意は，主としてこの母親への憎しみの置き換えだったことが後に明らかになっていったのである。

今引用したケースは，Schreber 症例を考えるのに適している。当初は厳しく抑圧され，後にはほとんど偽装されなくなった Schreber の同性愛は，原光景と，彼の目

訳注3）　この時点で，Fairbairn は67歳である。

にはそこへのより重要な参加者と映っていた母親に対する憎しみとを否認するための手段であったが，もう一方では原光景が彼の内に巻き起こす性的興奮を享受するための手段でもあった。そして彼が女性的な役割をとったのも，母親への同一化を含め，同じ目的を果たしていたのである。同様のことが，Macalpine と Hunter が注目している，Schreber が心に抱いていたその他多様な生殖幻想についても言える。例えば「一人の男として，女性に変えられることによる単性生殖的な，そして神の受胎と自己受胎による」生殖幻想とか，そして最後に大事なことを1つ last but not least[訳注4)]，（Schreber 自身の言を借りれば）「親のない発生，自然発生」といった幻想についてである。こうした選択肢の重要性を，Freud は完全に無視した。だが，これこそ Schreber の病を紐解く真の手掛かりになるように思われるのである。というのも，「親のない発生」以上の原光景についての完全な否認があり得るだろうか？そして Macalpine と Hunter がきれいに整理した Schreber の生殖についての考えのリストを見る時，その生殖の形の中に，健常な男女間の性交，つまり原光景が，唯の一つも含まれていないことを見逃すことはできないのである。『回顧』の最後の方で，Schreber 自身がこの点について語っている箇所を引用してみよう――「私が自分の果たすべき義務として官能への耽溺を極めなければならないということを言う時，私は**他の人間（女性）に対する性的欲望のことは一切考えていないし，ましてや性交のことなど，露ほども思っていないのです**」（強調は原文）。このように考えてくると，Freud が未解決のままに残した謎――つまり，Schreber の病の引き金になっている要因――についての洞察が得られるであろう。彼に子供がいなかったということは，明らかに一役買っている。しかしそれは素地を作った要因と見做されるべきであって，引き金になった要因というわけではない。だが，彼の病が2回とも――1回目は下院議員，2回目は裁判長――これから自ら有能な父親の役割をとることを期待される事態に直面した時に起きているということは，決して偶然なことではない。こうした役割をとるということは，彼にとって，父親への同一化の下に原光景に参加することを意味していたに違いない。そしてこのことは，その母親へのサディスティックな憎悪を動かすことになり，従って，幼児の立場から見れば，世界が壊れてしまう脅威となったのである。彼の，神の女になるという最終的な解決策は，密かに原光景に参加するための比較的受け容れやすい手段になると同

訳注4）「last but not least」は，William Shakespeare（1564-1616）の戯曲，『ジュリアス・シーザー』の中の一節。

時に，彼から見れば，父親と不義密通を交わし，それゆえ殺してしまいたいと願っていた母親を蘇生させるための手段となったのである。

最後に，Macalpine と Hunter が「統合失調症に常に認められる1つの特徴」として記した現象について触れておこう。それは，「統合失調症を患う人は，自らの性の性質について，いつも疑いを持ち……性転換について語り，妊娠や出生についての幻想を地で行こうとする」という点である。こうした幻想は，「内臓機能や体の内部に集約され」，通常「被毒妄想や拒食」を伴う――これらの特徴は全て，Schreber 症例の中に認められるものである。統合失調症を患う人が，スキゾイド人格の人もその意味では同じことだが，性の性質について疑問を抱くというのは，例えば John Rosen が特に注目している現象である（Rosen, 1953）。しかしそれは，「自分の性の性質についての疑い」なのではなく，むしろ，どんな性的役割をとるべきかということについての疑問なのである。そして私の経験では，この疑問は，生来備わっている両性具有性のために起きるのではなく，原光景において，どのように同一化したらいいのかわからない，その不確かさのために生じてくるものなのである。私が現在診ている，ここまでのところ取り上げていないケースの中に，こうした疑問が顕著な特徴となっている患者がいる。この人は，明らかなスキゾイド人格であり，結婚もし，家族もあったが，同性愛的な夢，ことに，いつも見る，自分の息子の1人と性交する夢に悩まされていた。その母親の目からすると，この患者を身籠ったことは「間違い」であった。そして母親は，もう二度とこうした「間違い」を犯さないために，彼がまだ小さいうち，彼を自分と自分の夫との「間に寝かせ」た。一方彼は，その母親の育て方から，母親は自分が男の子であることをよしとしていない，いやむしろ，実際彼が女の子であって欲しいと望んでいるという印象を受けていた。こうして彼の不安の中心は，女の子として振る舞うことを期待されているのに自分はペニスを持っている，という矛盾に集中した。そしてこの不安は，彼の兄たちが，アイツは男の子がするみたいにオチンチンからおしっこをするんじゃなくて，女の子みたいに「脇から」するんだぜ，といってからかったことによって増大した。当然のごとく，彼は，その後，公衆便所で小用を足すことはできなくなってしまった。そしてこの自分の性的役割についての疑問が引き金となって，彼は，学校に上がる時，危機を迎えることになった。彼はいつも母親にくっついている女の子として育てられてきたし，母親の要請に応えるべく男性としての性愛性を抑圧してきていたから，男の子の世界の中では何一つ役割がないことを知り，その結果，完全に訳がわからなくなってしまったのである。このことと繋がることだが，彼は，精神分析的治療を受けにやってきた時，スキゾイド人格の人に特有の煙に巻く雰囲気 air of mystification を身にまとっていた[原注5)]。彼は，数日学校に登校してから，もうそれ以上の登校を拒否した。そして，強制され，結局また登校し始めた時には，まるで「自動機械か，死んだ子供のよう」になっていた――つまり，感情の抑圧を特徴とするスキゾイド的な感情離脱状態に陥ってしまっていたのである。この極端な感情離脱の反応は，後に彼が入院を要するようになった時にも繰り返された。ただ２回目の入院を勧められた時には，彼がもともと登校に当たって体験した不安が急激に呼び戻り，彼はまず行くのを拒んだ。そして，登校の時と同じように，結局その拒否が受け容れられないと，彼は急性の混乱状態に移行したのである。これらの反応の背景には，自分の性的役割についての深刻な疑問があることは間違いない。そしてこの疑問を生み出す焦点になっていたのは，彼が両親の間に寝かされることで目の当たりにしていた原光景だったのである。こうした意味からすると，Schreber 症例においても，原光景を中核とする同様の疑問が中心的な病因で，彼が女性としての役割をとったことも，そして同性愛的な色彩を帯びた妄想を発展させたことも，そのいずれもが彼の葛藤を解決するための試みだったのであろうと考えるのも理に適った推論なのではないかと思われるのである。

原注５）　興味深いことに，私が以前診ていた，父親に強いられ，繰り返し近親姦を経験していた女性患者も，同じような煙に巻く雰囲気を持っていた。以前マグダレン収容所の医務官をしていた Jessie Sym によると，この煙に巻く雰囲気は，近親姦の被害者となった女子に特徴的だと言う（私信）。［本書第１章参照］

文　　献

Abraham, K., 1927, *Selected Papers*, London, Hogarth Press. ［下坂幸三他訳，1993，アーブラハム論文集．岩崎学術出版社］

Ezriel, H., 1951, The scientific testing of psycho-analytic findings and theory, *Brit. J. Med. Psychol.*, 24, 1, 30-34

Fairbairn, W.R.D., 1952, *Psyochoanalytic Studies of the Personality*, London, Tavistock Publications Ltd.

Freud, S., 1894, The justification for detaching from neurasthenia a particular syndrome: the anxiety neurosis, *Coll. Papers* I (1924), London, Hogarh Press, pp.76-106 ［兼本浩祐訳，2009，ある特定の症状複合を「不安神経症」として神経衰弱から分離することの妥当性について．フロイト全集１．岩波書店，pp.413-443］

Freud, S., 1908, On the sexual theories of children, *Coll. Papers* II (1924), London, Hogarth Press, pp.59-75 ［道籏泰三訳，2007，幼児の性理論について．フロイト全集９．岩波書店，pp.287-306］

Freud, S., 1911, Psycho-analytic notes upon an autobiographical account of a case of paranoia (Dementia Paranoides), *Coll. Papers* III (1925), London, Hogarth Press, pp.385-470 ［渡辺哲夫訳，2009，自伝的に記述されたパラノイアの一症例に関する精神分析的考察（シュレーバー）．フロイト全集 11．岩波書店，pp.99-187］

Freud, S., 1915, A case of paranoia running counter to the psycho-analytical theory of the disease, *Coll. Papers* II (1924), London, Hogarth Press, pp.150-161 ［伊藤正博訳，2010，精神分析理論にそぐわないパラノイアの一例報告．フロイト全集 14．岩波書店，pp.295-308］

Freud, S., 1923, A neurosis of demoniacal possession in the seventeenth century, *Coll. Papers* IV (1925), London, Hogarth Press, pp.436-472 ［吉田耕太郎訳，2007，十七世紀のある悪魔神経症．フロイト全集 18．岩波書店，pp.191-231］

Freud, S., 1927, *The Ego and the Id*, London, Hogarth Press. ［道籏泰三訳，2007，自我とエス．フロイト全集 18．岩波書店，pp1-62］

Klein, M., 1948, *Contributions to Psycho-Analysis*, London, Hogarth Press.

Rosen, J., 1953, *Direct Analysis,* New York, Grune and Stratton.

第10章

精神分析的治療の性質と目標について

（1958）原注1）

On the nature and aims of psycho-analytical treatment, 1958, *Int. J. Psycho-Anal.* Vol. 39, 374-385

私は，Thomas S. Szasz による最近の論文「精神分析的治療の治療論について」（7）を，彼のご好意により，それが本誌（*Int. J. Psycho-Anal.*）に発表される以前に読ませて頂いた。そこで，この論文から刺激を受けて考えたこと，とりわけ，現在までに私がとるようになっている理論的立場からして述べておきたいと考えたことを，いくつかここに記しておきたい。

私の理論的立場の特徴は，簡潔にまとめれば，４つの主要な概念的定式化にあると言えるであろう――それは，（a）力動的心的構造の理論，（b）リビドー的な活動は，生来，一義的に対象を求めているとする理論，（c）その上で，リビドー的発達を，仮想された性感帯の優位性からではなく，依存の質から捉えようとする理論，そして（d）人格をもっぱら内的対象関係から捉えようとする理論，である。これらの定式化のうち，はじめの２つを組み合わせると，Freud の基本的な理論の２つ――よく知られたリビドー論と，最終的な本能論――に取って代わるものとなると言えるかもしれない。第三の定式化は，Freud によるリビドーの発達論を Abraham が改訂した，その改訂を再改訂したものである。そして最後に，私の人格の対象関係論は，Freud が精神組織をエス，自我，超自我との関連で記載した，その記載を書き換えることを意図したものである。私の人格の対象関係論は，リビドー的自我，中心的自我，反リビドー的自我，および，それぞれに対応する内的対象との関連から記載してゆくという形をとっている。そして，こうして構成される心の中の基本

原注1） この論文は，簡略化された形で，1958年6月18日，英国精神分析協会において口頭発表された。

的な状況は，もともとの生来的な単一の自我と，その自我がもともと取り入れた対象の分裂によって生じてくると考えられている。

私の理論的見解に馴染みの薄い方は，私の著作（例えば，（1）や（4））の関連したところを参照して頂きたい。また，1954年に発表された論文（2）に述べられている私の理論的立場についての概説も参照して頂きたい。そして，その中で私が,「反リビドー的自我」という用語を導入し，以前その内的構造を記載するために使っていた「内的妨害者」という用語に替えた部分に特に注目して頂きたい。

私が，これまでのところ，私のさまざまな理論的定式化が精神分析的治療の実践に対してどのような含みを持っているのか，文字になった文献の中では最小限にしか述べていないのは奇妙なことだと思われるかもしれない。そしてこのことから，実は私自身でさえそう思うこともあるのだが，私の見解は単に理論的な関心に基づくもので，それを実践に導入しようとしたところで精神分析の技法は何ら影響を受けないのではないかと勘繰られるかもしれない。しかし，この推論は，全く当たっていない――実際，私の見解が実践に対して持つ意味は，とても遠大なもののようであり，それは，機の熟さないうちに，精神療法的にはこういうことだというような性急な結論を出してしまうのではなく，徐々に，そして細心の注意を払いながら，ようやく検証されていくようなものなのである。ただ私は，Szaszの論文「精神分析的治療の治療論について」に刺激され，私がSzaszに同意しない部分があることを示したいと考えたし，それに加えて，私がとるようになっている理論的立場が精神療法に対して持つ含みをいくつか定式化してみたいと考えたのである。

まず第一に，私は自分の理論的立場からして，SzaszがEisslerに倣って「分析の基本的な典型技法」と呼ぶものを成立させる必要条件と呼んでいるものに合意し難い。その条件とは「被分析者は，相対的に成熟した，強い，そして変形されていないunmodified自我を持っていなければならない」とするものである（(7),p.173)――実際，もしこれを必要条件とするのなら，児童分析はその可能性を全く奪われてしまうことになる。私の見解からすれば，もともとの，生来的に備わっている単一の自我（「変形されていない」自我）は，その程度はさまざまだが，例外なく発達の最早期の内に3つの部分に分裂されるようになるものである。従って，もし私の見解が正しければ，精神分析的治療の対象になるほど年齢のいった人について「相対的に変形されていない」自我を語るのは不可能である。また，こうした考察を全て脇に置いたとしても，通常「相対的に成熟した，強い，そして変形されていない自我」を持った成人が，一体いかなることで精神分析的治療を求めてくるのか，とても理解し難い。というのも，ずっと以前に Ernest Jones が指摘している通り，人が是非自分の無意識の探求に乗り出してみたいと思うのは，たとえ表向きは強固な抵抗の仮面を被っていたとしても，かなり強い不安に基づいたことなのである。従って，もし Freud の精神組織論を一歩も出ない範囲で考えたとしても，人は，そのエスと超自我とが，自我にとって十分には処理できないほど重大な問題になった時以外，精神分析的治療を求める可能性はないということになるに違いない。もちろん，内的な問題というものは全て，究極的には自我の問題であることは認識されるべきである。このことは，問題が自我機能障害として顕われようと，心因性の症状として顕われようと同じことである。つまり「基本的な典型技法」を成立させる必要条件とは，もともと精神分析的治療が対象にしようとした人々でさえ自動的に排除することになるほどに，適応となる被分析者の範囲を大きく狭めてしまうことになるように思われるのである。さらに，自我は本質的に（原初的なものでなく）後天的に獲得された構造であるという Freud の概念からすれば，相対的にであろうと何であろうと,「変形されていない」自我について語るのは意味がないであろう――こうした言い方は，生来的に備わった構造についてのみ言えることであって，自我は，それ自体，本質的に「変形」によって成り立っていると考える Freud 理論の考え方とは相容れないものなのである。Freud の言う「自我」の中核的な特徴は，その構造が（私の言う「もともとの自我」のように生来的なものではなく）本質的に防衛的な構造だという点にある。従って，Freud の言う「自我」は，本質的に精神病理学的な現象を基盤にして作り上げられていると言うことができるであろう。同じことは，当然，私が記載している「もともとの」自我の分裂についても当てはまる。しかし，それは，私の理論の，生来的に備わっている「もともとの」自我そのものについては当てはまらないのである。むしろ，私の理論からすれば，精神分析的な介入によって，この「もともとの」自我の分裂を反転されて reversed 初めて，心の中の状況における精神病理学的要素を減少させ，純粋に精神療法的な成果を上げることができるのである――この点，Freud の理論では，この結末を論理的に説明することができないように思われる。

精神分析家を志す人たちについて言えば，精神分析の一般原理からして，精神分析を職業として選ぶということ自体，症状を軽減するために精神分析的治療を求める人と同じく，無意識的な動機づけに動かされているということになるであろう。また，どのような形であれ，心のプロセスについて深く関心を抱くのは（こうした関心は，平均的な個人には馴染みの薄いものであり，むしろ，極度に内向的なものであるということを心得ておくべきである), 内的葛藤の圧力があってこそそのことであろうと考えるのも理に適ったことであろう――このことについては，Ernest Jones による自伝の中で明確に示されている通り，Freud 自身のケースが，際立った実例である。つまり，精神分析家を目指す人たちが精神分析に関心を持つのは，究極的に言えば，その人の，多分主として無意識的なものであろうが，自分自身の葛藤を解決したいという願いから生じていると見做さなければならない。そしてこの理解こそ, Szasz がかくも強調している精神分析家の「科学的な」オリエンテーションを考えるに当たって，十分に心に留めておかなければならないポイントなのである。

以前 Szasz は，Hollender との協力の下，精神分析の実践がいかに通常の医学の治療モデルに影響されてきたかを明確にしたことがある（8）。そのテーマは, 確かに大変重要なものである。だが, このモデルをめぐっては, Szasz が自ら語る以上に言うべきことがあるという感を禁じ得ない。そこで，平均的な成人「患者」が，実際に精神分析的「治療」にやってくる，という場合を考えてみる必要がありそうである。こうした患者の特徴は，日常的な意味で医学の助けを求める平均的な患者と全く同じように，精神分析の助けを求めようとしているということであって，それはその患者が，恐怖症的不安とか，抑うつとか，心身症的な問題とかいった，通常他の人たちにはない状態を患っている（「患っている」というのは不適切な表現ではない）と思うようになってきたからである。そして，その患者の意識的な目的は，その問題の状態から解放されることにある。一方，Szasz によると，（医学的モデルとの関連で言えば）精神分析の実践を1つの「治療」であると考えるのは的外れであって，それはむしろ，1つの科学教育である，と言う。この見解の中に，児童分析が考慮されていないことは明らかである。しかし，そのことを別にしても，成人患者が分析家の助けを得ようとするのは，通常，一連の科学教育を受けるためではなく，治療的な成果を得るためだという事実を無視するわけにはいかない。そして，ともかくも筋を通すためには，この患者の期待こそが尊重されなければならない，ということになるであろう。とりわけ，精神分析的な手続きは，患者の側のこの期待によってこそ存在することができるのだから。もし分析家が，治療プロセスの中には「教育」が含まれてくることになると考えるのであれば，これはまた別の問題である。しかし，だからといって「治療」という概念を「教育」という概念で置き換えてしまうのは適切ではない。なぜなら，患者の内に働いている動機は，科学教育を受けたいという願いではなくて，症状から解放されたいという願いだからである。実際のところ，ここでは，教育のアナロジーよりも，宗教のアナロジーの方が相応しいであろうと言えるかもしれない。というのも，患者が真に求めているものは（例えば，自分の内的な悪い対象から，そして自分の憎しみや罪悪感から，救われるという意味での）「救い」であるという認識こそ，心理学的な事実とよく符合するからである。このこととの関連で意味深いのは，1938 年に英国の精神分析の実践家たち 24 人が精神分析技法に関する質問紙に答え，Edward Glover が『精神分析の技法』の中で分析している（(６)，p.273)，その回答に照らしてみると，精神分析の草創期，分析家たちが精神分析は人間のあらゆる苦難に応えるものとなるだろうと考える傾向がもっと強かった時代（つまり，精神分析を，無意識の宗教的な情熱を持って説いていた時）の方が，時を経て，理論的な発展と共に，その科学的な側面により多くの関心を向けざるを得なくなってきてからよりも，精神分析的治療の治療成果はもっと優れたものであったようだ，という点である。

治療方法の科学的側面に関心が行き過ぎることがあるということを言ったからといって，それは一般医学の場合も同様だが，精神分析の科学的側面を軽んじてもいいということではない。ただ，この関心が行き過ぎて，他のあらゆることよりも優先されるほどになってくると，治療状況における人間的な要因（例えば，個性とか，人としての価値とか，患者のニーズとかに代表されるようなもの）は，その方法に準じるものになってしまいやすく，その結果，その方法が仕えるはずの目的よりも，その方法の方が重要だということになってしまう。私はこうしたことこそ，精神分析的治療は１つの科学教育だとしてしまうことに含まれている危険性だと考えているのである。さらに私は，Szasz もそれを認めて引用している Freud の仮定，つまり，平均的な患者は，少なくとも部分的には，当初から自らの人格の科学的な探求に関心を持っているという仮定には同意できない。こうした仮定は，患者が子供である場合，明らかに誤りである。しかし，成人患者についても，それはこちら側の希望的観測の顕われに過ぎないように思われる。私の経験からすれば，この種の関心をあからさまに示してくるのは，特徴的に，強迫的ないし／およびスキゾイド的な人格の患者であり，その場合，そうした関心は，本質的に，情緒的な関わりを持つことに対する防衛なのである——そしてこの防衛は，全く手に負えない抵抗として作用する。もちろん，平均的な患者が，程度の差こそあれ，かなりの程度，自分の精神状態に囚われていることは事実である。だが，こうした囚われは本質的に自己愛的なものであって，外的対象と関係を結ぶ能力が障害されて生じている１つの症状だと見做される必要があるし，従って，精神分析的治療がその目的を達成するにつれて目立たなくなっていく特徴であろうと考えられるものなのである。

私はここで，精神分析に関して私自身が意識的に関心を向けているのは，主として精神分析理論をもっと十全な形で定式化していくというところにあるということを正直に認めなければならない。つまり私の関心は，主として科学的な関心なのである。ただそこには，こうした定式化のし直しをすることで，精神分析理論を実地に応用する際，それがもっと効果的な治療上の道具になっていって欲しいという願いが伴っている。私はすでに，精神分析理論と精神分析的治療との関係についての私の見解を，1955 年に発表した論文（3）の結語のところで簡単に触れた。その中で私は，科学の本質について，科学とは，「本質的に知的な道具であって，それ以上の何ものでもない」という概念づけを定式化した。この観点からすれば，科学的真実とは，あるがままの現実像を正確に（ほぼ正確に，でも）提供するものでは全くなくて，「単に説明上の真実に過ぎない」。そして「科学の提供する現実像とは，人間の知能の許す限り一貫し，体系的なやり方で，帰納的な推論によって得られた一般法則の定式を使いながら，科学的な観察者が最大限に情緒から距離をとり最大限に客観性を保つという条件の下，宇宙のさまざまな現象を記載しようとした，その試みの成果を代表する知的構成概念である」。さらに私が同じ文脈の中で指摘した通り，「心理科学に関する限り，ここに 1 つの問題が生じる。それは，研究対象である現象の主観的な側面は，その現象の客観的な側面と同じくらい大きな部分を占め，実際この客観的な側面よりも重要なものだという事実から生じてくる問題である。そしてこの主観的な側面は，心理学者自身の主観的な体験との関連で初めて理解され得るものである」。その結果，当該の心理学者は，「被観察者の体験に対するのと同様，自分自身の体験に対しても，できる限り距離をとった，客観的な態度をとるという困難な仕事にを背負わねばならないのである」。そしてこのことが，精神分析という科学について特に当てはまるのである。ただ心得ておかなければならないことは，実践する分析家は，「まず科学者であるのではなく，まず精神療法家」なのであり，「精神療法家としての役割をとるということは，厳密に科学的態度からは，事実上離れてしまうことになる」ということである。言うまでもなく，厳密に科学的な立場からすれば，症状に圧倒されているより，症状がない方が「もっといい」ということはない。しかし，治療者としての役割をとることになれば，それは自動的に，症状があるよりもない方が「もっといい」という考え方を受け容れることになる。だから，必然的に「科学が認める唯一の価値である説明上の価値以外の，人間的な価値を受け容れる」ことになるのである。Bridget Boland の『囚人』という戯曲に説得力豊かに示されているように，科学的な意味で中立性を保つという精神分析の原則は，治療的目的で使われるのと同じくらい容易く，病を引き起こすような目的のために使われ得るということはよく頭に入れておいた方がいい。ただ，患者の精神分析的治療を引き受ける際，分析家は暗に，科学的目的以外の治療的目的をとっているのであって，このことから考えれば，精神分析という科学は，「いかなる純粋に科学的な価値をも超えた，人間的でパーソナルな価値」に奉仕するメンタルな道具に過ぎなくなるのである。それにしても，こうしたメンタルな道具は，相変わらずどんな哲学にでも利用される可能性がある。そして，科学がこれまでに比すべくもなく進歩した現代において，その道具が，唯一大切なのは説明であるとする妥協を知らない「科学」哲学に利用されてしまうのも容易いことであろう。しかし，もし治療者としての役割をとっている精神分析家がこうした哲学を地で行くとすれば，それは，全てではないにしても，数多くの患者の抵抗の術中にはまることになってしまうであろう――このことは特に，情緒を解放することに対する防衛として，知的理解をフル活用しようとする特徴のある強迫的な患者について特にそうである。もちろん，厳密に科学的な観点からすれば，抵抗とは単に説明されるべき現象であって，改善されるべき状況ではない。抵抗が改善されるべき状況だと見做された瞬間，説明や理解という目的以外の目的が必然的に導入されてくるのである。従って，治療的な立場からすれば，解釈だけでは十分ではないことは明らかである。むしろ，精神分析の状況における患者と治療者との間に存在する関係が，転移現象を解釈する場を提供するという目的以外の目的をも適えている，ということになるであろう。人格の対象関係論との関連で言えば，患者の患っている問題は，人生早期に体験され，誇張された形で内的現実の中に固定化されている，満足のいかない，そして満足させない対象関係から生じてくるものである。そしてもしこの見解が正しければ，人としての患者と人としての治療者との間に存在している実際の関係 actual relationship は，それ自体，何にもまして重要な治療的要因となると見做されなければならない。外的現実の中のこうしたパーソナルな関係の存在は，内的現実の中で幅をきかせ，外的対象に対する患者の反応に影響を及ぼしている歪んだ関係を修正する道を提供するという機能を果たすし，そればかりか，患者に，信頼がおけ，思いやりのある親的な存在 parental figure との実際の関係という設定の下で，子供時代には認めてもらえなかった情緒発達のプロセスを体験する機会を提供することになるのである。患者と治療者との間の実際の関係が，治療上重要だという認識は，理論上，Freud のリビドー論や本能論に代表される心理学，つまり主として「衝動」との関連から作られた心理学とは，言うまでもなく，調和させにくい。しかし，この認識は，対象関係や力動的構造との関連から作られた心理学には，極めてよく適合する。だから私の意見からすれば，こうした心理学は，Freudが定式化した，あくまで「衝動」を中心にした「衝動心理学」よりも，もっと効果的に，治療が目指すところを促進するばかりでなく，実際にもっとよく心理学的な事実に対応し，純粋に科学的な立場から見ても，説明上の価値が高いものなのである。

Szaszが精神分析的「治療」を科学教育の1つに還元しようとしているのは，1つには，近年精神分析を求めるクライエントが少しずつ変化してきているようであること，そして，そのために分析家の指導層が精神分析を志す人たちの訓練用に割く時間が増えてきていることによるのかもしれない。実際，キャンディデイトの訓練においては，当然，科学教育という側面に重点が置かれることになるのだから。しかし，たとえFreud個人の動機づけの中で科学的真実の探求がいかに大きな役割を果たしていたとしても，精神分析は，歴史的に見れば1つの治療として生まれてきたのであり，その究極的な存在理由は，そこにこそあるのである。その後，精神分析状況の中に誘発されてくる現象を説明するために構築されてきた理論体系は，周知の通り，精神病理学ばかりではなく，他の数え切れない領域でその説明上の価値を認められてきた。しかし，だからといって，精神分析技法は，治療という文脈の中にある精神分析状況と切り離して考えることはできないという事実に変わりはないのである。さて，こうして精神分析の歴史的な成り立ちに照らしてみると，精神分析状況を構成している古典的な制限事項は，幾分なりとも恣意的なものなのではないかという疑問が湧いてくる。こうした制限に基づいた精神分析の方法を実地に応用することによって，大いに価値のある科学的な理論体系ができ上がってきたというのはその通りである。また，それによって，意味のある治療上の成果も，私の意見ではその範囲を少し大きく言い過ぎる傾向があると思うけれども，上がってきている。しかしながら，純粋科学の領域においてさえ，得られた結果はそれを得る際に用いられた方法によって決定される側面がある，ということを見落としてはならない。まして治療上の成果は，そこで用いられた方法によって左右される度合いがもっと大きいし，その方法が持っている限界によってその成果が限定されるということもあるであろう。この観点からしてみると，精神分析技法が持っている多くの禁止事項が果たして妥当なものなのかどうか，よく考えてみなくてはならないことになる。そして今私は，患者が分析家の見えないところでカウチの上に横になるという要件について，その妥当性を疑うようになってきている。私には，この要件は，ある部分，Freudがはじめにとっていた催眠技法から深い意味もなく受け継がれてきたものであるように思えるし，またある部分，一日中患者に見られていたくないという Freud の個人的な好みによるものであるように思える。こうして，カウチ技法を支持しようとするお決まりの議論は，必ずしも十分にそれを合理づけるだけの力を持っていないのではないかという疑問が湧くのである。私個人は現在，割合最近引き受けた患者については全て，カウチ技法を棄ててしまっている――私の考えでは，その方がずっといい。私がこのように，古典的な方法から離れたのは，対象関係論から必然的に導かれるところを実践しようとする試みである。ただ私は，H.S. Sullivan をはじめとした精神療法家たちが提唱した，対面法という面接技法は好まない，ということを付け加えておきたい。実際には，私が机に向かって座り，患者は，机の脇の座り心地のよいイスに，私とほぼ平行して，ただ少しだけ私の方を向いて座る。この配置からすると，患者と分析家とは，通常はお互いを見ていない。しかし，もしそうしたければ，お互いにすぐ相手を見ることができる。こうしてある対象関係の設定が，二人の内のいずれかを過度に戸惑わせることなく維持されるのである。このことと関連して，私はこんな疑問も抱いている。つまり，Freud は患者が分析家の人格の影響を受けることから保護される必要があることを強調しているが，それは，実のところ，分析家の方が患者の要望から保護されたいというニードを持っているのを覆い隠すための合理づけである部分が大きいのではないかという点である。いずれにせよ，私の個人的な経験からすれば，患者の要望は，患者が１人カウチの上で分析家から引き離され，分析家との真の関係 real relationship を丸ごと剥奪されているという**のではない**時の方が，実際，厳しいものではない。さらに付け加えておきたいのは，分析家が距離をとるという伝統的な態度が分析家自身にとって，明らかに非常に大きな防衛的な価値を持っているということである（この態度は，解釈の客観性を保つために必要な要件とは別物である。この区別は，注意深くなされなければならない）。同様のことは，患者がどんなテンポを持った人だとか，時計上は終了の時間が来た際，事態がどのような状況になっているかだとかにお構いなく，標準化されたセッションの長さを守るという通常の精神分析実践上のやり方についても言える。つまり，精神分析家の側には，こうした精神分析技法が持っている特有のやり方が，一体どのくらい患者の利益のためというよりも自分の利益のためのものであるのかを自ら問うて，もしそれが自分の利益のためであるのなら，その程度に応じた形で技法を調整 adjust していく義務があると思われるのである（実際，私自身，そうしないわけにはいかないと感じてきている）。治療という状況の下では，そこで用いられる治療方法上の禁止事項は，まず患者の利益に鑑みて課せられなければならない，というのが基本的な要件であろう。もちろん，だからと言って，分析家の利益が無視されるべきだというわけではない。むしろ，人としての患者と人としての分析家との間に存在する実際の関係に重きを置けば置くほど，その関係への参加者双方のパーソナルな利益を把握するべきだということになる。そして，もし分析家の利益のために制限を課すことが必要だと思われるのなら，そのことははっきりと伝えられなければならないのである。

一般的に言って私は，古典的な精神分析技法を，半世紀以上も前にFreudが標準化した形のまま細部に亘ってひどく堅苦しく遵守しようとする傾向があるとすれば，それは，たとえどんなに無意識的なものであろうとも，分析家の利益と患者の犠牲の上に成り立つた防衛的な搾取になりやすいという感覚を禁じ得ない。だから，古典的な技法を冒してはならぬものとして扱おうとする傾向がある時には，そこにこうした防衛的な搾取という要素が働いているのではないだろうかとまずそう疑うのである。また私は，表立ってであれ，暗黙の裡にであれ，患者の要請に応じて治療方法が工夫されるべきだというのではなく，治療方法のあり方に患者が順応するべきだと要求するようなことがもしあるとすれば，それは，治療という目的を全てぶち壊しにしてしまうことになるように思われる。こうした要求は，ただ「手術は成功した。しかし患者は死んだ」という言い古されたジョークを地で行くだけのことだし，またフランスの将軍がバラクラバ訳注1）で述べた「壮大だ。しかし戦いではない」という話を図にしたようなものである。またこのことは，次のような態度と完全に歩調を同じくしている。つまり，もし分析された患者が「良くなら」なければそれは，その患者が精神分析的治療に不向きだったために違いないとし，もしある患者が何か分析的ではない形での精神療法で「良くなれ」ば，それは大変結構なことだが，それは精神分析ではない，とする態度である。こうした純粋主義は，単に，方法が奉仕するはずの目的を犠牲にしながら，その方法を神格化することにしかならないのである。

近年，私は，「対象関係」論から見えてきたことからして，詭弁を棄て，何度も自分にこんな素朴な疑問を投げかけられるようになってきている。「もし分析を受けている患者が満足ゆく進展を示さないとすれば，そこに精神分析の方法が持っている何らかの欠陥に起因している部分は果たしてどのくらいあるのだろうか？」。これ

訳注1）ウクライナ共和国南西部黒海に望む海港。クリミア戦争（1854）の「軽騎兵の襲撃」が行われた場所。Tolstoiの『セバストポリ戦記』（1856）を参照。

は，長期に亘って精査してみなければ，キチンと答えられない疑問である。ただ私から見て疑問の余地がないように思われるのは，カウチ技法は，外傷的な状況を非常に恣意的な形で患者に課すことになり，それは必然的に，乳母車の中で１人泣きじゃくったまま放置されている幼児や，原光景を目の当たりにしながら自分のベッドの上で１人ぼっちにされている子供に課せられるような，子供時代の外傷的状況を再現させがちだということである。もしこの見解が正しければ，カウチ技法は，そう目論まれているほど「中立的」なものでは全くなく，この技法を使う分析家もまた同様に「中立的」ではないということになる。また，カウチの上で１人にされている患者が提供する素材は，かくも恣意的に課せられた外傷に大きく色づけされたものになるに違いないということにもなる。そして，治療の成果が同様の影響を受けないとは信じ難いのである。

私が自分に問い掛けざるを得ないと感じている素朴な疑問には，他にもこんなものがある。「いったい精神分析はどのように作用しているのだろうか？」。そして，「分析家は患者を分析しながら，本当はいったい何をしようとしているのだろうか？」。私は，こうした疑問に，いまだ完全に満足いく答えが得られていないように思う。そして，これらの疑問こそ，Szasz が，私のここでの論考を促した論文の中で大きな関心を払っているところだし，Gitelson も，Szasz がその「精神分析的治癒の本質的な性質」を扱っている部分を引用している論文（５）の中で大いに関心を払っているところなのである。Gitelson は，その部分で，精神分析的治癒に内在している４つの要因，すなわち，洞察，幼児期記憶の回想，カタルシス，そして分析家との関係，について述べている。そして彼は，効果を持つ要因は，これらの要因の内のいずれか１つということではなくて，これらの要因を，「まだはっきりとは定式化できないが，何らかの形で統合したもの」だという見解を表明している。私の意見では，本当に決定的な要因は，患者が分析家との間に持つ関係である。Gitelson が挙げている他の要因は，その有効性ばかりではなく，その存在そのものがこの要因に依存している。というのも，ごく単純なことだが，もし分析家との治療関係がなければ，他の要因は起こりえないからである。この意見は，もちろん，私がとるようになっている人格の対象関係論と軌を一にしている。ただ付け加えておかねばならないことは，私が「患者と分析家との関係」を，ただ転移に色づけされた関係としてではなく，人としての患者と人としての分析家との間に存在する関係全体として理解しているということである。結局のところ，人の人格が発達して特定の形をとるようになるのは，その人と両親との間に存在していた子供時代の関係を基盤としてのことである。だから，その後，精神分析的治療（あるいは，その他の形での精神療法）によって，その人格が変化するということがあるのなら，それは，基本的に，人と人とのパーソナルな関係を基盤としてのことに違いないと推定するのも理に適ったことであるように思われるのである。

Edward Glover（6）によれば，精神分析の治療効果は，主として２つの要因にかかっている。それは，（a）自我－防衛を修正して，エス－衝動に対するあまりうまくいっていない防衛をもっと満足度の高い防衛に置き換えられるようになること，そして，（b）超自我を修正して，自我に対する要求をもっと原始的でないもの，もっと苛酷でないものにすること，である。言うまでもないことだが，ここでは，Freud の精神組織論との関連から，エスは修正不能であること，そして自我は本質的に防衛的な構造であることが想定されている（このことからすれば，自我は，当然，ある精神病理学な現象だということになる，と私には思える）。そして，こうした想定を前提とすれば，Gitelson が成功した分析を記して，「患者は，人格全体として成熟する」と述べている，その記載（5）は，全く無意味なことになってしまうことになるであろう。これに対して，私が提唱している人格理論は，まさに Gitelson の言う基準を意味のあるものにする。というのも，私の理論からすれば，精神分析的治療の一義的な目的は，原初的自我の三重の分裂を軽減することで，人格の統合を図ることにあるからである。そして，そうした分裂は，どんな個人にでもある程度は起きているものであり，ただその程度が，他の人よりもっと大きな人がいるというようなものなのである。精神分析的方法に対する言い古された批判は（最近は以前のようには言われなくなったが），「分析ばかりで統合なし」ということである。そして，この批判に対して従来言われてきた応えは，よく知られている通り，患者は分析によって自分自身の主体性に基づいて自らの新しい統合を図ることができるようになるというものである。この応えには，一方で間違いなく真実の要素が含まれている。けれども，もしそれを無批判に受け容れると，分析家はあまりにも容易に患者に責任を押しつけてしまうことになる。たとえもしこうした責任の押しつけが起きなかったとしても，私は，精神分析的治療を「分析」という用語で記載するのは，実は呼び誤りであると考えている。むしろ，**精神分析的治療の主な目的は，分析家との治療関係という設定の下で，もともとの自我が分裂されてできた諸構造の「統合」を最大限に促すことにある**と考えているのである。この目的を達成する際，そこには，さらに２つの目的が含まれている。それは，（a）幼児的な依存への執着を最大限に軽減すること，そして，（b）私の理論ではもともとの自我の分裂が究極的にはそこから生じている，リビドー的対象への憎しみを最大限に軽減すること，の２つである。私の考えでは，これらの目的は，以下に述べる目的と共に，精神分析的治療の中核を成す目的である。もちろん，これらの目的を達成することに対する患者の側からの抵抗は，とてつもなく大きい。なぜなら，患者は，その内在化された対象の早期の分裂をそのまますることで，すでにある利得を得てきているのだから。つまり私の理論によれば，この対象の早期の分裂は，患者の自我の分裂を従えつつ，アンビヴァレンスというジレンマに対する１つの防衛になっているのである。さらに患者は，その攻撃性を内在化させた形のままにしておくことで——その結果，それに伴ってリビドー備給も内在化されることになるわけだが——外的なリビドー的対象を保護しておけるという点においても利得を得ている。患者の抵抗はこうしてさまざまな顕われ方をするものだが，その背後にはさらに防衛的な狙いが潜んでいる。これは，私がいまや**抵抗の起源となるものの内で最強の要因**と考えるようになっているもの——つまり，**患者の内的世界を，閉ざされた体系** *a closed system* **のままにしておこうとすること**——である。私が提唱している精神組織論との関連で言えば，こうした閉ざされた体系を閉ざされた体系のままにしておくということは，さまざまな自我構造とそれぞれの内的対象との関係を，自我構造同士の関係同様，そのまま永続化させるということを意味している。これらの関係の性質は，究極的に言えば，症状や性格の偏りを生み出しているものである。従って，**精神分析的治療のもう１つの目的は，患者の内的世界を構成しているこの閉ざされた体系を浸食 breach して，この世界に外的現実の影響が及び得るようにすることだということになる**のである。

患者が，無意識の内に自分の内的世界を何としてでも閉ざされた体系のままにしておこうとする現象は，Freud がそれに基づいて，行動を一次的に決定するのは**快楽原則**である**という概念**づけを定式化することになった現象であろう。しかし，私は，この定式化は，本質的には防衛的な現象であるものから誤って一般化されたものであると考えている——この現象は極めて防衛的なものであり，従って行動の一次的な原則とは見做し得ないのである。私から見れば，（a）快楽原則が作用するのは，閉ざされた体系の中でのみであること，（b）内的現実を閉ざされた体系のままにしておこうとすることは，本質的に精神病理学的現象であること，そして（c）内的現実が閉ざされた体系のままにされている限り，行動は，まず間違いなく快楽原則に決定されたものになるであろうことは，いずれも疑いの余地がない事だと思われる。例えば，私が以前「ガートゥルード」として記載した患者（2）は，内的現実を閉ざされた体系のままにしておこうとする傾向をあからさまに示すケースであったが，内的対象としての父親との幼児的な性関係をはっきりと示すような空想で心を一杯にし，外的現実の中の実際の状況のことには一切目がいかないようにしなければ，夫との性交に身を任せることができなかった。つまり，彼女がこうした性交の中で満足を味わえるかどうかは，もっぱら，内的世界の内での，つまり閉ざされた体系の内での緊張が緩和されるかどうか次第であり，この意味で快楽原則に基づいて決定されるようなものであったのである。もし彼女がこのような形ではなく，夫との間に純粋な性関係を持つことができたとすれば，その行動は，外的現実の状況の中での行動，つまり開かれた体系を背景にした行動の特徴を持ち，Freud が「現実原則」として記載したものによって決定されるものになっていたであろう。だから，快楽原則と現実原則との区別というのは，行動の一次原則，二次原則として捉えるのが的確なのではなく，むしろ，内的現実によって構成された閉ざされた体系に由来する行動と，内的現実と外的現実とが疎通する関係を持つ開かれた体系の下での行動，という区別のことを言っているのである。

ここで，転移という現象もまた，閉ざされた体系に由来する行動のもう 1 つの顕われであることに触れておこう。外的対象との真の関係 real relationship というものは，開かれた体系における関係である。しかし，内的世界が閉ざされた体系という形をとっている限り，外的対象との関係は，転移との関係においてのみ，つまり，その外的対象が内的現実という閉ざされた体系の中に存在している対象として取り扱われるという条件の下でのみ，可能となるのである[原注 2)]。

上記の考察からすれば，精神療法上，患者の内に満足できる変化を導くためには，分析状況という設定の下で転移現象を解釈するということだけでは不十分だということになる。というのも，そうした変化が起きるためには，患者と分析家との関係が，転移に基づく関係から外的世界における 2 人の現実的な関係へと置き換えられていく，進展のプロセスを経る必要があるからである。こうした進展のプロセ

原注 2）　ここで，私が精神神経症と精神病との本質的な鑑別をどう概念づけているかについて記しておきたい。この区別については，これまで多くの議論がなされてきたところである。しかし，私の意見では，その区別は極めて単純なことだと思う。つまり，精神神経症の人は，外的な状況を，それがまるで内的現実の状況であるかのように（転移との関連で）取り扱う傾向があるのに対して，精神病の人は，内的現実の状況を，それがまるで外的現実の状況であるかのように取り扱う傾向があるということである。

スが生じるということはつまり，その閉ざされた体系，その中で患者の症状が発展し，維持され，また患者の外的対象との関係にまで累を及ぼしてきた閉ざされた体系が，崩れるということである。それはまた，ある開かれた体系，そこでは内的現実の歪曲を外的現実によって修正することができ，外的対象との真実の関係 true relationships が生まれ得るような，開かれた体系が確立されるということでもある。閉ざされた体系が開かれた体系に取って代わる方向に動くところ，いや，何はともあれ内的現実の閉ざされた体系が浸食されるところは，私が「カール」と呼ぶ，長期に亘ってなかなかうまくいかなかった患者の最近の夢によく示されていると言えよう。その夢は，次の通りである。

（１）僕は親父と一緒に外を歩いてました。そして，先生と出会いました。先生は僕に，本か新聞を渡したんです。親父は，僕が自分を無視したとか，見放したとか言って文句を言っていました。**それでも僕は先生は先生だってことがわかっていたんです。**

（２）僕は先生に話をしてました。でもその時僕は，母と一緒にベッドにいたんです。僕はドギマギした感じで，っていうのは，僕が先生に喋っていることを，母はじっと聞いていたからなんです。母は時々僕にもたれかかってきて，僕に触りました。だから僕はぞっとして，母を避けました訳注２)。**でも僕は先生に話をするのを止めませんでした。**

これらの夢は，私には，転移の夢ではなく，むしろ外的世界における分析家との現実的な関係が，カールの内的世界における両親像との関係にインパクトを与えていること，つまり，内的現実という閉ざされた体系が浸食されていることを示す夢であるように思われる。興味深いことに，これらの夢と多少なりとも時期を同じくして，カールは勃起したペニスを母親に見せているという夢を見ている。カール自身も注目していることだが，この夢が興味深いのは，カールは以前，母親が出てくるようなところでは常に，自分がペニスを持っているということを「原則として」否定しようとしていたという事実である。つまり，先の夢の中に示されている内的現実という閉ざされた体系の浸食は，抑圧された材料の解放という効果をも持っていたということであろう。もっとも，当時の夢の中には，これと同時に，閉ざされた体系を復旧しようとする方向への動きを示している夢も出てきていた。例えば，こんな夢である。

訳注２）ここに言う「避ける shrink away」には，“縮み上がる”の意味もある。

（1）僕は先生と一緒にいました。でも，先生に話しているうちに，何としてでもマスターベーションがしたくなっちゃったんです。僕は，話を続けている最中にそんなことしているって気づかれちゃうんじゃないかと思いました。そうしたら，先生は実は隣の部屋にいるんだってことがわかりました。それじゃあ，多分先生に気づかれないままマスターベーションすることができるだろうって思ったんです。

（2）僕はここを出て，どんどん歩いていきました。母は僕の 4，5 メートル先を歩いていました。僕が，母は僕を置いて行ってしまう，と思ったかどうかはわかりません。でも，道の砂利を投げれば母の注意を引けるかもしれないとは思いました。そうしたら，とっても興奮して，母にじゃんじゃん石を投げつけていました。

これらの夢は，先に引用した夢とは対照的に，現実的で治療的な分析家との関係を犠牲にしながら，内的世界における対象との関係を保全する方向への動き，つまり内的現実を閉ざされた体系のままにしておこうとしている動きを表わしていると言えよう。私には，患者の側のこうした方向性こそが，精神分析的治療の中で出会う最も厄介な抵抗となっていくように思われるのである。そして，外的現実における，人としての患者と人としての治療者との真実の関係という基盤なしに，いったいどのくらいこうした抵抗が克服できるのか，それはとても理解しにくいところなのである。もちろん，精神療法家が，患者の閉ざされた体系を利用して，それをいわゆる治療的な目的のために濫用することは常に可能だ，ということは認識しておかなければならない。こうした手続きは，本質的に，精神分析的治療の原則とは馴染まないものである。とはいえ，「昇華」と呼ばれている現象のかなりの部分は，実はそのようなことに基づいて成立している可能性がありそうである。

内的現実の閉ざされた体系という概念と結びついているものに，私が最近とるようになっているもう 1 つの概念がある。それは，心の奥の動かない状況 *static inner situation* という概念である。この状況を記載するのに「動かない」という形容詞を使ったのは，私が「イアン」と呼ぶ患者が語ったことから示唆を受けてのことである。この患者は連想の中で，彼を挫折させ，激怒させる状況について語ることが多く，それについて「あり得ない状況ですよ」と言っては，「でも，手の出しようがない」と付け加えるのであった。しばらくの間，私は，この後半の言葉を，この状況には精神分析療法の力が及ばないと彼は感じているという意味だと考えていた。しかし，最終的に私は，彼がそういう状況に手の出しようがないと言う時，それは治療の見通しのことを言っているのではなく，彼の体験している状況そのものの特徴のことを言っているのだということを理解するようになったのである。これらの「あり得ない」状況は，回想されたものであれ，想像されたものであれ，彼自身と片方の親，ないし両方の親を含む特有の葛藤を孕んだ状況であった。ある日，彼はこの状況について，次のように語った。

> 「僕は父親に，ものすごく腹を立てています。だって，父親は母さんを手に入れているのに，僕は手に入れてないから。僕はいい子であろうとしてるのに——父親はいい父親であろうとなんて，しないんです。僕はいい子になろうとして，自分で自分を去勢する。でも父親は僕を軽蔑するだけ……父親はいい父親じゃないのに，特権を持っている。僕はいい子になろうとするのに，特権を持っていない。もし僕がいい子じゃなければ，僕は叱られるし，攻撃もされる。なのに，いい子でいれば軽蔑される。僕は軽蔑されるとすごく腹が立つけど，叱られるのも怖いんです。唯一の望みは，正しくありたいってことです。でも，父親や母さんといると……どうしても僕が悪いんだってことになっちゃう……僕は，どうしたら叱られなくなるのかわかりません……叱られるってことは死ぬってことなんです……もし僕が拒否されたら，僕は何もできなくなっちゃう……母さんに叱られて，拒否されて，すごく腹を立てているのに，どうすることもできない。この状況は，もう完全に動かないものなんです」

このイアンの最後の言葉から示唆を受けて，私は，内的現実の中にある自縛的な状況で，いつまでということなしに変化しないままになっており，自縛的であるという，まさにその性質ゆえに変化を阻むような，そういう状況を記載するのに，「心の奥の動かない状況」という用語を採用した。カールは，私がそうした状況に彼の注意を引いた時，それを「凍りついたドラマ」と呼んだが，その言い方の方が，日常会話の言葉にもっと近い。ただ，イアンがその心の奥の動かない状況を彼の言葉で語るのに，もう少し耳を傾けてみよう。

> 「僕はものすごく母さんに寄りかかってるし，母さんは僕の目から見ればものすごい力を持っているんです。だから，僕はますますムカツクし，でもその分，そう思っちゃダメだってことになるんです。母さんは，僕が攻撃できない人です……母さんと僕との位置関係は，すごく微妙だから，僕は，何か無理をしてまでそのバランスを崩そうとは思いません。僕は母さんをなだめる努力をしなくちゃいけないんです。今の状態，この瞬間の均衡を崩しちゃいけないんです……僕があのムカツキを解放するなんてことは，全然あり得ません。母さんは僕を自分のものにしているんです。僕には母さんが必要です。母さんは僕を監禁してしまったんです。この牢獄から脱走してし

まわない限り，このムカツキを解放することはできません」

心の奥の動かない状況を示すもっと明快な例が，カールの夢の中に示されている。その夢の中でカールは，チョコレート・プリンの乗っているテーブルに向かって，母親の隣に立っていた。その夢の中では，カールは飢えていて，しかもそのプリン以外，何も食べられる物がないということになっていた。だからカールには，もしそのプリンを口にしなければ餓死してしまうことがわかっていた。しかし，同時に，そのプリンには毒が入っていて，もしそれを食べたとしたら同じように死んでしまうということもわかっていたのである。毒の入ったプリンが，内的迫害者としての彼の母親の乳房を象徴していたことは，もちろん，言うまでもない。この夢はある心の奥の動かない状況を表わしている。なので，そこには当然これで一件落着という解決はない。だが私は，興味を引かれて，もし夢の中にそういう解決に繋がる行動があったとしたら，あなたはそこでどのような行動をとっていただろうね？ とカールに尋ねてみた。すると彼はそれに応えて，僕はプリンを食べていたでしょう，と言ったのである。このこととの関連で興味深いのは，彼が，その後，糖尿病に罹っているという心気症的な確信を発展させたというところである——この病気においては，食餌療法が中心的な役割を果たすというところに意味があるのである。カールの事例で，もう 1 つ，これに関連した心の奥の動かない状況があった。それは，子供時代のある出来事に基づくものであった。カールが，彼の男性自身を女中に見せたと言って，母親が彼を叱り，そのことで彼は激怒して，母親をぶとうとして手を振り上げた。ところが，ここが注目すべきところだが，彼のその手は不思議なことに空中で取り押さえられてしまい，彼は実際母親をぶつ代わりに，自分は命に関わる心臓発作に襲われているという思いで一杯になってしまったのである。つまり，彼の手が空中で取り押さえられるというところに示されている通り，この出来事は，母親に向けられたサディズムとその制止，それに自分の心臓についての心気症的な不安を伴って，心の奥の動かない状況を構成するようになっていったのである。実際，彼が分析を始めた時，彼は，疾病恐怖の不安に急激に襲われるという問題を抱えていた。そこには，自分はもう心不全で死んでゆくのだという確信が伴っていた——彼は，そう確信していたにもかかわらず，一番近くの医者のところへの受診を度重ね，そのたびに大丈夫だと言われていたのである。

心の奥の動かない状況が構成される場合，まず思いつくのは，そこで，原光景が一役買っているのではないかということだが，このことは，私が以前触れたことがあるモリスという患者の事例（２）によく示されている。モリスは独身であった。彼の友人の１人が結婚して間もなく，その妻と一緒にこの独身男の小さな部屋に２，３日泊まりに来たことがあった。モリスは，この友人に同性愛的な魅力を感じ，その妻に嫉妬を感じていたから，彼らがやって来ることに諸手を挙げて賛成する気にはなれなかった。だから，この２人がやって来た，その最初の夜，彼が興奮してよく眠れなかったのも驚くには当たらない。泊まれるスペースはあまりなかったから，モリスは２つのベットがある自分の寝室を２人に提供せざるを得なかった。そしてモリスは，その隣の小さな寝室で眠れないまま横になり，１つ壁の向こうにいる結婚したカップルのことを極度に意識しつつ，２人の部屋から聞こえてくるほんの僅かな物音にさえも敏感になっていたのである。この全体状況から，否が応でも彼が思い出すことになったのは，こんな記憶であった。彼は子供の頃，両親の寝室に寝ていたのだが，ある時，普段とは違って目を覚ましてみると，両親が性交しており，彼は何よりもまず，自分が父親に「追い出されている」と感じたのであった。こうしたことを漏らさず私に語ってから，モリスは，原光景についてこんなふうに語った。

「僕が知っている性的な興奮は，皆このもともとの劇画 tableau 訳注３）から出て来ているみたいです。‘劇画’って言わなくちゃならないのはおかしいな。だって，その場面には，何の動きもないんだから。でも，この劇画は，僕の性的興奮を刺激するんです」

これ以前に彼は，その原光景の図では，両親は実際に性交していたわけではなくて，いつだってちょうどやろうとしているところだった，と述べたことがある。そして彼は，原光景を「劇画」と表現した，その次のセッションで，こんなふうに続けている。

「父と母がベッドに寝ている寝室の光景は，動かないものです。もし２人が一緒にイクようなことがあったとしたら，爆発が起きて，それでバラバラになってしまう……性や性交は，何より危険なものなんです。まるで壊すことしかできない原子爆弾みたいなもの。僕はそんなふうに捉えています……僕の中の性の欲求を少しでも許したら……これ以上続けるのは，僕にとっては，原子爆弾を放り投げるみたいなもので

訳注３）「tableau」は，発音上，taboo（禁忌）と blow（はぁはぁ喘ぐ）の合成語と考えられよう。

す……僕の中では，性の周りにはいつでも，ものすごい攻撃と怒りが渦巻いているんです」

この引用から明らかな通り，モリスには，原光景を心の奥の動かない状況のままにしておこうとするだけの情緒的にうなずける理由がある。つまり彼は，そうしておくことで性的興奮を引き起こし続けるものを自分自身に用意しているばかりでなく，自分の内的対象を，そして，その意味では自分自身をも，破壊してしまうであろう事態を回避しようとしていたのである。心の奥の動かない状況をそのままの状態にしておこうとすることについては，今述べたのと同様の動機が，カールの場合にも，イアンの場合にも動いていたことを付け加えておこう。

ただし，だからといって，内的対象を攻撃ないし破壊から守ることが，心の奥の動かない状況が持っている機能の1つなのだろうと考えるのは誤りであろう。実際，心の奥の動かない状況が，むしろ内的対象の破壊を永続化させる機能を果たしていると考えられるような場合があるからである。私が「アナベル」と呼ぶ女性の患者の事例がそうである。彼女が分析を求めてきたのは，ことに仕事で車を運転している時，路上で事故に出会うのではないかという恐怖があって，そのためにさまざまな不自由を背負うことになったためであった。彼女が語った分析の材料から考えれば，彼女が目の当たりにするのをかくも怖れていた傷ついた身体とは，疑いの余地もなく，内在化された性的対象としての父親の死体であった。そして，動かない内的な状況をそのままにして，その状況の中で父親を死体のままにしておくということが，彼女にとって，近親姦を強いられるという状況に対する1つの防衛としての機能を果たしていたことは明らかだったのである。もちろん，彼女の恐怖症そのものは，その心の奥の動かない状況に暗に示されている通り，自衛のために殺人を犯してしまうことに対する防衛であった。つまりそれは，ある防衛への防衛という恐怖症的なパターンをとっていたのである。私の意見では，心の奥の動かない状況を頑固に持続させ，その状況の中における近親姦の対象を死体のままにしておくという図は，多くの臨床材料からして，恐怖症的状態に特徴的なものだと言っていいと思う。実際，このことは，アナベルの場合についてばかりでなく，私が「シンシア」と呼ぶ患者の事例についても，また，以前（2）ヒステリー患者として引用したものの，やはり顕著な恐怖症症状を呈していたジーンとオリビア，これらいずれの事例についても明らかに当てはまる。そして，これら4人の女性患者の父親は，いずれも，自分の娘に対して，性的な意味で娘を占有しようとする態度をとり，娘に対する性的な挑発行為に他ならないようなことを，子供時代にも，青年期にもやっていたということは大きな意味を持ったことなのである。さて，心の奥の動かない状況という主題を離れ，内的現実の閉ざされた体系という主題に戻る前に，アナベルがその路上事故恐怖に関連して報告した，ある出来事に着目しておこう。ある日，彼女が混雑した通りを歩いていると，少し先の車道の真ん中に群衆が集まっているのが見えた。その途端，彼女は体中震撼として，確かにそこで起きていると思った事故を目にすることがないよう，横道へと飛び込んだのである。だが同時に彼女は，走り去ろうとしながらも，その事故を自分の目に焼きつけておこうとしてる自分を感じた。つまり，彼女が実際にどう動いたかは別にして，彼女はこの行為の中で，その外傷的な出来事としての事故に対処するべく，それを内的現実の閉ざされた体系の中に合体しようとしていたのである。

私はすでに，人間の行動の一次的な決定因としての快楽原則という Freud の概念は，本質的には精神病理学的な現象に基づいた，行動についての誤った一般化であるという意見を述べた――この現象とは，精神分析的治療を受けている患者が，その内的世界をあくまで閉ざされた体系のままにしておこうとする傾向であり，そうした体系を開かれた体系に転換して，外的現実における影響のインパクトを受けて変化することができるようにしようとするあらゆる試みに対して頑固に抵抗する傾向のことである。これと同じように，私がもう１つ，本質的には精神病理学的な現象に基づいた，行動についての誤った一般化であると見做すようになっている Freud の概念がある。それは，**死の本能という概念**である。そこで特に問題にされている現象のことを考えてみると，それは，精神分析的治療を受けている患者が，その攻撃性を，あくまで内的世界の閉ざされた体系の内に限定しておこうとする頑固な傾向のことに他ならない。私が以前「アイヴィ」と呼んだ患者の事例（２）では，まさにこの傾向が，内的世界を閉ざされた体系のままにしておこうとする全般的な傾向と同時に作用していることがはっきりと示されている。彼女がセッションを重ねるほどに語るようになっていった連想材料は，次の引用からおおよそどのようなものであったかを理解して頂けるであろう。ただし，この材料に含まれている洞察は，長期に亘る，そして骨の折れる分析を経て初めて可能になったことは付け加えておかなければならない。

> 私がどんなに先生を憎んでいるか，とても言葉が見つかりません。でも，なんで，ただ憎んで憎んで憎み通すことができないんでしょう？　私が思いつける理由はたった

1つ。自分の憎しみは，何か他の目的のために必要だっていうことです。それはとっても大切なものだから，先生のためなんかに無駄遣いできないんです。先生のために憎しみを無駄遣いしないってことが，こころのやり繰りのためにはどうしても必要なことなんです。その憎しみは，自分のために必要だって感じます。自分でやってくために……あぁ，眠たくなってきました。私は，あまりいろんなことを気にせずに育ってきましたし，だから大したことじゃないことには構っちゃいられない……ってことは，私は自分の憎しみによって自分が自分で完結するように short-circuited 訳注 4）しときたいってことなんですよね。外の人や外の物のために自分自身を浪費するんじゃなくて，私は自分自身を性の対象にしていますし，自分自身のものから満足感を得るんです……私はまるで，やり手の倹約家みたい……ちょっとでも憎しみを使ったら，それが何のためなのか説明しなくちゃならないし，自分への愛はちょっとでも倹約しなくちゃいけないんです。私が先生を憎いのは，私がこういうことをやっているのを止めさせようとしているからなんです。私は，先生を憎んで，自分の心の中の迫害にエネルギーを回す必要があるんです。私はそれを自分の糧にしているんです。私は何もかもぶち壊す乱痴気騒ぎの中にいます。自分をぶっ壊すのをいつまでも待ってはいられません。これが私の人生なんです――じわじわ自分を殺していく恍惚が。そりゃぁ，邪まなことです。でもそれは，私ができる唯一邪まなことなんです。私はもっと他のやり方で悪くなりたいけど，それは無理。もう悪魔に身を売ってしまったから。このやり方でしか，そうすることができないんです。私は自分から身を捧げたイサク 訳注 5）です。外側での挫折が大きければ大きいほど，内側での恍惚も大きいんです。私は，自分を壊していくのに，何の禁止もしたくないんです。

私は自分の人生を自分のナカ bowels に捧げています。以前は自分の人生を生きたいと思っていましたから，自分のナカは厄介なものでした。でも今は，ナカが私の本当の人生だと思っていますし，普通の人生の方が厄介なものです。私の心のやり繰りは，普通の人とは違います……普通の人が不機嫌になっても，不機嫌だって言うだけで，それで終わりです。でも，私は，自分の怒りを蓄えておいて，秘密の目的のために使うんです。それはまるで，私のナカみたいなものです。普通の分析の考えっていうのは「怒ってしまえば，それでよくなりますよ」ってことみたいですけど，それは私の場合には当てはまりません。私は，秘密の目的のために自分の怒りが必要なんです。だから，外の世界で人生には興味がありません……これは，外に出したいのに止められているのとは違います。こんな状態がもうず～っと続いてきたんだと思います。で

訳注 4）「short-circuited」はもともと電気関係の用語で，電気回路の二点間を小さい抵抗の銅線で接続すること，すなわち，短絡することである。転じて，ショートすることを意味する。

訳注 5）「イサク」とは，旧約聖書に登場するアブラハムの子。妻サラはすでに 90 歳であり，アブラハムは，子を授かるという神の予言を，当初信じなかった。神はアブラハムの信仰を試すため，生まれた子供イサク（「彼は笑う」の意）を，焼き尽くす生贄として捧げることを命じる。アブラハムはこれに従い，イサク自身もまた，自分が燔祭の子羊となる運命にあることを承知でこれに従う。それを確かめた上で，神はその命を解くことになる。

も，気づいていれば，その方がまだまし。

私の狙いは，自分を殺せるギリギリのところまでやっていくこと。私の狙いは，お父さんとお母さんの願いを叶えることなんです……そういうふうにするのは，２人を喜ばすためでもあるし，２人を困らすためでもあります。私は，いよいよ自分を殺すギリギリのところまで向かっていきます。それは，性的なことだけに限ったことじゃありません……生活全般に亘ってやるんです……私の人生が私の病気 neurosis の邪魔をしてるって感じです。その逆じゃ，ありません。初めてガスオーブンが怖いと思うようになった時，間違ってるのは私の方だってことがわかっていました。でも，私，変えられたくはなかった。だから，その代わりに，ガスオーブンを全部どこかにやっちゃいたかったんです。これはおかしなことですけど，普通の生活が私の病気の妨害になっているっていう私の態度とピッタリですね……私は，自分の無意識の生活が本当の私の人生だって感じています。それは，叶わない興奮の生活です。でも私は，それは祝福だとも言えると思うんです。本当は，自分をぶっ壊したいっていう，すごく強い気持ちを持っていると思います……私は自分がどのくらい崖っぷちの先まで行けるのかを知りたいんです。自分を生かしておくところは，ほんの少しだけあります。でも，私の本当の狙いは，自分を殺すことや挫折させる方に向かっているんです。先生には，困っています。先生にはいろんなことを話したくないから。**もし私が先生と何か関係を持ったら，それは私の死の回路の邪魔になります**……先生は私の神経症や，自分をぶっ壊したい気持ちの邪魔をします。先生はただの厄介者。先生と何か関係を持つなんて，馬鹿みたいです。なぜって，そんなことしたら，私の秘密の目的をぐらつかせるだけですもの……私は，手に入れられたものが悪いものであればあるだけ，喜びも大きいんです。だって，私が欲しいのはそれなんですから――正しいものを全部否定すること……私は自分を，欲しいのに満足させないという状態に段々もって行きたいんです。それは，自己破壊の欲求の一貫です。自分を挫折させるのを認めなくちゃなりません。もともとは，外側から挫折させられてたんだと思います。でも今，私は，自分で自分を挫折させます。それが，私の満足になるように……恐るべき倒錯です。

ここで引用した連想材料はつまり，Freud が「死の本能」として記載したものは，実はある精神病理学的な現象であって，そこに表わされているのは，その人が自分の攻撃性を閉ざされた体系としての内的世界の内側に限定しておこうとする頑固な傾向だ，という私の意見を確証するものであるように思われる。この材料はまた，（a）人はリビドーをも同じように閉じ込めておこうとする頑固な傾向を持っていること，（b）どのような犠牲を払ってでも内的世界を閉ざされた体系のままにしておこうとする傾向は一般に存在していること，そして（c）この一般的な傾向は，精神病理学的な状態や精神分析療法に対する患者の抵抗を持続させるに当たって中心的な役割を果たしていること，をも明確に示しているように思われる。さらにこの材料は，内的世界の閉ざされた体系の中で手にできる満足をこそ求めるよう駆り立てているものは，その人が依存する外的対象との関係において満足を得られる可能性は絶望的に乏しいという感覚を引き起こしてきた幼少期の体験であるということも示唆している。さらに加えて言えばこの材料から，患者の症状が堅固に守られている内的現実の閉ざされた体系を浸食するためには，その手段として，患者・分析家間の関係が何よりも重要だということも示されている。これらのことに照らしてみれば，精神分析家が，治療上，いかに中立的な役割をとろうとしたとしても，もし治療的に意味のある存在であろうとするのならば，分析家は，必然的に内政干渉をする人にならざるを得ないということになるであろう——事実，どんな解釈も，実は干渉であるということが認識されなければならない。従って，ある見方からすれば，**精神分析的治療とは，転移を媒介に分析家との関係を何とか内的世界の閉ざされた体系に従属させようとする患者の側の努力と，この閉ざされた体系を浸食し，治療的関係という設定の下で患者が外的現実の開かれた体系を受け容れることができるようになる状況を提供しようとする治療者側の決意との闘いだ**，ということになる。もちろん，こうした分析家の側の目的が実現できるかどうかは，少なからず，個々のケースについて，内的現実がどれほど堅固な閉ざされた体系になっているかどうかによって決まってくるに違いない。そして，どのくらいそうなっているかというアセスメントこそ，精神分析的治療がそのケースにどの程度相応しいものかを見定める真の基準だと見做さなければならない。ただ，いずれにしても，もし先に述べた考察が十分根拠のあるものだとすれば，患者・治療者間の実際の関係こそ，精神分析における治癒を達成する上での決定的な要因となるものなのである。そしてこのことは，その他のいかなる形での精神療法の場合についても同様であろう——たとえ精神分析療法の場合，この関係の作用が他に際立っているにしてもである。いや実際，この関係が他に際立つ作用をするということについては，疑いの余地がないのである。

文　　献

（1）Fairbairn, W.R.D., 1952, *Psychoanalytic Studies of the Personality.* London, Tavistock Publications Ltd., pp.82-179. ［本書第 4 章〜第 7 章］

（2）Fairbairn, W.R.D., 1954, Observations on the nature of hysterical states. *Brit. J. Med. Psychol.*, 27, 105-109. ［本書第 8 章］

（3）Fairbairn, W.R.D., 1955, Observations in defence of the object-relations theory of personality. *Brit. J. Med. Psychol.*, 28, 154-156　[本書第 14 章]

（４）Fairbairn, W.R.D., 1956, A critical evaluation of certain basic psycho-analytical conceptions. *Brit. J. Phil. Sci.*, 7, No.25　[本書第 12 章]

（５）Gitelson, M., 1951, Psychoanalysis and dynamic psychiatry. *Arch. Neurol. & Psychiat.*, 66, 283

（６）Glover, E., 1955, *The Technique of Psycho-Analysis*. London, Bailliere, Tindall & Cox.

（７）Szasz, Thomas. S., 1957, On the theory of psycho-analytic treatment, *Int. J. Psycho-Anal.*, 38, 166-182

（８）Szasz, T.S. & Hollender, M.H., 1956, A contribution to the philosophy of medicine. *A.M.A Archives of Internal Medicine*, 97, 585-592

（1957 年５月 14 日受理）

第３部
理論的考察

第11章

精神分析療法の理論的，および実験的側面

（1952）

Theoretical and experimental aspects of psychoanalysis, 1952, *Brit. J. Med. Psychol.*, Vol.25, 122-127[原注1)]

精神分析の理論構造は，その全てが，もともと1880年代にFreudがなした基本的な観察の上に成り立っている。それは，Freudが精神神経症症状を裏打ちしていることを見出した忘れられた記憶や無意識の精神過程について，それを甦らせようとすると，そういう精神療法の企ては患者の側の凄まじい**抵抗**に出会うことになるというものである。こうした抵抗は，たとえ患者が意識的には何よりも精神の健康を回復したいと強く願っていたとしても，また，意識的にはいかなる協力をも惜しまないという態度を持っていたとしても，避け難いものである。だからこの抵抗は，本質的に無意識的なものなのである。もちろん，十分に意識的な抵抗も起り得る。だが，重要な現象は無意識的な抵抗である。この事実に鑑みて精神分析の中では，「抵抗」という用語が用いられる場合，それは無意識的な抵抗のことを意味している。Freudが，今も精神分析理論全般の礎石になっているよく知られた**抑圧**理論を定式化したのも，まさにこの現象を説明するためのものであった。抑圧理論との関連で言えば，抵抗の意味は，一番最初に抑圧を始動させた動機が，今も，抑圧を保持したり，ある種の状況の下ではさらにそれを強化するという形で作動し続けているというところにあることが理解されるのである。

Freudは初期の研究において，**抑圧されたもの**の性質の探求に主として目を向けていた。そして，周知の通り，その結論の要点は，抑圧されたものは本質的にリビドー的な性質を持っているというものであった――「リビドー的」とは，言うまでもなく，広い意味で「性的」という意味である。だが，もし抑圧されたものがリビ

原注1）　1952年2月5日，エジンバラ大学心理学会にて講演。

ドー的なものであるのならば，抑圧の過程それ自体は，反リビドー的な性質のものであるということにならなければならない。そして，Freud の最大の功績は，人間の行動が，本質的にこの**２つの内的な力動的要因，（１）リビドー的な要因と，（２）反リビドー的な要因**とによって支配されていることを発見したことにあったと言うこともできるであろう。ただ，Freud 自身は，この発見を，このような形では定式化しなかった。むしろ Freud は，それを本能二元論という形で，人の行動は２群の本能，（１）生の本能と，（２）死の本能との交錯によって決定されると定式化する道を選んだのである。しかし，Freud の発見の価値を，本能論という形でのその定式化にあると考えるのは大きな誤りであろう。なぜなら，その発見は，今の私のように，特定の本能という概念は誤解を招きやすいものであり，本能的な行動様式というものは，むしろ，**ある力動的な自我構造が，それ自体とは区別される対象との関係の中に特徴的に顕われてくる現象**に他ならないと見做した方がいいと考えるようになっている者にとっても，その価値を失うことは決してないからである。私は，ここで議論の多い Freud の「死の本能」という概念について論を進めるつもりはない。ただ，精神分析家の間では一般に，人が生来的にその生命を維持しようとするのと同じように死を求める傾向を持っているのかどうかという点はさておき，Freud が「死の本能」として記載したものの特徴的な顕われは，それが外に向かうものであれ，内に向かうものであれ，何らかの形の攻撃性であるということについては合意されている。この意味からすれば，私が「反リビドー的な要因」として記載したものは，内に向かった攻撃性の顕われであると考えられることになるかもしれない。そして，抑圧についてもまた，その反リビドー的な機能のことを勘案しつつ，同様の観点から理解されなければならないのである。

私はすでに，Freud がその初期の研究において主として抑圧されたものの性質の探求に関心を向けていたことを指摘した。そして，Freud が抑圧されたものは本質的にリビドー的な性質を持っているという結論を導いたことについても触れた。ただ，Freud は，その後の研究において，抑圧の過程がどのような性質を持っているかをさらに明らかにすべく，抑圧の過程そのものに，以前にもまして集中するようになっていった。すでに Freud は初期の研究の中で，抑圧されたリビドー的な内容が意識化を許される際に，辛い体験が生じることを発見し，その辛い体験を回避するのが抑圧の主たる機能であることを観察していた。そして Freud は，リビドー的な傾向がこころの他の要素と葛藤を起こすようになるからこそ，こうした辛い体験が引き起こされるのであり，抑圧はそういうリビドー的な傾向が表に現われてくることがないようにするための防衛として発生してくるのだと結論した。実際，Freud の初期の結論の中には，それとしてはっきり言明されているわけではないけれども，攻撃性が抑圧の原動力を提供するということも暗に含まれていたのは先に見た通りである。ところが，Freud が次に必要だと考えたのは，リビドー的な傾向と葛藤を起こす心の中の要素の性質を見定めること，つまり，**抑圧を執り行うもの**についての探究であった。それ以前の段階で，抑圧は主として機能的な意味で記述されていた――例えば，精神内容が意識に近づくのを許されるか，それとも無意識に留まらされるのかを決定するような過程としてである。しかし，抑圧するものの方に探求の焦点が向かった時，Freud は，**構造という考え方**を取り入れ，自ら「精神装置」として記載したような理論を定式化することが必要だと考えた。そして Freud は最終的に，今やよく知られている理論，つまり早期幼児期 early childhood の終わりまでに，心の中に 3 つの別々の部分を区別することが可能になる――すなわち，エス，自我，超自我――という理論を定式化したのである。Freud によれば，エスとは，もともと人に賦与されている本能的なものであり，衝動の源を成すものである。自我は，体験に基づき，外界へうまく順応できるようなやり方で本能的な活動を統御するために発達する構造である。そして，超自我は，「エスの最も早期の対象選択の沈殿物」であると記載された（1927, p.44〔邦訳，p.31〕）。子供の最初のリビドー的対象は，両親 parental figures である。だから，超自我は，心の中の両親を代表する存在 inner representative だということになる。両親自身は，もちろん外的対象である。だが Freud の概念づけによれば，超自我は，子供が彼らを求める欲求の圧力の下，自分のこころの内側に両親を代表するものを確立したところに生まれてくるものである。もちろん両親は，子供にとって，多くの欲求を満足させるリビドー的対象となるばかりでなく，行動を統制し，多くの願望を挫折させる権威的な人物像にもなるというところには注意しておかなければならない。そして，超自我が心の中で果たすとされている中心的な機能は，この後者の両親像が代表され内在化された存在としてなのである。こうして Freud は，超自我を抑圧の煽動者と見做すようになったし，抑圧そのものは，自我が「超自我に奉仕するために，そしてその要請に基づいて」行う活動であると記載するようになった（1927, p.75〔邦訳, p.53〕）。そしてこれらの概念づけと相俟って，抑圧されたものは，本能的に賦与されたエスに発する願望から成り，超自我から自我に向かって下される命令と相容れないものだと考えられるようになったのである。

近年私は，心の成り立ちについての Freud の理論全般や，それと密接に結びついている抑圧の概念は，いずれも満足しにくいところを持っており，かなり大きく改訂される必要があると考えるようになってきた。そこで私は，思い切って自らその改訂をしてみることにしたのである。もっとも，私が定式化し直した理論をここに記すことは，本論文の目的にはそぐわない。そこで，私は，まずFreudのもともとの概念づけを簡潔に提示し――それはここまでのところで述べてきた通りだが――それに次のことだけを付け加えておきたい。それは，現時点でその概念づけに加えられるべき修正がどのようなものであるにせよ，そうすることによって，理論の完成度を最大限に引き上げることができるようになるし，そればかりでなく，精神療法過程に計り知れない価値を持つ作業仮説を提供することにもなるという点である。精神の成り立ちに関するFreudの理論のうち，私が本論文の中で特に注目しておきたいのは，超自我，すなわち**内的対象**としての超自我の，心の中の位置づけについてである。この内的対象は興味深い特徴を持っている。すなわち，それは，（１）その人にとって，子供時代に最も重要であった外的対象（つまり，両親）を代表する心の中の存在であり，人が最も刻印を受けやすい時期にその対象が残した情緒的影響によって，その特質が決まるようなものである。（２）こころpsycheの中に積極的に合体されてきた対象である。（３）自我がリビドー的要因，攻撃的要因のいずれをも含む関係を持っている内的対象である。（４）両親を代表する心の中の存在として，こころそれ自体の内側から，自我に対して権威的かつ統制的な影響を持つ内的対象である。つまり，Freudのこころの成り立ちについての理論の中には，**人格と外的対象との間にばかりでなく，人格それ自体の中に対象関係が存在している**ということが暗に示されていると考えられるのである。さらに，子供時代の外的社会的関係が人格形成に影響を持つのは，こうした心の中の関係endopsychic relationshipsの確立を通してだということも示されていると考えられる。こうした含みは，精神分析的な思索において，他のいかなることにもまして重要な発展だったと言える。そしてこの発展は，その後Melanie Kleinによってさらにもう一段階，その歩を進めた。Kleinは，Freudの超自我の概念を，その全体の精神組織論共々受け容れながら，超自我以外の多様に内在化された対象の存在を考えるようになったのである。このさまざまに内在化された対象は，子供時代の実際の体験との関連ばかりでなく，子ども自身の本能傾向や情緒反応との関連において解釈された，両親のさまざまな側面を代表しているものと考えられている。そして，こうしてでき上がった内的対象という概念を基礎にして，自我が内的対象と共に登場する状況や関係を含んだ**内的現実の世界**という概念ができ上がってきたのである。そこでの状況や関係は，全体としての人格が外的現実の世界に出ていく際の状況や関係に匹敵するものである。ただ，その形態は，人生の最早期において子供が状況や関係を体験する，その体験によって色づけられた形のままで残っている。また，内的現実の世界は，夢や幻想 phantasies という形で意識の中に現れることはあるにしても，本質的には無意識的なものだと考えられることを付け加えなければならない。そして病的な不安や不合理な恐怖，またあらゆる種類の精神病理学的症状もまた，無意識の内的現実の世界にその源泉を持っていると考えられるのである。実際，人間の行動は一般に，この内的世界に広がっている状況のあり方に多大な影響を受けていると言える。つまり，こうして内的現実という概念づけが受け容れられてきている以上，あらゆる人は，２つの世界——外的現実の世界と内的現実の世界——に，同時に生きていると見做されなければならない。そして，外的現実での生活は意識的であり，内的現実での生活は無意識的であるという特徴があることからすれば，**Freud のもともとの意識，無意識という区別は，内的現実，外的現実という２つの世界の区別に比べれば，最早さほど大きな重要性を持たなくなってくる**ということが見えてくることになるであろう。

今私が示した，内的現実という概念づけからしてみれば，外的世界の状況に対する人の反応は，内的現実の世界の中で自我が関わりを持っている状況から多大な影響を受けていることが容易に理解されるであろう。この影響は，広く一般的な形で，さまざまな性格特性や，特徴的な行動様式ないし反応パターンの中に顕われてくる。そして，これらの顕われの中には，健常範囲内と見做されるべきものもあるし，精神病理学的というカテゴリーの中に入ると見做さざるを得ないものもある。一方，ある種の条件の下では，内的現実の世界における状況の影響力がもっと特化された形で，外的現実の中のある特定の状況に対する行き過ぎた反応を生じさせることもある。こうしたことが起きる場合，そこではその外的状況が，情緒的に意味を持っている内的状況といわばカッチリはまっている，つまりその意味のある内的状況とよく符合しているために，後者に結びついている情緒が動き出してくることになるのである。これが，早期幼児期の人格形成期が過ぎた後に，外的現実が内的現実にインパクトを及ぼす主なやり方である。そしてこうしたインパクトは，外的現実がその人にとって外傷的なものである場合に特に生じやすい。ただし，一旦早期幼児期における人格形成期が過ぎてしまい，内的現実がある決まりきったパターンをとるようになると，通常，外的条件は内的状況に対し，それを追認したり，強化したりすることはあるにしても，根本的な変化を起こさせることはほとんどできないということは付け加えておかなければならない。もっとも，自我がこうした内的状況を統制するためにとっているさまざまな防衛技法（抑圧を含む）の成功，失敗に，外的条件が影響力を持つということは疑いがない。従って，一方で，一旦内的状況が固定化されてしまうとその内的状況は比較的変化しにくいということがあったとしても，精神分析には，内的状況に対処するために自我がとっている方法を改善することができる，そしてそれに止まらず，しかるべきケース――とりわけ精神神経症症状を呈しているようなケース――については，その内的状況そのものに思わしい影響を与えることができる，そういう技法的な手続きを提示できることが求められているのである。

私がこの論文につけた題目は「精神分析療法の理論的，および実験的側面」である。私がこれまで述べてきたのは，精神分析療法の理論的側面であった。そこでこれから少し，その実験的な側面について述べてみよう。そして私はこの問題を，精神分析理論が，過去，それには共鳴しない分析的ではない方向づけを持った心理学者たちからよく言われてきた批判点の１つを取り上げるところから始めてみたい。それは，精神分析の方法によって得られた知見に基づく諸概念は，世に広く受け容れられている実験的方法とは全く別のところにあって，実験的方法によっていまだ検証されてきていないという意味で科学的には疑わしいものだ，という批判である。精神分析理論の科学的妥当性をめぐっての議論は，周知の通り，昔から言われてきたところである。しかし幸いなことに，近年ではこの批判もそう激しいものではなくなってきている。私自身は，過去，この問題にずっと関わってきた歴史を持っているが，今それを再現するつもりはない。ただここでは，**精神分析技法そのものが妥当性を持った実験的方法である**という主張を裏づけるいくつかの考察を述べてみたい。精神分析技法が，もともと精神療法の一技法として考案されたものであることは周知の通りである。そして，今もそのことに本質的に変わりはない。この事実ゆえ，その実験としての価値には当然限界が生じてくる。つまり，実践に携わる精神分析家にとっての第一の目的は，その患者の精神健康を増進することにあるべきであって，科学的な観点から見てその結果がいくら啓発的なものになりそうであったとしても，本来の目的を揺るがす可能性がある実験は全て差し控えなくてはならないからである。このことは，精神分析の方法それ自体によってではなく，どのような方法であれ，同様の材料に関わる全ての方法に同じように当てはまる，人道主義的な価値をとるがゆえに生じてくる限界である。もちろん，科学の目的に沿うためには，ある技法によって得られた結果は，たとえそれがどのような技法であれ，その結果が得られた実験条件に照らしてアセスメントされなければならない。そして，この原則が，その他の場合同様，精神分析技法についても当てはまることは自明である。よく知られている通り，古典的な精神分析の方法は「自由連想法」と呼ばれるものである――それは，患者が，どのようなことであれ，心に浮かんだことは全て，それについてのいかなる思いが湧いてきたとしてもそれに囚われることなく，全て語るように言われる方法である。歴史的に見て，なぜこうした技法がとられるようになってきたかについては，ここで述べなくてもいいであろう。ただ，この技法が**自発的に生み出される思考や情感を最大限に**促進しようとする目的のためにあるということははっきりしている。患者にはまた，リラックスしてカウチに横になるように言われるのが習慣的になっている。このことについての歴史的な理由についても，ここでは触れなくていいであろう。ただ，こうしたことを要請する目的は，１つには外に気が散らないようにするためであることは述べておこう。つまり，この方法は，思考や情感を最大限に奨励する一方で，**行為の自発性については，最大限に制限**を加える方法であるということには注意しておくべきであろう。私の意見では，こうした要件は必ずしも必要ではない。しかし，それでも，行為の自発性についてはある程度の制限がなくてはならないことは明らかである。そしてこうした制限は，それが必要だと感じられる時こそ，患者のフラストレーションに対する反応を考える格好の機会となるのである。ただ，自由連想法によって引き起こされる全ての現象の中で，最も印象的，かつ最も重要なものは，Freud のもともとの観察の主題となった**抵抗現象**であることは疑いがない。抵抗の顕われ方は，全く変幻自在である。だが，抵抗がどのような形をとるにせよ，抵抗は，**内的現実における諸状況が表に現れることを阻止**し，現状をそのままに維持することで治療的努力を打ち砕こうとする**無意識の目的**と，そしてそうする力とを持っている。分析家の能動的な関与が要請されるのは，主に（その時だけというわけではないけれども）抵抗が顕在化する時である。そして，この場合，分析家は通常，患者の抵抗についての解釈を与える。こうした解釈への患者の反応は，もちろん，重要なデータを含んでいると見做されなければならない。最も著しい抵抗の顕われは，患者の心が完全に空白になって，一言もことばを発することができないという場合である――このようなことは，予想されるほど珍しいことでもない。そしてこうしたことが起きる場合，その意味は，通常，抵抗現象以外の現象，つまり，Freud が転移と記載した現象が起きているということである。Freud は，ごく初期の研究の中でこの現象について認識していた。Freud の記載によれば，その本質的な特徴は，過去のリビドー的対象の——それは子供時代における親 a parental figure であることが特徴的だが——情緒的に意味ある側面を漏れなく分析家に見て，その分析家に愛着することにある。それはつまり，外的世界にいる人物としての分析家に内的現実の世界の中のある対象が，ないし複数の対象が，結びつけられるようになったということである。転移には，肯定的，否定的の両側面があって，それはもともとの両親に対して子供が持つアンビヴァレントな態度を映し出している。そして抵抗は，ことに患者の心が空白になってしまうという形で顕在化するような場合に特に顕著だが，その転移の中の肯定的な要素を抑圧し，否定的な要素を受身的に表現しているということになるのである。もっとも，転移が顕われるのは，通常，もっとずっと能動的なやり方である。その特徴は，Freud を引用すれば「以前の一連の体験が，過去のものとしてではなく，現在の医者との関係という形態の中に再現される」のである。従って，転移の真の意味は，過去の状況や関係が記憶として再生されるのではなく，**もともとは過去の体験に根ざしたものではあるけれども，いま内的現実の世界に属している無意識的な状況や関係が表に顕われてくる**という点にあると考えられる。

さて，こうして見てくると，実験という観点から精神分析の科学としての位置づけを正しく評価するためには，まず“転移”や“内的現実”といった概念の意味が十分に理解されていなければならないことがわかって頂けるであろう。精神分析的治療の治療としての真価は人生早期の抑圧された記憶の再現にあり，精神分析技法は，何よりもまずこうした記憶の再生を促進しようとしていると考えられることが多い。実際，Freud が精神分析的治療を考案した時，Freud はまさにこのように考えていた。そしてこの概念づけは，精神分析学派の中においてすら，修正されることなく持ち続けられる傾向にある。しかし，これは，Freud が抑圧されたものに主な関心を向けていた，その早期の研究段階から導かれた概念づけだと考えるのが妥当である。そして，この段階においてさえ Freud は，早期記憶よりも，その記憶の中に残されている体験の子供っぽい態度の方がより重要なものだと考えるようになっていたのである。これに続く次の段階で，Freud が抑圧するものの解明の方にその研究の主眼を向けた時，精神分析的治療の目標としては，抑圧されたものの分析よりも，抵抗の分析の方が重要視されるようになっていった。こうした目標の変化に伴って，過去に属する体験や態度ではなく，現在における無意識的な状況のことがますます重視されるようになっていったのである。そして Freud が，自我や超自我といった構造的な概念を明細化したことによって，この傾向は，しかるべく助長されることになった。さらにその後，内的現実という概念の意義が一層評価されるようになり，Melanie Klein がそれをさらに発展させたことによって，現在における内的状況のありようはさらに重要視されるようになってきている。その結果，**過去と現在との対比は（無意識と意識との対比と同じように），内的現実と外的現実との対比に比べれば，ずっと副次的なものだと考えられるようになってきたのである。**分析家は，患者の外的現実における行動が，いかに内的現実によって影響を受けているかというところに注目するようになってきている。このことと相俟って，転移状況の分析が精神分析の方法の第一義的な目標となる傾向がますます強くなってきている。本論文にとってこうした発展が意味を持つのは，精神分析の方法が，患者の過去の再構成に携わる歴史的方法であることを止め，内的現実における（特徴的に無意識的な）状況や関係の，現在の体験や行動への影響を探求する方法へと大きく変化してきている点にある。この最近の形態を Rickman は「非歴史的で，力動的だが，発生的ではない方法」（Ezriel, 1951, p.31 より引用）と記載している。この観点からすれば，分析のセッションは，（Ezriel を引用すれば）「一定の限定条件を設定することで，ある予測された出来事が生み出されるかどうかを検証することができるような状況の下で，**今ここで**の現象を観察」するという，実験としての要件を満足していることが理解されるであろう。精神分析のセッションにおける観察の場は，２人の人によって構成される――１人は治療を必要とする患者であり，もう１人は患者の求めに快く応えることができる分析家である。こうした場の設定においては，患者の反応は全て――その状況一般に対する反応ばかりではなく，分析家の言動を含め，セッション中で起きた全てのことに対する反応も――意味を持っている。だから，こうした条件下における患者の反応の研究は，科学的実験としての要件を漏れなく満たしているということができるであろう。

文　献

Ezriel, H., 1951, The scientific testing of psychoanalytic findings and theory, *Brit. J. Med. Psychol.* 24, 1

Freud, S., 1927, *The Ego and the Id*, London, The Hogarth Press. ［道籏泰三訳，2007，自我とエス．フロイト全集 18．岩波書店，p.1-62］

第12章

精神分析のいくつかの基本的な概念づけに関する批評

（1956）

A critical evaluation of certain basic psycho-analytical conceptions, 1956, *Brit. J. Phil. Sci.*, Vol, 7, 49-60

はじめに

本論は，もともとFreudによって定式化され，現在まで精神分析家たちの間で多少なりとも無批判に受け容れられてきている基本的な精神分析の概念づけをいくつか取り上げ，それを批判的に見直そうとする試みである。問題にしたい概念づけとは，Freudの（1）リビドー論，（2）本能論，そして（3）エス，自我，超自我という形で構成された精神組織論である。またそれに先立って，精神分析がとっている還元法reductive methodについても批判的に考察しておきたい。私のアプローチは，本質的に精神分析的なものだが，この見直しの試みが科学哲学の立場から見ても妥当性を持つものであることを期待しておきたい。

還元法

まずはじめに注目して頂きたいことは，通常，どのような形にせよ，精神分析の概念づけの妥当性について，科学哲学の立場から考えてみようとする試みがなされることはまずないということである。歴史的に見れば，究極的な意味において，自然を説明し,宇宙に意味を与えるのは哲学の仕事だと考えられてきている。だから，哲学以外のあらゆる知的教義から導かれたさまざまな結論を，精神分析も最近その１つの地位を占めているわけだが，互いに関係づけたり評価したりするのはまさに哲学の領域に属することだということになっている。実際，近年の科学的精神の隆盛に伴って表向きのありようは少し変わってきているとはいえ，究極的な説明は哲学によってこそ与えられるべきものだという旧来の了解は，いまだ放棄されたとは言い難い。にもかかわらず精神分析は，哲学そのものを含め，あらゆる人間の活動の動機を説明する，哲学と肩を並べる存在になろうとしてきている。精神分析の哲学に対するアプローチの仕方は，Freud の次の記述に端的に示されている。「我々は，思い切って，……**形而上学 metaphysics をメタサイコロジーに書き換えてみよう**」[原注1)]。

もちろん，古典的な精神分析の立場からすれば，メタサイコロジーに書き換えられるのは形而上学ばかりではなく，宗教も，道徳も，芸術も，さらに一般に「もっと高い」価値を持っていると考えられている文化的な制度や業績も，それら全てが含まれている――こうした価値は，精神分析的に見れば，原始的なリビドー的価値，とりわけ性感帯の目的によって規定された価値が昇華された，本質的には**派生物としての**価値だと解釈されることになる。例えば，Wisdom[原注2)] によれば，Berkeley の非物質主義的な哲学は，主として，この哲学者が持っていた排泄物への肛門期的な囚われにまつわる葛藤の産物だったということになる。同様に，宗教や道徳は，Freud によって主としてエディプス状況に含まれる葛藤に晒されている性器期の目的が昇華された形で表現されたものだと解釈されている。ただ，この種の還元法的な説明には，重大な弱点がある。それは，そこで説明しようとしている現象が，それでまるでうまく説明できたかのようなことになってしまうという点である。実際，それによって，文化的な活動を支える基本的な動機づけについては何らかの光が投げられることになるかもしれない。しかし，これらの活動それ自体がどのような価値に支えられているかを理解しようとすると，ごくごく僅かな貢献しかできていないのである――このことは，おそらく芸術の領域において，最もはっきりすることになるであろう。つまり，還元法的な説明では，例えばある芸術家が，なぜ哲学者ではなく芸術家にならなければならなかったかとか，ある芸術家の偉大さの程度を決定するものは何かといったことは説明できないし，そうしたことは置いておいたとしても，Herbert Read が指摘するように[原注3)]，他ならぬその芸術作品に備わって

原注 1）　S. Freud, 1914, *The Psychopathology of Everyday Life*, London, p.309 ［高田珠樹訳，2007，日常生活の精神病理学にむけて．フロイト全集 7．岩波書店，p.316］

原注 2）　J.O. Wisdom, 1953, *The Unconscious Origin of Berkeley's Philosophy*, London, pp.145-149

原注 3）　H. Read, 1951, Psycho-analysis and the problem of aesthetic value, *Int. J. Psycho-Anal.*, Vol.32 Part 2, pp.73-82

いる美的価値を決めるものは何かということを説明することも，もっと言えば，その特質上元来難しいことではあるけれども，美的価値を測る尺度の手掛かりを示唆することも全く不可能なのである。

ここで，注目しておくとよいことがある。それは，Freud は文化的な現象は全て，本能にその起源を持つリビドー的衝動の昇華，ないし脱性愛化が含まれているとした一方で，宗教や道徳については，そのいずれも，超自我が介在するエディプス状況という特定の文脈から説明しようとしたということである。我々は，ここに，Freud が同じ現象に２つの別の説明原理を用いていることを見い出すのである――その１つは，衝動の心理学との関連から考えられたもの（リビドー論）であり，もう１つは対象関係の心理学との関連から考えられたもの（エディプス状況）である。これらの説明原理は，いずれも，古典的な精神分析理論において広く認められたものになっている。しかし，ここで問題になるのは，これらの原理はどの程度まで一貫性を持って併合することができるのかという点である。こうしたことを踏まえて，今の段階で言えることは，もし精神分析が，哲学の成立には基本的にどのような動機が関わっているかを説明できると言うのだとすれば，精神分析家は，少なくともそれと同じくらい，自分たちが使っている概念を科学哲学によって評価してもらうことを歓迎しなければならないということであろうと思われる。

リビドー論と本能論

私は，上記の２つの説明原理には，実は一貫性がなく，このことを満足ゆく形で解決するためには，衝動の心理学を放棄し，対象関係を中心に据えた心理学をとらなければならないと考えている。もしこうした方向に歩を進めるとすれば，もちろん，Freud のリビドー論と，それをベースに成り立っている精神分析理論のさまざまな側面は全て書き直されなければならないということになるであろう。

Freud の考えていたリビドー論は，本質的に快楽主義的なものである。実際 Freud は，リビドーは何を置いても快楽を求めていると述べている。もちろん Freud が，エディプス状況に絶大な重要性を置いたということ１つをとってみても，対象関係の重要性に気づいていなかったということはあり得ない。しかし同時に，リビドー論の中には，対象は快楽を求める目的を前に推し進める手段になる限りにおいてのみ意味を持つ，という考え方も含まれている。そしてこの概念づけに基づいて，Freud はリビドーの発達過程の第一段階を「自体愛的」と記載したのである。Freud は，人はその後，中間段階としての自己を愛する「自己愛的」な段階を通過し，その上で初めて，最終的な，対象を愛する「他体愛的」な段階に到達すると考えた。そして，別の論文の中で，この移行に含まれる本質的な過程は，行動が快楽原則によってではなく，現実原則によって決定されるようになることであると記した。さらに，リビドー論に特徴的なことは，この快楽希求が，生理学的変化に伴って性感帯に累積する身体的な緊張を和らげようとする欲求，言い換えれば，そうした変化によって乱される均衡状態を再建しようとする欲求の表現だと考えるところにある。この概念づけには，心理学的な説明原理と生理学的な説明原理がごちゃ混ぜになっており，その意味で方法論的には疑わしいということは言っておかなければならない。さらに――均衡状態は，衝動が行動として表出され，放出されることによって再建されるものだと見做されている。だから，リビドー論に基づく行動の心理学は，本質的に衝動の心理学なのである。Freud はこの衝動の心理学に基づいて，本能二元論を展開し，最終的には「生の本能」と「死の本能」という形での二元論に到達した。こうした本能の分類は，外に表出される行動との関連ではなく，心の中のせめぎ合いが最終的にはどのような状態を目指しているのか（「生」と「死」）との関連で考えられているという点で，大半の分類とは異なっている。ただこの分類が，Freud のリビドー論の快楽主義的な発想と完全に軌を一にしていることは言うまでもない。

私は，長い間，心理的な意味で快楽を一義的に捉える考え方は，対象関係の問題を二次的なところに追い遣ってしまうという意味で，それを精神分析理論の基礎に据えるのはいかがなものかと考えてきた。実際，そこには，Aristotle が自らを評して[原注4]，人間は生まれながらにして社会的動物なわけではなく（φύσει πολιτικὸν ζῷον），その意味で社会的な行動というものは１つの獲得された特質だと述べた，その仮定が暗に含まれている。この仮定は，動物心理学が明らかにしてきた事実とは全く相容れないものだと言えるであろう。というのも，動物界全般に亘って，社会的な（つまりは，対象を求める）行動は，この世に生まれ落ちたその時から表に出てくるのが一般的だからである。そして，まだ小さいうちの動物に見られる「刷り込み」現象についての最近の研究は，動物は，生まれながらにして対象に向かう方向づけを持っているということを教えてくれる。さらに，動物の本能的な行動はすぐれて特定の形態を持ったものであり，そればかりか環境条件への適応度も高いということを考える時，その行動は，たとえそこでの現実理解がごく限られたものであったとしても，快楽原則よりも現実原則によって決定されてい

原注４）　Aristotle, *Politics* Ⅰ, 2, 9

ると考えられるであろう。そしてその行動の中には，この意味で，外的現実の内在化が遺伝的に伝達されているように思われる。人間の子供における超自我の形成は，これに類似した外的現実の内在化だと言うことができよう。ただそれは獲得されたものであって，従ってそれ自体，極めて現実的な過程なのである。いずれにしても，動物の行動と人間の基本的な行動との間に類似性を認めるのは正当なことだと考えてもいいであろう。そしてこの仮定にだけ則って考えてみても，人は，生来的に快楽を求めているというより，対象を求めているのであり，同時に，その基本的な行動は，動物の場合同様，快楽原則というよりも，現実原則によって決定されていると推定してもいいであろう。もっとも，こうした結論を出したからといって，それは快楽原則という概念を棄ててしまうということには繋がらない。むしろ私は，快楽原則とは，外的現実条件への適応の失敗を含む，行動の荒廃を示すものだと解釈し直そうとしているのである。実際，動物の本能的な行動も，それまで適応してきた環境条件が大きく変化するという事態に直面した時，完全に非現実的なものになってしまうこともある。このことはよく了解しておく必要がある。それと同様に，人間の行動も，環境条件がそこに関わる個人にとって困難なものになればなるだけ，現実原則に代わって快楽原則に決定されるようになるという特徴がある。その一例が，精神病理学が対象とするような人々なのである。内在化された親 parent-figure としての超自我に左右された行動は，子供においては現実的なものかもしれない。けれどもそれは，大人の生活の別の条件の下では，完全に非現実的なものとなることがある。それもこれと同様の現象なのである。

こうした考察を踏まえてみると，精神分析的な思索は，人間の行動にばかり焦点を当て，動物の行動にはあまりにも目を向けて来なかったために，少なからず目の曇ったものになって来ているようである。確かに人間の行動は，それが，現実的，適応的なものだろうが，快楽を求めるものだろうが，決まりきった特定のパターンには従わず，それゆえより大きな幅を持っているという意味で動物の行動とは異なっている。しかし，人間の基本的，本能的な行動が動物のそれと根本的に異なっているとは考えにくいのである。

Freud の本能論それ自体について言えば，私は，一方で基本的な行動を「本能的」と記述することには意味を認めるけれども，個々の「本能」という概念づけをしてしまうのは，表向き本能的な行動として顕われてくるものをそのまま実体化してしまうことに他ならないと考えている。このこととの関連で，精神分析の著作の中で「リビドー」が習慣的に「［定冠詞をつけた形で］*the* libido」と表記されていることにも，意味がないわけではない。「攻撃性」について同様の言い方がされることはないけれども，精神分析を論じる人々の間で，リビドーも攻撃性も，それらがエネルギーを注いでいる構造とは別に存在しているかのような言い方をされる傾向があることには変わりがない。多分もっとわかりやすいのは，「部分本能」をまるでそれが別々の実体であるかのようにして扱う傾向である。そして我々はここに，当初から Freud の思考の 1 つの源流に原子論が存在しているのを見るのである。こうした原子論は，大人の性的態度は多くの部分本能が性器期的衝動を頂点としてその下に統合されてくる発達過程の産物である，という Freud の考え方[原注 5)]の中にも見て取れる。しかし，身体発達の特徴は，多くの別々に機能する器官が徐々に統合されてくることではなく，1 つだった機能構造が徐々に分化していくことにあるということは銘記されるべきである。そして，精神発達の特徴として同様の過程を仮定するのはしごく理に適ったことであるように思われるのである。

エス，自我，超自我

ここで読者の中には，自我はエスから分化してくるという Freud の概念づけは，原子論的なものではないのではないか，と思われる方がおられるかもしれない。全くその通りである。しかし，自我やエスという概念については，もう少し考えてみなければならない。エスについて Freud は，それは本能衝動の源だと考えた。その記述から見る限り，エスは本能的な傾向 tendencies が統合されたものではなく，放出を求める原初的な衝動 impulses からなっているということのようである。つまりこれが，Freud の考えている人間のこころのありようである。しかし，人間がそのメンタリティのより原始的なところで動物界とは根本的に一線を画しているとは信じ難い。そして，Freud の，エスは本能衝動の源だという記述は，先に見てきた通り，よく特化され，よく外的世界を志向している動物の本能的資質のあり方とは極めてかけ離れたものであるように見えるのである。Freud によれば，エスは外的現実に対して無関心であり，衝動は，エスの表面から自我が分化することを介してのみ外的現実に適応できるようになる[原注 6)]。周知の通り Freud は，自我はある構造だと考えた。だが，エスについては，本質的に構造を持たず，単に本能エネルギーの貯

原注 5）　S. Freud, 1925, *Three Contributions to the Theory of Sex*, New York, p.58　［渡邉俊之訳，2009，性理論のための三篇．フロイト全集 6．岩波書店，p.253］

原注 6）　S. Freud, 1927, *The Ego and the Id*, London, pp.28-30　［道籏泰三訳，2007，自我とエス．フロイト全集 18．岩波書店，p.20-22］

蔵庫であると記載している。自我が持っている機能として考えられたのは，外的条件に適応する行動がとれるよう，エス－衝動を選別し，統御すること regulating である。つまりその自我の機能は，動物の場合には，本能的資質そのものが司っている機能なのである。この観点からすれば，自我という概念を別に考える必要はないのではないかということにさえなるかもしれない。しかし，Freud による自我とエスとの区別は，そう簡単に無しにするわけにもいかない――それは，人間の心理に際立った特徴である心の葛藤を説明しようとするところから生み出されたものであり，その意味で，ある種の必然性があるからである。Freud は，一方で，心の葛藤は主として超自我が自我にかける圧力から生じるものと見做していた。にもかかわらず，Freud によれば，心の葛藤とは，本質的には，自我とエス－衝動との間での葛藤なのである。つまり Freud による心の葛藤の概念づけは，一般用語に置き換えれば，精神構造（自我）と精神エネルギー（エス－衝動）との間の葛藤だと記述されている。このように言い換えてみると，その概念づけが何だか少しおかしなことになっている感じが伝わるであろう。というのも，構造はエネルギーを持たないままでいかに葛藤に参加し得るのか，あるいはまた，エネルギーが構造の中にないのであれば，構造はいかにエネルギーと葛藤的になり得るのか，とても理解し難いからである。こうした考察を踏まえた上で，私は，「力動的構造」という概念を定式化するようになってきている[原注7)]。そして，この力動的構造という概念をとるとすれば，Freud の「エス」と「自我」という定式化は，最早それでよしとしているわけにはいかなくなるのである。

自我とエスとの間の葛藤についての Freud の記述のもう１つの特徴は，そこに微妙に，そして明らかにそのつもりはないままに，認識論の用語を借りれば経験主義の立場から合理主義の立場への移行ということになるであろうような原理の入れ替えがなされているのを見て取れるというところにある。Freud は，本質的に経験主義の観点から自我の起源を記載した。その記載によれば，自我は，外的現実に規定される満足を得るための条件に適合するようなやり方で快楽を求めるエス－衝動を統御し，それによってエス－衝動が満足を得られるよう保証するための手段として発生する。しかし，Freud が抑圧の煽動者としての超自我概念を導入した時，自我の機能は，エス－衝動の抑圧を導くようなやり方で，つまり大幅にその満足を排斥

原注７）　W.R.D. Fairbairn, 1952, *Psychoanalytic Studies of the Personality*, London, pp.148-150
　［本書第５章　pp.170-173］

するようなやり方でエス－衝動を統制する *controlling* ものとなったのである――この概念づけは，合理主義的立場と言えるものである。この立場の変更は，快楽主義に基づいたリビドー論を考えている Freud にとっては避け難いものであったのであろう。というのも，超自我の概念を導入することで（Freud は超自我は無意識的良心の機能を果たすと考えた）Freud は，行動の道徳的な側面を考えなければならない領域に入っていったからである。この側面は，エピクロス派の時代からずっと快楽主義と対峙してきた行動の一面である。しかし，快楽主義にもともと備わっているジレンマは，John Stuart Mill が心理的快楽主義から哲学的快楽主義への変遷を遂げようとしたところに最もよく示されている[原注8]。すなわち，彼は，あらゆる行動は最大限の快楽の追求によって決定されているという原理から出発したのだが，道徳的な行動が目標としている特定の快楽――つまり，求め「ねばならない」快楽――とは，いったいどのような性質を持ったものなのかを定義するという問題に直面した。周知の通り，彼はこの問題を，最大多数の最大幸福，という原理[訳注1]によって解決できると考えた。しかし，この解決は，実は，個々人の快楽のことだけを考えている心理的快楽主義を捨て去ることにもなってしまったのである。ここで重要なことは，Mill が社会生活という現象，つまり対象関係という現象に直面した時にこそ，その快楽主義の説明原理としての不適切さが明らかになったという点である。そして同じことが Freud の快楽主義についても言えるであろう。というのも，Mill が，「義務」について考える中で，最大多数の最大幸福という非快楽主義的な原理を導入したのと同じように，Freud も「罪悪感」の考察から，行動の決定因としての超自我概念を導入するようになったからである。ここに言う罪悪感とは，もちろん，エディプス状況――本質的に社会的な状況――から生じてくる罪悪感である。だから Freud にとっての快楽主義のパラドックスは，以前 Mill にとってそれがパラドックスであったのと同様に，社会的な現象を考えようとすると，快楽希求からの説明は，対象希求からの説明に取って代えられなければならなくなったという点にあったのである。超自我によって決定される行動の特徴は，ただ対象希求のみならず，もう1つ，快楽希求とはまるで正反対の命題と言えるであろう抑圧にもある。言うまでもなく，抑圧とは，攻撃性を心の内部に向けることを含む過程である。そして Freud によれば，この攻撃性は，リビドー的なエス－衝動に向かうものであ

原注8）　J.S. Mill, *Utilitarianism*, Chaps 3 and 4　［川名雄一郎・山本圭一郎訳，2010，功利主義論集．京都大学学術出版会，pp.291-312］

訳注1）　本書 p.176 の訳注1参照。

り，死の本能の表われの１つである。しかしこの攻撃性は，エディプス状況の設定の下で自己破壊的な向け換えが行われる以前には，対象 objects に向けられていたことは疑いを入れないのである。私は，こうした考察に基づいて，抑圧とは，エスー衝動に向かうのではなく，まず最初に内在化された対象に向かうものであり，その次にその内在化された対象に備給している自我の部分に向かう過程である，という見解を定式化するようになっている[原注９)]。ちなみにこの見解には，攻撃性は，リビドー同様，一義的に対象に向けられているという原理も含まれている。

周知の通り，Freud は，攻撃性とは死の本能の１つの表われであり，死の衝動が外に顕われたものだと考えた[原注 10)]。しかし，分析家の中には，攻撃性は，それ自体，リビドーと表裏の関係を成すものであり，死を求める傾向というのは心の内側に向けられた攻撃性の表われだと解釈する方がよいと考える人も多い。こうした概念づけをすることは，死の本能という概念づけよりも，心理的な事実によりよく合致するように思われる。実際，攻撃性は，もともとの，そして，おそらく最も「本能的な」形態においては，外に向かって表出されるという特徴があるのは間違いない。だから，死の本能という概念づけは，心理学的というよりもむしろ，哲学的な概念づけなのである。ただそれは，Freud のリビドー論における快楽主義と全く同じ方向性をもって組み立てられている。つまり，（１）それは（すでに述べた通り）内的なせめぎあいが最終的に目指している状態（死）との関連で定式化されている，そして（２）この死の状態とは，生存中にはリビドー的な緊張が発散されることによって部分的一時的に達成されるような均衡状態の最終形態であると考えられている[原注 11)]。

Freud の本能論一般に関わることだが，リビドーや攻撃性は，その実体化の危険を冒さないようにするために，いずれも，「本能」というより，行動の基本的な「要因 *factors*」だとする方が望ましいように思われる。実際，私は以前の論文の中で，それらをそれぞれ，「リビドー的要因」，「反リビドー的要因」と記載した[原注 12)]。注目して頂きたいのは，攻撃性を「反リビドー的要因」と記載しているところである。

原注９）　W.R.D. Fairbairn, 1952, 前掲書　pp.89-90　［本書第４章　pp. 108-109］

原注 10）　S. Freud, 1922, *Beyond the Pleasure Principle*, London, pp.68-69　［伊藤訓任訳，2006，快原理の彼岸．フロイト全集 17．岩波書店，p.111-112］

原注 11）　同上，p.71　［同上，p.114］

原注 12）　W.R.D. Fairbairn, 1952, Theoretical and experimental aspects of psycho-analysis, Brit. J. Med. Psychol., Vol. 25 Parts ２ & ３, 122-127　［本書第 11 章］

これは，Freud がその重要性を認め，その上に全ての精神分析理論を構築した，抵抗という現象をあくまでも尊重しているということである。つまり抵抗は，反リビドー的なものでなければ何の意味もなさないのである。もちろん，抵抗に含まれている攻撃性は，内側に向かって積極的に抵抗を構成するばかりではなく，一見表立たないけれども，分析家に対して示される行動の中にも顕われてくる。そして，「反リビドー的要因」という用語の方が優れている1つの理由は，それが，こうした，外側に向かう攻撃性も，内側に向かう攻撃性も，その双方をカバーできるという点にある。

ここでこんなことを思い起こされる方もおられるであろう。つまり，Freud によれば，抑圧は自我の1つの機能だが，自我は超自我からの圧力がかかる場合にのみ，この機能を発動するのである——だから，超自我は，実質上，反リビドー的要因の積極的な発動者となるのである。Freud が抑圧を説明するために，超自我のこの力を想定せざるを得ないと考えたのは，極めて重要なことである。なぜなら Freud は，抑圧は，その過程を作動させられる心の中の構造 endopsychic structure なしには説明できないということに気がついていたと理解できるからである。そして，自我の抑圧機能は極めて能動的なものなのだから，超自我もまた同様に極めて能動的な構造だということになる。従って，自我と超自我とはいずれも，少なくとも機能的には，心の中の力動的な構造として機能しているということになる。Freud はこうして，これらの構造を記載する過程で，力動的構造という概念に近づいていたのだということが知られるのである。しかし，精神組織についての Freud の概念づけにおいては，自我と超自我の活動に使われるエネルギーはいずれも，究極的には全ての本能エネルギーの源としてのエスから引き出されることになっている[原注13]。だがもし，人間の心理学と動物の心理学との間の類似性を考えることが妥当なら，エスは，単に本能エネルギーの源と見做されるべきではなく，むしろ，元来，1つの力動的構造だと見做されなければならない。というのも，動物の本能行動からみれば，動物の本能的資質は極めて構造化されたものだということが示されているからである。この事実を踏まえてみれば，エス，自我，超自我はいずれも，それぞれがそれぞれに力動的構造なのだと見做した方が満足のいく理解が得られるように思われるのである。

原注13）S. Freud, 1927, *The Ego and the Id*, London, p.75 ［道籏泰三訳，2007，自我とエス．フロイト全集18．岩波書店，p.54］

このような概念づけに従っていけば，Freudの精神組織論を大々的に書き換えなければならなくなるのは必然である。なぜなら，もし，自我もエスも，元来力動的な構造だという見解をとれば，エスは，自我それ自体に比すべき自我構造という形をとらざるを得ないからである。ここまで来ると，超自我の概念が難しいことになる。つまりFreudは，超自我は本質的に内在化された対象だと考えているのだから，もし精神組織が，１つのエネルギー源と，１つの自我構造と，１つの内在化された対象とからではなく，１つの内在化された対象とそれに繋がっている２つの自我構造から成っているということになれば，それではバランスが悪いということになるであろうから。ただここで，Freudが『自我とエス』の中で，超自我がまるで自我の一部であるかのように語っている部分を思い出して頂きたい[原注14)]。その記述に従って，もし超自我を，エスや自我と同様，ある自我構造だと見做すことができるのであれば，その方が一貫性が保たれることになるであろう。事実，私は，実質そう考える立場をとっており[原注15)]，もともと単一だった自我が，発達過程を通じて，３つの別々の自我構造，つまり，「中心的自我」，「リビドー的自我」，「反リビドー的自我」（それぞれ，Freudの言う「自我」「エス」「超自我」に対応する）に分裂してくるという見解を定式化している。

このような理論を考えてくると，では，Freudが，超自我は何よりもまず内在化された対象だと考えた，その超自我の重要な側面はいったいどこに位置づけられるのかという疑問がすぐに湧いてくるであろう。内在化された対象という概念が，精神分析的な精神組織論の中で無視できないものであるのは明らかである――Melanie Kleinが体系的にこの概念を発展させたことに負うところは大変大きいが，近年この概念は，精神分析理論の発展の中で画期的な役割を果たすようになっている。Melanie Kleinの貢献の際立った特徴の１つは，Freudはただ１つの内在化された対象（超自我）を記載したに留まったのに対して，Kleinは，良い対象，悪い対象を含め，多数の内的対象の存在を認めている点にある。その見解によれば，内的対象がこのように多様だからこそ，発達が順調に進めば進むほど超自我が推敲されてゆくことになるという[原注16)]。私は，こうした超自我形成の概念づけについては意見を異に

原注14）　前掲，p.44　［前掲，p.31］

原注15）　W.R.D. Fairbairn, 1952, *Psychoanalytic Studies of the Personality*, p.105　［本書第４章 p.125-126］　ならびに，1954, Observations on the nature of hysterical states. *Brit. J. Med. Psychol.* Vol.27 Part 3, 108　［本書第８章　pp.210-212］

原注16）　Melanie Klein, 1948, Contributions to Psycho-Analysis, London, p.282, p.388

するけれども，Melanie Kleinの内的対象は多様に存在するという概念づけについてはそれに手を加えて，三つ巴の自我構造に，それぞれそれに相応しい内的対象が相伴しているという概念づけをとっている。そして，発達過程で発生する心の中の状況は，次の３つの関係の組み合わせから成っていると考えている。すなわち，（１）「理想対象」に備給している「中心的自我」，（２）「興奮させる対象」に備給している「リビドー的自我」，（３）「拒絶する対象」に備給している「反リビドー的自我」である[原注17)]。この心の中の状況の成立にはいかなる力が関与しているかという点については，１つには「分裂」との関連から見た観点，もう１つは「抑圧」との関連から見た観点から捉えられている。この過程の詳細を簡潔にまとめれば次のように言うことができよう。

> もともと単一の自我が，全ては満足させない関係に対して使う初めての防衛は，その対象の内在化である。そして自我の次の防衛反応は，この内在化された対象から２つの厄介な要素，つまり，興奮させる要素と拒絶する要素とを分裂排除split offすることである。この分裂の過程は――それは抑圧する過程でもあるが――これら２つの要素から，別々の抑圧された対象を生み出す――興奮させる対象と拒絶する対象である。もともとの対象の残りの核は，自我親和的なものであり，自我に備給し続けられて，理想対象となる。ただ，２つの抑圧された対象は，抑圧の過程でも自我備給ego-cathexisを受けているから，その抑圧は，自我の資産から，その備給に代表される２つの部分を分裂排除することになる。この現象は，中心的自我が自我の２つの部分，つまりリビドー的自我と反リビドー的自我を抑圧するということである。反リビドー的自我は，元来，リビドー的自我の目的に対して敵対的な目的を持っているから，この敵意によって，リビドー的自我を持続的に攻撃的，迫害的な攻撃attackに晒すことになる。そしてこれが，中心的自我による直接的抑圧を後押しするのである。これは，間接的抑圧と記載するのが適切であろう[原注18)]。

心の中の状況についての上記の概念づけと，Freudによる精神組織についての三つ巴の概念づけとの間には，おおむねある種の対応関係が見出されるであろう。ただ前者においては，「リビドー的自我／興奮させる対象」の組み合わせによってエスが置き換えられ，「中心的自我／理想対象」の組み合わせによって自我が，そして，主として「反リビドー的自我／拒絶する対象」の組み合わせによって超自我が

原注17）　W.R.D. Fairbairn, 1954, Observations on the nature of hysterical states. Brit. J. Med. Psychol. Vol.27 Part 3, 108　［本書第８章　pp.210-212］
原注18）　同上，pp.107-109　［本書第８章　pp.210-213］

置き換えられている。こうした概念づけには，Freud のそれよりも優れた点がいくつかあるように思われる。それは，（1）そこには，力動的構造と対象関係の原理が，Freud がそうはしなかったような形で盛り込まれている。（2）Freud が，（a）なぜ超自我は無意識なのか，（b）この抑圧の煽動者は，それ自体が抑圧されることはないのか，といった疑問を抱いた時に[原注19)] 直面していた問題——Freud 自身は，この疑問に満足いく解答を見出すことができなかった——が解決される。反リビドー的自我とそれに繋がっている拒絶する対象は（その双方で，おおむね Freud の言う超自我に対応する），中心的自我によって抑圧されると考えられているからである。（3）反リビドー的自我と拒絶する対象とが連結していると考えることで，Freud が，超自我はある内在化された対象でもあり，同時に自我の一部分でもあると記載した,そのおかしさを解決することができる。（4）ある内的対象としての理想対象が，「反リビドー的自我／拒絶する対象」の組み合わせとは別に，中心的自我によって備給されていると考えることで，Freud の，超自我は自我理想の役割も，そして同時に内的迫害者の役割をも取るとした記載に含まれている不調和の問題が克服できる。（5）もともとの内的対象が，興奮させる対象と，理想対象と，拒絶する対象とに分裂すると考えることで，Freud の，超自我は「エスの最も早期の対象選択の沈殿物」であると同時に「これらの選択に対する精力的な反動形成」だという記載[原注20)] に含まれているおかしさを回避することができる。

私がとるようになっている見解の記載に項を割いたことについては，多少弁解の必要があるであろう。ここに示した見解は，Freud によって創始され，現代の精神分析理論の中に広く浸透している概念体系が持っているように思われるいくつかの限界を克服するべく導き出されたものである。それゆえ，その見解を説明することで，そうした限界，とりわけ超自我という古典的な概念に含まれている一貫しない部分を特に明確にすることができると考えたのである。

原注19)　S. Freud, 1927, The Ego and the Id, London, p.75　［フロイト全集18. 岩波書店, p.54］
原注20)　前掲，p.44　［前掲，p.31］

第13章

Freud，精神分析の方法，そして精神の健康

(1957) 原注1)

Freud, the psycho-analytical method and mental health, 1957, *Brit. J. Med. Psychol.* Vol.30, 53-62

デヴィッドソン・クリニック，1956年度夏期講習の研究テーマとして選ばれたのは，「分析は精神の健康に対していかなる貢献をしてきたか」というテーマである。そしてその貢献は，Sigmund Freudの天賦の才と，血の滲むような努力によってこそ成り立ってきたものである。そのことに思いを馳せてみれば，Freudの生誕百周年に当たるこの年，この開会講演として，精神病理学の領域の中でFreudが積み上げてきた業績のことを中心にした話をするのは時機を得たことと言えるであろう。Freudがこの領域に登場するまでの間，現在「精神神経症」と呼ばれている機能性疾患に対するアプローチは，経験的なものとも，神経学的なものとも言い難いようなものであった。一方，精神病（以前は「狂気」と呼ばれていたが）に対するアプローチも，神経学的とも，分類学的とも，また哲学的とも言い難いようなものであった。Freud自身は，神経学者として医師のキャリアをスタートさせたわけだが，当初は発表されず，比較的最近になってようやく日の目を見るようになったエッセイ（Freud, 1954）の中で，神経生理学的な基盤の上に精神機能を説明しようとする才気溢れる試みも手がけていた。しかし，Freudの中には，徐々に，精神障害は心理学との関連でのみ，もっと特定して言えば，その症状に意味を与える動機との関連でのみ，満足のいく説明をすることができるという動かし難い確信が芽生えていったのである。Freudは，その確信の上に，もしそうした動機が意識的なもの

原注1） 1956年7月26日，エディンバラのデヴィッドソン・クリニックの夏期講習での開会講演。1956年11月9日，原稿受理。

でないのなら，それは無意識的なものに違いないと結論した。そして，説明のためには無意識的動機づけという領域を仮定する必要があると考え，それを記載するのに「無意識」という包括的な用語を採用することにしたのである。Freud の考えた無意識は，それ自体，力動的なものであるばかりでなく，力動的な意味で無意識的なものであった――つまりそれは，ある能動的な過程によって無意識にされ，またされ続けているものであり，この過程については「抑圧」という用語が充てられた。従って Freud のもともとの概念づけにおいて，「抑圧されたもの」とは，多少の異同は別にして，「無意識」とほぼ同義であった。そしてそれは，意識的な人格には受け容れ難い，つまり（後に精神分析用語の中に加えられた用語を用いれば）自我違和的な，傾向や願望や情感や思考から成るものであった。Freud が機能性神経疾患について，啓発的で，それまでとは全く違った説明を提示することができたのは，この抑圧の概念によるものである。その結論によれば，こうした疾患は，ある種の偽装の下，抑圧された要素が再び意識的生活の中に混入してくるために生じるものである。Freud はまた，その抑圧された要素の多くの偽装のされ方を記載し，それぞれの特徴的な偽装との関連で精神神経症を分類した。こうして，以前は混乱していた考え方に，秩序と理解の道がもたらされたのである。

周知の通り Freud は，この抑圧された要素は，その性質上，性愛的 sexual な性質を持っているという特徴があることを見い出した。そしてそこに，（１）抑圧された要素は，早期幼児期の出来事や状況と密接に結びついている，（２）抑圧そのものの課題は，ほぼ５歳の終わりまでに完了する，といった発見も加わった。こうしてこれらの発見は，当初，容易ならざる問題を生み出すことになったのである。Freud は，この困難に２つの新しい概念を採用することで対処しようとした――小児性愛という概念と，エディプス状況という概念である。小児性愛という概念からすれば，子供のさまざまな活動の中でも，口唇や排泄にまつわる活動は，直に性愛に関わるものとして同じカテゴリーに入るものと見做される必要がある。そして Freud は，こうした幼児的な形態を伴った性愛性は無意識の内に持ち越され，成人の性生活は，そこからしばしば多大な影響を受けていることを明らかにした。Freud はまた，特定の形態の小児性愛が過度に持ち越されてきていることと，後の生活の中で特定の精神病理学的状態が展開してくることとの間には関連があるということも明らかにした。エディプス状況という概念の方に関して言えば，幼い子供は，その両親の間の関係，とりわけその性生活について決して無関心なわけではなく，むしろそれをキャンバスにして，子供が抱くさまざまな愛着や嫉妬，ライバル視，憎悪，同一視などが色濃く映し出された幻想を広げてゆくものだということを発見したのも Freud であった。その発見によれば，こうした幻想は，強く抑圧されるものの，無意識の内に生き続け，個人の性格や性生活のありようを決定する上で重要な役割を果たすことになる。さらに Freud は，そうした幻想が，さまざまな精神神経症や精神病の症候に強力な影響を及ぼすばかりでなく，さまざまな倒錯のパターンを決定することをも発見した。

Freud はこうして，抑圧された幻想は無意識の内にある体系化された形で生き続けているということを認識したわけだが，そこから「内的現実」という概念が定式化されたことは，特に重要である。「内的現実」は外的現実と同等の重みを持つものだが，その個人のニーズや情緒をベースにして作り上げられているという点で，外的現実とは異なっている。この内的現実という概念づけは，その後，Melanie Klein によって推敲され，その視点から見る限り大変啓発的なものであることがはっきりしてきている。Klein の記載によると，内的現実には，もともと子どもの眼前に現れた両親 parental figures のさまざまな側面を代表する，取り入れられた対象がさまざまに息づいているのである。こうした推敲を経た内的現実という概念づけから考えると，人は２つの世界，内的世界と外的世界とに同時に生きていると考えることができるし，その外的世界に対する反応の中には，内的世界に対する反応が，程度の差こそあれ，さまざまに影響しているのを捉えることができるようになってきた。そして我々がもし，Freud がその研究の相当早い時期から特別の関心を払ってきた転移という現象の意味を十二分に理解しようとするのならば，その理解は，この方向にこそ求められなければならないのである。Freud は，転移という現象は，精神神経症の場合，極めて誇張されたものになることを発見した。これに対して精神病の場合には，内的世界に属する状況への反応ばかりになってしまいがちなため，外的世界との関連性は大幅に殺がれてしまうというのが彼の結論であった。だからこそ，「転移」という用語を適用することはできないとしたのである。ただ Freud は，転移を，内的世界における対象との関係から生じる態度を，外的世界の対象にも当てはめる傾向というふうにはっきり定式化するところまでは行かなかった。Freud はむしろ，転移を歴史的な意味で捉え，転移というプロセスの特徴は，子供時代の両親との関係の中に生じた態度を現在の人にも当てはめる傾向にあるとすることで満足してしまったのである。ただ Freud は，エス，自我，超自我との関連から精神組織論を定式化するに及んで，子供が両親を取り入れ，そこに生じる内在化された対象が果たす役割の大半は超自我が担っていると考えた。つまり，超自我の概念は，子供時代の両親に対する反応が，内的対象への反応へと取って代えられ，その内的対象への反応が今度は外的世界の対象へと置き換えられるという形で転移現象が生じるという過程をよく理解できるようにした，理論的な構成概念なのである。

精神組織論を定式化する以前，Freudは，抑圧されたものとその偽装された顕われ方，並びに，精神病理学的症状という形をとった，彼の言う「抑圧されたものの回帰」を記載することの方にその主な関心を向けていた。ただ，抑圧そのものの性質やその起源に光を当てようとする試みはほとんど手つかずのままであった。つまり，抑圧というものの存在を仮定し，それを機能的な意味で意識と無意識との区別を司る過程と考えることで満足していたのである。だがFreudは，自我と超自我という概念を立てることによって，(抑圧されたものではなく）抑圧を司る要因に目を向けられるようになっていった。その後の理論からすれば，抑圧を実際に行使するのは自我であり，抑圧を煽動するのが超自我である。そしてこの超自我は，無意識の良心としての役割をとり，親（主として禁止する親と言えるかもしれない）の権威を自我に行使することによって，親に由来するものを実現してゆくのである。こうしたことに加えて，以前は意識と無意識との関連で記載されていたことが，自我，超自我,抑圧されたものとの関連で記載されるようになった。「無意識」という用語も，以前は，多少の異同はあるにせよ，「抑圧されたもの」とほぼ同義であったが，今度は，Freudが全ての本能エネルギーの源と考えたエスばかりでなく，抑圧の煽動者であると考えた超自我をも含むようなものへと拡大されていった。なぜ超自我が無意識的でなければならないか。この問題は，Freudがついに本当に満足のいく解決を見出せなかった問題である。そして私の考えでは，エスや自我や超自我という概念そのものも，無批判に受け容れることができるものではない。ただそれにしても，Freudの精神組織論は，精神病理学の領域において，それ以前のいかなる概念づけよりも，限りなく啓蒙的な力を持った説明体系としての枠組みを提供してくれるものと見做されなければならない。

Freudの精神組織論，ことにそこに含まれている自我の概念から導かれるさまざまな重要な発展の中に，Freudのもともとの見解，つまり精神病理学的症状は本質的に，ある種の偽装を加えられた抑圧されたものの回帰であるという見解の修正がある。この見解は，はっきりと棄てられてしまったとは言い難いが，徐々に，症状はむしろ，自我防衛の表現であると解釈されるようになっていったのである――ここに言う「自我防衛」とは，一方でエスからの，他方で超自我からの，相反する圧力の下，自我が絶えず均衡状態を維持し続けようと奮闘する中で採用する防衛のための技法という意味で理解されている。言うまでもなく，Freud の自我防衛という概念づけの中には，本能衝動の源としてのエスも，そしてまたそうした衝動の抑圧の煽動者としての超自我も，いずれもが自我に対しておおむね敵対的だという理解が含まれている。そのそれぞれの自我に対する要求は，お互いに相容れないものであり，それゆえ，その間で満足のいく調停をしつつ適応を図るということは，自我にとって決して容易い課題ではない。内的適応という課題は，また，自我が外的現実におけるもろもろの状況へも同時に適応を図らねばならないという要請が加わる分，余計に複雑なものとなる。そして Freud によれば，こうした三重の適応が常に要請され，それを成し遂げる努力の中で，自我は自我防衛のカテゴリーに入るさまざまな技法を頼みにすることになるのである。こうした防衛技法は，例えば，取り入れとか，置き換えとか，ヒステリー性の転換といったものだが，個々の人の性格に特有なパターンを決定するばかりでなく，一般に精神病理学的な状態と認識されているものに特徴的なパターンをも決定していると考えられるようになってきている。

Freud の精神組織論には，Freud 自身がもう少し前に定式化してきた本能二元論が密接に関連している。この理論によれば，人間の行動は，２群の本能によって支配されている。それは（１）生の本能，すなわちリビドーと，（２）攻撃性という形で顕在化する死の本能である。死の本能という概念に関しては，大多数の分析家が十分納得しているわけではない。つまり，Freud は，攻撃性とは死の本能が外に現われたものだと見做していたわけだが，いまや死の衝動とは攻撃性が内に向かったものだとする方がしっくりくると考えている分析家たちの方が主流となっている。こうした分析家たちの視点からすれば，人間の行動を支配している力は，リビドーと攻撃性である。そしてこの見解の方が，明らかにうなずけるものである。ただ Freud の死の本能という概念にもある種の正当性がないわけではない。というのも，この概念は，最も協力的な患者でさえ，精神療法のプロセスに対してはこの上なく頑固な抵抗を示すという，Freud のもともとの観察と直結したものだからである――そして，もとはと言えばこの基本的な観察の上に，抑圧の理論や，そればかりか精神分析理論の全構造が形作られてきたのである。治療プロセスへの抵抗とは，言うまでもなく，疾患や，その疾患のために生じる生活上の不自由さにしがみつくことである。それは，たとえ患者が実際に死を求めていなくても構わない。そして抵抗という形で現れてくる，その背後にある抑圧は，人格のまさに性愛的な側面を押し潰すばかりでなく，創造的，社会的能力を全般に亘って障害することになるのである。

ただ，Freudが，こうした現象を説明するのに，本能論を頼みにする必要があると考えてしまったのは残念なことであったと私は思う。私自身は，人間の行動を動機づける力として「生の本能」や「死の本能」を持ち出すのではなく（そうすることは結局，哲学に根ざした概念づけをすることになってしまう），むしろ，「リビドー的要因」と「反リビドー的要因」について考えた方が，心理的な事実ともっとよく合致しているだろうという意見を以前述べたことがある。これらの用語は，他のどんな用語よりも，人格の内の性愛的要素の抑圧に関するFreudのもともとの観察によりよく沿うものであるように思われる。そして,「反リビドー的要因」という用語は，あらゆる形の攻撃性，それが他者に向かって外に向けられていようと，人格のある側面に向かって内に向けられていようと――言葉を換えれば，どのような関係にあるにせよ，対象に向かおうと，主体に向かおうと――その全てを含められるという利点がある。さらに,「反リビドー的要因」という用語は，Freudが認識するに至った，攻撃性と抑圧との間に存在する特別な関連性に目を開くことができるという利点もある。Freudがこの関連性の存在を確信したのは，うつ病性の抑うつ研究においてであった。抑うつ患者の示す自己非難や自殺傾向は，超自我が自我に加える圧力の中に特別に攻撃的なところがあるからだと考えたのである。そしてFreudは，超自我は抑圧の煽動者だと見做していたから，抑圧が強いということは，それと密接に関連した形で，その人の超自我には攻撃性が強く含まれていると推論してもいいだろうと考えたのであった。

攻撃性と抑圧との間には関連性があるという発見には,興味深い含みがある。無意識に関するそれまでの精神分析の研究からは，人間はFreudがそれ以前に信じていたほどには道徳的な存在ではないということが明らかになってきたわけだが，最初に超自我の概念を定式化した時Freudが注目していたことは，今度は，人間は想像したよりもずっと厳格な道徳者であることが明らかになったということであった。同時に，Freudは，超自我の課す道徳性の多くは，妥協を許さないサディスティックで迫害的な性質を持っているということにも注目した。実際，精神神経症者における「無意識の道徳性」に，このサディスティックで迫害的な性質があることは疑いを入れないのである。この意味で，精神神経症的な状態において性愛性が抑圧されているのは，攻撃性の側の勝利であると言うこともできるかもしれない。ただここでこの状況の中におかしなことが見えてくる。というのも，子供の内にはじめに罪悪感を引き起こすのは，リビドー的な願望そのものというよりもむしろ，リビドー的な願望と併存している攻撃性の方であろうからである。つまり，もとはと言えば罪悪感が生じる主な源となってるその攻撃性こそが，こころの中で無意識の良心として機能している部分の原動力を提供することになっているのである。その一方，こころの中でリビドーを強く充当されている部分，それゆえ，愛したり，創造的な活動を可能にしたりする部分は，悪いものとして扱われ，抑圧されるということになっている。精神神経症の患者においては，こうしたおかしな状況がガッチリと構成されていることが，そこでの一見した価値の逆転を含め，おそらく精神療法における最大の問題の 1 つになる。なぜなら，抑圧を維持している，内に向かって向け換えられた攻撃性が，もともとそうであったように再び外に向けられるようにならない限り，抑圧の力を広範囲に亘って軽減できるとは考えにくいからである。しかし，この外に向かう攻撃性は，正確に言えば，患者が当初それに対して自らを防衛しようとしたものなのである。つまり，エディプス状況という設定の下，自分の内に巻き起こった両親に対する攻撃性を内向させ，それを使って両親との関係に含まれているリビドー的な要因を抑圧したのである。ここに精神神経症者が特徴的に示す，治癒に対する著しい抵抗を生み出す主たる源泉の 1 つがある。そしてこのことこそ，Freud が最初に精神分析的に理解したことだったと言ってもいい主題であった——Freud は，このことから，その上に精神分析理論の全構造が組み立てられることになる独創的な概念，つまり，抑圧という概念を定式化していったのである。

ここまで私が概説してきた一連の考察は，もちろん，精神分析理論のある一面，より一般的な側面だけを見てきたに過ぎない。だが，このことが，人間の体験や行動にまつわる問題について，とりわけそのより異常な側面について，理解の道を示した Freud の貢献の代表的なところだと見做すことはできるであろう。Freud の概念づけの中には，事実 Freud 自身もそう認めている通り，明らかに憶測に基づくものもある。けれども，その大半は，患者が，ことに Freud が使っていた精神分析の方法に基づく治療を受けていた患者たちが示した臨床的な現象を何とか説明しようとする努力の中から生み出されたものであった。ただし，Ernest Jones が最近刊行した Freud の自伝（Jones, 1953）の中に明らかにされている事実に照らしてみると，我々は Freud 自身の長年に亘って苦難の道を辿った先駆的な自己分析こそが，こころの神秘の多くを解く鍵を与える役割を担っていたことも忘れるわけにはいかない。実際，Freud がエディプス状況という概念づけに到達したのも，また健常，異常を問わず，情緒発達の中でエディプス状況が果たす役割を認識したりしたのも，Freud 自身の自己分析に負うところが極めて大きかったようなのである。

よく知られている通り，精神分析の方法そのものは，本質的に患者の側の自由連想と，分析者の側の解釈とから成り立っている――そうした解釈は，患者が尋常ならぬ抵抗を示す時にせよ，あるいは，患者の示す材料から見て，抵抗が弱まり，与えられた解釈に基づいて洞察が得られ，かつ緊張を解くことができそうな時にせよ，分析者が適切と考えた時に与えられるものである。Freud は，その思索段階の初期においては，まだ抑圧されたものの性質の方にずっと目を向けていたから，その解釈も，自然と，主として抑圧されたものに関するものになっていた。しかしもっと後期の段階で，その探求の主題が抑圧するものの方に移っていった時，解釈の焦点は主として抵抗の方に向かうようになってきた――こうして解釈が扱うものが変わっていった，その背景には，抵抗が解決されてくれば，抑圧されたものは自ら現れてくるものだ，という原則があったのである。長年に亘る精神分析の実践の中で，解釈に関わるもう1つの発展として挙げられることがある。それは，転移解釈を中心に据える傾向が増してきていることである。この傾向が特に顕著なのは，Klein 派である。だが，Klein 派とは全く別に，解釈において，患者の問題に対する歴史的，発生的アプローチをはっきりと放棄し，分析セッションの「今ここで」の現象にもっぱら集中するようになっている分析家たちがいることも付け加えておこう。私が今言っているのは，「文化心理学者」として知られている「今ここで」に現わされる患者の文化的背景をその解釈の基盤とする，アメリカの精神療法家たちのことではない。むしろ，内的現実の重要性を認識しつつ，分析セッションの「今ここで」の現象の中にこそ，解釈のために必要な材料は全てそろっていると見做すことができると考えているような分析家たちのことである（Ezriel, 1951）。こうした究極の方法は，グループ分析 group analysis の場合に適用するのが最適であり，その目的を果たすのに最良の方法となるであろう。ただ，この方法は，Freud 自身が考えた方法からは大きく離れてしまっていると考えておく必要がある。もっと Freud の伝統に従う転移現象の解釈技法は，転移をもっぱら分析セッションの「今ここで」の状況から解釈するのでもなければ，もっぱら子供時代の歴史的状況から解釈するのでもなく，むしろ，内的現実の中の状況のあり方から解釈するものである。もちろん，内的現実は，子供時代の歴史を経て形作られてきたものであり，子供が自分のニーズとの関連で情緒的に色づけしたり，体験してきた子供時代の状況を代表したものである。ただそれでも，転移現象を内的現実との関連で解釈しようとするとなると，それは過去に体験された実際の状況というよりも，幻想を解釈するという形になりやすい。そしてこうした解釈はまた，Klein 派が特に得意とするところなのである。

Edward Glover は，最近刊行した『精神分析の技法』という著書の中で，精神分析的治療を他から区別する特徴を考察してる（Glover, 1955）。彼が特に重要と考えている基準の中には，（1）分析者の側が距離をとった態度 an attitude of detachment を保持していること，言い換えれば，ともかくも中立性を保っていること，と，（2）本質的に「正確な」，つまり客観的で，ある側面だけを強調することのないような解釈をすること，が含まれている。これらの基準と軌を一にして，Glover は，示唆によって患者に影響を与えることを避けること，並びに，いかなる形であれラポールを過度に利用しないことは，精神分析家の義務であると見做している。さらに彼はこう述べる。もし解釈が真に精神分析的なものであるためには，その解釈は，（1）抑圧，とか，（2）最終的にエディプス状況へと繋がってゆく小児性愛，といった根本的な Freud 派の概念をよくよく認識し，それに基づいたものでなければならないし，その上で，転移の分析を含んだものでなければならない，と。そして彼は，精神分析を際立たせているものは，今ある自我防衛を強化することを目的にするのではなく，彼の言葉で言えば「健常な自我防衛」を歪めている無意識過程を明らかにすべく，そうした防衛に深く迫り，患者が，幼児的な不安の影響から自由になり，より現実的な基盤の上に防衛を立て直せるような形で防衛を修正できるようになることを目的にしている点にある，と述べた。この考察の中には，もちろん，Freud の理論のままに，たとえ最も好ましい条件の下でも，エスに発する本能衝動は，自我にとってある程度の脅威になっているという理解が含まれている。だから，この脅威を，自我が扱える程度に引き下げることが精神分析的治療の大きな目的だということになる。そして Freud によれば，エス衝動が自我にどの程度の脅威となるかは，少なからず超自我が自我にどのような要請をするか次第なのだから，こうした要請の起源を明らかにし，その過程を経て，患者がその要請をさほど過酷なものではないと見做せるようになることが，精神分析的治療のさらなる目的だということになる。Melanie Klein やその考えに影響を受けた人たちの見解によれば，超自我の修正に匹敵する過程が，精神分析的治療の中で分析家を良い対象として取り入れることを介して生じてくると言う。実際，このことは，十分あり得ることであろう――もっとも，そういう結果を積極的に生じさせようとすることが精神分析の主要な目的だとするわけにはいかないが。

Glover の解説は，少なくとも理論上，Freud の考えた諸原則に沿った古典的な精神分析技法をまずまず正確に描き出しているものとして受け容れることができるであろう。「少なくとも理論上」と断ったのは，なかなか具体的には提示しにくいのだが，ある程度以上根拠のある疑念を 1 つ持っているからである。それは，古典的な技法において距離をとるという態度が求められていることについて，これを理論におけるのと同じくらい限りなく純粋に実践している分析家は，実はほとんどいないのではないかという疑念である。実際，精神分析の創始者においても，こうした疑念は，最早，疑念のレベルを超えているということがJonesによるFreudの自伝のさまざまな箇所から明らかになっていると言えるであろう（Jones, 1953, 1955）。さらに特記されるのは，Glover自身，「転移という人間くさいhumane関係」を是認し，分析家は患者に接する際，日常的な人としての礼儀をもって当たらなければならないとしている点である。Gloverは，また，「より深い病的状態」の分析における解釈の効果は，「分析家の**態度**，つまり患者に対する分析家の真の無意識的な態度」のあり方によって大きく左右されるとも述べている（Glover, 1955, p.372）。さらに，分析家は患者の容易ならざる不安に対して，ある程度の再保証を与える必要がある場合があるし，破滅に通じる決定や重大な危機から患者を守るために，その選択や行為の自由を制限する必要が生じる場合もあると考えている。同時にGloverは，「正確な」解釈をすることは何にもまして重要なことであり，この原則のためには，古典的な精神分析技法の厳しさも何らかの形で緩めてゆく必要が出てくる場合もあると述べている。

言うまでもなく，たとえこの上なく「正確な」解釈といえども，その効果が，果たしてどのくらい分析家の権威や，個人としての影響力から完全に離れて機能し得るのか，それは大いに疑問である。そして，1938年，24名の精神分析の実践家たちが記入した精神分析技法の詳細に関する質問紙の結果に鑑みる時，このような疑問を抱くのは全くもっともなことだということが理解されるのである。この質問紙の結果を集計，分析したのはGloverである。そして，そこから導かれた驚くべき結論の1つは，「精神分析の根本原則に基づいて実践している分析家たちの多くは，想定される全ての点で，その方法を異にしていた」。にもかかわらず，得られた治療の結果は「ほぼ大差ない」ものだったのである。もしこの結論が正しいとすれば，それは，技法上の細かなことよりも，患者と治療者との間に存在している関係の方がもっと重要なものであるということが示唆されているように思われる。つまり分析家は，（1）患者が自分の幻想をその上に投影するスクリーンとなり，同時に，（2）解釈の技法を実践する無色な道具となる，という二重の機能を果たす役割をとっているばかりでなく，分析家の人格や動機が治療プロセスに重要な貢献をしていると言うことができるであろう。Glover自身も，「無意識的な人間的コンタクトを介して，自らを癒している人はたくさんいる」という事実をはっきりと述べている。そこで，こんな疑問が湧いてくる。結局のところ，分析状況における患者・分析家間に生じる実際の関係 actual relationship が，少なくとも 1 つの治療を左右する決定的な要因だということなのではあるまいか。このことは，ともかくも児童分析に関しては，そうだと言えそうである。というのも児童の分析に用いられる遊戯技法 play technique では，治療者は，ただ解釈するよりもはるかに能動的な参加をするからである。成人の分析において，これに匹敵するほど分析家の側が能動的に参加するのが望ましいかどうかについては，古典的な精神分析技法の背景を成している諸原則のことのみならず，たとえ子供っぽい人であっても，大人には子供の場合とは大きく異なる実際上の問題があるということも考慮に入れておかなければならない。同様の考察は，児童分析において許され，そればかりか，むしろ推奨されているようなセッション中の活動性を，成人の場合にも同じくらい許すことが望ましいかどうか，あるいはまたそういうことが可能なのかどうかという問題を考える場合にも当てはまる。もちろん，古典的な精神分析技法では，セッション中の患者の活動性には，かなりの制限が加えられているということは十分認識されている必要がある。実際，カウチの上に横になって自由連想をしなければならないという要請は，言語表現以外のあらゆる形での活動性を禁じているとも言えるであろう。そして症状や内的問題の発生には，能動性［活動性］に対する制止が極めて重要な要因となっているのだから，分析セッションが要請するこうした条件が，その制止を人工的に強化し，患者にとっての重大な情緒的外傷になったり，その抵抗を増したり，さらにおそらくは陰性治療反応を促進したりすることにさえなることも少なくないのではないかという疑問が湧くのである。もちろん，受身的なタイプの患者にとってみれば，カウチの上に横になるということが，自ら能動的になる際に湧き起こる不安からの心地よい逃げ場所になってしまうことはあるし，また，即座に分析状況を自虐的な方向で活用しようとする場合もある。こうしたケースの場合，あらかじめでき上がっている逃避の手段や，かくも容易い隠れた自虐的満足の手段を提供することが，一体どのくらい分析の条件設定として望ましいのかという疑問が起きてくる。Walter Pater 訳注 1）は「あらゆる芸術は，音楽が獲得した地位を求めている」と言うが，これまで考えてきた考察からすれば，ここで，成人の精神分析的治療はいったいどのくらいまで児童分析の地位を求めるべきなのか，という問題を掲げてみても

訳注 1）　Walter Horatio Pater（1839-1894）は，英国ヴィクトリア朝時代の文人（文学者，評論家，批評家，随筆家，小説家）。Fairbairn が時に引用する詩人 Oscar Wilde（1854-1900）の師に当たる。

いいであろう。もっとも，時間の制約上，もうそろそろこうした思索から離れなければならない。そして，精神分析の研究が積み上げてきたものからすると，精神の健康という問題についてはどのようなのことが言えるのか，という点を少し考えてみる方に話を移していくことにしよう。

Freud 自身は精神の健康という問題をどう見ていたかと言えば，そこには，その禁欲哲学や，そうした哲学から当然導き出される悲観主義の方向に傾く傾向からの影響力を認めざるを得ない。このことを最もよく示しているのが，Freud が描いた自我の図，つまり，おおかた挫折に出会う運命にあるにもかかわらず，飽くことを知らない本能的なエス衝動に苦悩する自我，という図である――エス衝動が挫折に出会う運命にあるのは，１つには外的現実が個人のニーズに冷酷なまでに無関心であるためであり，もう１つには，こうしたニーズの最大限の主張に対して，超自我という形をとったこころの中の存在が冷酷なまでの制止を加えるためである。この図の中で自我が取り得る選択肢は，（a）絶望するか，（b）補償的に幻想と願望充足の領域へ逃げ込むか，あるいは（c）心を傷めつつ，充足できない本能の目的は諦めて，ある程度は現実的な満足が得られる状況への適応を図るか，つまり Freud 自身の言葉を借りれば，行動の決定因として快楽原則を放棄し，その代わりに現実原則を受け容れるか，のいずれかである。言うまでもなく，Freud はこの最後の選択肢をよしとして，それだけを精神の健康と呼ぶに相応しいものと考えた。確かに Freud は，第二の選択肢についても，芸術の場合のような昇華された活動の中には幻想と願望満足が然るべく位置づけられる場所があると考えた。だがそれ以外の場合，この選択肢は，絶望するのと同様，本質的に後に精神病理学的な展開を生み出すものだと考えたのである。この見解に含まれる禁欲主義は，確かにそれを讃える人もいるだろうけれども，人生を悲観的に捉え過ぎていると考える人も多いであろう。理論的な側面から見れば，この悲観主義への傾きは，Freud の考えたエスと自我という概念にもともと備えられた性質から導かれるものであるように思われる。つまり Freud は，エスを，こころのもともとの形を成す盲目的な本能衝動の源と考え，自我は，発達途上でエスが外的現実と接する際，エスがある程度の満足を得られるよう統御すべくエスの表面に生まれてくる構造だと考えた。こうした概念づけからすれば，自我のポジションはいつも心許ないものである。そして，その後超自我が形成され，自我が外的現実の要請に応じてエス衝動を統御する必要ばかりでなく，こころの中の両親の代表の要求に応じてそれを統制し，抑圧する必要が出てくる時，自我のポジションはさらに心許ないものとなるのである。私の考えでは，むしろ，こころというものは，まずは生来的に本能衝動が備わっている力動的な自我があって，その自我が，後に内在化するようになる両親という対象との関係から生じる葛藤の結果，分裂されてゆくことになる，と考えた方が，もっとずっと満足のいく，そしてもっとずっと真実を示す概念づけだと思われる。精神の健康という観点から見た場合も，このように概念づけした方が，もっと希望のある展望を抱くことができるのは明らかである。というのも，そうすることで，精神的な葛藤の解決が，ただ禁欲的に断念するという態度に基づく適応ばかりではなく，純粋な充足 genuine fulfilment の妨げとなっている内的な囚われを緩和することによって，人が，少なくともある程度，純粋な充足を得られる可能性を想定することができるようになるからである。そしてこのことは，口には出さないまでも，極めて多くの患者が精神療法に心底援助を求めている，その主な原動力となっている情緒的なニード，つまり「救い」へのニードに符合するものだと私は思う。このニードには，2 つの側面がある。その 1 つは，罪の許しを求める宗教的なニードに相応する，内的葛藤から救われたいという形をとるニード，もう 1 つは，悪魔の追放を求める宗教的ニードに相応する，内在化された悪い対象の力から救われたいという形をとるニードである。Freud が「救いという虚構」について語ったのは事実である（Jones, 1955, p.20）。しかし，にもかかわらず，Freud がその生涯を，そういう言い方をされることはあまりないけれども，救済の方法と非常に近縁な，精神療法という治療法の工夫に捧げたということには意味がある。つまり，もし今述べたような精神療法の位置づけをめぐる理解が正しいとすれば，患者の求めている救いが得られるよう，でき得る限りの仲介役となることが精神分析家にとっての，いや，あらゆる精神療法家にとっての，宿命なのである。実際，精神分析家は，一方で救済者としての役割を放棄することを厳しく要請されていることを十分了解していたとしても，現実の精神分析的治療の中では，患者との関係を介してこのニードを満たしているのではあるまいか。

精神療法の役割についての Freud の理解は，手放しでよしとするわけにはいかないけれども，優れている点が 1 つある。それは，精神の健康という問題について，非現実的な楽観主義や，ユートピア的な解決を求めようとする誘惑を斥(しりぞ)けているという点である。実際，精神分析家たちですら，早い時代には新しい発見に夢中になって，精神分析が人間のあらゆる苦難を解決する手掛かりになると感じていたし，その意味で，非現実的な楽観主義やユートピア的な錯覚から自由であったわけではない。このことはよく認めておかなければならない。しかし，次第に無意識の心がいかに複雑なものかということがわかってくるにつれ，そして，抵抗の力がそう簡単には手に負えるものではないという体験を積み重ねるにつれて，精神分析家たちは，野心溢れるのとは逆の方向の見解をとらざるを得なくなった。もちろん，精神分析が直接役に立てるのは，そもそもその性質上，その恩恵を享受できる少数の人に限られており，それ以上にはなかなか拡げていくことができないということはいつの時代にも認識されてきた。それでも幸いなことに，比較的最近の児童に対する遊戯療法や，成人に対するグループ療法の技法の発展によって，精神分析的な支援の対象となる人たちは増加傾向を示している。ただ将来，精神の健康の成就のために精神分析がなし得る最大の貢献は，治療の領域よりもむしろ，予防の領域にあると言っておかなければならない。一番の期待は，精神分析の諸原則を子育ての過程に応用することである。というのも，Freud の発見の中で何よりはっきりと確認されているのは，精神の健康を乱すものは全て，その究極的な起源を早期幼児期の状況に求めることができるということだからである。それゆえ，精神の健康の成就のために精神分析がなし得る最も価値のある貢献は，子供の情緒的ニーズや，剥奪，また葛藤について，一般大衆，とりわけ親や医者や教育者たちを啓蒙するというところに求められるべきなのである。同時に必要なことは，精神分析理論が意味するところについて時折見受けられる誤解，ことに，精神分析がまるで放任主義に基づく育児を唱導しているかのように思われている誤解を正していくことである。精神分析の知からすれば，子供はその衝動を自ら統制する力を手に入れるまで，自分の衝動統制についての両親からの賢明なサポートを必要としており，そうしたサポートなくしては，子供は将来の病因となる不安の餌食になってしまうことは疑いを入れないからである。こうした誤解を正す他にも，精神分析の実践に基づく発見の中でも特に重要なものについては，広く一般に理解されていくことが望ましい。例を挙げれば，

（１）子供にとっては，心全般に及ぶ情緒的な安定を促すことになるような家庭のあり方が重要であること。
（２）子供にとって外傷的な効果を持つのは，情緒的な剥奪，とりわけ母親からの分離であること。
（３）子供は両親から注目されたいという情緒的ニーズを持っていること。
（４）嫉妬を駆り立てるような状況から子供を守ってやることが重要であること。
（５）両親の間の性的親密さを目撃するという危険から子供を守ってやることが重要であること。

もちろん，こうした発見に含まれている諸原則のうち，少なくともいくつかは，自然の内に多くの親が理解しているものである。だが，いまだ啓蒙を必要としているような親（医者や，その他，精神の健康に関わる人たちは言うに及ばず）が多いこともまた事実である。いずれにしても，精神分析の研究は，こうした諸原則を，経験的な基盤ではなく，科学的な基盤の上に確立していかなければならない。そしてその元を辿れば，そこには Sigmund Freud の天賦の才と，惜しみない努力とがあるのである。その生誕百周年の祝賀は，まさに時機を得たものと言えるであろう。

文　　献

Ezriel, H, 1951, *Brit. J. Med. Psychol.*, 24, pt.1, 30-34

Freud, S., 1954, *The Origins of Psycho-Analysis*, Imago Publishing Co. Ltd., London

Glover, E., 1955, *The Technique of Psycho-Analysis*, Baillière, Tindall and Cox, London

Jones, E., 1953, *Sigmund Freud. Life and Work Vol.1*, The Hogarth Press, London ［竹友安彦・藤井治彦訳，1969（1982），フロイトの生涯．紀伊國屋書店］

Jones, E., 1955, *Sigmund Freud. Life and Work Vol.2*, The Hogarth Press, London ［同上］

第4部
対象関係論への講評に応えて

第14章

人格の対象関係論を弁護するための考察

(1955)

Observations in defence of Object Relations Theory of the Personality,
1955, *Brit. J. Med. Psychol.*, Vol.28, 144-156

序 論

本論は，Dr. Karl Abenheimer による「Fairbairn の対象関係論に対する批判的考察」(1955) という論文に示されたいくつかの批判に応えようとする試みである。Abenheimer の批判は，私がこれまでとるようになってきている，そして私が最近の著作『人格の精神分析的研究』(1952a) の中に記した対象関係論に対するもので，基本的に Jung 派の立場からなされたものである。彼の主張の主なポイントは，次の２点にまとめられそうである。(１) Jung のそれと合致しない限り，私の結論は大半誤りである。(２) 私の結論が Jung の見解と共通する何かを持っているのであれば，Freud の見解から出発して光明を求めようとするのは誤りであり，まず Jung の見解をとった方がいいだろう。私は，個人的には，学派間の論争よりも真理の探究の方が優先だと考えており，その意味で「Freud 対 Jung」というような形での論議については，批判的な方向に傾きやすい。また，Freud の伝統と Jung の伝統との間には，調停困難な不協和があるということについてもよく認識されている必要がある。ただし，もし Abenheimer が示唆しているであろうように，私の見解がこの不協和をある程度和らげ，２つの伝統がその上に出会えるような共通の基盤になるのであれば，それは私にとって大変喜ばしいことである。それでも私は，これまで自分が，Jung 派の系列というよりも，Freud 派の系列の下で研究を行ってきたことについて，何らの後悔も感じていない。私が初めて精神病理学の問題に関心を持った時，私は，特にどちらがどうと考えていたわけではなかった。そして，思索の分岐点に来て，私が Jung の引いた道をとらず，Freud の引いた道をとったのは，もちろん，Freud が常に正しく，Jung が常に間違っていると考えたためではない。それはむしろ，Freud の基本的な概念づけと，Jung のそれとを比べてみた時，私には前者の方が比較にならないほど啓発的で説得力があると思えたからであり，前者の方が，精神病理学が関わる問題を解決していくに当たって，計り知れないほど優れた展望を与えてくれると感じたからである。もし私が，その道に従って，その後手にしてきた結論が，実は Freud の見解と大して違うものではないということになっていたとしても，私はやはり自分が出発点とした Freud の見解は，他では得難い，とてもしっかりとした土台になってくれたと感じている。

先に述べた Abenheimer の２つの主な主張には，精神病理学の問題への私のアプローチに対する３つの一般的な批判が伴っている。それを簡潔にまとめれば，次のように言える。（１）私のアプローチが科学としての基準を満たしているとすれば，私の達した結論は，多くの点で誤っている，（２）私のアプローチは，実は全く科学的ではなく，むしろ疑似科学的である，（３）心理学に繋がる全ての学問は，元来，解釈的で評価的な性質を持っており，自然科学について言われる意味での「科学的」なものではないのだから，私は精神病理学の問題に科学的なアプローチをしようなどという，全く見当違いなことをしている。こうした批判の組み合わせ，つまり「表が出れば僕の勝ち，裏が出れば君の負け」というような原理に基づいている批判の組み合わせは，抗弁するにはとても厄介な命題となる。しかし私は，Abenheimer の，もっと的を絞った批判点に応えようとすることで，できる限り自分の見解を弁護することにしてみたい。

ただし，この課題に取り掛かるに先立って，私の理論の根幹に関わるところに注目しておいて頂くのがよいであろう。それは，私の理論は本質的に**力動的構造**の理論だということである。もっとも，私は，発達したこころを単一の力動的構造と見做しているわけではない。むしろそれは，多様な力動的構造から成り立っていて，それらは２種類に分類できると考えている。（１）自我構造と，（２）対象構造である。さらに私は，内的対象の究極的な起源は取り入れの過程にあって，内的対象は，主体が人生早期に依存した人々が持っていた情緒的な意味での重要な側面が，内的，構造的に代表されている存在と考えている。さらに次のことも付け加えておこう。「自我構造」と「内的対象」という用語は対称を成すものとして用いられており，「内的対象」を定義するとすれば，それは，「自我構造以外の心の中の構造で，自我構造が，外的現実の中である人 *person* との間に持っている関係に相当するような関係を持っているもの」とすることができるであろう。

そしてもう 1 つ，私が「リビドー」という用語に与えている意味を，あらかじめ少し述べておいた方がよいと思う。Jung は，この用語を全ての心的原動力を含む，従って攻撃性をも含むような，包括的な意味で用いた。これに対して私は，攻撃性はリビドーには還元できないとする Freud の意見に同意する。私は，現在，Freud の本能二元論は（そして，その意味では，いかなる本能論も）受け容れることができないと考えているけれども，リビドーと攻撃性とが精神生活における 2 つの原初的な力動的要因を成しているという Freud の見解については，それを今も受け容れている。もっとも，リビドーの方がより基本的な要因であり，攻撃性はそれに従属するものだという但し書を付けた上でのことだが。私は最近の論文で（1952a, p.122 [本書第 11 章 p.294]），リビドーと攻撃性とを，それぞれ，「リビドー的要因」，「反リビドー的要因」を示していると記すことによって，私の立場を明らかにしようとした。そして，こう付け加えれば私の立場はさらに明らかになるであろう。つまり私は，攻撃性とは，本質的に，挫折や拒絶を含むリビドー的状況，言い換えれば「悪い対象」の棲まう状況 'bad object' situations において発動されることになるある性向 a tendency だと見做しているのである。私が「リビドー」という用語に与えている積極的な意味合いについては，これまで何度か説明してきたことがあるが，ここでは，次の引用をしておこう――「リビドーの本当の目的は，対象との間に満足いく関係を樹立することにある。だから，対象こそが本当のリビドーの目標だということになるのである」（1952b, p.138 [本書第 5 章 p.160]）この引用は，リビドーの目的 aim についての私の概念づけを，性感帯との関連からリビドーの目的 aims を捉え，概念づけている Freud のそれと対比しているところから取ったものである。私の主張の 1 つは，Freud が推定し，記載したリビドーの目的というのは，実は目的なのではなくて，その対象を扱う，その取り扱い方の様式だという点にある。この主張について，私はまた，ここで言われている性感帯とは，**人を求める**［パーソナルな］目的が，そこを通して成就されるような，径路となる身体器官だと見做すのが適当であるという見解を述べておきたい。そしてさらに付け加えなければならないのは，性の目的の本質はパーソナルなものだが，だからといってパーソナルな目的は必ずしも性的なものではない，ということである。私のとっている基本的な立場からすれば，心理学的に見て，あらゆる目的はパーソナルなものと見做されなければならないし，対象関係は，どのような形態のものであれ，全てリビドー的なものだと見做されなければならない。この観点からすると，リビドーは，性よりももっと広い意味を持つようなものである。だから「リビドー」とは「**対象希求の原**

則 *the object-seeking principle*」だとしておかねばならないであろう。

これだけの予備的な考察を踏まえて，私は，Abenheimer の，もっと的を絞った批判に応えていくことにしよう。そしてそのために，彼が使っているメインの見出しをそのまま使うことにしよう。そうすることが読者の理解の役に立つことを願っている。

対象関係論を基礎づける事実について

まず最初に私が取り上げたいのは，「Fairbairn の“力動的構造”とは，まさしく Jung がコンプレックスとして記載したものである」という Abenheimer の発言である。この発言は，私から見れば，驚くほど的外れである。というのも，Jung の著作を総覧してみれば Jung が「コンプレックス」という用語を，私が「力動的構造」という用語に与えている意味とは全く相容れない，多くの意味で用いていることが明らかだからである。例えば，（１）「２人の人に同時に布置された」「同じ無意識的コンプレックス」（1928a, p.125）と言っているところ，（２）「無意識的衝動」が抑圧の影響を受けて「自律したコンプレックス」になる（1917, p.377）という記述，（３）「あれやこれやの基本的な本能，すなわち，観念のコンプレックス」（1928b, p.74）という言い方，そして，（４）「無関係な連想をしている時の呼吸と比べれば，コンプレックスによって呼吸が制止を受けている」（1918b, p.548）という発言などである。さらに Jung が「金銭コンプレックス」（1918b, p.254），「キリスト教コンプレックス」（1928a, p.258）という言い方をしていることや，「神とは，強い情感（リビドーを取りまとめたもの）の周りに集合した表象－コンプレックスの名称である」（1918a, p.95）という発言にも気をつけてみる必要がある。

こうした Jung の「コンプレックス」という用語の使い方から見てみると，Jung がこの用語に，私が「力動的構造」という概念に与えているのとは全く共通点を持たない，数多くの異なる意味を与えていることは明らかである。例えば，（１）「衝動」，（２）「本能」，（３）「概念」（例えば，「表象－コンプレックス」としての「神」），そして（４）A.F. Shand が「サンチマン sentiment」と記載したもの（例えば，「キリスト教コンプレックス」）といったものである。Jung が「コンプレックス」という用語をかくも多くの意味で用いたということ自体，逆に，彼がその用語を特定の意味を成すものではなくしてしまい，その意味で，筋の通った概念化の作業に価値を置く研究者から見れば，その用語をほぼ意味のないものにしてしまったと見做すことができるであろう。こうして混乱した状況は，Jung が『コンプレックス論の総括』の一節の中で，「コンプレックス」という用語をさらにまた別の意味で用いることで一層混乱を深めることになっている。それは，Abenheimer も脚注で引用している「コンプレックスを介して無意識が構造化される」というところであり，それに，「コンプレックス」と「部分人格」との間には何ら本質的な差がない，と述べているところである。この後者の引用で「コンプレックス」という用語に与えられた意味は，確かに私が「力動的構造」という用語に与えた意味に多少近づいているのだが，それは，次の考察を踏まえてみれば，本当に近いものなのではなく，もっと見せかけの類似であることが明らかになってくる。すなわち，まず第一に，Jung によれば，こころの中に確立されてくるコンプレックスの数には制限がないらしい。これに対して，私の言う力動的構造の数は，はっきりと限定されている。そればかりか，これと特定されるようなものであって，私は，発達過程の中でこうした決まった数の構造がいかに分化することになるかという点についても説明している。第二に，Jung の理論ではコンプレックスを２種類に分類するというようなことはないのだが，これと対照的に私は，力動的構造を２種類，つまり「自我構造」と「内的対象」とに分けている。第三に，コンプレックスは，その定義上，「普段の状態や意識が持っている態度とは一致しない」ものだが，私の言う自我構造の中には，それに一致するものがある。意識的であることを特徴とする「中心的自我」である。従って，Jung が「コンプレックス」という用語を「部分人格」という意味で用いている際に与えている意味だけを他の著作の中での他の意味から切り離して考えてみたとしても，その意味は，やはり，私が「力動的構造」という概念に与えているものとは大いに異なっていることが理解されるであろう。そして――おそらくさらにもっと重要なことは――私の全体としての理論体系の中で力動的構造が果たす役割は，Jung の精神生活についての一般理論の中でコンプレックスが果たす役割とは，全く違っているということである。

さて次に，Abenheimer が「内的世界の起源」に関する私の考察を批判して，それは「臨床データに裏づけされていない，頭で考えた rational 理論構成だ」と言う点を取り上げたい。これへの応答として私が言えるのは，(１) それははっきりとした科学的な考察であり，それゆえ，私はそれが合理的 rational であることをまさに望んでいる，(２) この考察が臨床データに裏づけられていないということは全くない，ということくらいである。内的世界の起源についての私の主な考察が載っているのは，「対象関係の観点から見た心の中の構造」という論文（1952b, pp.82-136 [本書第４章]）である。もし私がこの論文の中で，その時ゆえに，そして，その紙数上の制約によって，この問題に関わる私の見解を基礎づけている多くの臨床データを十分説明できていないということがあったとしても，私は，ともかくも，心的構造という概念づけを定式化し直す契機となった患者が報告した夢について，細部に亘って検討したし，その研究は，このケースをめぐる臨床的事実に基づいて行われたものである。私は，今回のこの論文の中で，もっと包括的に臨床データを集め，提示するということができないのを残念に思う。だから私への批判に対して多分最大限私ができることは，私の理論は，隠遁した哲学者の書斎にかかっている蜘蛛の巣訳注1）なのではなくて，分析家の相談室の中で（多い少ないの差はあるにせよ）「心の内を吐露する」人たちとの日々の経験や，もっと一般精神医学的な経験，とりわけ戦争神経症のケースについての経験に基づいたものだということを信じて頂きたいと言うことしかないであろう。ただ，付け加えておかなければならないのは，私は，自分の見解が正しいものと言えるかどうかを，いつも見極めようとしているということである。その基準は，他でもない，そう考えることによって臨床素材をさらによく説明することができるかどうか，そして，その素材の理解をさらに進めることができるかどうかという点である。

Abenheimer は，「内的世界の起源」に関する私の考察に対して，特定のテーマに的を絞った批判を３つ挙げている。その第一は，「Fairbairn が仮定している分裂という行為 acts の多くは，厳密な臨床観察が可能である以前の人生の時期に生じるものと考えられているのだから，それは必然的に単なる憶測である」という発言の中にある。ここにある批判は，私から見ると，とても突飛なものであるように思える。だから，それに対する応答としては，２つの考察を挙げておけば十分であろう。第一に，もし，実際に観察されたことを誘発している出来事について，妥当性を持った帰納的な推論をすることはできないということであるのならば，天文学とか地質学といった科学は消滅しなければならないことになる。第二に，厳密な臨床観察が不可能な人生の時期があるなどとするのは，あまりに独断的な発言である（分析家もまた人の親であったりするということも，ここに付け加えておいた方がいいであろう）。

内的世界の起源に関する私の考察に対する Abenheimer の第二の批判，「それは，Jung や，Jung に従う人たちの発見や観察と矛盾する」という点については，紙面を割く必要はない。ただ，彼の第三の批判には少し耳を傾ける必要がある。それは，私の考察は「Fairbairn 自身が立てている多くの仮定と矛盾する」というものである。

訳注1）　蜘蛛の巣 cobwebs には「薄弱な理論」の意味もある。

ここで言われている「多くの仮定」というのは，どうやら，ある1つの仮定——つまり，「我々の心の生活は，自我と対象とが“一次的に同一化”しているところから始まる」という仮定——に還元できるようである。そしてAbenheimerは，この「仮定」と，私が，内的対象は取り入れ，あるいは合体という，ある特定のプロセスを経て生じてくると見做していることとが一貫していないと考えているのである。彼の見解によると，「幼児の心理的な宇宙を記載する際に，内的世界とか外的世界とかいうのは意味がない」。なぜなら「この2つは，手のつけようもないほどに絡まり合っているものだからである」。ただ私が子供の自我が外的対象に「一次的に同一化」しているという場合，私はこのことを，内的世界と外的世界とがごちゃ混ぜになっているという意味で理解しているわけではない，ということははっきりさせておかなければならないであろう。私の考えでは，同一化とは，ある**特定の**，認知的というよりも**感情的な**過程であって，本質的に**能動的な**ものである。ある患者は，最近私に「先生の胃が，私の胃だって感じがします」と語ったが，それは，この同一化の過程の影響によるものである。この発言を背後から支えている原動力は，その直前の「先生は私のもんだって気がします」という発言から最もよく理解することができるであろう。つまり，**同一化の原動力は欲求［ニード］である**。このことは，一次的同一化ばかりではなく，二次的同一化についても言える。子供と，子供が一番最初に同一化する母親とは，現実には全く別の個人である。だから，一緒だという感覚 a sense of identification は，子供の側の純粋な錯覚 illusion である——そして，この錯覚は，子供が母親を必要とする，そのニードに起源を持ち，子供のニードを原動力として生み出され，維持されてゆくものなのである。

ここで私は，Abenheimerの次の発言に注目する必要があると思う。すなわち，「自我の欲求［ニーズ］は，例外なく，それに対応する対象イメージ訳注2）の中に体験される」という彼の発言である。私はこの断定的な発言の中に，心理学的な問題と，哲学的，認識論的な問題とが混同されているのが見て取れるように思える。それは，神の御心という考え方以外の物質世界を認めないBerkeley神父の理論や，主観的体験以外の全ての認識を認めないDavid Humeの理論のような，哲学的思弁とほぼ同じ領域に属している。さらに，その発言の中には，外的現実はいったいどの程度まで直接的に体験し得るのかという問題が含まれているわけだが，そうである

訳注2）　ここの「image」は，Jung派の伝統に従えば「心象」と訳出するべきかもしれない。しかし，Fairbairnは，以下，文字通り「イメージ」という理解で論旨を展開しているので，ここではあえて「イメージ」という用語を取ることにした。

限りにおいて，この発言は，より厳密な意味で認識論の領域に踏み込んでしまっているように思われる。いずれにせよ，私からすれば，対象を求める欲求は直接的には体験できず，対象のイメージを媒介として間接的にのみ体験できる，とするのは独断的であるように思えるのである。我々の動物心理学についての知見からすれば，イメージを形成する能力を備えているのはせいぜい一握りの種に限られているという発想は，極めて疑わしい。まして動物というものが，総体として，相応しい対象を求める欲求を体験できないなどということはあり得ないことである。もっとも，これらの問題は，実は，私がこれまで詳細に定式化してきている内的現実という概念づけの話と繋がるものではない。というのも，私が言っている内的対象というものは，おそらくAbenheimerが誤ってそう捉えているような，イメージ**ではない**のだから。

Abenheimerが導き出している次の結論は，「内的対象」とイメージとが混同されている結果に他ならない――「内的対象を説明するためには，合体とか取り入れといった特別な行為を仮定する必要はない。対象は，全体的なあり方にせよ，部分的なあり方にせよ，はじめから内的世界に属しているのである」。すでに述べた通り，私のいう「内的対象」とは，決してイメージではない――内的対象**についての**イメージは，夢や幻想という，よくある材料の中によく認められるものだとしても。私はすでに，この論文の前の方で，「内的対象」とは「自我構造以外の心の中の構造で，自我構造が，外的現実の中である人との間に持っている関係に相当するような関係を持っているもの」であると定義した。そしてこの定義をイメージというものについて応用できるかというと，それは全く不可能なのである。私はまた，やはりこの論文の前の方で，内的対象とは，「主体が人生早期に依存した人々が持っていた情緒的な意味での重要な側面が，内的，構造的に代表されている存在」だと述べた――この点をもう少し詳しく説明するために，こう付け加えておこう。これらの内的表象は，その人自身が抱くニーズや情緒に基づいて，大幅に描き換えられたり，歪曲されたりするものだ，と。ここでのポイントは，「内的対象」とは，単なるイメージなのではなくて，こころの中に確立される特定の構造だということであり，その形成には，人生の内で最も人格形成が進む時期において，こころの経済の中の多様な目的を果たすべく自我が活動する中，パーソナルな関係がいかなる運命を辿ってきたかということが決定的な影響を持っているという点である。私は，「内的対象」の確立を導く環境や，その確立を導く動因については，以前詳しく述べたことがあるので（1952b, pp.109-110［本書第４章pp.129-130］）ので，ここでそれを繰り返すつもりはない。ただ，私がそこで述べた環境のことを考えてみれば，「内的対象を説明するためには，合体とか取り入れとかいった特別な行為」を仮定することがまさに必要だということは強調しておいた方がいいであろう。最初の対象を代表するある表象の合体，ないし取り入れは，外的現実をもっと耐えられそうに見えるようなものにしようとする動機に基づいた目的的な活動なのである。例えば，ある患者は，最近私にこう語った。「赤ん坊の時，もし母の悪いところを自分の内側に取り込んでいなかったら，私はものを食べることすらできなかったでしょう」。また，私が以前指摘した通り（1952b, p.111［本書第 4 章 p.131］），問題となる対象の表象を合体したとしても，それは単にその問題を内的現実の領域に移し替えたに過ぎず，その問題は，そこでもなお何とかしなければならないままになっているのであって，その意味でその過程は，実は，その対象が示してくる問題を解決したことにはならないということも思い出しておいて頂きたい。私はそこで，子供がここに生じる内的な問題に対処しようとする過程について詳しく触れ，その努力の中で子供が一番初めにとる技法は，もともとの内的対象を３つの，たった３つの，対象に分裂することだと考えられることを，その根拠と共に詳述した。さらに私は，内的対象を３つの対象に分裂することが，いかに，自我を３つの，たった３つの，自我構造に分裂することに繋がるかということも示した（1952b, pp.109-112［本書第 4 章，pp.129-132］，そして「補遺」での修正 pp.133-136［本書 pp.154-158］）。従って，私は，Abenheimer のさらなる結論である「自我構造の多様性を説明するために，分裂という特別な行為を仮定する必要はない」という論点を受け容れることはできない。私は，この分裂という特別な行為の存在を推定する必要があると考える理由を，もうすでに十分述べていると思うからである。ここで，もう 1 つこんな考えも浮かんでくる。Abenheimer がさらに述べていることからすると，彼は，こころというものの元来のあり方について，明らかに原子論的な考え方をとっており，従って，私も賛同しにくいし，Abenheimer 自身もはっきりと非難している Freud の理論と共通した考え方に立っているのは明らかなのである。こうした発言の一例を引いてみよう。「自我の諸要素は，一番最初から，それぞれが関係を持っているさまざまな対象によって象徴されるが，それらは統合されていないばかりでなく，お互いに葛藤していることがしばしばである」。私の概念づけの根底には，このような発言に暗に示されていることとは正反対のことが含まれている。それは，自我は，その最初の段階から 1 つの統合された構造であって，生まれつき備わっている能力ではどうにもならないほどのストレスの影響に晒される時に初めて，その統合が崩れるということである。こうした概念づけは，現代の生物科学のトレンドと合致している。そこでは，生命体は，その統合を崩す影響力がない限り，そのどの側面をとっても，１つの全体として機能する，あるパターンをもった構造体であると考えられているのである。

私がAbrahamによるリビドー発達の図式に取って代わるべく定式化した対象関係の発達についての一般図式を論じる中で，Abenheimerはこう述べている。「Fairbairnは，２つのタイプの対象関係，つまり幼児的依存と成熟した依存についてしか述べておらず，その一方から他方への移行がいかに生じるのかについては，極めて不明瞭なままである。彼は，物質的な力や男性的な力を含め，独立した力を手にしようとする傾向が，そこにおいて決定的な役割を果たすという事実，そして，独立もまた，ある対象関係の形態であるという事実を無視している」。この発言がなされた文脈を余すところなく論じるのは，あまりに大変な課題である。ただ，この発言自体について言えば，私は，幼児的依存と成熟した依存との間の移行がいかにして生じるかについては（もちろん，その成功の程度はさまざまだが），それを紐解く努力をすでにしてきたと言ってもいいであろう（1952b, pp.34-46［本書第２章pp.48-61］）。そして，これに関連した重要なポイントは，私が，幼児的依存の段階は口愛期的，成熟した依存の段階は性器期的という特徴をそれぞれ持っていると見做している一方で，Abrahamが前期肛門期，後期肛門期，および男根期と記載したものについては，この移行段階の間に**そのいずれが使われても構わないような防衛技法**が作動しているということだと見做しているという点である。これら，肛門期的，男根期的技法は，Abenheimerが「物質的な力や男性的な力を含め，独立した力を手に入れようとする傾向」と言っていることと対応しているように思われる。つまり私は，幼児的依存から離脱し，成熟した関係を持てる能力という意味での「独立」を確立しようとする努力の中で，これらの技法が果たす役割の重要性を私が「無視している」と言うのは正しくないと思う。というのも，Abenheimerが示唆しているのとは逆に，私は真の「独立」にも対象関係は含まれていると見做しているからである。もっとも私は，Abenheimerも触れている「まがいものの独立sham independence」については，肛門期的技法や男根期的技法をフル活用して作り上げられるという特徴を持っているという見解をとっている。もしそこにおいて肛門期的技法の方が男根期的技法に先立って活用される傾向にあるとすれば，それは「肛門期」の方が時期的に先行するからではなくて，子供時代の環境においては，依存から離脱しようとする子供の努力が性の領域よりも排泄の領域で先に要請されるという特徴があるからだ，と見做すのである。

Abenheimer は，抑圧と攻撃性との関係に関する私の見解について，攻撃性が抑圧の原動力であるというのはどういう意味なのか理解し難いとコメントしている。彼は，「人々が抑圧された内容について体験するのは，恐怖であり，嫌悪であり，恥であり，逃げ出したい気持ちであり，そして，ほんの時として攻撃性である」と言う。確かにそうだろう。しかし，抑圧に関する限り，人々が「体験する」ことは問題にならない。なぜなら，抑圧は無意識的な過程なのだから。むしろ，そこに含まれている無意識的な原動力が問題なのである。そして，十分に深い分析をすれば，Abenheimer の言うような恐怖や嫌悪や恥や逃げ出したい気持ちといった反応の背景には，いつも憎しみや攻撃性の要素が明らかになる。私には，このように憎しみや攻撃性が存在しているということが，内的力動的構造の積極的な拒絶を，つまり私はそれが抑圧の本態だと述べてきたわけだが，最もよく説明するものであるように思われるのである——Abenheimer 自身，このことを「基本的な洞察」と記している。Abenheimer は私が「攻撃性」という言葉を（形容詞形ではなく）名詞形で使っているのは，私が「リビドー」と「攻撃性」とをそれぞれ別の独立した「本能」として実体化することを拒否しているのと矛盾していると批判しているが，その点については，私は，これらの用語をできれば形容詞形を優先して使いたいという意味で，同意見である。ただ，言語表現上，常に名詞形を避けるのは難しい。結局のところ，合理的な思考の中では，いつも抽象名詞が本質的な役を果たしている。実際，私は，Abenheimer が今引用したところで「恐怖や，嫌悪や，恥や，逃げ出したい気持ち」について語ったという，それだけの理由で，それらを実体化していると言って彼を咎めるつもりはない。ただ，もしリビドーや攻撃性を特定の「本能」として語るのであれば，それはその実体化の謗りを免れないであろう。

Abenheimer は，私の精神病理学的分類の図式について論じる中で，なぜ私はその移行段階に特徴的な防衛技法（強迫的，パラノイド的，ヒステリー的，恐怖症的）の中に，軽躁的，ないし躁的否認を含めないのかと問う。しかし，私はすでにこの疑問に対する簡潔な答えを出している。私の著作『人格の精神分析的研究』の中から引用すれば，「もちろん，スキゾイド状態，抑うつ状態のいずれについても，それに相伴した，ある種の，多かれ少なかれ**特定の防衛**が存在しているということは心得ておく必要がある。これら特定の防衛は，その状態の背後にある葛藤の要請を受けて，というよりもむしろ，その状態そのものの要請を受けて作動する。例えば，抑うつ状態に関して言えば，**躁的防衛**をその顕著な例として挙げることができるであろう。こうした特定の防衛は，上記，**非特定の技法**（すなわち，パラノイド技法，強迫技法，ヒステリー技法，そして恐怖症技法）が，その目標，つまりスキゾイド状態や抑うつ状態が発現しないように自我を防衛するという目的を達成できなくなった時，作動することになるようである。」（1952b, p.30［本書第２章 p.43］）。

Abenheimer はさらに，私の，パラノイド技法という概念づけ，つまり，受け容れられた対象 object の内在化と，拒絶された対象 objects の外在化という特徴を持つ技法についてもコメントしている。彼によると「これは，パラノイドの発展の最終段階について述べたもので，もっと以前の，拒絶された対象が内在化される段階の方がはるかに重要であり，かつパラノイド技法に特徴的なものだと言える」と言う。ここで，Abenheimer 自身が「あらゆる精神病理学的状態において，拒絶された対象や拒絶された自我コンプレックスは，内的世界の一部分である」と言っていることを勘案すれば，先のコメントへの応えもしやすくなる。この事実から彼が推論するのは「パラノイド技法は，他の３つ，ないし４つの技法に比べて，より基本的で，より普遍的なものであるように見える」ということである。しかし，私の考えからすれば，内的世界の中に迫害する対象 persecuting objects が存在しているという，ただそれだけのことでパラノイド的な態度が形成されるわけではない。迫害する対象が内的世界の中に存在しているというのは，普遍的な現象である。そして，あらゆる精神病理学的状態の中で内的な迫害する対象の存在が最も特徴的なのは，ヒステリー状態なのである。パラノイド技法の特徴は，この状況に対処する際にとられる特定の方法，つまり，こうした拒絶された対象を外的世界に投影し，同時に受け容れた対象を内的世界に保っておくことにある。そしてこの技法が大々的にとられるようになって初めて，なるほどパラノイド的だと見える態度が展開してくることになるのである。

対象関係論に対する理論上の異議

Abenheimer の私の見解に対する理論的な批判を，この論文の紙数の中で応答できるほどに簡潔にまとめるのは，容易なことではない。ただ彼がどのように考えてその批判に至っているか，そのおおよその道筋は，２つの箇所を引用することによって示すことができるであろう。その第一は，「Fairbairn は，分析心理学が，Freud が試みたように生理学をその基礎とすることはできないということをはっきりと認識しているにもかかわらず，分析心理学は１つの自然科学であると信じ，これに応じて，一般的な自然法則と一般的な科学的理論を定式化できるよう，個人のさまざまな体験を抽象的で一般的な用語に還元しようとしている。私が主張したいのは，分析心理学は 1 つの自然科学なのではなく，むしろ……解釈を中心とした人間研究に属しているものだということであり，Fairbairn の使う一般的な用語は科学的な概念ではないということであり，従って，彼の壮大な抽象化は正当なものとは言えないということである」というものである。これに対して私は，こうコメントしておこう。私は分析心理学（精神分析）を，「1 つの自然科学」と考えているというよりも，**1 つの科学的な教義**だと考えていると言った方が正しいだろう。言い換えれば，それは，科学的な方法を駆使して正確な概念化を目指すという課題を背負うのに相応しい学問分野だと見做している。ただ，私は同時に，科学的であらんとする分析家が**物理**科学に特有な決まりきった方法を**取り入れ**ようとすることは，必要だとも思わないし，望ましいとも思わない。つまり私は，他のあらゆる心理学的研究がそうであるように，精神分析の研究も，人格や人と人とのパーソナルな関係という水準で行われるべきだと考えている。ただし，Abenheimer が私を非難しているのは，科学的だということにおいてばかりではなく，科学的ではないという点においてでもあること――「Fairbairn の使う一般的な用語は科学的な概念ではない」――は特記されよう。こうしたお互いに相容れない批判点は，今の文脈で私が Abenheimer の論文から引用しておいた方がいいと思う第二の部分にも認められる。つまりこうである。「Fairbairn は一般化に向けた抽象概念を使ったために，自身が乗り越えようとした孤高のフロイディアン的アプローチをそのまま踏襲することになってしまっている。その抽象概念は，質的な，見積もっただけの所見を，まるでそれが量的な，事実に関する所見であるかのように扱い，唯一一般的なことはそこで使われている言葉だけなのに，まるで包括的で一般的な洞察を提供しているかのように見せかけている。実際，言葉というものは，読者が意味を付与して初めて意味を持つものであり，その意味は，その言葉が現れる，その時々によって変化するものなのである」。つまり，Abenheimer は，心理学分野の中で体系的な概念づけを行うことに異議を唱えているばかりでなく，そうして生じる概念が，そういう概念特有の抽象的な性質を持っているという事実にも不服を表明しようとしているようである。しかし，私は，何よりもまず，精神病理学的な現象をよりよく理解するための包括的な概念的枠組みを用意することをこそ意図して，理論的な論文を書いてきた。そして，その結果生まれた概念的枠組みは，古典的な精神分析理論の改訂版という形をとったのである。Jung の著作には，ちょうどこれに相当するような概念的枠組みがさほど明確には提示されていない。私には，そのことが，Jung の著作の最大の弱点であるように思われるのである。

私が概念づけを進めていくことをめぐるAbenheimerの包括的な批判の中には，私が使っているある種の用語(それらの用語は私が創作したわけではないのだが)に対する，もっと的を絞った批判が含まれている。例えば，彼は，私がMelanie Kleinとその協力者たちの研究を介して理解されるようになってきた意味での「対象」という用語を私がとっていることについて，異議を唱えている。その主な論点は，（私が主張するように）主体が関係を樹立しようとしている「対象」とは人personsなのであるから,「対象」という用語は，あまりにパーソナルでなさ過ぎて適切ではないということのようである。確かに個人が関係を樹立しようとしているのは根本的に人ではあるが，情緒生活が辿る運命に導かれ，確立される，例えば乳房といった「内的対象」は，パーソナルなものではあるが人ではないということは銘記されていなければならない。その情緒生活の運命は，また，人以外の数え切れない外的世界の対象，それは生物である場合もそうではない場合もあるが，への備給にも繋がっている。Winnicott（1953）が記載した「移行対象」も，まさにこのカテゴリーに入るものである。もっとも，ヌイグルミの熊やそれに類するもの以外にも，トーテムポールのような具象的な対象もあるし，国家といった抽象的な対象もある。だから，これら全ての「対象」を含む包括的な用語が必要となってくるのである（私は，これら全てを含む,「対象」以外の用語を考えつかない)。もしAbenheimerが,読者がそこここの文脈次第で，個々別々の意味が付与されることになってしまうという理由で包括的な用語を好まないとしても，私はこれを残念に思うことしかできない。というのも，こうした包括的な用語なしに，体系化された知識を持つことは不可能であるように思われるからである。

Abenheimerはまた，私が,（Melanie Kleinから借用した）「良い」対象と「悪い」対象という区別の仕方から一歩進めて，対象を「興奮させる」対象と,「拒絶する」対象とに区分けすることを批判している。彼の批判の主眼は,こうした分類は,幼児が対象について質的に曖昧な判断しかできない，その判断の曖昧さをそのまま持ち込んできていると考えるところにあるようである。ちなみにこの批判は，私が「対象」という用語，それ自体を使うことに対して彼が唱える異議の1つ――原始的な心mindはアニミズム的なものなのだから，その主観的な側面を正当に取り扱うにしては,「対象」という言葉はあまりにアニミズム的でなさ過ぎるという異議――と一貫性を欠いているように思える。しかし，それはさておき，私はすでに「対象」という用語を使うことの正当性を立証しようとしたので，今度は，私が心理学的現象の主観的な側面に，この上もない重きを置いていることを強調する必要があるように思う。Abenheimer にとってみれば，心理学者がとり得る道はただ，（1）行動主義のような性格を持つ，純粋に客観的「科学的」な心理学か，（2）非科学的で評価的な学問，のどちらかでしかないようである。彼の目から見ると，主観的な要因に重きを置く自称科学的な心理学は，ただの「科学の模造品」に過ぎないように見えるらしい。しかし，私はこの立場を受け容れないし，むしろ，主観的な要因に十分に重きを置くことは，理論的な理解を達成する上で可能であるばかりでなく，不可欠なことであると考えている。実際，心理学においてそうしないのは，何より重要なデータを無視しているという意味で非科学的なことであろう。だから私の考えでは，対象を「良い」対象，「悪い」対象と分類することの中には，幼児の質的な判断が事実反映されているけれども，そうだからと言って，科学的な記載の中にそうした分類を含めるべきではないということにはならないのである。なぜなら，そこに記載されているのは，実際に無意識の中に存在し，そして生涯を通じて幼児的なもののままであり続ける，ある事柄だからである。言うまでもなく，「興奮させる対象」,「拒絶する対象」という概念はもう少し客観的である。しかし，内的世界においてこれらの対象が分化する，その分化の過程は，私がすでに記した通り，幼児の主観的な判断の下に実際に起きてくる過程を表わしている。その分化がこういう判断の下に生じるからと言っても，そういうことが生じるという事実に変わりはない。そして私は，科学的な正確さを期するためには，物事をそれが実際に生じる通りに記載するということが不可欠だと考えるのである。

もう 1 つ，Abenheimer がその用語を使うことに異議を唱えるのは，「関係 relation」という用語である。実際,「関係 relationship」という用語は，私がふつう以上によく使うものである。Abenheimer は,「関係 relation」とは「オムニバス的な用語」であり,「実際には何の意味もなさない」という。そして彼は，私がそういう用語を使っているということ自体，私が一方で科学的な方法をとりつつ，他方で心理学に対する Freud の原子論的なアプローチを克服しようとしていることが矛盾しているのを示すいい例だと考えている。私には，こうした異議は，あまりにも的外れであるように思われる。私は,「関係 relation」とか「関係 relationship」という用語を，それらが抽象的で包括的な用語であるようにと意図して使っている。私にとってそれらの用語は，絶対に必要な一般概念なのである。実際，私がまさしくこの一般概念こそ他のどのような概念よりも重要だと考えていること，そして同時に，それと同じくらい一般的な概念である「力動的構造」という概念をとっていることによってこそ，私の見解は古典的な精神分析理論の見解から袂を分かち，また望むらくは，心理学的問題に対する Freud のアプローチの中にあった原子論的要素がもたらす限界を克服するための手段を提供し得るものとなるのである。しかし，私が「関係 relation」ないし「関係 relationship」という一般概念を使っているからといって，もっと特定の内容を伴っている関係 relationships のことを記載できなくなってしまうわけではない。私は自分の精神構造論を定式化し，そこで「興奮させる」対象と「拒絶する」対象の概念を定式化した論文の中で，ある患者の夢を記載し，その患者が持っていた特定の対象関係について詳細な研究を行った（1952b, pp.82-136［本書第４章］）。実際，私の精神構造論は，この詳細な研究を基礎として，その上に展開してゆくことになったのである。

Abenheimer は，「Fairbairn の方法は，自然法則の発見には繋がらない」という見出しの下に，私の移行段階における４つの技法についての定式化は，「言葉の遊びに過ぎない」と批判している。私がこの４つの技法（強迫技法，パラノイド技法，ヒステリー技法，および恐怖症技法）を，「受け容れられた対象」と「拒絶された対象」，「内在化」と「外在化」という４つの要因の順列組み合わせに基づいて区別したという彼の指摘は全く正しい。そして彼は，このことを「真実であるにしてはうまくでき過ぎている」と考えている。しかし，「それが本当ならどんなにいいだろう」と言いたくなる気持ちはさておき，私は彼がこの区別が真に意味するところを把んでいないと思う。まず第一に彼は，私が，内在化や外在化の過程は本質的に無意識的なものだと考えていることを理解していないように見える――もちろんその結末は，程度の差こそあれ，意識的に体験されることになるわけだが。第二に彼は，受け容れられた対象，拒絶された対象が，本質的に内的対象であることを認識していないように見える。第三に彼は，私の記載する技法は，**技法に過ぎない**のであって，これらの対象は，それらが内的なものとして**取り扱われるか**，外的なものとして**取り扱われるか**にかかわらず，内的なものであり続けるということを十分把握していないように見える。従って，私は，Abenheimer の「たとえ外的世界の全てが迫害者だとするパラノイアの人でさえ……無意識的には，やはり内的攻撃者に満たされている」という記述には，何の問題もなく賛同できる。しかしそれでも，パラノイアの人が，ある特定の技法を無意識的にとった結果として，その内的攻撃者を，事実はそうではないにもかかわらず，あたかも外的な存在であるかのように取り扱うということに変わりはない。私はまた，「強迫の人は，その強迫をもって内的な悪ばかりでなく，外的な悪をもコントロールしようとする」という彼の記載についても，その通りだと言わざるを得ない。というのも，私が，強迫的技法において，拒絶された対象は，受け容れられた対象同様，内的なものとして取り扱われると言う場合，私が言っているのは，強迫の人は**その外的対象でさえも**，それがあたかも内的なものであるかのように取り扱う，つまり，強迫の人にとって対象の象徴となる自分の排泄物と同じように取り扱うということだからである。私は，移行期的な技法の定式化に関する Abenheimer の批判を受け容れることはできないと思うけれども，強迫や，パラノイドや，ヒステリーや，恐怖症の人についての彼の臨床的コメントは，価値あるものと考えていることも言い添えておきたい。さらに，この 4 つの技法の区別をしたからといって，それによってそのそれぞれが引き起こす精神病理学的な状態を余すところなく記載できていると主張することはまだまだできない，ということも付け加えておこう。

Abenheimer の論文の結論部分では，分析（力動的）心理学は，本質的に，解釈的，評価的な学問であること，従って，それは「人間研究に属するものであって，自然科学には属するものではない」というテーマが中心的に解説されている。Abenheimer は，こう述べている。分析的心理学は，「こころが行う行為 mental acts の内容」に関わる経験的な学問である[原注 1)]。

> （Abenheimer を引用すれば）我々が観察している主観の内容は，客観的科学的現実をそのまま表象するものでもなければ，他のあらゆる意味において科学的な何かでもない。むしろそれは，普通の，科学とは縁のない人が，主として何らかの動機づけの下，素朴に，そして自発的に状況をイメージ化したり，解釈したりしたものである。……従って力動的心理学の研究法は，諸科学における研究法よりも，歴史学や文献学といった，解釈を中心とした人間研究における研究法の方に近いのである。特に，この種の心理学の中では，実験は何の役割も果たさない。……実験の目的は，観察者が持っている主観的な要素を除外して，研究したい因果関係を取り出すことにある。だが，我々の心理学は，観察者が主観的な要素を持っているということに完全に依存しているような種類のものである。観察者は……潜在的には，自らの被観察者と同じ理由で，同じ心理内容を体験できる同胞 fellow-man であるからこそ，自分が研究する人を理解することができる。……我々の心理学は，自己と世界についての，素朴で前科学的な統覚 apperception を扱うものである。……幼児的で病的な人格を持った人は，自己と世界をアニミズム的かつ神話学的に統覚するが，成熟し健康な人格を持った人

原注 1）　もし Abenheimer が本当に，分析心理学はただこころが行う行為の**内容**にのみ関わるものだと信じているのだとすれば，彼が，私の見解のように，力動的**構造**との関連から考察された見解を十分妥当性があるものだと認めにくいのは，容易に理解できる。

> も，このやり方によってこそ全体の統一 unity を手にすることができる。力動的心理学は，こういう神話学，つまり我々が実際その中に生き，またそれを介して生きている神話学の研究である。

これほど長い引用をしたことについては弁明をしておかなければなるまい。私は，Abenheimer の立場との関連で自分の立場を言明しなければならないというのと同じ文脈で，彼が拠って立っているところを包括的に述べている箇所を引用しておくのがいいだろうと考えたのである。Abenheimer がとっている観点からすれば，私の見解への批判は，私が扱っている主題は人間研究に属しているにもかかわらず，私の方法は「その発見を科学と関連づけて提示しようとする分析心理学が必ず犯すことになる過ちを，漏れなく犯している」ということになる。私がこの批判に応えるためには，この点についての私の見解を簡潔に述べるのが一番であろう。そして私は，そういう機会が持ててよかったと思う。おそらく Abenheimer は，彼がそう認識しているよりももっと私と彼とが同意見である部分を発見することになるであろうから。

私は科学について，科学とは本質的に知的道具であって，それ以上のものではないと考えている。私は，科学が，あらゆる意味において，実際に存在するままの現実像を正確に（ほぼ正確にも）提供してくれるものと捉えてはいないし，まして，究極的な真実を明らかにするなどということはもっと少ないと思う。もし私が科学的真実とはどのような性質を持っているかを定義するように言われたとしたら，私は一言で，それは説明上の真実だ，と述べるであろう。だから Abenheimer が「主観の内容」に対峙するものとしての「客観的科学的現実」（強調は引用者）について語るのは，私にとってむしろ１つの驚きでもある。なぜなら私は，客観的現実が「科学的」なものだとは決して見做していないからである。**科学の提供する現実像とは，人間の知能の許す限り一貫し，体系的なやり方で，帰納的な推論によって得られた一般法則の定式を使いながら，科学的な観察者が最大限に情緒から距離をとり最大限に客観性を保つという条件の下，宇宙のさまざまな現象を記載しようとした，その試みの成果を代表する知的構成概念である。**心理科学に関する限り，ここに１つの問題が生じる。それは，研究対象である現象の主観的な側面は，その現象の客観的な側面と同じくらい大きな部分を占め，実際この客観的な側面よりも重要なものだという事実から生じてくる問題である。そしてこの主観的な側面は，心理学者自身の主観的な体験との関連で初めて理解され得るものである。従って，心理学者は，被観察者の体験に対するのと同様，自分自身の体験に対しても，できる限り距離をとった，客観的な態度をとるという困難な仕事を背負わねばならないのである。特に精神分析の場合，分析家は，自分自身を分析的探求の対象として，そこから最大限の洞察を得ようとする，そういう実践をその手段とすることによって，自ら最大限に距離をとり，客観性を保とうとする。だからそういう態度を身につけた分析家のコントロールの下にあれば，分析的セッションは，妥当性のある科学的実験としての要件を十分満たしていると考えることができるであろう。最近の論文で私は，私がこのように考える理由を，そして，精神分析の技法そのものが妥当性を持った１つの実験的方法だと見做せる理由を示そうとした（1952a, p.122-127［本書第 11 章］原注 2）。残された紙数からして，ここではその議論を繰り返すことはできないが，次の私の記述は思い起こして頂くといいと思う。「実験という観点から精神分析の科学としての位置づけを正しく評価するためには，まず“転移”や“内的現実”といった概念の意味が十分に理解されていなければならない」（1952a, p.126［本書第 11 章 p.300］）。ここで，これら２つの概念が，私の見解についての Abenheimer の討論の中には全く出てこないという点を指摘せざるを得ない。そして私は，彼が私の見解に対する批判をする際に拠り所としている立場は，ことに彼が「転移」という現象を無視していることによって，重大な限界を背負ったものになっていると考えるのである。

さて，随分たくさんのことを述べたので，先の私の発言，「私は科学について，科学とは本質的に知的道具であって，それ以上のものではないと考えている」というところに戻る必要があるだろう。もちろん，この知的な道具に基づいてある人生哲学を作り上げることもできる――それに，ある種の宗教を興すことさえ可能である。実際，我々の生きている時代，ことに知識階級の人々の間では，そうやって科学を身勝手に利用しようとする傾向が遍（あまね）く存在している。しかし，私はこうした態度をとる者ではない。私の考えでは，分析家は，まず科学者であるのではなく，まず精神療法家であるということに疑いの余地はない。そして，精神療法家としての役割をとるということは，厳格に科学的な態度から事実上離れてしまうことになるというのも，また同じように明らかである。前述した通り，科学に認められる唯一の価値は，**説明上の**価値である。従って，科学の立場からすれば，症状に苦しめられているより，症状がない方が「もっとよい」ということはないし，幸せであるより抑うつ的である方が「もっと悪い」ということもない。つまり，治療者としての役割

原注 2）　同様の考察は，以前，H. Ezriel（1951）によっても示されている。

をとるということは，科学が認める唯一の価値である説明上の価値以外の人間的価値を受け容れるということになるのである[原注３)]。このことは，もちろん，一般医学の領域にも当てはまることである。良い医者というのは，科学としての医学についての学識が深い人だというわけではない。たとえ現代の趨勢が，そういう想定を持った医学教育をする方向に傾いてきているにしても，である。実際，医学に精通しているからと言って，医術にも堪能だということには決してならない――なぜなら，そこでは，人間的な触れ合いが必然的に欠けていたり，医者が，患者と共にある人間的な関係の中にいることも省みず，患者を人 person 以下の何かと見ているかもしれないからである。一方ではまた，科学としての医学の知識はそれほど高いレベルにあるとは言えないけれども，良い医者だという人も多い。もっとも，科学としての医学の価値を疑う医者に診てもらいたいと願う人はほとんどいないであろう。なぜなら，科学の知識は，医者の手中にあっては，実際上不可欠でないまでも，価値ある道具なのだから。同じような状況が精神療法についても存在している。科学的な基礎を持つ心理学を手にしていても，それだけで良い精神療法家になれないのは明らかであろう。むしろ，もしそこで科学とは別の人間的価値が無視されていたりすれば，それは精神療法家としての失格要件にすらなり得るだろう。一方で，科学的な知識が全くなくても効果的な精神療法が成り立ち得るということも，歴史，とりわけ宗教史が証明しているところである。しかし，それはそうだとしても，科学的な基礎づけをもつ心理学的な説明体系は，精神療法家の手中にあっては計り知れない価値を持つ道具となる。私自身，１人の精神療法家として，こういう道具を駆使することなしに精神療法の実践をしたくはない。なぜなら，もしそうした道具を持っていなければ，まるで暗闇の中で作業しているように感じられるであろうから。こうした体系は，科学的真実が持っている妥当性を確実に身につけている。しかしそれは同時に，科学的真実が持っているあらゆる限界からも自由ではない。だから，いくらそれが有益だからと言っても，それは精神療法家の手中にあっては**単なる道具**と見做されるべきだという私の確信に変わりはない。また，そうした体系は，それ自体が好奇心を満足させる手段になり，その意味で正当化されてしまいやすいという側面を持っている。しかしそれは，いかなる純粋に科学的な価値をも超えた，人間的でパーソナルな価値に奉仕する位置に置かれた時にこそその正当性を

原注３）近年英国で公開された Bridget Boland の『囚人』という戯曲には，科学的な意味で「中立性を保つ」という精神分析の原則が，治療的目的で使われるのと同じくらい容易く，病を引き起こすような目的のために使われ得るということが，説得力豊かに表現されている。

主張することができるという私の確信にも変わりはない。私は，個人的には，対象関係と力動的構造との関連から組み立てられた心理学は，今のところ，他に手にすることのできるどの心理学にもまして，精神療法が奉仕する人間的でパーソナルな価値の実現と矛盾なく適合すると考えている。もっとも，私がそういう心理学をとるようになったのは，こうした理由からではない。むしろ，それが他のどの心理学よりも，例えば「衝動」や「本能」との関連から組み立てられた心理学よりも，事実とよりよく対応し，説明上の価値もより高いと思われるという，純粋に科学的な理由からである。そしてその上で，純粋に科学的な説明上の価値以外の価値の存在とも相対的に矛盾なく共存できると思われたからこそ，私はさらにこの心理学を推すことにしたのである。もっとも，究極的に考えれば，人間の生活のさまざまな側面は全て，最終的には何らかの調和が可能なものであろうし，少なくとも調和させ難い矛盾というものはなくなるに違いないと考える必要があるのかもしれないが。

これまで述べてきたことから私が，科学的真実にこの上なく重きを置いていること，しかし一方で，それがあらゆる意味での究極的な価値だと見做しているわけではないということを理解して頂けたであろう。実際私は，精神療法の場においては，科学的真実は精神療法が奉仕する人間的でパーソナルな価値に従属するものだと考えている。さらに私は，精神療法の援助を受けようとする患者が求めているものは，健康ではなく，むしろ救いであると考えている。私はこの考えを，意見などではなく，事実が客観的に物語っているものとして述べているのである[原注4)]。患者が求めているのは何よりも，自分の過去から，（内的な）悪い対象への囚われから，罪悪感の重荷から，そして魂の死から，救われることなのである。だから，患者が追い求めているものは，宗教を求める気持ちと酷似している。そしてそのこととの関連で私は，こんな考えを（今度は考えに過ぎないが）述べておきたい。それは，精神分析的治療は，精神分析が現代におけるよりももっと1つの宗教であった時代，そしてそれを実践する人々がそれによって人間のあらゆる問題に答えが得られると本当に信じていた時代に，もっといい治療的成果を達成していたのではないかという考えである。だから私は，Abenheimerが「幼児的で病的な人格を持った人は，自己と世界をアニミズム的かつ神話学的に統覚する」が，「成熟し健康な人格を持った人も，このやり方によってこそ全体の統一を手にすることができる」と述べる時，こ

原注4）　このことと関連して，ラテン語の「*salus*」が「健康」ばかりではなく，「救い」をも意味しているということを思い出してみると興味深い。

の主張に疑義を差し挟みたいとは思わない。ただ私は，治療過程の中で患者が治療者に対して持つ関係，もっと的を絞って言えば特定の転移状況が果たす役割を見極めようという点で Abenheimer とは違っているように思う。つまり私は，精神療法が「癒す」ないし「救う」効力を持つ，その媒介をするのが，まさにこの，患者が治療者に対して持つ関係だと確信しているのである。長期に亘る精神分析的治療について，その「癒す」ないし「救う」過程を**媒介する**要因をもっと特定して言うとすれば，それは，患者が治療者に対して持つ関係が，転移の影響の下，かつての病を引き起こした関係が反復される段階を通って，そこから新しい種類の関係へと，つまり，満足を得ることができると同時にもろもろの外的現実の環境にも適応することができるような，そういう新しい関係へと発展していくことなのである。

文　献

Abenheimer, K., 1955, Critical observations on Fairbairn's theory of object-relations, *Brit. J. Med. Psychol.* 28, 29-41

Ezriel, H., 1951, The scientific testing of psycho-analytic findings and theory, *Brit. J. Med. Psychol.* 24, 30-34

Fairbairn, W.R.D., 1952a, Theoretical and experimental aspects of psycho-analysis, *Brit. J. Med. Psychol.* 25, 122-127　［本書第 11 章］

Fairbairn, W.R.D., 1952b, *Psychoanalytic Studies of the Personality*, London, Tavistock Publications Ltd.　［本書第１～７章参照］

Jung, C.G., 1917, *Collected Papers on Analytical Psychology*, 2nd ed., London, Baillière, Tindall and Cox.

Jung, C.G., 1918a, *Psychology of the Unconscious*, London, Kegan Paul, Trench, Trubner and Co. Ltd.　［野村美紀子訳，1985，変容の象徴．筑摩書房］

Jung, C.G., 1918b, *Studies in Word-Association*, London, William Heinemann.　［高尾浩幸訳，1993，診断学的連想研究 ユング・コレクション７．人文書院／林道義訳，1993，連想実験．みすず書房］

Jung, C.G., 1928a, *Contributions to Analytical Psychology*, London, Kegan Paul, Trench, Trubner and Co. Ltd.

Jung, C.G., 1928b, *Two Essays on Analytical Psychology*, London, Baillière, Tindall and Cox.　［高橋義孝訳，1977，無意識の心理．人文書院 & 松代洋一・渡辺学訳，1995，自我と無意識．第三文明社レグルス文庫］

Winnicott, D.W., 1953, Transitional objects and transitional phenomena, *Int. J. Psycho-Anal.* 34, 89-97　（橋本雅雄改訳，2015，移行対象と移行現象．In：遊ぶことと現実．岩崎学術出版社，pp.1-34）

第 15 章

Balint, Foulkes, Sutherland のコメントに対する Fairbairn の応答

（1957）

Fairbairn's reply to the comments of Balint, Foulkes, and Sutherland, 1957, *Brit. J. Phil. Sci.*, Vol.7, 333-338

私はこれまで，いくつかの精神分析的概念づけを批判的に吟味し，私なりの見解を表明してきたが，そうした見解に関する Balint と Foulkes と Sutherland のコメントは，何をおいてもまず，古典的な精神分析理論の定式化に心から満足してはいない精神分析家たちが私以外にもいるということを示しているように思われる。短い応答という限られた紙面の中で，それらコメントに指摘された多くの問題を詳細に取り上げてゆくことはとても不可能なことである。そこで私は，少し一般的な考察をいくつか提示するに止め，それをもって私の応答に代えたいと思う。

まず一般原則として認められなければならないことは，データが得られた際の諸条件は，そのデータ自体のありように影響を及ぼすこと，従って，あらゆるデータにはある種の相対性が伴っており，それに基づいて組み立てられる理論についても同じことが言えるということである。Balint が，私の見解は，（a）分析状況一般と，（b）私個人の技法との関連においてのみ有効である，と述べるのは，まさにこの原則のことを言っているのである。もちろん，このことは，あらゆる精神分析理論について同じように当てはまる。だから，Balint の主張からすると，精神分析理論は，Hume 的な懐疑主義以外どのような態度も許されないような主観主義的なものへと還元されることになってしまうのではあるまいか。こうした態度は，言うまでもなく，普遍的，客観的な妥当性を持つ説明原理を確立するという科学の目的とは相容れないものであろう。そこで私は，これまで他に明言されたことがないことを言わなければなるまい。それは，科学の目的は，それ自体，ある限られた価値（つまり，純粋に説明上の価値）に基づく一定の限界を背負ったものであるということを，そして 1 つの治療法としての精神分析の実践には，必然的に他の人間的な価値が影響

を及ぼしており，分析のセッションはその人間的な価値ゆえに，一般に受け容れられている意味で実験状況に厳しく要請される必要条件を十分満たせなくなる可能性を孕んでいるということである[原注1)]。そしてこの観点からすれば，科学とは単に１つの知的な道具に過ぎず，それゆえ他の価値の僕（しもべ）でこそあれ，他の価値を決定づけるものではないということにもなる。だからそれは，Foulkesが少しためらいがちに示唆している科学が果たすべき役割についての見解と同じ路線にあると言えるであろう。ただここで認識しておかなければならないことがある。それは，科学を道具として用い，それによって得られる知見に少なくともほぼ普遍的な妥当性があると考えられる場合には，科学は道具としての価値を持ち得るということである。精神分析理論が目指さなければならないのはこうした妥当性なのであって，Ezriel[原注2)]や私自身[原注3)]が示そうとしたのは，分析状況の性質は，決してこうした方向性が実現不可能なものではないということなのである。ただ私は，Balintの主張する原理について言えば，オーソドックスな分析状況に備わっている諸条件（例えば，一般に行われているように，患者がひとりカウチの上に横になり，分析家は患者からは見えないところにいて，距離をとった態度をとっていること）は，Balintの考えているのとは全く違った影響力を持っていると考えている。つまり，認識されるべきは，患者はまさに患者だという意味で，子供時代に深刻な剥奪を味わってきた歴史を想定することができるであろうから，患者が分析状況にやってくる段階で，患者の内にはすでに対象関係を求める気持ちがとても強く存在しているということであり，オーソドックスな分析状況の諸条件は患者から分析家との対象関係を深刻に奪い取ることになるのだから，それによってその患者がもともと被った剥奪の外傷が再生されることになるということである。人為的に作られた現実は，こうして，観察されたデータの中に入り込んでくることになる。ただこの人為的に引き起こされる外傷は，Balintの主張とは逆に，患者の持っている対象関係を結ぶ能力を傷つけ，(Sutherlandが指摘している通り）患者の内にWinnicottが注目しているような「退行的な」現象を積極的に引き起こし，そうして患者が防衛技法としての快楽原則や

原注１）　W.R.D. Fairbairn, 1955, Observations in Defence of the Object-Relaions Theory of the Personality, *Brit. J. Med. Psycho*, 28, 154-156　［本書第14章］

原注２）　H. Ezriel, 1951, The Scientific Testing of Psycho-Analytic Findings and Theory, *Brit. J. Med. Psycho*, 24, 30-34

原注３）　W.R.D. Fairbairn, 1952, Theoretical and Experimental Aspects of Psycho-Analysis, *Brit. J. Med. Psycho*, 25, 122-127　［本書第11章］

一次過程に頼るように仕向ける効果を持つことになるのである[原注4)]。

オーソドックスな精神分析的方法が，対象を求める現象をではなく，快楽を求める現象を過度に重視することになっていったのはこうした事情によるものである。もちろんこうした限界性は，Foulkes が触れているような小集団の分析をするという場合には当てはまらない。

Balint は，ドイツ語の「快 Lust」と，英語の「快 lust」のそれぞれの意味をその語源から明確にしているが，そのことにも簡単に触れておかなければならないでろう。というのも彼は，もし Freud の英訳者たちが「リビドー」の代わりに「快 lust」という用語を用いていたら，私はリビドーは対象を求めているという見解には到達し得なかっただろう，と述べているからである。このことへの応答としては，私の見解は概念に関わるものであって，それを記載するための用語に関わるものではないということだけを言っておけばいいように思う。ただ，これに関連して触れておいた方がいいだろうことがある。それは，Balint は私がもともと 1941 年に発表した論文[原注5)]の中での定式化に言及しているのだが，今や私は，その後の私自身の見解の発展を踏まえて，対象を求めているのは（リビドーではなくて）人であり，**人はリビドー的である限り**対象を求めている，と言った方がいいと考えているという点である。このように言い直すのは，私が上述の論文の中で批判しておいた本能の実体化を，徹底して回避することができるようにするためである。ただ私は，心の経済の中で，快楽がいかに重要な役割を果たしているかを決して無視しているわけではないということは付け加えておかなければならない。問題は，快楽が独特な役割を果たすということである。私の主張は，ある種の条件の下では快楽が「目的」になることは間違いないけれども，快楽が本来持っている自然な機能は「手段」としての機能だということなのである。

Foulkes は，「Freud にとって**本能**とは，物理化学的な側面と，精神的な側面との両方を持った，境界的な概念であった」という。彼が指摘しているこの事実は，とても重要なポイントだと考える必要がある。周知の通り Freud は，心理学者になる以前，神経生理学者であった。現代の精神病理学という科学は，精神疾患という現象について満足のいく理解と説明とが得られるのは心理学的な見地をおいて他にな

原注 4）　私は，最近，快楽原則と一次過程とは，心的活動の基本形態などではなくて，本質的に，上記本文に示されたような，非特異的な性質を持った防衛技法である，と結論している。

原注 5）　W.R.D. Fairbairn, 1952, *Psychoanalytic Studies of the Personality*, London, pp.31-32［本書第 2 章 pp.44-45］

いという Freud の洞察が，いかに実り多いものであったかを示している。にもかかわらず Freud 自身は，そうした現象について，最終的には生化学的な基礎づけを持った説明ができる時がいつか来るだろうという希望を最後まで棄てることがなかった。この見解の二重性（その両価性は言うに及ばず）によってこそ，多くの Freud の概念の中に満足し難い性質が残ることになってしまったと言えるに違いない——それが特に際立っているのが，快楽原則とか，本能とか，また，精神構造の中の一要素としてのエスといった概念である。つまり Freud は，神経生理学的な基盤を棄て切れなかったがゆえに，心的エネルギーの源をこころの外にあるものとして扱うことになり，こころに属するものなのかどうかも疑わしい存在としての「エス」を想定することになったのである。私がエネルギーを構造から切り離していると批判した，その批判の究極的な意味はここにある。そして私が「力動的構造」という概念を立てたのは，その問題を克服するためだったのである。もし心理学が真摯に1つの説明体系であろうとするのならば，心的なエネルギーは元来こころの中に備わっているものだと考えられなければならない。また，そのこころとは，このエネルギーが元来備わっている1つの構造だと考えられなければならない——（「自我」という形での）心的構造は，Freud がそう考えていたような，生体内に発する生化学的なエネルギーと，環境を媒介するものとの相互的な軋轢の産物ではないのである。Foulkes は，Szasz の見解を支持しつつ，Szasz からこんなふうに引用している。生物学的概念と社会的概念とは実は相容れないものではなく，それらは実り多い形で結合され得るであろう，と。しかし私は，ある科学に属している説明原理を他の科学の中に持ち込んでくると，考えの筋道は決定的に不明瞭なものになってしまうと主張したい。心理学が本来目指している目的とは，人間の行動や体験を厳密に精神的な見地から説明することにある。そしてこの目的を達成しようとするのなら，心理学的な説明に用いられる概念は全て，もっぱら心理学的なものでなければならないのである。Freud がブレを起こしていないところで，その無意識的な精神過程の記載は，この必要条件を満たしている。だが Freud の概念は，その多くが，正確には心理学的なものではない。Foulkes が指摘している通り，Freud の概念の中には，実は架空のものを実体化してしまっているものもある。例えば，本能という概念がそれである。そしてもっとよくあるのは，心理学的な概念づけの中に，生物学的，ないし生化学的なものが混ざり込んでしまってきているという場合である——そのいい例として，「現実神経症」という概念づけを挙げることができる。さらに私には，心理学的に探求されるべき対象は，生体ではなく，人 person であるというのが独立した科学としての心理学の公理であるように思われる。私は以前，まさにこの考えに基づいて，「あらゆる心理学的研究がそうであるように，精神分析の研究も，人格や人と人とのパーソナルな関係という水準で行われるべきだ」[原注6]という見解を述べた。私が力動的構造の理論を立て，対象関係を中心に据えた人格の対象関係論を練り上げていったのも，この見解を実のあるものにするための試みなのである。実は，この後者の方の理論は，他ならぬ Freud が，超自我という概念づけをする中に創始したものであることは言うまでもない。そして，Melanie Klein の内的対象という概念づけによって，この理論は次の段階へと発展させられた。その一方，力動的構造という概念づけの方は，Freud によるさまざまな定式化の中にほとんど生きていない。実際 Freud は，最終的に「自我本能」論を棄ててしまい――Foulkes はこの理論がその片鱗だったと指摘しているが――自我は，こころの外側から，衝動によって攻め立てられるという見解をとることになったのである。こうして，自我の衝動はもともとその自我とは相容れないものだとか，本能はそれが属している人格とは本質的に相容れないものだとかいった，おかしなことが起きて来てしまった。実際のところ，Freud が記載した「自我」は，実は表向きの自我 façade-ego であって，その自我が存在できるかどうかは，抑圧やその他の防衛にかかっているとさえ言うことができるようなものであろう。Sutherland は，日常用語を用いた Winnicott の「偽りの自己」と「真の自己」という最近の定式化[原注7]に触れているが，それは大変適切な言及である。Winnicott は，彼の記載している複数のケースにおいて，「真の自己」がやっとのことで現れてくるまでには，「偽りの自己」が解消されなければならない（そこにはそのために生じる退行が伴うことにもなる）ということを見出した。私自身，これに類似のケースはよく経験しているところである。言うまでもなく「偽りの自己」は，Freud の言う「自我」に対応している。しかし「真の自己」は，Winnicott は Freud の精神構造論を何ら修正を加えることのないまま受け容れてしまっているけれども，その Freud の理論の中にはどこにも位置づけることができない構造である。これに対して，「真の自己」という Winnicott の定式化は，Sutherland が指摘している通り，私が Freud の理論に代わって提出し

原注6）　Fairbairn, 'Observations……'，前掲文献，p.151　［本書第14章 p.345］

原注7）　D.W. Winnicott, 1955, 'Metapsychological and Clinical Aspects of Regression within the Psycho-Analytical Set-Up, *Int. J. Psycho-Anal.*, 36, 16-26　［岡野憲一郎訳，2005，精神分析的設定内での退行のメタサイコロジカルで臨床的な側面．北山修監訳，小児医学から精神分析へ．岩崎学術出版社，pp. 335-357］

た精神構造論[原注8)]の中では，「リビドー的自我」と記載したものとよく対応しているのである——このこととの関連で，「衝動」とは，自我構造の活動の顕われと考える以外，心理学的には意味を持たないということを付け加えておこう。その他，今の段階で言えることは，次のことである。Foulkesは，「エネルギー」という抽象概念は，「固着」とか，「置き換え」とか，「昇華」とか，「リビドーの撤収」とかいった説明概念を支えているという意味で有効なものだというけれども，私は，そうした概念は，力動的構造論や，人格の対象関係論との関連でこそ，もっとずっと大きな意味を持った形で定式化し直すことができると考えている。さらに私は，Foulkesが然るべく重視している自己破壊的な現象の意味は，彼が述べているような抽象的な「欲動」との関連ではなく，ある内的な自我構造が，他の内的な自我構造に向ける能動的な攻撃との関連でこそ，もっともよく理解できると考えている——そして私はそのありようについて，すでに以前述べている[原注9)]。

最後に，私がFreudのそれに取って代わるものとして提出した精神構造論の中で考えられている自我構造に関するSutherlandのコメントに応えておこう。Sutherlandによれば，私の言うリビドー的自我，および反リビドー的自我は，「少なくともある患者たちにおいては，予想以上に高度に体制化されているという印象を受ける」。そして彼は，例えば重症ヒステリーの人の場合，その反リビドー的自我は，数個の能動的な下位構造から成っている（ないし，ともかくもそういう下位構造を包含している）ように見えるという。そして，この主張の裏づけとして，リビドー的役割を担っている一方の親に同一化すると，もう一方の親のイマーゴから内的に迫害されることになるというケースにおける役割の逆転を例に引いている。しかし，この場合，通常は迫害者としての役割を担っている**反リビドー的自我が，自らの**役割を反転しているというのが正しいと言わねばならない。変わったのは，反リビドー的自我が同一化する内的対象の方なのである。従って，Sutherlandが引用している例が裏づけることになるのは，私の理論に言う内的対象の方が体制化の度合が緩く，そこにいくつかの下位構造が包含されているに違いないということである。実際私は，内的対象とは複合的な構造から成るものだという提言に何の異議もない。いや，むしろ，そうなっているというのが私の主張だと言えよう。私の考え

原注8）　W.R.D. Fairbairn, 1952, *Psychoanalitic Studies of the Personality*, London, pp.94-119［本書第4章pp.113-140］; and 1954, 'Observations on the Nature of Hysterical States', *Brit. J. Med. Psychol.*, 27, 107-109　［本書第8章pp. 210-213］

原注9）　原注8）に示した通り。

ている内的対象とは，母親的な要素と父親的な要素から，その割合や統合度はさまざまではあるが，成り立っているようなものである。さらにこれに関連して言えば，内的対象は，病因的な条件の下では統合が乱れる方向に変化し，治療的な条件の下では統合が促進される方向に変化するのであろう。しかし，重症の統合失調症の場合は例外だが，内的対象の統合が乱れたとしても，それが，私の言う，興奮させる対象，拒絶する対象，そして理想対象という区別（最低限，それぞれの布置のあり方）までもが意味のないものになってしまうということは滅多にないであろう。こうした内的対象に比べれば，私の言う自我構造３つは，もっとずっと明確に体制化され，分化しているという特徴があるようである――それは単に，それらが対象構造ではなく，自我構造であるからこそそうなっていると言えるのかもしれない。実際，臨床経験に照らしてみると，反リビドー的自我以上に，それとしてがっちり体制化されている構造は考えにくい。そして，私たちは，抵抗というものがいかに根強いものであるかということ，そして最も分析向きの人においてさえも特徴的にそうであるということについての説明を，何よりもこの事実に求めなければならないのである。一般原則として言えば，リビドー的自我の方が反リビドー的自我よりも体制化の度合いは緩い。このことには疑いがない。しかしリビドー的自我が，興奮させる対象や，自ら選び取った満足の求め方にあくまでもしがみつく，その頑固さは，リビドー的自我もまた，反リビドー的自我とまではいかなくても，ガッチリと融通がきかない形で体制化されていることを示しており，このことがまた，抵抗に恐るべき貢献をするのである。Sutherland が言及しているような体制化の緩さが最も見出されやすいのは，中心的自我においてである。そして，彼が引用している，自分が何者なのかわからないと訴える重症ヒステリーの人たちの言葉は，中心的自我の体制化の緩さによるものと考えなければならない。実際，こうしたケースにおける中心的自我は，リビドー的自我や反リビドー的自我に比べてみると，その２つの自我の抑圧を行使する機能以外には，ほとんど何も残されていないということがしばしばである。そしてこの抑圧とは，結局のところ，否定する機能でしかないのだから，こうした患者達が自分の同一性についての疑いに苛まれたとしてもそれは少しも不思議なことではないのである。

第16章

人格の対象関係論概観

（1963）

Synopsis of an object relations theory of the personality, 1963, *Int. J. Psycho-Anal.*, Vol.44, 224-225

私は，これまで多くの方から頂いたお申し出にお応えすべく，私がこの20年の間に展開してきた理論的見解について，簡潔に概観したものを用意した。以下の通りである（参考文献を参照されたい）。

（1）自我は出生時から存在している。

（2）リビドーは自我の１つの機能である。

（3）死の本能というものはない。攻撃性は，挫折や剥奪に対する１つの反応である。

（4）リビドーは自我の１つの機能であり，攻撃性は挫折や剥奪に対する１つの反応であるのだから，「エス」といったようなものはない。

（5）自我は，従ってリビドーは，根本的に対象を求めている。

（6）子供が体験する最初期の，そして，全ての起源となる不安は分離不安である。

（7）対象の内在化は，子供が，自分のもともとの対象（母親とその乳房）が満足させてくれないものである限りにおいて，その対象に対処するために採用する防衛手段としてスタートする。

（8）対象の内在化は，口愛的に対象を合体する幻想の産物に過ぎないわけではなく，１つのはっきりとした心理過程である。

（9）内在化された対象の２つの側面，すなわち興奮させる側面と挫折させる側面とは，自我によって，対象の中核部分から分裂・排除され，抑圧される。

（10）こうしてここに，２つの抑圧された内的対象，すなわち興奮させる（ないしリビドー的）対象と，拒絶する（ないし反リビドー的）対象とができ上がる。

（11）内在化された対象の抑圧を受けない中核部分は，理想対象，ないし自我理想ということができる。

(12) 興奮させる（リビドー的）対象と拒絶する（反リビドー的）対象とは，もともとの自我からの備給を受けており，それがゆえにその抑圧には，それぞれに備給を行っている自我の部分の抑圧が伴うことになる。そして，そこに，自我の中心的な核（中心的自我）が抑圧されずに，いや，抑圧を執り行うものとして残ることになる。

(13) その結果，内的な状況の中では，もともとの自我が３つの自我に分裂されてゆくことになる――理想対象（自我理想）に結びついている attached 中心的（意識的）自我，興奮させる（ないしリビドー的）対象に結びついている抑圧されたリビドー的自我，そして拒絶する（ないし反リビドー的）対象に結びついている抑圧された反リビドー的自我，である。

(14) この内的状況は，基本的なスキゾイド的なポジションであり，それは，Melanie Klein が記載した抑うつポジションよりももっと根源的なものである。

(15) 反リビドー的自我は，拒絶する（反リビドー的）対象に結びついているために，リビドー的自我に妥協のない敵対的な態度をとるが，そのことは中心的自我がリビドー的自我を抑圧するのを強力に後押しすることになる。

(16) Freud が「超自我」と記載したものは，実は，（ａ）理想対象，ないし自我理想，（ｂ）反リビドー的自我，（ｃ）拒絶する（ないし，反リビドー的）対象からなる，複雑な構造体である。

(17) これらの考察は，本能やその運命との関係という観点とは違って，対象関係という観点から観た人格理論の基礎を成すものである。

文　献

Fairbairn, W.R.D., 1952a, *Psycho-Analytic Studies of the Personality*, Tavistock

――, 1952b , Theoretical and experimental aspects of psycho-anlysis, *Brit. J. Med. Psychol.*, 25. ［本書第 11 章］

――, 1954, Observations on the nature of hysterical states, *Brit. J. Med. Psychol.*, 27. ［本書第 8 章］

――, 1955, Observations in defense of the object-relations theory of the personality, *Brit. J. Med. Psychol.*, 28. ［本書第 14 章］

――, 1956a, A critical evaluation of certain psycho-analytical concepts, *Brit. J. Philos. Sci.*, 7. ［本書第 12 章］

Fairbairn, W.R.D., 1956b, Considerations arising out of the Schreber case, *Brit. J. Med.*

Psychol., 29. ［本書第９章］
——, 1957, Freud, the psycho-analytical method, and mental health, *Brit. J. Med. Psychol.*, 30. ［本書第 13 章］
——, 1958 , On the nature and aims of psycho-analytical treatment, *Int. J. Psycho-Anal.*, 39. ［本書第 10 章］
Guntrip, H., 1961 *Personality Structure and Human Interaction*, London Hogarth

解題――Fairbairn理論の臨床的意義についての一考察

栗原和彦

Ⅰ．はじめに

Fairbairnが存命中，その「対象関係論」に対して最も手厳しい批判を浴びせたのはWinnicott & Kahn（1953）[1)]であろう。感情的とも言えるトーンの中で語られているその批判の中心にある思いは，こんなふうに要約することができるように思われる。“我々は，Fairbairnの臨床的な直観的センスを評価し，その示唆から多くの重要な構想を導くことができると思うけれども，彼がFreudに「取って代わる」ものとして提出している「対象関係論」は，(「残念なことに！」) いわばその独りよがりの野心に彩られ，多くの問題や矛盾を孕んだ不完全な造りものであり，とてもFreudに取って代わるほどの実り多き大地になり得るような代物ではない。”

Fairbairnは，この批判に，ついに直接答えることをしなかった。その事実は，本書第4部に掲載の各論文から滲み出る“頂いたコメントには誠実に応える”という彼の真摯な姿勢からすれば，むしろ奇妙なことと言えるかもしれない。確かに，Winnicottらの批判は，極めて総括的な視点からなされており，その言い方も，いわば有無を言わさぬ説伏に近いものがある。ただ私は，Fairbairnがこの批判に無関心であったとは到底考えにくい。むしろ，Fairbairnが1952年の著作集（以下，論文集）以降に発表していった諸論文の中には，言ってみれば，いつもどこかで彼らの批判に応えようとする心意がついて回っていたのではないかとさえ思えるのである。実際，本書第2部以降の各論文を見て頂ければ，彼が，Freudに取って代わろうとしたのではなく，その理論を，より臨床的に有用な道具となるもの，そして，理論としての一貫性を持ち，科学の名に相応しいものへと練り上げようとしたに過ぎないと述べていることがわかって頂けるであろう。また，彼自身，その理論の不

1） Winnicott, D.W. & Kahn, M.M.R., 1953, Book review: Psychoanalytic Studies of the Personality by W.R.D. Fairbairn, *Int. J. Psycho-Anal.* 34, 329

備についてはいつも意識しており，妥当かつ必要と思われた修正を加えることにはきわめて開かれた態度を持っていることも看て取れるであろう。つまり，こうしたことが，Fairbairn の，Winnicott たちに対するいわば静かな応えであったようにも思えるのである――Fairbairn は，Winnicott が発表していった「移行対象」論や，「真の自己・偽りの自己」論に公平な関心を向けている。このことは，彼の「野心」という批判の文脈からすれば，むしろ不自然にさえ感じられる。つまり，Winnicott たちが，Fairbairn の思い上がりと捉えたものは，実は逆に，英国の精神分析学界の中央にあって，「資格取得」をにらんだ 10 年以上に亘るトレーニング，そして，それに伴う人間関係の確執の中に身を置いていた彼らが抱いていたであろう，彼らの側の鬱屈の裏返しという側面もあったのではなかろうかとさえ思えるのである。

Fairbairn は，本書第 1 部に掲載した一連の論文（これが論文集の核を成している）の中で，その「対象関係論」の骨格を作り上げるところまでを示している。そこまでのところに関する限り，つまり 1952 年の時点では，確かにその作業に夢中になっている彼が感じ取られるかもしれない。だが，それ以降の論文は，その自分の辿ってきた道を振り返りながら，その真意を明確にし，同時にその「結論」を推敲し続けている彼がいる。そこでは，その真意は，Freud を超えることにあったわけではないことが明確に示されている。自分はどこを問題にしてきたのか，それはなぜなのか，そうしたことについての彼の論考を踏まえてみれば，彼の理論が，例えば人間の精神生活一般を説明しようとするような，いわば理論のための理論ではなく，もっと，実践上有用な「臨床的な道具」を目指していたものであったことが見えてくるはずである。

言い換えれば，Fairbairn が一貫して何よりも大切にしていたのは，臨床のための道具としての理論の整備であって，この点について，彼の中でのブレは，基本的に起きていない。彼は臨床的に体験した，戦争神経症や，今で言う児童虐待のケース，そして，精神分析を求めて開業の相談室を訪れるクライエントたちとの経験の中で，その人たちが囚われている現状から脱却するためにはどのような援助が必要なのかをずっと考えていた。彼の図式や理論は，あくまでそうした臨床家としてのスタンスの中から生まれたものなのである。

そこで，この解題においては，通常「解題」で取り上げられるような，Fairbairn 理論が精神分析の世界に与えた影響力のことだとか，Fairbairn をめぐるその後のさまざまな講評や総括を展望するといった，より理論的なところに軸足を置いた考察ではなくて，彼の理論が，臨床的にどのような公益をもたらすことになるだろうかという点を中心に考えてみたい。臨床に密着した，臨床的に意味のある道具をこそFairbairn は目指していたのだし，逆に，彼の理論がそのような形になった臨床的な必然性が少しでも明確にできると考えるからである。

ただ，こうした考察は，もしかすると，全く違った解釈の可能性を残すかもしれない。だから，この解題は，その道の権威による啓蒙的な解説というよりは，一臨床家による 1 つの試論と理解して頂いた方がいいであろう。この意味で，この解題に Fairbairn 理解の一般的なガイドラインを期待される方は，この部分をあえてスキップして頂いた方がいいかもしれない。この解題は，あくまで Fairbairn 理論の背後にある，なかなか表に出ない臨床的な“本音”に迫ろうとする試みであり，本書全体から見れば，いわば応用編である。こうした意味で，読者諸氏には，まずは Fairbairn の述べるところを味わってみて頂きたい。その上で，この解題を，1 つの Fairbairn 理解の刺激材料として使って頂ければ幸いである。

II．「人はリビドー的である限り対象を求めている」

A．命題の成立

Fairbairn の主張は，いくつかの命題に集約することができるだろうが，臨床的に最も重要なのは，「人はリビドー的である限り対象を求めている」という認識だと言えるであろう――Fairbairn は，かつて「リビドーは（快楽ではなく）対象を求めている」というテーゼからスタートした（1941）。だが，「リビドー」の実体化を嫌って，後年，標記のごとくこの公理を修正した（1957）。もちろん，この認識は，古典的な理論の根底を揺るがすものであり，それに応じて古典理論の究極的な改編の提案へと繋がっていくことになるわけだが，ここではあくまで臨床的な視点から，そういう理解を基本に据えることによって導かれる，基本的な人間観と，治療的な作用について考えてみたい。

そもそも Fairbairn がこの命題に行き当たったのは，どのような現象からだったのか？――それは，一言で言えば，古典理論に言う抵抗という現象からであった。つまり，彼が体験したのは，戦争で受けた外傷的な体験の残像からいつまでも逃れられない兵士たちであり，虐待という現実の中にあっても，その外傷的な親をこそ求め続ける子供たちであり，意識の上では「治療」を望みつつも，その心の在り方への介入には頑なに心を閉ざすクライエントたちであった。

ただ彼は，こうした一見不合理で，自虐的にさえ見える現象を，禁止された（とりわけ，罪深い）欲求を断念することへの抵抗という側から捉えることには，合意できなかった。問題を，そうした道徳的マゾキズムのレベルに集約してしまうのは，臨床的な現実とうまく合致しないし，何より治療的な進展を生み出さないという観察をしていたからである。そこで彼は，M. Klein の「内在化された対象」という概念を援用しつつ，そこで生じているのは，「悪い対象」，あるいはその「悪い対象」との関係をいつまでも手放せないということであり，その悪い対象との分離不安，あるいはその悪い対象への愛着こそが，この現象を本質的に支えている動機であると考えた。そして，古典的に「リビドー」と捉えられたものは，実は自我としてのステイタスを持ったものだという理解の下，それを「リビドー的自我」として理論づけ，その自我が，病理を発呈させるような悪い対象との関係の中にいて，その自我－対象のユニットの抑圧が弱体化する中で，その悪い対象関係が現実世界の対象関係の中に“戻ってきている”のだという理解を示したのである――こうした理解からすると，彼が「リビドー的自我」の相方となっている対象を「興奮させる対象」と命名したことは極めて興味深い。「興奮させる対象」とは，いわば，焦らしたり，やきもきさせる形で欲求を刺激し続ける一方で，それしかしない，つまり，欲求を満足させることは決してしない対象である。その対象との関係における自我は，いつも欲求を掻き立てられており，その分だけ，いつも求めている／不満足な状態に置かれている。いや，だからこそ，その対象を求め続けることになるのだし，その悪い対象を手放すことができなくなることになる。Fairbairn は，Freud が，“無意識を最も捉えやすくするため”に工夫した自由連想法の構造は，まさしくこの抑圧された対象関係の発現を促していることを理解した。つまり，伝統的な自由連想法におけるセラピストは，そこに居るのに，触れることも，見ることさえできない存在であり，「セラピスト」であるにもかかわらず，一般の治療者のように具体的な介入は“何もしない”ことになっている（時によっては，“「分析家」は「セラピスト」とは違う”という隠れ身さえ用意されている）のである。クライエントは，助けを求めて訴えるが，セラピストは，具体的なレベルではそれには応えない。クライエントは，ますます「興奮させ」られ，そこにその抑圧された関係が呼び醒まされることになるからである――Fairbairn は，後年，カウチを使ったこの自由連想法の設定は外傷的過ぎるとして，カウチを棄ててしまうのだが，その経緯については，後に触れよう。

さて，話を「人はリビドー的である限り対象を求めている」というところに戻そう。この命題を理解するのに，もう 1 つ重要な側面がある。それは，彼が「反リビドー的自我」と呼ぶ――1944 年の段階では「内的妨害者」と命名していたが，1954

年になってその修正を明らかにする――心の中の拒絶的，抑圧的な存在のことである。「反リビドー的自我」は，自らが愛着を向けている「拒絶する対象」の特質に倣って，リビドー的な欲求や活動を拒絶・禁止しようとする。それは，社会適応を助ける側面を持ちつつも，とりわけリビドー的自我にとっては“全否定”的な機能を持った存在であり，こうして「中心的自我」による「リビドー的自我」の抑圧を背後からサポートする形になっている，と考えられている（p.379 参照）――つまり，この「反リビドー的自我」の持っている対象関係は，より深く抑圧されている「リビドー的自我」の持っている対象関係に先立って表立ってくるものであり，「悪い対象の回帰」は,「興奮させる対象」よりも「拒絶する対象」の方が先に表面化することになる。この内的な拒絶は，Freud の考えた「超自我」の機能と大きく重なるところを持っているが，Fairbairn の図式の中では，内的対象と自我との関係は，Freud が考えたような敵対的なものではなく，むしろ，もっとリビドー的なものの方が主流を占めている。そして，重要なことは，この拒絶的な自我でさえ，実は，その（悪い）対象との愛着関係の中にあって，その対象を求め続けているということである。実際,「反リビドー的自我」にとってみれば，拒絶もまた関心＝愛の証であって，その地平に立つ「反リビドー的自我」自身，この愛着関係を手放すことには著しく抵抗する。Fairbairn は，こうして抵抗が多層的に生じているものであることを明確にしつつ，その本態は，リビドー的な要素（悪い対象への愛着）によってこそ生じていること，つまりそこに，“愛するがゆえに，必要とするがゆえに，（悪い対象との関係を）手放せない”という公理を抽出したのである――時に彼の理論では「良い対象」の治療的位置づけが不明確であるという指摘がなされることがあるが，彼は，人格の統合を司り，意識との連続性の中にいる「中心的自我」が関係を持っている「理想対象」の中に，その「良い対象」を見ている。そして，重要なことは，この自我もまた，やはり幼児的同一化を基盤にした愛着関係の中にいるという彼の理解である。この意味で，Fairbairn はセラピストとクライエントとの間に生じる現実の良い関係をとりわけ重要視し，その依存関係そのものの成熟していくことが「悪い対象」関係の転移を持ち堪え，それを解明し，その「閉ざされた」世界に風穴を開け，そうしてそのクライエントがより現実的な関係に開かれる基礎となるものだと考えている。

B．転移関係に託される想いとしての対象関係

従来，わが国では，Fairbairn の言う「対象希求性」の理論は，たとえ一見対象を求めていないように見える精神病レベルの人たちでも，また，本当に他者と触れ合

うことを忌避しているような，いわゆるスキゾイド系の病理を持つ人たちでも，実は「対象を求めている」のだ，その意味でセラピーの可能性があるのだという理解に傾きがちであった。だが，彼の言う対象関係は，基本的にもっと内的な対象関係の方に焦点がある。つまり，彼の理解によれば，たとえ著しく内閉的な人であっても，それは単に（自己愛的に）「自己完結」しているのではなくて，それ自体が，内的対象関係の中に埋没しているということを意味している。そこには，その内的対象との間に著しい愛着関係があるのであって，ただ，その愛着関係がより未分化な同一化を基礎にした幼児的依存に基づくものである分だけ，自我と対象とが分化して見えづらいに過ぎないのだということになる。そして，このことは，基本的に，転移の中にいる人についても言えることである。つまり，転移とは，程度の差こそあれ，外的な対象関係の中に内的な対象関係を見，その内的な対象関係に色づけされた認知に支配されている状態を意味している。Fairbairn は，セラピーの中では，その転移が，セラピストとの現実的な良い関係の保障の上に成り立つことこそが重要であるとし，このセラピストの良い対象としての役割を重視した（これは，のちに Bion が containment と呼び，Winnicott が holding environment と呼んだ発想と比することができる認識であろう）。ただ,転移関係のワークスルーという側からすると，彼の発想は，その悪い対象を手放すこと，断念するよりも，クライエントが囚われている，その内的対象への囚われそのものが，その悪い対象をこそ求めている，いや，求めて来ざるを得なかった，そのいきさつを了解することによって，その内的な対象関係の抑圧を軽減するという方向を目指している。そして，そのいきさつの共感こそが，転移に支配されているところから，もっと現実的な関係を持てる方向への移行を保障する現実的な良い関係の基礎を提供してくれるのである。

つまり，転移とは，こうしたやむにやまれぬ思いの渦中にあって，その身動きの取れなさから何とか脱しようとする努力の中でこそ生じるものであって，このやむにやまれなさへの共感がなければ，その渦中にいるクライエントの想いを理解し，クライエントがそこから一歩を踏み出すための援助をすることは難しいのである。転移の解釈は，単に図式的な再構成では，臨床像に変化をもたらすほどの効果を持たない。それは，知的な“お遊び”であり，知的なレベルでの自己満足しかもたらさない。Fairbairn の捉えた「人は対象を求めている」というテーゼは，このやむにやまれぬ情緒への共感の道を拓き，クライエントが外界に開かれた真の自由を手に入れてゆく過程で，乗り越えなければならない課題の核心を示しているとさえ言えるであろう。

では，こうした逆説は，人のこころの中にいかに導かれることになるのか？――Fairbairn はこのことを，乳幼児をめぐる養育環境に不可避的に内在する“矛盾”に求めた。すなわち，人は，生まれてすぐの段階から，現実に「悪い対象」に直面せざるを得ないという事実である。それは，一方では養育者の側が背負っている，しばしば不可避的な限界のゆえであり，もう一方では，乳児の側が背負っている，種としての生物学的な限界，つまり，究極的に言えば，乳児は一人では生き延びられないという現実がゆえに生じてくる。前者は，養育者の側が乳児に抱く思いや，それに基づく乳児への態度，さらにはその養育そのものをサポートする環境によって大きく左右される――にもかかわらず，乳幼児の側からすれば，例えばそれが仮に客観的に見てどのように「悪い」環境であったとしても，それが唯一自分に用意された養育環境なのであり，それが「親」のありようなのである。つまりそこには，後に客観的に判断される良し悪し以前のレベルで，愛着を形成せざるを得ないのである。

ただ，もしこうした養育環境をめぐる要因や，養育者自身に著明な偏りが認められない“健全な環境”であったとしても，乳児と養育者との間には，必ず何らかの不協和が生じるのは避けられない。というのも，単純なことだが，乳児と養育者とは別の存在だからである。この厳然とした事実は，しかし，実は極めて大きなインパクトを乳児の心の発達に残すことになる。乳児は，必然的に，“そこにあるのに与えてもらえない”おっぱいに出会い，“求めても（ピッタリ）返してくれない”，いやむしろ，“拒絶する”お母さんに出会うことになるからである。そして乳児は，自ら生き延びるためには，たとえそういうフラストレイティブな存在であっても，それを求めざるを得ないのである。

Fairbairn は，まさにこうした，人の究極的な情況に着目している。そしてそのレベルでの人の根源的な無力さ，心許なさ，そして，究極的に言えば，死と隣り合わせの必死さを理解する道を提示している。それらは，人の人生のごく初期のころから繰り返し体験される，人としての基底的な体験であり，であるからこそ，人の心の中の基本的な情況の中に，内在化されてきているものなのである。

こうした意味で「人は対象を求めている」，とりわけ「人は悪い対象を求めている」という原理は，こうした人間の根本的な逆説に対して，共感的で温かい理解をもたらす認識だと言える。そしてそれは，Fairbairn が考える，セラピストとの良い関係を現実的に保障する基礎となるものなのである。

C．愛するがゆえに，必要とするがゆえに，捨てられない

もちろん，この共感的なスタンスは，転移の解釈のみならず，抵抗の取り扱いについても同様に働くことになる。すなわち，古典的な抵抗概念においては，しばしば，抵抗とは，いわば治療に背く厄介な力だというニュアンスが拭いづらく，その抵抗を起こしているものは，善意のセラピストを裏切り，せっかくのチャンスを台無しにする“悪い”ものであり，その意味で，コントロールされ，克服されるべきものだという図式になりやすい。クライエントの側も，とりわけセラピストの内でこうしたスタンスが支配的になっていると,「申し訳ない」といった反応や，もっと自己否定的な，“ダメな自分”といった反応，つまり，怒られた，ダメ出しされた，非難された，全否定された，バカにされた，などなどといった反応を起こしやすいものである。実際この図式は，Freud が示した，“現実などお構いなしに，欲求の満足だけを追究する主体としてのエス”という図式を描いた時に，必然的に内包されてしまうことになるニュアンスであり，それを面接関係の中に具現化したものだと言えるであろう。

これに対して，Fairbairn の図式に従えば，抵抗は，どうしても求めざるを得なかった悪い対象との関係に基づくものであり，その関係自体が“悪い”ものなのではない，ということになる。クライエントは，その対象を必要としてきたし，必要とせざるを得なかった歴史を背負ってこの抵抗に至っていると理解することで，古典的な抵抗の捉え方に伴いがちな“悪い”ニュアンスを払拭することができるのである。いやむしろ，それと対峙・対決するのではなく，それを温かく迎えることができる。このことこそ,「対象希求性」を理論の主軸に据える臨床的なメリットであり，Fairbairn が最も強調したかったことなのではないかと思われる。

Fairbairn は，さらに，この悪い対象関係へのしがみつきという認識を手掛かりに,「転移神経症」という現象も，また，Freud が「死の本能」を仮説して説明しようとした「陰性治療反応」という現象も，統一的に理解できると考えた。こうして，人間としての真の自由を手に入れることがいかに難しいことかという問題を，人間の存在そのものにまつわる基本的な無力性，依存性というところから解明しようとしたのである。

同時に Fairbairn は，Freud が攻撃性の問題を再び「本能」との関係から説明しようとしたところもまた，その人間としての基本的な，つまり不可避的な欲求不満という対象関係の問題として捉えることを提案している。このことは，転移や抵抗の解釈に止まらず，人間存在のありようを深く掬い取る視座であり，“本質的には手なずけがたい本能を抱えつつ，何とか適応的に対処する”という目標とは，質の異なる自由への道を提示していると言えるであろう。

D．快楽原則は情緒関係が満足されないがゆえの行動の荒廃である
――欲望というものについての考え方

もう 1 点，「対象希求」に関連して Fairbairn 自身が明示していることに触れておきたい。それは，Freud が観察した欲求充足を求める行動というものは確かに存在する，という事実である。つまり，その最も典型的なものは，現代的に言えば，嗜癖・依存症系の「行動上」の病理や，自閉症スペクトラムにしばしば認められる「衝動的」な行動などに代表される，表向き「対象」との関係が不明確で，「対象を求めている」というよりも，一見，欲求充足を求めていると捉えた方がしっくりくるような行動群である。

Fairbairn は，“こうした行動は，確かに存在するけれども，それを司っているのは，本来の対象との関係における満足が得られなかったための，即物的な方向に変形された行動原理である”と考えた。つまり，いかに欲求充足的に見えようとも，その行動を規定している動因は，そこでの欲求充足そのものにあるのではなくて，むしろ重要なのは，それを生み出している，本来求められていた対象関係の不満足の方である，という主張である。

こうした発想は，前項にも述べた共感を，そして，いわば救いを，セラピーの中に入れ込んでくることになる。というのも，例えば，ヒステリーの女性は，父親とのセックスを求めているわけではないし，アルコール依存の人は，アルコールそのものを求めているわけではないからである。実際，彼らは，その「欲求充足」によって本当に充たされることは決してないのである。「欲求充足を求める行動」を，欲求充足という文脈から解釈すると，彼らは，いわば歯止めの利かない強すぎる欲求に支配されている，という図しか浮かんでこない。彼らは，まるで，人並み外れた危険な（つまり，いわば動物的な）存在として捉えられ，そこに発想される治療は，その「欲求」を手なずけることを目指して行われる「行動」療法だということになる。こうして彼らは，いわば心を持った人間として扱ってもらえなくなってゆくことになるのである。それは，あたかも，心身症的な問題や，「行動上」の問題を，その結果の部分だけを“手なずけよう”，もっと言えば矯正しようとする発想に等しい。だが，こうしたアプローチは，彼らの人としての尊厳を大いに傷つけ，決して真の意味での「自己コントロール」を生み出す治療には繋がってゆかないであろう。

これに対して，こうした行動は，本来求められていた対象関係上の満足を，行動の原理を変形させることで対処しようとする「行動の荒廃」であるという理解に立

つ時，彼らは，こうしたやむにやまれぬ選択を，別の言い方をすれば，その選択に伴う哀しみを背負った人間であるという理解が生まれる。そこにあるのは，挫折と剥奪の傷みであり――もちろん，彼らの多くは，このことを頑固に受け入れようとはしないわけだが，その「(不満足な，ないし悪い）対象関係の分裂排除」こそ，Fairbairn が心の構造論において中核概念としたところのものである――その傷みを踏まえて初めて，彼らとの心理療法は成立するのである。彼らの内の“涙も枯れ果ててしまった”絶望も，“飢えた子供”の渇望も，何か危険な爆発物としてではなく，あるいは手なずけられない猛獣としてではなく，扱う道が開かれる。それを抱えているクライエント自身も，最早，医原性の劣等感や罪悪感を抱かなくて済むのである。こうして，「欲求充足」を求める行動についての Fairbairn の理解は，そのクライエントへの「人間扱い」を保証する，基本的に「良い対象」の提供に繋がるものと言うことができるであろう。

III．心の中の構造論

A．「自分」の多重性

さて，ここで次に，Fairbairn の提示した心の中の構造論に移ろう。実のところ，Fairbairn の考えている「自我」は，Freud が考えていた理論的な構成概念とは意を異にした別種の概念だと言わざるを得ない。というのも，それは，もっと主観的な体験に近い，あるいは，主観的な体験に基づいた概念だからである。彼の考えている「自我」は，「自己」というべき領域に重なっているし，さらに言えば，日常用語としての「自分」とも言い換えられるようなものである――この意味からすると，彼が Freud の理論と自らの理論とを同じ地平で論じようとするのは，正確に言えば，正しくない。だが彼が何よりも重視したことは，理論が臨床の道具として有用なものになるということであり，たとえ主観が混入した概念であったとしても，そこにある種の普遍性が認められ，かつそれによってより多くの臨床素材を説明することができるのであれば，そこには理論としての妥当性や公共性があるのであって，そうした理論化は認められるべきだというのが彼の主張であった。

つまり，彼の考えた３種の自我，「中心的自我」「反リビドー的自我」「リビドー的自我」は，そのまま臨床の中で，「～という自分」とか「自分の中の～という部分」といった形で使えるようなものであり，こうして「自分」の「多重性」をクライエントと共に考えてゆく，目に見える手掛かりを提供してくれるものなのである――このことは，この理論化の１つの発端となったのが，夢に登場する人物像 figures を介してであることからしても明らかである。つまり，彼は，夢を，「心の中のドラマ」を端的に表している「短編」と捉え，そこに登場するもの figures は全て，自我，ないし内的対象を示すものと考えた。そして，そういうアプローチの中で抽出された，この３つの（「たった３つの」）自我と，そのそれぞれが愛着を向け，密接な関係にある３つの（「たった３つの」）内的対象から,「心の中のドラマ」のありように迫ることができると考えたのである。

B．「心の中のドラマ」の再構成

この試みが，それ自体，万能的な思い上がりだとか，数字の遊びだとかいう批判はともかくとして，このことを臨床的に考える限り，それによって Freud の３元論よりもはるかに多くのドラマのパターンを提示できるというのは Fairbairn の主張の通りであろう。そして，それを，クライエントの体験しやすい「～という自分」と，その自分が大切に思っている内的対象，という図の中に構成してみることができるのは，極めて有益な道具になり得るのである。

それは，何よりもまず，心というものを，そのダイナミズム自体捉えにくいほどに「こころ」が分化されていない人たちにとって，「自分」の多重性，ひいては葛藤というものの存在を案内する有用な手掛かりになる。同様に，柔軟かつ公平に自分の心の動きを見据えることができず，ある種の思い込みの中に全ての色づけをしてしまう人たちにとっても，その心の世界をドラマとして扱うことによって客観視する手掛かりとなる。さらにまた，あまりに「こころ」がバラバラにしか体験されない人たちにとっては，その全体の統一的な図を構成する手掛かりとなる。こうして，そもそも「こころ」が十全に育まれてきていない人たちにとって，そして「こころ」との距離があまりにも取れない人たちにとっても，治療的な介入のための意味のある手掛かりを提供してくれるものである。

さらに，もっと「心のドラマ」に馴染みのある人たちにとっても，実は，その人自身が意識的に捉えている以上に,「心の中のドラマ」は複雑かつ多層的なものであることを示していくことにもなる。それは，いわば心の厚みへの，そして，その豊かさへの案内に他ならない。そこには，その人がそれまでの人生の中で大切にしてきたもの，培ってきたもの，はたまた，怖れ，危険視してきたもの，そうして「自分」の中から排除してきたものも大きく関与している，という事実が含まれている。しかも，Fairbairn の示しているモデルは，そうした心の中の動きには，そのそれぞれに，主体としての自分（「自我」）が関与していることを示し，そこで自分が抱いている情緒的な態度，そしてそれを裏打ちしている“アンテナのあり方”（認知の特徴）や価値づけの成り立ちには，実はその人にとって重要な存在（「対象」）へのニードとその対象との関係が一義的に関与していること――比喩的に言えば，そういう存在が心の中に抱かれているということ――を示している。「抑圧」のモデルも，こうした対象関係をめぐる思いの中で，取り扱うことができるのである。

そして，こうした「心の中のドラマ」を内的な葛藤のモデルとすることの意義は，もう１つ，それを観察する自分の存在を介して，クライエント自身による“自分との対話”を促進できることにある。つまり，このモデルは，セラピストとの間で「～という自分」を複数同定し，それらの動きを共に観察するばかりでなく，クライエントが（厳密に言えば，クライエントの「中心的自我」が），クライエント自身の内なる自分（「リビドー的自我」，「反リビドー的自我」）の身になってみること，そして，そういう自分の言い分に耳を傾け，その隠されたニードを汲み取るという作業を容易くする。こうした“自分との対話”は，「自己分析」よりも，さらにクライエントにとって馴染みやすいモデルであり，セッション間の時間を繋げたり，セラピーの終結後も生涯に亘って心の支えになるツールとなるのである。

こうした「こころ」，ないし「心の中のドラマ」を介在させ，あたかもそれが，それを語る主体とは別物であるかのような設定（つまり，三者関係的な設定）の中で心を扱うという技法は，Freud が“車窓に映る景色を，ありのままに報告してもらい，それをセラピストが共に見る”というモデルと軌を一にしたものであることは言うまでもない。だが，その後の転移分析の発展は，いわばこうした「こころ」の存在を介在させずに，もっと直接的，二者関係的（時として，一者関係的）に「今ここで」の転移を読み，解釈する方向に向かっているようにも見える。実際，Fairbairn 自身も，後年，Ezriel（1951）[2)] を引きながら，この方向性を示唆している。ただ，主として“正統な”精神分析家たちが主張するこうした主張は，基本的に週４，５回という継続的な関係が保障された上に成り立っているものであることは十分理解しておきたい。もちろん，Fairbairn 自身が指摘している通り，そうしてセラピーの中に「心の中のドラマ」を介在させると，とりわけスキゾイド心性の優勢な人たちは，好んでそのドラマの報告者，解説者になり切り，そうしてそのドラマ自体を自分自身から切り離してしまうという抵抗に傾きがちである。この意味で，「心の中のドラマ」を想定する場合，その「ドラマ」と，それを語る主体，そしてセラピストとの

2） Ezriel, H., 1951, The scientific testing of psychoanalytic findings and theory, *Brit. J. Med. Psychol.* 24, 30-34

関係性については，いつも目を配っておく必要がある。だが，もう一方のより直接的な関係の分析は，逆に，とりわけ週1回，隔週に1回という関係性の中で行われる心理療法の中では（Fairbairn の言うセラピストとの現実的な良い関係がどうしても薄くなるという意味において），かえって大きな傷を残す可能性を孕んだ，十分な配慮が必要な技法だと言うことができるであろう。この意味で，わが国の現実の中では，むしろ，継続的な“自分との対話”に繋がるような，「こころ」という舞台の存在を媒介させる技法を踏まえ，より直接的な転移解釈は，それとの連関の中に活用するという方向性を示唆しておきたい。

なお，もう1点，「心の中のドラマ」を介在させることについて，次のことも追加しておきたい。それは，先に触れた Winnicott ら（1953）の具体的な批判点に関わる問題である。つまり，彼らは，Fairbairn が，夢の中に登場する人物から，それをそのまま内的対象へ，そしてこころの中の精神構造論へとつなげていっていることを批判し，そういう形で精神構造論を組み立ててしまうと，その「ドラマ」の舞台となっている体験様式，例えば，記憶，空想，幻想，幻覚，夢といった形式の差を，理論上区別できなくなる，と指摘したのである。このことは，確かに Fairbairn がついに十分応えられなかったポイントであった。ただ，Winnicott らの指摘は，臨床的に考える限り，こんな警笛として捉えることができるであろう。つまり，「心の中のドラマ」の内容の方に目を取られ過ぎてしまうと，それを支えている舞台への配慮が疎かになる，と。例えば，通常の「連想」のみならず，いわゆる夢分析や，箱庭，プレイなどに表現される「心の中のドラマ」は，そういう媒体を介して初めて成立しているということは重々理解しておく必要があるということである。事実，夢の報告が現実の治療関係に関与することへの防衛になり得ることは，よく知られた現象であろう。「心の中のドラマ」を想定する場合，この点が，もう1つ注意を要するポイントとなるであろう。

C．「抑圧」されている「自分」

“Freud の示した三元的な精神装置論に従えば，抑圧の対象になるのは「エス」，つまり，端的に言えば，現実状況などお構いなしに自己主張しようとする欲動であり，「自我」は，一方で「超自我」の威嚇や禁止に怯え，そちらにも気を遣いつつ，もう一方で「エス」の暴走にも警戒を怠れない，そういう受身的な存在として理論づけられている”。Fairbairn は，Freud の描き出した「自我」は，いわば暴君と猛獣とに翻弄される無力な存在だと考えていた――この Fairbairn の理解には，いささか偏りがあるのは明らかである。というのも，Freud の，かの有名な「エスあるところに自我をあらしめよ」という認識だけからしても，その「自我」は，実は，Fairbairn が捉えていたほど受身的な存在ではなく，もっと積極的，主体的に人格の内部を切り盛りする存在として考えられるものだと言えるからである。事実，その Freud 理論に内包されていた，この自我の能動性こそが，その後の自我心理学の発展へと繋がる端緒になったものである。ただし，Freud の後期の精神装置論の中に，初期の「エス」を中心とした病理の理解が十分統合されないまま持ち込まれてしまっているという Fairbairn の認識は，間違ってはいなかった。Fairbairn は，この統合を，もっと一貫性を持った形で行おうとしたのである。

Fairbairn は，まず，「リビドー」は本来，自我としてのステイタスを持っており——関連して言えば，「超自我」もまた，元来，自我としてのステイタスを持っていて——それらは，その自我が愛着関係を持っている対象の抑圧と共に，もともとの自我から分裂－抑圧されるという図式を考えた。このモデルに従えば，何よりもまず，多様な「自分」の中には，今の自分には意識できない，無意識の，抑圧された自分がいる，ということになる。そして，その「抑圧」には，前述したようなドラマが伴っているということになる。このモデルは，少なくとも Freud のそれよりも体験に近く，抑圧されている自分と，それをめぐる「心の中のドラマ」へのアクセスを可能にするのに都合の良いモデルになると言えるであろう。こうして「抑圧」という図式自体が，治療上，使いやすい道具になってくるのである。

これに加えて，Fairbairn が考えた「間接的抑圧」の概念は，Freud による抑圧の概念を，より木目細やかに扱うことを可能にするものだと言えるであろう。すなわち「間接的抑圧」とは，反リビドー的自我が，リビドー的自我に敵意を向けていて，それが，中心的自我によるリビドー的自我の抑圧を背後からサポートしているという図式である。これによれば，反リビドー的自我は，横暴な権威の象徴ではなく，自身もまた抑圧に晒されている中で，もともとの親へのアンビヴァレンスの中の攻撃的な部分を自ら引き受け，いわば憎まれ役になることで心の安定を図っている存在として位置づけられているからである。そこには，一方で，憎々しく思えた拒絶する親もまた，自分にとっては捨て難く大切な親だったという自分がいるのであり，その親への愛着を保持し続ける中で，自分自身に厳しく当たっている自分がいる，ということである。こうした理解は，「抑圧」の過程を，より厚みを持って，より人間的な思いの集積として捉え直すことを可能にするものであり，Fairbairn 理論の価値は，まさにこうした木目細やかな共感性を生み出すところにあると言えるであろう。

Ⅳ．心の中の基本的な状況論

Fairbairn が 1941 年に示した心の中の構造論は，本書に所収したその後の論文を見て頂ければ明らかな通り，何度か大きな修正を加えられており，最終的には，下記のような「心の中の基本的な状況」という図式に集約されるものとなった。

Fairbairn は，この「心の中の基本的な状況」の上に，1943 年の段階で考えていた「道徳的防衛」のレベルの体制が乗ってくると考えていた。ただし，Fairbairn は，その“乗り方”については，いくつかの示唆を別にして，ついに明確には語らずに終わってしまった。それは，現代的に言えば，この心の中の最も深い層，つまり Fairbairn の言う，「幼児的依存」が優勢な「スキゾイド・ポジション」からいかに抑うつポジションが導かれるのかということであり，Freud が捉えた超自我がいかに熟成されていくかという問題になるわけだが，Fairbairn の焦点は，そこまでは及んでいない。彼はむしろ，「抑圧」が，ひいてはこの「最も深い」「基本的な状況」が，いかにワークスルーされるかという方に目を向けており，それはあたかも，対象関係を媒介として「抑圧」という機制の解明を一歩進めたところで満足しているかのようでもある。実際彼は，ここが臨床的にも最も中心的な課題と考えていたのである。

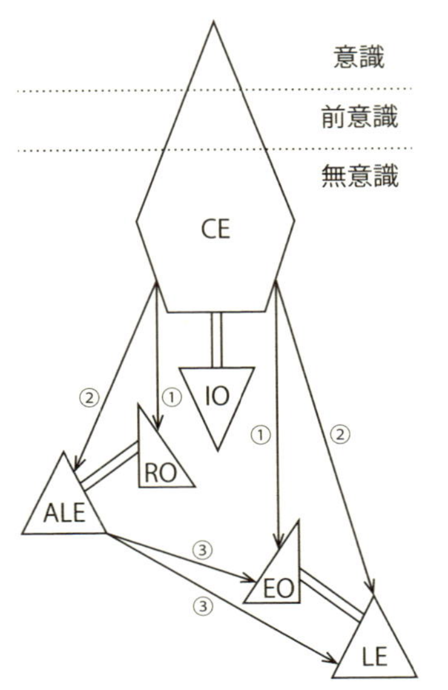

CE　：中心的自我
IO　：理想対象
ALE：反リビドー的自我
RO　：拒絶する対象
LE　：リビドー的自我
EO　：興奮させる対象
→　：攻撃性
＝　：リビドー

①　：一次的直接的抑圧
②　：二次的直接的抑圧
③　：間接的抑圧

図　フェアベーンによる心の中の構造論（栗原，*1997*）[3)]

ただ，ここに彼が示した図式は，臨床的に考える限り，ある1つの明確な示唆を含んでいる。それは，我々は心理療法の中で，とりわけ無意識を無意識のまま保持しておこうとする抵抗という現象と相対する中で，順次ある程度の整合性をもって立ち現われてくる一連の現象に出会うことになる，ということである。それは，彼の示した図に従えば，①道徳的防衛のレベル，②中心的自我による悪い対象（関係）の分裂排除のレベル，③「間接的抑圧」のレベル，④「従属的自我」（「リビドー的自我」と「反リビドー的自我」）によるそれぞれの対象への愛着，ないし同一化のレベル，の4段階に区別できる。このことを，臨床に即して考えてみたい。

A．抵抗の4段階

1）道徳的防衛

Fairbairn の言う「道徳的防衛」とは，少し単純化して言えば，「無条件に悪い」対象関係を，「条件づきで（道徳的な意味で）悪い」対象関係によって防衛することである。だが彼はこれを，超自我との関係からではなく，子供が，心の中で自分の養育者や養育環境が良いものとして捉えられる余地を少しでも保障するために，自らその悪さを肩代わりしようとする試みだと考えた。いや，超自我はむしろ，悪い対象が刈り取られた後に残る「理想対象」の延長上に捉えられる良い対象であると考える Fairbairn にとって，道徳的防衛はむしろ，この，良い対象としての超自我の存在を護るものとさえ言えるかもしれない。

いずれにせよ，我々の元を訪れるクライエントは，しばしば，少なくとも内心，自責的であり，卑屈な劣等意識に苛まれていたり，自己評価を高めることができない悪循環のジレンマの中にはまり込んでいたりしている。こうした自責や自信のなさは，しばしば，これまでの自己治療がうまくいかなかった無力感にも端を発し，クライエントをセラピーへと動機づけることにもなるわけだが，実は同時に，その背後にある内的な悪い対象（関係）へのアプローチを強く阻む防衛として機能する。クライエントは，まず，その症状や問題行動を容易には手放さないし，“ダメな自分”ひいては“悪い自分”の側に身を置いて，自己価値を高めることを排除しようとしたりするし，さらにその“悪い自分”を実現してきた歴史への執着から一歩を踏み出すことにも抵抗する。そこには，もちろん，現実的にそれ以外の選択肢が経験されてきておらず，そうして“良いもの”が現実に育まれてこなかったという側

3） 栗原和彦，1997，内的対象関係と夢―フェアベーンの試み．In. 妙木浩之編，1997，現代のエスプリ 別冊 夢の分析．至文堂，p.173

面もあるのだが（だから，彼らにとって“良いもの”は，見知らぬもの，自分の均衡を乱しそうな不気味なもの，誘惑しておきながら足元を掬うような，その意味でまずは信じないでおいた方がよさそうな危険なもの，にしか見えなくなる），こうした現象の真の意味は，そうやって，いわば，クライエントの心の中にあるかすかな良い対象（関係）を護るための自己犠牲的な努力を堅持しているというところにある，というのがFairbairn の主張である。逆に言えば，クライエントたちは，かつてリアルに体験された養育者の側の“悪さ”をなかなかそれとして認めたがらない。とりわけ，その“無条件的な悪さ”の側面についてはそうであり，そうするよりは，むしろ，自分の側に“あるまじき”姿を求める方向の方を選ぼうとするのである。

2）悪い対象の抑圧

こうした“悪い自分”の保持は，まず「条件づきで悪い」レベルで生じるというのがFairbairn の観察だが，私自身は，我々の日常臨床に即して考える限り，「無条件で悪い」あり方と「条件づきで悪い」あり方とは，実は連続線上にあるのではないかと思われてならない。実際，その“悪い自分”は，一方で道徳的な意味で“許されない／あるまじき”レベルから，もっといわば“存在としてあるまじき”レベルまでに及んでいることがしばしばだからである――このことについては，もちろん，日英間の「道徳」，ひいては宗教のあり方を含めた文化差のことも大いに考慮しなければならないであろう。だが「条件」の成立過程を考えてみる時，この2つが連続線上にある可能性は，十分考えられることであるように思われる。というのも，ごく幼少期の道徳教育の中で伝えられる「悪いこと」に伴う恐怖は，去勢恐怖や分離不安のみならず，それ以前の破滅的な不安を示唆するものでもあり，去勢恐怖は，こうしたより早期の原始的不安の上に形作られてゆくものだからである。

仮に「条件づき」の悪さが，「無条件で」の悪さの上に成立してくると考えてみると，“悪い自分”を体現しているのは，Fairbairn の図式に従えば，いわば中心的自我の反リビドー的自我寄りの領域から，いわば反リビドー的自我の中心的自我寄りの領域にまで亘っているということになるであろう。後者は，いわゆる拒絶する対象に同一化した“無条件に悪い”部分であり，その対象の存在はなかなかそれとしては抽出しづらい。古典理論に言う超自我，あるいは，超自我前駆と言われるものの緩和とは，まさにこのあたりの出来事ということになるであろう。古典理論の中では，その厳しさの緩和は，良い対象としての理想対象との繋がりを強化しつつ，それ自体の非現実性やその要請の非情さ，非現実性を相対化してゆくことになるであろうが，Fairbairn の図式に従えば，拒絶する対象の存在とその抑圧，そして拒絶する対象と反リビドー的自我との関係性についての理解をクライエント（の中心的自我）との間で深めることで，中心的自我による抑圧に手を加えることができる，ということになるであろう。とりわけ，その「拒絶」を裏打ちしている事情が了解されてくることは，臨床上，とても重要なポイントになるように思われる。

3）従属的自我同士の敵対関係

そして次の課題は，この反リビドー的自我が，実は中心的自我に同調する形でリビドー的自我の抑圧に関わっているというところであろう。クライエントの内のいわば飢えている部分は，非現実的なほどに求め続ける「自分」である。そういう自分は，クライエントの内で，抑圧されるほどに飢えを増し，抑圧の過程が進むほどに「危険」な存在になっている。それは，Fairbairn がスキゾイドの葛藤として描き出した「愛ゆえに対象を破壊する」という世界である。その解放は，破滅的な不安を引き起こし，愛に，そしてその先に求められる対象に近づくことはますます危険なことになってくるからである。この世界の渦中で見えるのは，自分の想い，欲求を刺激しつつ，決してそれに満足を与えない「興奮させる対象」である。その対象は，刺激し続けることで自我のコントロールを，ひいては，自分自身の存在を危うくすることになる。こうして，クライエントは，関係を持つこと自体から再びひきこもる道を選ぶことになったりするのである――Fairbairn が描き出したこの世界は，M. Klein が“持てるもの”に対する envy として捉えたものと，実は重なるところが大きいようにも思われる。ただ，Klein は，その“飢え”の破壊性とそれにまつわる報復的な攻撃への恐れを強調したのに対して，Fairbairn は，その破壊性を携えた“飢え”が本来リビドー的なものであることを強調しているところが対照的である。Fairbairn は，ここに，“愛による破壊”という逆説への理解の道を拓き，これを“攻撃による破壊”とは別の次元に位置づけたのである。このことを精神構造論的に表現すれば，前者はリビドー的自我が抑圧される所以であり，それは，反リビドー的自我が抑圧される所以となる後者によって防衛されている，ということになる。

4）悪い対象に同一化している自我

Fairbairn の図式に従えば，これら，いずれの段階についても言えることだが，自我は，いつもそれが愛着を向けている対象と共にいる。自我は，主体性をもって自身のアイデンティティを主張したりすることになるわけだが，その自我は，深いところで，先にふれた人間存在に生来備わっている無力さ，心許なさを抱えた存在であり，対象との愛着関係なしには生き延びることができないできた存在である。この意味で，その対象関係とは，いわば自我がこれまで辿ってきた歴史を示しているものであり，その自我自体の相対化，その「自分」にとってなくてはならなかった「対象」の客体化，そして，基本的な自分の無力さをめぐる哀しみの受容（万能的依存からの脱却），そうして自分を支えてきてくれた対象への感謝，というあたりが，抵抗分析の最終段階ということになるであろう。もちろん，そこには，自分とは別個の存在としての対象が「悪い対象」として振る舞わざるを得なかった，その対象の側が抱えていた無力さややむにやまれなさへの了解が伴っていることは言うまでもない。

B．抑圧－分裂論

こうした Fairbairn の図式の特徴は，基本的に，Freud の抑圧モデルに準拠している点にあると言ってもいいであろう。確かに，Fairbairn はその意味づけを，生来的に備わっている本能への対処という文脈から，人が発達途上に出会わざるを得ない対象関係的な苦境の中で，自我がいかにそれに適応してゆくかという文脈へと書き直したわけだし，それは，ひとえに，抵抗を，よりパーソナルなレベルで理解し，解釈するための道具を磨くためであった。だが，彼は，例えば M. Klein が，精神構造論からポジション論へと大きくシフトしたような，抜本的なパラダイムシフトを提言することはしなかった。そこには，1 つには，その後，クライン派のみならず，対人関係論，自己心理学，関係精神分析といった形で，いわば精神構造論に基づく抑圧モデルを越えてゆこうとする理論モデルが開花してゆく胎動が，時代的にまだ到来していなかったことも挙げられるだろう。だが，もっと大きい要因は，Jones（1952）[4] や Winnicott ら（1953）が指摘する通り，Fairbairn 自身が“狭い”辺境の地にいて，幅広く多くの理論家たちの貢献に触れることをしなかったということを挙げなければならない。彼はむしろ，実直なままに Freud のモデルに準拠し，あくまで無意識を無意識たらしめているものを探求し，その抑圧の意味を，パーソナルな視点から，クライエントの側に立って再構成しようとしたのである――無意識の幻想世界を探求し，そこへの興味関心や馴染みが深くなったセラピストにとって，無意識の世界が，意識から隔絶され，排除されている世界であるという事実の認識が逆に薄らいでいってしまうという傾向はしばしば見受けられるところである。しかし，クライエントにとって，無意識を無意識に留めておくことは，社会生活上，

4） Jones, E., 1952, Preface, In W.R.D. Fairbairn, *Psychoanalytic Studies of the Personality*, Routledge & Kegan Paul, p. v

つまりは生き延びるために，しばしば必要だった，そして今も必要と感じられていることであり，仮にどんなに偏った副作用を伴っていても，その区別によってこそ護られてきた，そして護られている側面もまた大きいことは，よく認識しておく必要があるであろう。この意味で，そのクライエントにとっての無意識と意識との区別と，その必然性を十分認識しておくことは，無意識を扱う上で，逆に極めて重要な視点となるのである。

そして Fairbairn は，その抑圧を成り立たせている経緯を，人のこころの発達という文脈から明らかにしようとした。彼が示した一連の経緯は以下の通りである。

1）まだアンビヴァレンスが成立する以前の段階で，乳児は自分にとって重要な対象の「悪い」側面に出会う。

2）その耐え難い存在を何とかしようとして，乳児の自我は，そのアンビヴァレンス以前の「悪い」側面を含んだ対象を心の中に取り入れる。

3）心の中で，その「悪い」側面（対象）を抑圧する。

4）その重要な対象を大切に思う自我の部分のうち，「悪い」側面と繋がっている自我の部分が切り離され（分裂され），抑圧される（「リビドー的自我」，「反リビドー的自我」）。

5）アンビヴァレンスが成立してくる中で，その攻撃性を「反リビドー的自我」に，愛情を「リビドー的自我」に振り分けることで，アンビヴァレンスへの防衛が図られる。こころの中では，「反リビドー的自我」から「リビドー的自我」（と「興奮させる対象」とのユニット）への敵対関係が明確になり，ここに「間接的抑圧」が完成する。

これらの中で，Fairbairn は，「抑圧」を，乳児にとってやむにやまれぬ，耐え難い状況を何とか耐えられるものにしようとする努力の側から考えているのが特徴的であろう。つまり，こうした一連の基本的な心の状況の成立過程そのものが，前述した「心の中のドラマ」を生み出し，それがまさに「抑圧」を成り立たせているものに他ならないと言うことができるであろう。

逆に言えば，自我には，こうした苦悩の歴史を秘めた「心の中のドラマ」が刻み込まれているのであり，「抑圧」も，そして従属的自我の分裂も，こうした文脈の中でこそ共感的に理解することができる，というのが Fairbairn の示したモデルであった。Fairbairn はこの過程で，自我が抱いている苦悩にこそ「抑圧」，そして「自我の分裂」の本質を見，その中でも主体的に生き延びようとしてきている自我という図の中で，その（中心的）自我と手を組む道を示しているのである。この，自我の多重性を，その分化の必然性の中に捉える図は，これまで述べてきた通り，Fairbairn の人間的で共感的なスタンスを端的に示すものということができるであろう。

C．内的対象の成り立ち

Fairbairn は，自我がさまざまに愛着を向け，同一化している内的対象，とりわけ内的な悪い対象については，次のように考えている。

1）この内的対象は──「拒絶する対象」も「興奮させる対象」も，いずれについても言えることだが──単一の対象から成り立つものではなく，人生の発達，成長段階に応じて，各々の時期に出会う「悪い」対象の集合体からなっている──そこには，例えば「悪い乳房」も「悪い母親」も，「悪いペニス」も「悪い父親」も，そのいずれもが構成要素となっている。

2）その構成のされ方は，まだ十分に解明できていないが，層状の積み重なりも，二重写しによる合体もあるようである──実際，「悪いペニス」への対処は，まずは「悪い乳房」をモデルとして行われるし，「悪い父親」への対処は，まずは「悪い母親」をモデルとして行われる。

こうした理解は，おそらく，その人の歴史の中で「悪い対象」が心の中で微妙に編成され，構築されてゆくさまを示唆していると言えるであろう。それはただ単に，例えば「悪い乳房」や「悪い母親」に集約できるものではないということである。実際，人は，例えば「悪い乳房」という原型的な「悪い対象」を心の中に留め，いわばその眼鏡でその後の「悪い」状況を理解し，対処しようとする。だが，その対象は，そのもともとの対象と全く同じように行動するとは限らない。そこにこそ新たな対象との出会い，新たな学習の可能性があるのであり，そこに“原版の修正”の可能性もあるのである。

ここで触れておいた方がいいと思われることがある。それは，すでに明らかになっているであろうが，Fairbairn の理解していた「悪い」対象は──Fairbairn 自身はそれを M. Klein から借用したと考えていたが──M. Klein の言うそれとは，決定的に別物だということである。すなわち，Klein における「悪い対象」は，乳児の側の衝動が投影されて色づけされ形作られる，非現実的なほどに冷酷，無慈悲で攻撃的な存在であるのに対して，Fairbairn の考えているそれは，乳児が体験する挫折や剥奪という現実を基礎として形作られるものである。それは，幼児の体験様式に即して，「客観的」に見るよりも“誇張して”受け取られていたにしても──Fairbairn はそこに，乳幼児の「アニミズム」的な認知が重要な役割を果たすことを示唆し，そこに投影同一視の機能が働くことも認めてはいるけれども──「対象」は，元来，現実の側に属するものと考えており，それはあくまで幻想であるとする Klein とは対照的である。いや，Klein は，逆に，まさに「アニミズム」の体験そのままが，乳幼児の抱く幻想であり，この幻想が人を動かしてゆくのだという認識に到達したのである。ただ，この Klein の理解は，その幻想の存在意義を強調するあまり，その幻想を媒介する現実の役割を過小評価していたという批判も成り立つであろう。実際，その幻想への現実（環境）の介在を認めるからこそ，Fairbairn は，セラピストという現実の良い対象を介して，悪い対象の転移を扱い，現実に開かれた方向性の獲得という可能性を考えたわけだが，Klein の理解では，こうした方法論は成立しなくなる。そして，この，いわば，幻想か，現実（環境）かという対峙の上に，現代の「関係」論は成り立っているとも言えるであろう。

もう 1 点，Fairbairn のいう内的対象の成り立ちをめぐって，臨床的な観点から見て，次のことも指摘しておくべきであろう。それは，Fairbairn の中では，部分対象と全体対象という区別がされていないという事実である。Fairbairn は，M. Klein のように，内的対象そのものが，発達段階に応じて決定的に質的な進展を遂げるとは考えなかった。確かに彼は，人の発達において部分対象関係の方が先行して生じることは認めている。しかし，彼の考える対象関係は，基本的に人としての基礎 personal basis の上に成り立つものであり，部分対象へと向かう関係は，より全体的な対象との関係における困難や不満足に対処するために，いわば関係をよりシンプルなものにするべく「退行的に」工夫された関係のあり方と捉えられていた。つまり，Fairbairn の内では，全体対象と部分対象とは――もちろんその主体の成熟の度合いにもよるが――こうして状況に応じて行き来するものであり，心の内に構造化された「対象」を考えるに当たっては，そのいずれもが，多様に，かつ多重的に存在していると考えられたのである。これは，ちょうど，妄想分裂ポジションと抑うつポジションとは相互的に行き来しながら発達するというクライニアンの発想にも通じるところであり，実際，人が持つ対象関係は，全体対象関係と部分対象関係との間を行き来するものであろう。部分対象関係は，どんなに発達が進んだところでも，時に応じて，しかもしばしば容易に，復活してくるのである。この意味で，Fairbairn の考えた，部分対象も全体対象も含めた「対象」との歴史の積み重なりを内的対象の成り立ちに見る視点は，その折々における対象関係の質とそれにまつわる力動とを加えて考えてみることで，臨床的に，より重層的，力動的な理解へと繋がる手掛かりの基礎となると言うことができるであろう。

IV．治療論

A．悪い対象の回帰を治療的にワークスルーする

Fairbairn の治療論は，1958 年の「精神分析的治療の性質と目標について」という論文で大きく展開する。Fairbairn が，古典理論に対するさまざまな変革の必要性を感じ取り，それをいかに実現できるかを模索していたのは事実だとしても，彼自身は，基本的には，抵抗－抑圧論を中心に治療論を考えていたことはすでに述べた。実際，彼が考えていた治療のターゲットは「抑圧」にこそあったのである。しかし，1958 年になって彼が発表した見解は，そうした特定の機制にではなく，もっとまとまりを持った総体としての「心の中の状況」，ひいては，こころの「システム」論であり，それを治療論の中心に据えることを提示したのである。それは，「対象関係」を，より複雑なまとまりを持った，いわば複合体，ないし組織体という観点から捉え，その視点から治療の作用を構成しようとした，「対象関係論」のさらなる発展段階を示す試みであり，それまでの「抑圧」モデルから一歩を踏み出したオリジナルなモデルへの移行であった，と言うことができるであろう。

もちろん，こうした展開の素地は，それまでの模索の中に辿ることができる。その中心は，すでに見てきた通り，「抑圧」を対象関係の視点から再構成することであった。繰り返しになるが，Fairbairn は，そもそも，抑圧されているものは，禁止された罪深い衝動であるという理論づけに賛成することができなかった。それは，何よりも，治療上，“隠された（抑圧された）欲求”が洞察されたとしても，それがクライエントの現実の適応能力，とりわけ現実の対人関係に対処していく能力には繋がらないという観察をしていたからである。彼の理解ではむしろ，症状や問題行動の中に具現化されている対象関係のあり方そのものが，その人の囚われの中核的な部分を示しているのであり，そこにこそ，抑圧されている対象（関係）が「回帰」してきている，と考えたのである。彼はこうして，抑圧されるのは（悪い）対象であるという図式を手掛かりにして，転移や，転移神経症という現象もまた，そこに示される隠された欲求ではなくて，隠された（しかし“戻って”きてしまっている）対象関係にこそ，真の意味があると考えた。

この観点からすれば，Freud の考えた自由連想法という構造は，まさしくその抑圧された悪い対象関係と同質の側面を含んでいる分，その回帰を誘うには相応しい構造である。そして，それがセラピストのコントロールの下，つまり，セラピストが全体を見守り，マネジしているという条件の下で，その回帰を引き受け，それを

意識的なクライエント自身のコントロールの下に再編していくこと，これが治療の中核であると考えたのである。

Fairbairn はさらに，これと同じ観点から，いわゆる陰性治療反応についても理解することができると考えた。こうして，ワークスルーされるべきは，まさしくこの内的な悪い対象関係にあるという図式ができ上がったのである――こうした図式が，基本図式として抵抗の解明や転移神経症を介しての病理部分をワークスルーするといった古典的なモデルを踏襲していることも，すでに述べた通りである。

B．「閉ざされた体系」論，そしてセラピストの「良い」関係の発展

ところが，1958 年になって発表された前述の論文の中で，彼は唐突に「閉ざされたシステム」と「開かれたシステム」という概念を提出する。すなわち，抵抗の中で最も頑固な，従って最も中核的な側面は，内的な世界を「閉ざされたシステム」のままに留めておこうとするというところにある，という主張である。Fairbairn 自身は，このことと，それまでの治療論との関連を明確には述べていないが，その「閉ざされたシステム」とは，例えば彼が「心の中の基本的な状況」として述べたものを，セラピストの手の及ばないところに保持しようとし続けることであり，彼がこの論文の中で新たに提出した「心の奥の動かない状況」という概念づけもまた，そこに含まれる複合的な対象関係の性質上，治療関係を触媒として介入することが容易ではない状況のことである。つまり，いずれにしても，彼がこれまで基本形として抽出してきたような，単一の対象関係ではなくて，複数の情緒関係を含みこんだ「システム」のことを考えているところが特徴的である。その「動かない」世界，「閉ざされた」世界とは，Fairbairn が，初期の頃に手掛けたスキゾイドの硬さ，もっと正確に言えば，どうにも身動きの取れない，にっちもさっちもいかない，そういう引きこもりの世界に通じるものであろう。この動かなさ，いや，動けなさこそ，彼が後年再び目を向けた，治療の中心課題だったのである。

ただ，その中で，彼はもう 1 つ新しい発展を遂げる。それは，セラピストが「良い対象」としての役割を果たすことを積極的に理論づけたことである。このことは，実は，すでに述べた“セラピストが全体を見守り，マネジする中で”という治療理解のところで，明らかに捉えられている。だが彼は，この記載をさらに進めて，悪い対象関係の洞察――精神構造論的に言い換えれば，中心的自我と従属的自我との関係における拒絶関係が和らいで，分裂排除－抑圧されていた自我の部分が，よりアクセスしやすいようになったり，その一部が再編され直すこと――のみならず，セラピストとの関係自体が，同一化を中心にした幼児的依存から，より成熟した依存

関係へと発展すること，そうして，いわば中心的自我自身が成長し，全体の統合をその地平からすることができるようになること，を挙げたのである。これはまさしく，「抑圧」の軽減モデルからの脱却と言えるであろう。

実際，彼はこの文脈で，カウチを棄てたことを明確にした。つまり，カウチの外傷的な（「悪い」）側面は，確かに，クライエントのこころに内在する悪い対象関係を誘い出すには力を持っている。しかし，カウチの技法は，Fairbairn から見ると，外傷的に過ぎるものであり，それは，まるで，乳児の悲劇を，見て見ぬふりをする，知っていて放置する，に等しいと感じられたからである。一方で Fairbairn は，「自由連想」の意義は十分に感じ取っていた。だから彼は，その自由連想の原則は堅持しながら，クライエントが時に応じてセラピストを見ることができること，そうして現実のセラピストに戻ることができるという側面を構造の中に含み込ませようとした。こうして彼は，クライエントと並行して座る位置取り，あるいは，クライエント自身が座る位置を決めることができる[5]という構造を採ったのである。

こうした配慮と構造化は，先に述べた，幻想か現実かという議論とも連動するものであろう。彼は，明らかに現実を重視した。そこにこそ，クライエントの成長と人格の統合のし直し，つまりは「開かれたシステム」への道を拓く基礎があると考えたからである。

C．求められているのは「救い」である

Fairbairn の治療論のこうした発展の背後にあるものとして，Fairbairn が精神療法に求められているものは何か，ということを一貫して考えていたことを指摘できるであろう。彼の次の言葉は，いわばパイオニア的な使命感の中で科学的探究へと傾いた Freud との対比においてとても印象的である。曰く「私は，Szasz もそれを認めて引用している Freud の仮定，つまり，平均的な患者は，少なくとも部分的には，当初から自らの人格の科学的な探求に関心を持っているという仮定には同意できない」（本書，p.270）。Fairbairn は，さらにこう考えた。こころへの関心が強い人は，それだけ内的な世界に囚われているということであって，それは，外的な世界の中で生き生きとした自然な対象関係を持つことに何らかの障害があるということを意味している。そのこころへの関心は，この意味で，ある防衛的な態度であって，それ自体が分析の対象にされなければならない。精神療法の目的は，その人が

5） Guntrip, H., 1975, My experience of analysis with Fairbairn and Winnicott, *Int. Rev. Psycho-Anal.* 2, 145

生き生きとした開かれた関係を外の世界との間で作り上げられること，そこで，現実的な対処ができるようになることにある。しかし，クライエントは，内的な悪い対象との関係に囚われ，そこからの脱却を求めながら，一方でそこから離れることができない。さらに，その状況に対処するべく工夫しつつ，自虐的とも言える形に固まってしまった防衛のジレンマの中にはまり込んでしまっている。この身動きの取れなさの中でこそクライエントは来談するのであり，そこで求められているものは，本来，宗教に求められるのと質的には大差のない，「救い」なのである，と。そして，彼は，精神療法家はこの宿命から逃れることができない，と明言するのである。

もちろん，Fairbairn は，精神分析を宗教と同一視することはしなかったし，晩年には，むしろ，自由連想法という方法は，科学的な実験に比することができること，従ってそこから導かれた精神分析の理論体系は，公共性と普遍性とを持った科学であると言えることを強調した。だが，それにもかかわらず，臨床の中でクライエントが求めるものは，救いであり，そのことに精神療法家は応える仕事をする運命を背負っている，と考えたのである。

このスタンスは，それ自体，少なくともクライエントの側から見る限り，ちょうどこの解題の最初に述べたような“救いに満ちたスタンス”を生み出すものであろう。Fairbairn はかつて，スキゾイドの最も中核的な問題を，“他ならぬ自分が，まさしく自分という一人の人として愛されている”という確信を持ち切れなかったという傷つきに見た。このことに由来する怯えと不信とは，人と人とのパーソナルな関係を根源的に蝕む力を持っている。その人は，自分自身を外に開くことも，従って自分が止(とど)まっている幼児的依存という関係の持ち方を進化させることも難しくなってしまうのである。Fairbairn の言う「救い」とは，まさにこうしたジレンマへの共感的な手当てを提供するものであろう。Fairbairn は，あくまで臨床家であったし，治療者であった。Fairbairn が強調したように見える理論的な改革は，この臨床や治療のための道具を磨こうとする意図に支えられたものに過ぎないのである。それは，クライエントの示す臨床的な事実をより正確に理解し，そこから，より効果的な介入と再統合とを導けるようにするためのものであって，決して Freud に取って代わることが第一の目的であったわけではない。この彼の臨床家としての真摯な意思は，是非とも理解しておきたいところである。

V. おわりに

これまで，Fairbairn の理論について，その臨床的な意義を中心に述べてきた。はじめに述べた通り，おそらく Fairbairn の著作についての解題は，もっと別のあり方もあるであろう。例えば，後に O. Kernberg や，J. Masterson らによって定式化されていった境界例論への影響や，M. Klein との対比のみならず，M. Balint や D.W. Winnicott との対比に基づく，いわゆる英国中間学派の中での位置づけ，さらに，S. A. Mitchel 以来の現代の関係精神分析と言われる潮流への影響といった切り口も，現代的には重要な視点となるであろう。しかし私は，「野心」の名の下にしばしば見過ごされてしまう Fairbairn の臨床家としての熱い思いを感じ取ってきた。その意味で，是非その臨床的な視点から，この解題を書いてみたかったのである。

しかし，書き終えてみると，果たして私の理解が Fairbairn の意図を正確に汲んだものになっているのかどうか，はたまた私自身の未熟さや不勉強ゆえに大きな誤解を招くものになってしまってはいないか，などなど，はなはだ心許ない思いが湧いてくる。しかし，こうした点については，これもはじめに記した通り，最早読者諸氏のお力を拝借するしかない。もしお気づきのところがあれば，どうぞご指摘頂きたい。そうして，“道具を磨く作業”を深化させたいと願うところである。

すでに Fairbairn の「没後 50 年」を経過した。この論文集を通じて，彼の臨床家としての魂が，これからの世代に受け継がれてゆくことを願ってやまない。

VI. 文献紹介

最後に，Fairbairn の理論をめぐってはこれまで多くの文献が公刊されているが，その中で比較的最近の論文集を中心に，重要と思われる書籍をいくつか，年代順に紹介しておきたい。読者諸氏の参考になれば幸いである。

1989

Hughes, J.M., *Reshaping the Psychoanalytic Domain: The Work of Melanie Klein, W.R.D. Fairbairn, and D.W. Winnicott*, Univ. of California Press

Sutherland, J., *Fairbairn's Journey into the Interior*, Free Association Books

1994

Scharff, D.E, & Birtles, E.F. (eds), *From Instinct to Self—Selected Papers of W.R.D. Fairbairn Vol.1*, Jason Aronson Inc.

Birtles, E.F. & Scharff, D.E, (eds), *From Instinct to Self—Selected Papers of W.R.D. Fairbairn*

Vol.2, Jason Aronson Inc.
Grotstein, J.S. & Rinsley, D.B. (eds), *Fairbairn and the Origins of Object Relations*, The Guilford Press
1998
Skolnick, N.J. & Scharff, D.E. (eds), *Fairbairn: Then and Now*, The Analytic Press
2002
Pereira, F. & Scharff, D.E. (eds), *Fairbairn and Relational Therapy*, Karnac
2005
Scharff, J.S. & Scharff, D.E. (eds), *The Legacy of Fairbairn and Sutherland: Psychotherapeutic Applications*, Routledge
2006
Clarke, G.S., *Personal Relations Theory: Fairbairn, Macmurray and Suttie*, Routledge
2010
Celani, D., *Fairbairn's Object Relations Theory in the Clinical Setting*, Columbia Univ. Press
2014
Clarke, G.S. & Scharff, D.E. (eds), *Fairbairn and the Object Relations Tradition*, Karnac

付録　引用ケース一覧

No.	年代・性別	呼び名	主訴・診断・経過，生活歴など	引用のポイント	ページ数
1	男性		統合失調症	●「まるで未開部族の中にいる人類学者」	23
2	男性		スキゾイド人格；　軍隊兵役で急性のスキゾイド状態に陥った兵士；　幼くして母没，学校を出て流浪の生活	●「１つ所に落ち着いて結婚すれば，いいことがあるだろう」	23-24
3	若い男性		統合失調症；　母親につらく当たっていた	●天井からミルクが流れてくる夢	24
4	男性			●「近く婚約する相手とも，連日のデートは無理」	26
5	若い男性		大学学部生；　初回から不可思議な雰囲気		26
6	若い男性		スキゾイド的	●入ってくるなりFreudの引用――役割を演じる技法	27
7	未婚女性		スキゾイド的	●Th宅近くの爆撃に心の動揺の顛末を紙に書いて渡す	28
8	女性			●果物の贈り物――「先生，毒に中っていませんか？」	37-38
9	女性		どちらかと言えばスキゾイド的	●「先生，私を好きになっちゃダメですよ」	38
10	女性		幼い頃に，足が萎えてしまう病気。しかし，認められず。10代で母没。それまで不仲な両親のそれぞれの寝室の間の部屋に寝かされていた。	●「私がお父さんと寝るっていったら，心に響くはずだわ」	50-51
11	女性		ヒステリー性の骨盤の痛み	●「体の内側で何かがおっぱいが欲しいって言ってるみたい」	54-55
12	男性			●塔の中にいる夢	57
13				●「何も言うことができません」「不毛だって感じ」	66
14			知的に優れている；　広範囲に亘るリビドーの撤収を経験した	●（リビドーの撤収と抑圧とは）「全く違う」	67

付録　引用ケース一覧

No.	年代・性別	呼び名	主訴・診断・経過，生活歴など	引用のポイント	ページ数
15	男性	カール	長期に亘り治療困難例；「腸の毒素が心臓にまで達していて，いつ心不全を起こすかもしれない」恐怖；のちに糖尿病にかかっているという心気症的確信	●チョコレート・プリンの夢，自分の心臓がお皿に乗っている夢	85
				●閉ざされた体系／開かれた体系の夢	280-281
				●チョコレート・プリンの夢（心の奥の動かない状況）	283
				●幼少期，“振り上げた手が取り押さえられる”状況	283
16	女性			●掘られた地面からネズミの大群が這い上がってくる夢	93 注
17	男性		精神病質の兵士；徴兵後まもなくスキゾイド状態	●抑圧された幼児期記憶の回帰	95
18	女性		ペニスという形をとった悪い対象に取り憑かれた	●もともとの悪い対象とのマゾキスティックな関係	97
19	女性		恐怖症症状，ヒステリー症状，汎化された不安を示しつつ，スキゾイド的	●転移現象としての嘔気，尿意（便意）に見る対象の拒絶	104-105
20	女性			●内的現実の報告者に徹するという防衛	106
21	既婚女性		社交界に生きる母と，本人が6歳時に戦死した父；役割を演じることで表向きとても純粋な人に見えるが，本質的には，閉じこもり，引きこもった人；主訴はヒステリー性の不感症	●“基本的な心の中の構造”を典型的に示す夢	114-117, 118-125
22	女性		躁うつ病的な症状を示しつつも，スキゾイド；並外れて多くの夢を見た	●「夢は，（心の中の）今の状態のこと」	118
23				●「私が求めているのは，お父さんなんです」	159
24	男性		頸部脊椎損傷のため四肢麻痺	●舌で本のページをめくる	164
25	既婚女性	ルイーズ	夫婦関係の問題で来室：ヒステリー型；心身症症状の既往；躁うつ病的な移り気な父親	●二人の父親に挟まれている夢	214
				●心気症症状の再現	227

付録　引用ケース一覧

No.	年代・性別	呼び名	主訴・診断・経過，生活歴など	引用のポイント	ページ数
26	男性	モリス	第二次世界大戦で負傷，帰国してすぐに急性の不安症状； ヒステリー型； 小うるさく所有欲の強い母親と，よそよそしく近づきにくい父親； 家族の中で唯一の男の子	●“母親にペニスを押さえつけられている”という想像	215-216
				●興奮させる対象・拒絶する対象としての母親	226
				●ペニスをめぐる問題への転換	232-234
				●自慰の意味	238-240
				●同性愛的な気持ちを抱いている友人が結婚し，狭い自宅に泊まりに来たエピソード→原光景	283-284
27	既婚女性	ジーン	精神的変調で分析へ； 全身に亘る傷み，全身に及ぶ乾癬； ヒステリー	●“何もかも与えられつつ，セックスのない”結婚生活という白昼夢	216
				●白い犬と黒い犬の夢	216-217
				●拒絶する対象・興奮させる対象としての父親	221
				●主訴とその背景	227-228
				●41 アナベル同様	285
28	女性	オリビア	「神経性無食欲症」で来室； 外出時に，上腹部に痛みを伴う引きつりとひどい嘔気； ヒステリー； 乳児期，授乳はうまくいかず，いつも泣いている子だったが，父親がそれを押さえつけては黙ることに→食事の拒否傾向，便の出にくさ，性的な禁止； 口やかましい父親は，一方で活発な活動を制限（4 歳下の弟にはむしろ推奨したのに）する一方で，性的な挑発も	●その大幅な受身性の背景を成している，ことに父親との関係での身動きの取れなさ	218-219
				●幼少期の父親との関係	221
				●拒絶する対象・興奮させる対象としての父親	226
				●主訴とその背景	227
				●41 アナベル同様	285

付録　引用ケース一覧

No.	年代・性別	呼び名	主訴・診断・経過，生活歴など	引用のポイント	ページ数
29	女性	アイヴィ	主として抑うつ症状・強迫症状により来室；　ヒステリー性転換症状（慢性副鼻腔炎）；　幼少時，長期に亘る頻尿の既往	●「本当にママの胸にいる子供になった」時，「脚の間に何かを欲しがっている」	222
				●情緒状況によって強さが変化する副鼻腔炎	229
				●「お尻に赤く焼けた針」	230-231
				●分析室のトイレを使いたい vs 切迫する尿意への不安	236
				●「死の本能」とは，攻撃性を閉ざされた内的世界に限局しておくこと	286-288
30	男性	ジャック	ひどい副鼻腔炎；　子供時代，便秘がち	●ドアとの間に豹が寝そべっている夢	222
				●ライオンの檻に入っていく夢	223
				●副鼻腔炎について	228-229
31	女性	ガートゥルード	ヒステリー型の人格	●今ここでの転換過程	231-232
				●夫との性交に当たって，内的な対象としての父との性関係で心を一杯にする――閉ざされた世界における快楽原則	278-279
32	男性	リチャード		●いかに「口愛的欲求」が表立つか	237-238
33	女性			●原光景に触れようとするとナルコレプシー様に	260
34	女性			●原光景のことを深めようとすると眠気	260
35	既婚女性			●原光景を再演した夫とのセックス	260

付録　引用ケース一覧

No.	年代・性別	呼び名	主訴・診断・経過，生活歴など	引用のポイント	ページ数
36	女性		恐怖症的な不安，心気症的；10 歳まで両親の寝室の隣の化粧部屋で寝ていた	●原光景に晒されて？	260
37	男性		心気症的；　下の子が生まれる 6 歳まで両親の部屋で，その後，母親のところで就寝	●原光景に晒されて？	260
38	女性		性交恐怖，同性愛的傾向	●“原光景の”夢	261
39	既婚男性		スキゾイド人格；　同性愛的に息子の一人と性交する夢に悩まされていた；　兄たちとは別に，女の子として振る舞うことを期待されていると感じ，性的役割についての疑問を抱えてきた人	●原光景に根差した性的役割の混乱	263-264
40	男性	イアン	自分を挫折させ，激怒させる状況に「あり得ない」「でも手の出しようがない」	●“心の奥の動かない状況”	281-283
41	女性	アナベル	仕事で運転中，事故に遭うのではないかという恐怖	●“心の奥の動かない状況”に，近親姦の対象としての父を死体のままにしておく	285-286
42	女性	シンシア		●同上	285
43				●「先生の胃は，私の胃」	339
44				●「もし母の悪いところを取り込んでいなかったら，ものを食べることもできなかったでしょう」	341

あとがき

編集・訳出　**栗原和彦**

四半世紀以上の熟考を経て「対象関係論」を紡ぎ出していったFairbairnの思考のプロセスを，ここにまとめて訳出できたことは，私個人にとっても，極めて名誉なことであり，かつ，この上もなく喜ばしいことである。

その第一の理由は，現在わが国に流布されている「対象関係論」という用語とその発想の偏りに，ひそかに心を痛めていたことが挙げられる。つまり，わが国においては，M. Kleinや，D.W. Winnicottの流れの中で「対象関係論」という名が独り歩きをしてきており，その創始者であるFairbairnのことはもとより，その基軸となる「リビドーは対象を求めている」という概念づけやその意味を全く念頭に置くことのないままに「対象関係論」という名称が濫用される傾向にあるように思えていたからである——確かに，例えばM. Kleinの，「内的対象」という概念づけに発する心の中の対象関係を転移を読み解く軸とする発想は，技法的にはFairbairnのそれと重なる部分がある。しかし，Fairbairnは，Grotstein（1998）の言葉を借りれば，無意識による決定主義に基づくKleinのone-personの心理学とは違って，もっと外的現実との交流に開かれたところに精神の健康を見，従って，外的存在としての治療者の役割を重視するtwo-personの心理学を提唱しているのであり，「対象関係」についても，内的対象関係と外的対象関係との，今まさに進行してゆく絶えざる相互作用を見据えていたのである。その着想は，最終的には「開かれたシステム」を導く過程として概念づけられ，Freudの欲動論（リビドーは，対象ではなく，快楽を求めるとするそれ）に色づけされた内的対象との関係における不安の解消を目指していたKleinとは，明らかに違うところに焦点を持っていると言えるであろう。読者諸氏には，このFairbairnの意図し，命名した「対象関係論」をよく味わって頂きたいし，その上で，「対象関係論」が正しく理解され，使用されるようになることを祈っている。

私が，本書の出版を歓迎する第二の理由は，もっと個人的なものである。本書の成り立ちを紹介することにもなるので，その事情にも触れよう。実は，Fairbairnの翻訳は，私個人にとっては，いわば青春の忘れ物であった。今を去ること35年も前のこと，大学院を修了して，桜ヶ丘保養院（現桜ヶ丘記念病院）に就職。そこで，相田信男先生と出会い，実にさまざまなことを教わった。2，3年を経て，彼と共に，週1回，夕方から夜にかけて3，4時間だったと思うが，2人でFairbairnを読む，ということになった。今にしてみれば，全く贅沢な話だが，Fairbairnを一文一文翻訳しながら，そこから連想されるお互いの考えや，ケースでの経験を語り合った。おかげで，翻訳作業そのものは遅々として進まぬ中，こうした“勉強”は数年間続いた。

そして，当時，順次発刊されていた「精神分析叢書」の内の一巻にというお話を頂いて，いよいよ訳本の出版をにらんで日本における研究者などについても調べていた中で，我々は，山口泰司氏（当時，財団法人東方研究会所属）という存在を知った。この人は哲学畑の人であったが，Fairbairnという共通の関心を持ってさまざまな交流ができるであろうことを期待して，早速，こちらからの詳細な自己紹介を含めて連絡を差し上げた。ところが，そのお返事は，ついに無しの礫。数カ月して1952年の論文集の翻訳が出版されたのであった。

現在，文庫にもなっているこの翻訳は，しかし，少なくとも私には，全く満足のいくものではなかった。とりわけ，臨床家ではない山口氏の訳調は，臨床感覚を介したニュアンスがあまりにも汲み取られていない，理解されていないという感じが拭えないものであった。だが，すでに時遅く，我々が訳し溜めた原稿も，こうして“お蔵入り”の運命を辿ったのである。

しかし，当時我々が出版社に示していた翻訳原稿は，今にして見れば，日本語としてはあまりに稚拙なものであった。それは，まとめて読んでみると，そもそも日本語の体を成していない，とまではいかなくとも，翻訳文丸出しの，極めて読みづらいものであった。当時の編集担当が，この訳文を見て首をかしげていたのも，今になってみれば大いにうなずける。少しオーバーに言えば，知的遺産の冒瀆にさえなっていたかもしれない……もう少しうがって考えれば，運命の女神は，この翻訳ではない，もっと洗練されたものを世に出すことを望んでいた，と言えるのかもしれない。

それから30年弱を経た2013年夏，降ってわいたように遠見書房の山内俊介さんから，この“お蔵入り”になっている原稿を出してみないかというお話を頂いた。私は，山口氏の翻訳についての不満と，1952年の論文集以降の重要な論文を紹介したいという思いとを加えて（2002年,『精神分析事典』に「従属的自我」の項目を執筆する機会を頂いた折，Fairbairnが1944年に図示したもの以降の修正を加えたp.379の図を掲載することを編集者によって拒否されたのも，私にとっては大いに遺憾であった），Fairbairn の論文，とりわけ 1952 年の論文集以降の諸論文を編集し直し，“お蔵入り”になっていた訳文を含め，全ての論文の翻訳を刷新して，この編訳書が実現したのである。

このFairbairn の論考には，治療関係というもの，そこで生じる相互作用というもの，ひいては人間の心理的発達や精神の健康というもの，そういう本質的なものを考え続けた先達の努力がある。しかも，Fairbairn は，いわば時代の主たる潮流に乗らなかった臨床家である。確かにそこには，Jones（1952）が示唆しているような，発想の一面性や独りよがりの側面がなしとはしない。だが，やはり Jones が指摘する通り，いわば学閥をめぐる政治的な駆け引きから離れたところにあって，あくまで“臨床に役立つ道具”としての理論を目指し，創造的な仕事を続けた Fairbairn の誠実な努力は，臨床家の範となる姿勢であり，新鮮な着想と豊富な連想とを掻き立ててくれるであろう。また，「型」に依りながら，それに縛られることなく，その型そのものを見直し，フランクに，公平に，そして思慮深く精神分析，ひいては心理療法というものを考えてきた彼の足跡は，あくまで臨床に根ざした視点の重要性も教えてくれるはずである。私は，日本の心理療法，精神分析の世界がこの Fairbairn の存在意義を今一度見直せば，それは，必ずやより深い進展を刺激するだろうと確信している。そんな思いを込めて，本書を斯界に送り出したい。

なお，本書における「監修」を引き受けて頂いた相田先生には，ご多忙のこともあり，訳出した日本語版の監修をお願いした。実際，本書の訳文は，全て私が昔の訳文に大幅に手を加え，創り直したものであり，その訳出に当たっての責任の一切は，私に帰属するものであることを明記しておきたい。将来に亘って“良い本を残したい”ので，誤訳をはじめ，理解の誤謬についてお気づきの諸氏は，是非にご指摘賜りたい次第である。

最後に，Fairbairn との出会いを導いて下さった相田先生，さらにそのことを大きく支えて下さっていた，今は亡き小此木啓吾先生，また，相田先生との２人の勉強会を見守って下さっていた当時の桜ヶ丘保養院医局所属の先生方，特に当時に関わる歴代の院長先生方，今は亡き西尾忠介先生，市川達郎先生，そして，現在は引退されている高山光太郎先生*）に，心よりの感謝を捧げたい。そして最後に**），今回改めて訳出の機会を提供して下さった遠見書房の山内俊介氏に，同様の感謝を捧げたい。

*）相田先生の「はじめに」に触発されて，一言触れておきたいことがある。高山先生は，当時850床の精神科単科病院を率いる院長職には珍しく，内科の専門医であった。だが高山先生は，当時桜ヶ丘に在職されていた多くの精神科医たちと同じく，まだ向精神薬がほとんどない時代から，重い統合失調症，そして精神病質と呼ばれていた人たちと直に向かい合い（時にわたり合い），文字通り，体を張って，泥をかぶって"治療"を模索してこられたお一人であった。高山先生ご自身は「精神療法のことはわからない」というスタンスを堅持しておられたが，実はごくごく優れた精神療法の使い手であった。その患者さんへの深い共感と思いやり，ふとした声かけ，ふと差し出される手には，まさしく「良い対象」の提供があった。それは，長年の，とても大変な患者さんたちとの格闘の中で自然と身につけられた知恵であり，優しさであった。私はそういうところから実に多くのことを学ばせて頂いた。古き良き桜ヶ丘の遺産である。

**）今年1月末，同年代では一番の元気印だった高良聖君（明治大学）が，半年間の闘病の末，逝ってしまった。長年の付き合いの中で，タカラ！――クリちゃん！ と呼ぶ間柄であった。そして，彼のお通夜の席で，全く偶然に，相田先生と出会い，しばらくぶりにしばしの時を過ごした。その時，この本の話は一切出なかったけれども，何だかタカラがこの本の出版を後押ししてくれたような気がしてならない。天に昇った彼の御霊にも，心からの感謝を捧げたい。

索 引

人名索引

項目索引

■ あ

▌お

▌か

■き

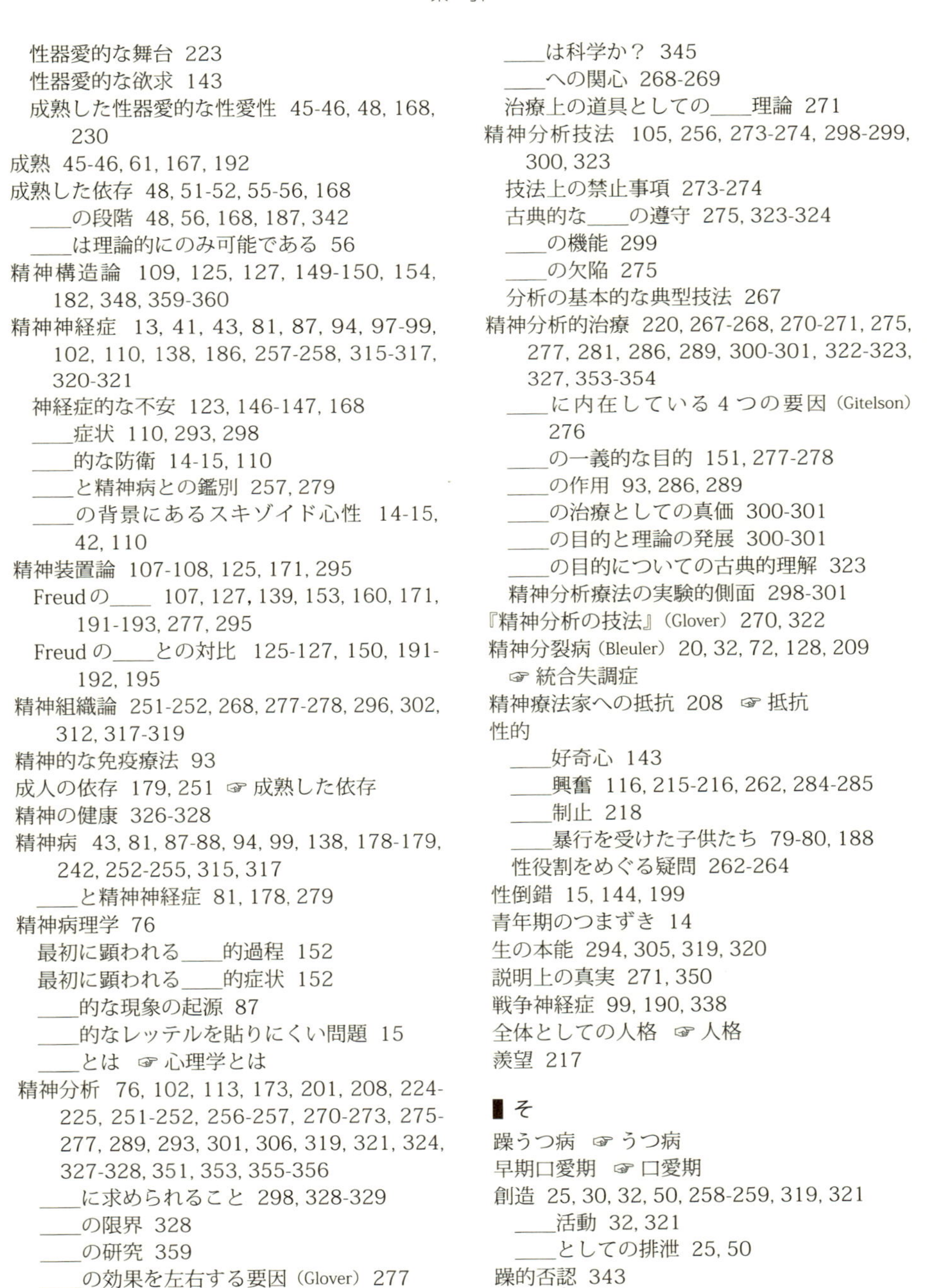

■ た

▌ち

▌つ

▌て

に

ね

は

▌ひ

監修者紹介

相田信男（あいだ　のぶお）

1971年　慶応義塾大学医学部卒業

1971年　慶応義塾大学医学部精神神経科学教室

1972年～1986年　社会福祉法人桜ケ丘事業協会 桜ケ丘保養院

1986年～1988年　慶応義塾大学医学部精神神経科学教室

1988年～現在　特定医療法人群馬会 群馬病院

1984年～2003年並行して，赤坂タケダクリニック，小此木研究所，外苑カウンセリングルームなどで臨床活動。1988年～2015年 慶応義塾大学医学部兼任講師。

現在：特定医療法人群馬会副理事長，群馬病院名誉院長。一般財団法人小寺記念精神分析研究財団理事。日本精神分析協会正会員・訓練分析家，同協会運営委員。Full Member of the International Psychoanalytical Association (Psychoanalyst)。日本精神分析学会認定精神療法医，同スーパーバイザー。日本集団精神療法学会グループサイコセラピスト，同認定スーパーバイザー，同学会監事。

主な著訳書：『実践・精神分析的精神療法―個人療法そして集団療法』（金剛出版，2006年，単著），「分裂病者の大グループの特徴」in『集団精神療法ハンドブック』（金剛出版，1999年，分担執筆），『精神分析事典』（岩崎学術出版社，2002年，分担執筆），Klein, M.「分裂機制についての覚書」in『メラニー・クライン著作集4』（誠信書房，1985年，共訳）

編訳者紹介

栗原和彦（くりはら　かずひこ）

1979年　国際基督教大学大学院博士前期課程修了

1979年～1986年　桜ヶ丘保養院（現桜ヶ丘記念病院）常勤心理士

1986年～1995年　片山心理相談室

1995年～現在　代々木心理相談室

専攻：精神分析的心理療法，支持的心理療法

主な著書：『心理臨床家の個人開業』（遠見書房，2011年，単著），『心の相談　最前線』（誠信書房，2000年，共著），『心理臨床大辞典　改訂版』（培風館，2002年，共著），『精神分析学事典』（岩崎学術出版社，2002年，共著），『レクチャー心理臨床入門』（創元社，2005年，共編著）

対象関係論の源流

フェアベーン主要論文集

2017年9月20日　初版発行

著　者　W. R. D. Fairbairn
監修者　相田信男
編訳者　栗原和彦
発行人　山内俊介
発行所　遠見書房

〒181-0002　東京都三鷹市牟礼6-24-12
三鷹ナショナルコート004
株式会社　遠見書房

遠見書房

Tel 050-3735-8185　Fax 050-3488-3894
http://tomishobo.com　tomi@tomishobo.com
郵便振替　00120-4-585728

印刷　太平印刷社・製本　井上製本所

ISBN978-4-86616-031-3　C 3011

tomi
shobo

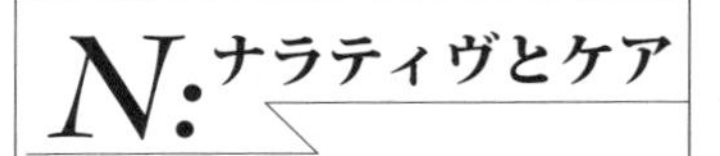
N:ナラティヴとケア

子どもの心と
学校臨床